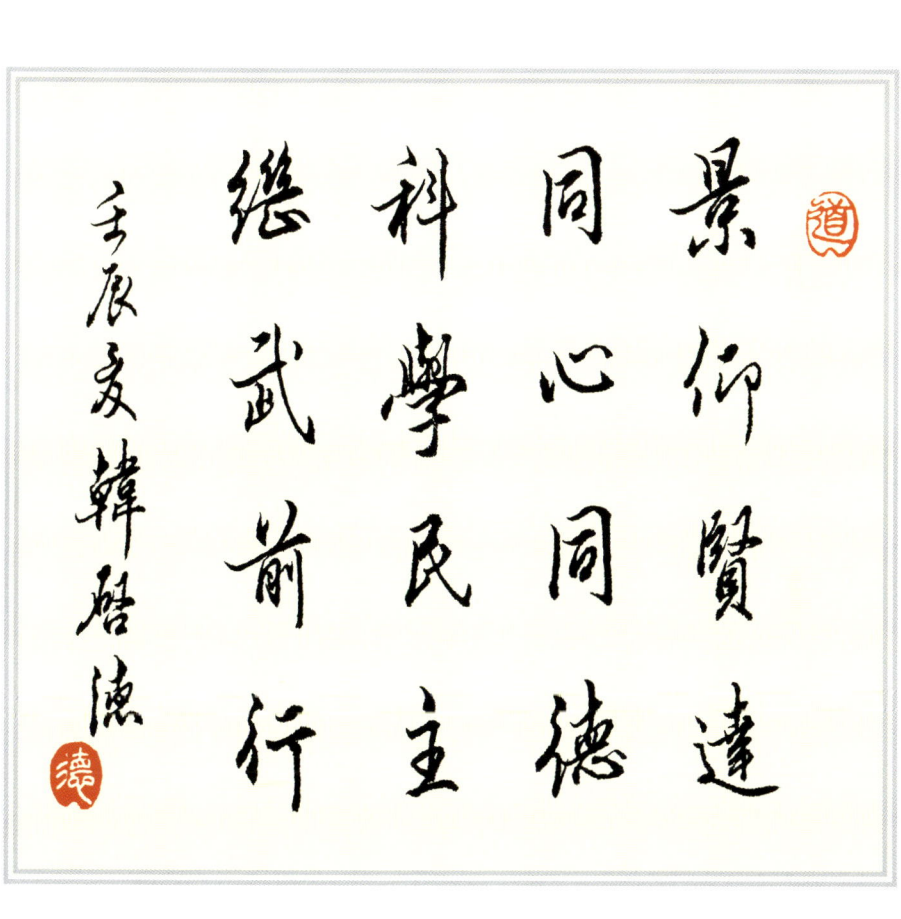

景仰贤达
同心同德
科学民主
继武前行

壬辰亥 韩启德

潘菽1926年就读于美国芝加哥大学时留影。

20世纪80年代初潘菽于家中。

潘菽77岁生日时与夫人于北京莫斯科餐厅合影。

从抗战前夕至1946年秋,潘菽夫人庄炳松与孩子们在故乡宜兴生活了9年。

1981年潘菽夫妇于家中蔡元培先生赠送的书法作品前合影。

潘菽先生与夫人1987年7月12日摄于全国政协礼堂门前。

1987年7月13日,潘菽全家在中国科学院心理研究所、中国心理学会和九三学社中央为潘老举办的九十寿辰庆祝会上合影。

潘菽长子潘欢伯全家于天津合影(1959年3月)。
前排:潘欢伯次女潘明远(左一)、潘菽二妹潘锡文(左二)、欢伯长子潘望远(左三)、欢伯生母蒋一鸣(右三)、欢伯次子潘致远(右二)、潘菽三妹潘静文(右一);后排:欢伯长女潘彦珞(左)、欢伯夫人陈光烜(中)、潘欢伯(右)。

潘菽（后排中）在美国芝加哥大学求学时与中国同学杨武之（杨振宁之父，后排右）、吴有训（前排右）、蔡翘（前排中）、袁敦礼（前排左）、夏少平（后排左）合影（1925年）。

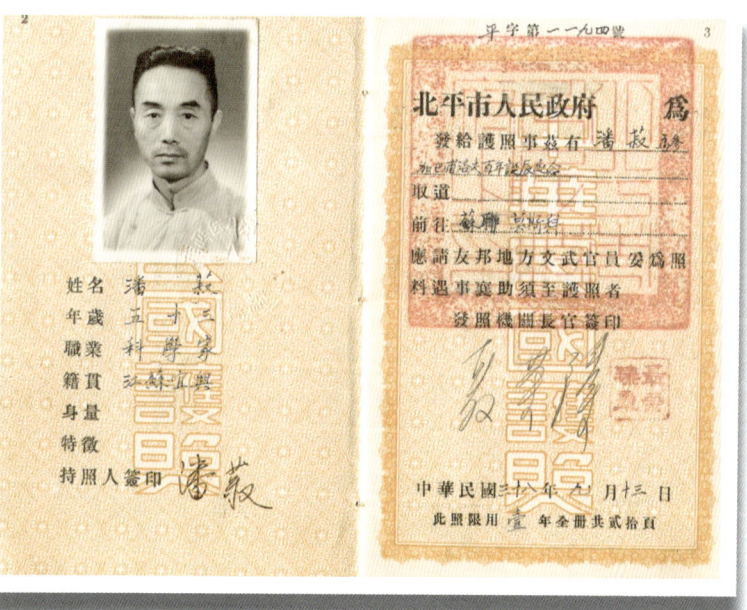

1949年新政协会议之前，潘菽率团访苏时所用护照。

1978年，潘菽与秘书李令节研究修改《心理学简札》（征求意见稿）。

晚年十分关心中国科学院心理研究所新所址的建设，图为潘菽（左二）在建设工地现场。（摄于1986年夏）

作者（左一）与九三学社中央常务副主席邵鸿（左二）、潘菽次孙潘垚天（右二）、九三学社中央研究室主任郭悦。

潘菽次子潘宁堡、儿媳陈绍英在作者家中阅读本书初稿（2013年10月）。

九三学社人物丛书

潘菽传

沈重光 著

学苑出版社

图书在版编目（CIP）数据

潘菽传 / 沈重光著. — 北京：学苑出版社，2015.10
（九三学社人物丛书）
ISBN 978-7-5077-4871-0

Ⅰ. ①潘… Ⅱ. ①沈… Ⅲ. ①潘菽（1897～1988）—传记
Ⅳ. ①K825.1

中国版本图书馆CIP数据核字（2015）第219676号

出 版 人：	孟　白
责任编辑：	李　耕　刘　丰
出版发行：	学苑出版社
社　　址：	北京市丰台区南方庄2号院1号楼
邮政编码：	100079
网　　址：	www.book001.com
电子信箱：	xueyuanpress@163.com
销售电话：	010-67601001（销售部）、67603091（总编室）
经　　销：	全国新华书店
印 刷 厂：	北京信彩瑞禾印刷厂
开本尺寸：	880×1230　1/32
印　　张：	18
字　　数：	300千字
版　　次：	2015年10月第1版
印　　次：	2015年10月第1次印刷
定　　价：	58.00元

丛书编委会

主　　任：韩启德

副主任：邵　鸿

委　　员：苟红旗　穆建民

　　　　　郭　悦　孟　白

总　序

九三学社是在中共抗日民族统一战线政策影响和感召下，于抗日战争后期成立的，她参与新中国的建立，成为在中国共产党领导下爱国统一战线中八个民主党派之一。在共和国成立以来的60多年里，九三学社始终弘扬爱国、民主、科学的传统，与中国共产党风雨同舟，共同探索中国特色社会主义政治发展道路，在国家建设、改革、发展征途上留下了闪光的足迹。在此历史进程中，九三学社发展成为拥有13万多名社员、组织比较健全、有较强参政能力和较高社会地位的政党。

九三学社走过的历程，是一部无数优秀人物引领广大同仁一往无前、执著追求的奋斗史。抗日战争时期，面对国破家亡、山河破碎，九三学社创始人或多方奔走，参与抗日，或介绍新知，宣传救国。解放战争时期，面对独裁专制、民不聊生，九三学社同仁或大声疾呼民主，反对暴政，或积极主张科学，倡导革新。新中国成立后，面对百废待兴的局面，九三学社同仁和全国人民一起殚精竭虑、奋斗不止。九三学社各个时期旗帜性人物身上体现出的崇高风范和优秀品质，是我社最宝贵的精神财富。回顾九三学社的历史，我们有勇往直前、舍生取义的革命家和社会活动家，有淡泊名利、刻苦钻研的科学家，有不畏权势、追求真理的人文学者，有忍辱负重、甘为人梯的教育工作者……他们共同铸就了九三学社一以贯之的灵魂——爱国、民主、科学，九三学社的优良传统在他们身上得到最好的诠释。

九三学社中央一直重视整理保存社史、发挥社史资政育人的作用，2007年又启动了以史料抢救和整理为重点、包括七个方面内容的社史工程。几年来，社史工程取得了显著成绩，《社史研究通讯》的编辑出版、社史专题片的拍摄、口述史工作的启动、社史文物收集等各个方面都有不同进展。"九三学社人物丛书"作为社史工程的一项重要内容，经过各方面辛勤的努力，也结出了丰硕的成果，第一批图书已完成了撰写、编辑，即将出版。这套丛书选取九三学社重要创始人、早期著名社员、历任社中央领导，以及在本人所从事领域里取得突出成就的旗帜性人物，力图以翔实的史料和平实的语言再现前辈先哲们曲折丰富的人生历程和绚丽夺目的光辉业绩。我相信，丛书的出版必将激发我社成员和广大读者继承他们的优良传统，体会他们忧国忧民的赤子情怀，感受他们坚毅从容的人格风范，学习他们精益求精的科学精神，为巩固、完善和发展中国共产党领导的多党合作和政治协商基本政治制度，为中华民族的伟大复兴，做出更大贡献。

是为序。

韩启德
2012年8月

目录

前言 // 1

第一章 江南春雨 // 1

第一节 荆溪风情 // 1

第二节 书香门第 // 8

第三节 其乐融融 // 15

第四节 艰难北上 // 21

第二章 仰慕定志 // 28

第一节 北大校园 // 28

第二节 放飞心智 // 37

第三节 载入史册 // 44

第四节 陆平风波 // 55

第五节 洗涤心灵 // 65

第六节 风雨不止 // 72

第七节 亲情永驻 // 80

第八节 淡去的记忆 // 89

第九节 姑母的权威 // 98

第十节 奔赴大洋彼岸 // 107

第十一节 走进伯克利 // 114

第十二节 印第安纳印象 // 119

第十三节 慕名芝加哥 // 126

第十四节 快快回国 // 136

第三章 十年彷徨 // 146

第一节 岌岌国门 // 146

第二节 素衣还乡 // 153

第三节 彻夜未眠 // 164

第四节 应聘"中大" // 174

第五节 勤奋如蜂 // 181

第六节 磐石奠基 // 186

第七节 扬鞭策马 // 194

第八节 孤雁哀忧 // 201

第九节 如愿秦晋 // 212

第十节 长兄被捕 // 219

第十一节　良知可贵 // 238

第十二节　国破家离 // 246

第四章　十年探路 // 253

第一节　随校西迁 // 253

第二节　家乡沦陷 // 259

第三节　寻觅光明 // 267

第四节　探访松林坡 // 281

第五节　恩师如父 // 286

第六节　辨明是非 // 293

第七节　山城悲鸣 // 300

第八节　敌忾同仇 // 307

第九节　心明眼亮 // 314

第十节　国在心中 // 322

第十一节　苦涩亲情 // 332

第十二节　看到希望 // 342

第十三节　呼唤民主 // 349

第十四节　捧母还乡 // 359

第十五节　志同道合 // 369

第十六节　心系九三 // 377

第十七节　会见毛泽东 // 385

第十八节　复员南京 // 393

第十九节　归心似箭 // 401

第二十节　浊浪暗礁 // 410

第二十一节　暂别金陵 // 421

第五章　坎坷中自强 // 428

第一节　吐气扬眉 // 428

第二节　重任在肩 // 436

第三节　在依傍中感悟 // 447

第四节　与时俱进 // 454

第五节　噩梦来袭 // 463

第六节　夏雪冬雷 // 473

第七节　心如止水 // 491

第八节　外弱内刚 // 498

第九节　沐浴春风 // 508

第十节　再植桃李 // 517

第十一节　奋起播扬 // 525

第十二节　巨星陨落 // 534

后　记 // 548

前言

潘菽先生（1897—1988）是我国著名心理学家、教育家、社会活动家，是公认的中国现代心理学奠基人之一，九三学社的发起人之一，中国共产党的优秀党员。

作为国内外知名学者，他先后担任第四中山大学（后改为中央大学）理学院心理系副教授、教授、系主任。新中国成立后，先后担任南京大学教务长、校务委员会主席、第一任校长兼心理系主任。1955年被聘为首批中国科学院学部委员（后改称院士）。自1955年中国心理学会恢复后连续当选为理事长，1984年被推选为名誉理事长。自1956年中国科学院心理研究室与南京大学心理系合并成立心理研究所后一直任所长，1983年改任名誉所长。并担任《心理学报》主编、《中国大百科全书》总编辑委员会委员兼《心理学》卷编委会主任。

他一生成就卓著，学术著作颇丰，主要有：《心理学概论》（1929年）、《社会的心理基础》（1930年）、

《心理学的应用》(1935年)、《心理学简札》(上、下册，1984年)、《潘菽心理学文选》(1987年)。主编或合编的著作有：《教育心理学》两部(1937年与吴绍熙合著，1980年主编)、《人类的智能》(1981年主编)、《中国古代心理学思想研究》(论文集，1983年与高觉敷共同主编)。其中，作为大学教科书的《教育心理学》(1980年)以及图文并茂的科普著作《人类的智能》分别获全国高等学校优秀教材奖和全国科技图书一等奖。《心理学简札》于1991年获《光明日报》"光明杯"优秀哲学、社会科学学术著作荣誉奖，1992年又荣获国家教委首届高校优秀学术著作特等奖，2009年被收入《中国文库》(哲学社会科学类)。

作为著名学者，潘菽学识极为渊博。他毕生主要致力于心理科学，学贯中西，造诣甚深，被誉为中国心理学的泰斗。同时，他对哲学、美学、美育、政治、科学学及科协运动、文学与艺术、书画、考古、汉字改革、古文字学、古书形制等等专业领域也均有涉猎，并颇有见地。一生除上述成部著作外，还发表心理学论文及其他各类文章数百篇。有些文章在国内外产生很大影响。

作为教育家，他自1927年从美国回国至新中国成立后的20世纪50年代中期，从中央大学教授到南京大学校长，执教30年之久，为我国培养了大批心理学人才。他的学生遍布全国和世界各地，并多有建树，许多学子已成为我国当今心理学教育与研究领域中的栋梁之才和骨干力量。

作为社会活动家，潘菽先生早在抗战时期，就紧紧依靠党，积极参加抗日救国运动。他是九三学社、中国科学工作者协会的主要发起者和领导人之一。在国共重庆谈判期间曾受到毛泽东主席的亲切接见。1956年他光荣地加入中国共产党。曾任南京市和江苏省人民委员会委员，江苏省政协副主席，中国科协常委，九三学社中央副主席，第一、二、三届全国人大代表，第五、六届全国政协常委，第七届全国政协一次会议主席团成员。

潘菽，原名潘有年，字水叔。在中国，"宜兴三潘（潘梓年、潘有年、潘汉年）"的光辉业绩早已被载入史册。在江苏宜兴，"潘氏三杰"的不朽美名更是家喻户晓、世代传唱。潘氏三兄弟中，梓年最长（生于1893年1月11日），有年次之（生于1897年7月13日），潘汉年最幼（生于1906年1月16日）。梓年、有年为亲兄弟，父亲潘菉华与汉年之父潘莘华为一奶同胞。他们的祖父潘理卿是咸丰九年的举人，父辈均为清光绪年间秀才，三兄弟都出生在江苏宜兴归径乡（现为新街镇）陆平村，潘家祖训为"耕读传家、不入仕途"，可谓名副其实的书香门第。

潘菽6岁时便在父亲开设的蒙馆（启蒙教育学堂，类似幼稚园）里读"四书"、"五经"，14岁入和桥彭城中学读书，初中毕业后考入江苏省立常州第五中学高中部，为三年级插班生。1917年毕业后，他跳过了两年的大学预科，以优异的成绩考入北京大学哲学系。此时他的哥哥潘梓年正在北大哲学系学习。当时的北大，学术氛围十分浓烈，各种思潮在此交汇碰撞。潘菽十分钟情于这种学风，尤其喜爱胡适教授的《中国哲学史》。有一次，胡适教授让学生们写一篇关于施惠和公孙龙的文章，潘菽对这两位思想家的辩证思想从各个层面进行了分析、评述，写得经纬分明，颇有见地，得到了"甲上"的最高评定，也深得当时的校长蔡元培先生的钟爱。

1919年五四运动爆发，一向循规蹈矩、温厚善良的潘菽也被这急风暴雨式浪潮所感染，他与许多热血青年一道，手执旗帜，走出校门，高呼口号，融进了这场声势浩大的痛斥国贼和火烧赵家楼的革命行动，因此与其他31位同学一道被捕入狱。

五四运动使潘菽进一步认清了帝国主义列强的本质及图谋瓜分中国的野心，使他意识到自己的命运与国家前途不可分割。他的思想较先前有了质的变化。他深深感到，要改变国家贫穷受辱的落后现状，最有效的途径是唤起国人，实行民主，发展科学。于是，他萌发了出国深造、学习西方发达国家的先进科学知识为我所用的念头。

1921年春，北大毕业不久的他如愿以偿地考取了名额极少的江苏省官费赴美留学生。他起初希望到美国学习教育，以求实现"教育救国"的夙愿。

初到旧金山加州大学，潘菽便与先行到达的从上海复旦大学来加州大学学习心理学的蔡翘（1897—1990，中科院院士、著名生理学家）相识，并先后与周培源（宜兴同乡）、吴有训（1897—1977，物理学家、教育家、我国近代物理学奠基人之一）等成为好友，在与大家的交谈中了解到一些美国心理学情况。由于经济困难，潘菽与蔡翘常常同住一室、合盖一被，潘、蔡、周、吴四人轮流做饭，一起打工以补贴拮据的生活。

不久，潘菽又结识了已在高年级就读的郭任远（国际著名心理学家，曾任复旦大学、浙江大学副校长）。那时郭任远已有实验研究报告在美国心理学期刊上发表，这使潘菽深受影响，对郭任远颇有好感。同时，他发觉美国式的教育并不一定适合中国，而心理学作为研究人的基础科学，既与教育相关，又比教育更具有根本的性质，于是决心转学心理学，由此踏上了献身心理学的道路。

是年秋，他与蔡翘一起转到了学费较少的印第安纳州立大学攻读硕士学位，师从教普通心理学的康托教授和教实验心理学的布克教授。潘菽尤其对实验心理学深爱之至。两年后硕士毕业，即转到芝加哥大学攻读博士学位，师从哈维·卡尔教授。

在美深造期间，正是国际上许多心理学派别激烈纷争的时期。这种状况更使他认为，正因为心理学还不大像一门真正的科学，才需要有更多的人为之付出、为之奋斗，他更坚定了立志改变现状的信心。

1927年，他完成论文《背景对学习和回忆的影响》(The Influence of Context upon Learning and Recall)，获得博士学位。不久回到了祖国，从此开始了他30年之久的心理学教学生涯。

潘菽先生自1927年回国执教开始至1988年3月26日仙逝，历经抗日战争、解放战争、土地改革、镇反肃反、反右运动以及"文革"等历次运动，走过了一条坎坷曲折的心理学教研之路。正如他在晚年所撰的《我的心理学历程》中回顾的那样，他把自己的学术生涯大致分为六个阶段，即十年定志、十年彷徨、十年探路、十年依傍、十年自强、十年播扬。纵观潘老的心路历程就不难发现，他是一位与中国现代心理学一起成长起来的心理学家，他在心理学上所走过的道路正是中国现代心理学历史发展的一个缩影。

所幸的是,尽管在国难当头的抗战岁月里,他的内心深处有诸多彷徨,但却始终没有对心理学和国家前途丧失信心。在兄长潘梓年的影响下,在重庆(担任中央大学教授)的8年中,他积极向党靠拢,从中受到教益。尤其是列宁在《唯物论与经验批判论》中对心理活动的精辟论述使他耳目一新,使他在陷入彷徨时仍坚定地走自己的路,矢志不移地坚守着心理学这块科学阵地,并为之呕心沥血。在此期间,他以自己的学习、研究所得,为心理学系的学生开设了一门新课——理论心理学。由于他长期坚持用新的哲学思想来诠释心理学中的基本理论问题,终于摸索出一条适合中国国情的心理学发展的康庄大道!经过几十年的艰辛探索与研究,使他"建立有中国特色的心理学"思想逐步系统化,并成为他心理学思想的核心。

潘菽以新哲学的思想,从矛盾存在着的两个方面这一辩证唯物论观点深入研究后认为,心理学是有国别性的。他曾说过:"不错,科学是国际性的知识,是没有国界的,心理学也应该如此。但这只是从一个方面看的,事实还有另外一面。至少现在的科学发展情况和具体方针,取决于这个国家的特殊历史社会情况以及科学家的个性情况,并且取决于这个国家依据政治、经济、文化等方面的特殊需要所采取的科学发展方向和政策，所以不同国家在科学上的国别性是必然有的，也应该有的，至少在现在和相当久远的将来是如此……"因此他认为，传统心理学不适合中国国情，不能胜任为我们的社会主义现代化建设各有关方面服务的需要，因此要从中国国情出发，"建立有中国特色的心理学"。

为了实现这一战略目标，他多次明确指出，必须通过四条主要途径：一是要以马列主义、毛泽东思想作为心理学工作的指导思想；二是要坚决贯彻理论联系实际的原则；三是要贯彻"洋为中用"的原则，积极通过批判分析，学习吸收国外心理学的一切有价值的东西；四是要贯彻"古为今用"的原则，好好挖掘我国古代心理学这个宝藏。潘菽关于中国心理学发展方向、目标和道路的基本思想，被认为是中国心理学发展的纲领。

潘菽先生一生对中国心理学学科的发展做出了不可磨灭的贡献，他的心理学观点及发展心理学的主张对中国心理学产生了巨大而深远的影响，他是我国现代心理学的一代宗师和先驱者。

第一章　江南春雨

第一节　荆溪风情

宜兴,古称荆溪,后称阳羡。秦朝置"阳羡县",晋代改设"义兴郡"。到了宋朝,因太宗名匡义,又名光义,为避太宗讳,故更名"宜兴",沿用至今。宜兴自古乃鱼米之乡,城南天目山余脉,层峦叠翠,城东城西两座湖泊史称东氿、西氿,两氿烟波浩渺、景色秀丽,与铜官山遥相呼应,犹如一幅江南山水画卷。宜南山区中,众多石灰岩溶洞离奇古怪、鬼斧神工,而且流传着许多生动有趣的逸闻掌故。其中,尤以善卷、张公两洞最著。

据说,善卷是虞代诗人。帝尧驾崩,帝舜欲把天下让给善卷。善卷说:"我逍遥天地之间,而心意自得,又何必要什么天下呢?"于是入离墨山隐居起来,善卷洞也因此而得名。

善卷洞深邃曲折，奇妙无比，分上中下三层。过砥柱峰便进入一宽大可驻千人的狮象大场。左侧岩石酷似昂首藏尾的巨大雄狮，右侧岩壁则站立一头阔耳长鼻的巨象。那青狮、大象栩栩如生，令人观后啧啧不已，此乃中洞。

离开狮象大场拾级而上，顿感天地两重。置身其间，大有洞外数九寒冬、洞内温如初夏之妙。这便是上洞的云雾大场，当您在新奇薄雾中回眸时，眼帘中即映入一块悬空巨石，上刻一行篆体大字——"一片飞云掩洞门"。顿悟，原来此岩阻隔了中洞，因而形成了冬暖夏凉的独特小气候。此处钟乳林立，异彩纷呈。有金钟倒挂，有盛开芙蓉，有坐马、立羊、喷水乌龙等活灵活现，还有万古双梅、荷花倒影相映成趣，更有娲皇玉液、盘古天池清澈见底。洞内落水更是神奇，有的滴水穿石，一个个岩池如梯田排列，又酷似锅碗瓢盆。有的滴水成柱，泉乳滴处，一棵棵玲珑剔透、冰清如玉的石柱，如春笋嫩芽，惟妙惟肖。

据说为开发善卷、张公两洞，十几年开凿不止，耗尽精力、家产的宜兴功臣储南强先生，在1936年9月15日借开张大吉之时，遍邀各方好友，无锡织染名商荣德生正逢身体有恙，尽管如此，荣氏仍带公子荣毅仁一

第一章　江南春雨

同前往，就在云雾大场出了一身透汗，心神顿爽，风寒即除，荣先生大喜，特留下"百病清除"墨宝，刻于中洞岩壁。惜此石刻于"文革"中被毁，如今的石刻已是前国家副主席荣毅仁先生于1986年10月补书的了。

从中洞顺阶而下，经风雷、波涛、金鼓、万马诸门，一路上只听得水声滔滔，震耳欲聋，犹如风雨雷霆，交战天际，千军万马，奔涌而来。到了下洞，只见两道飞瀑从天而泻，咆哮冲撞着汇成九曲溪流，经通天石松、寿星骑鹤、仙人挂脚及石鼓、石钟、石藕诸奇景之后，透迤跃入水洞。

长达百二十米的水洞更是曲曲折折，登舟落座后即有导游小伙子为众人划桨。最为称奇的是朝天划桨，木桨在头顶岩壁上划动，犹如拨开云雾。船，不像在水上行驶，倒像在云中漂流，真乃天下一绝！水洞内灯光璀璨，随着一湾、二湾、二湾的不同，灯光若明若暗，闪烁无穷，宛若辉煌的水晶宫殿。说笑惊异间，一缕光亮泻在眼前，抬首仰望，头顶石壁上"豁然开朗"四个大字赫然醒目，原来是要出洞了。舍舟登岸，拾级而上，路过历代名家诗词碑文石刻，便出了洞口。不远处一方巨石刻有"碧鲜庵"三个大字。相传这是祝英台读书处。"梁祝化蝶"经多方考证挖掘，如今终于成功申遗。每年观蝶节引来八方游人数万之众。善卷洞早已成为国家4A级景区。配套设施更是今非昔比。英台书院、三生堂等古迹也已恢复，与后山重建的善权寺、江南第一碑——国山碑（吴国孙皓封离墨山为国山，故立石颂德，至今保存完好）交相辉映，现建有缆车索道上下，甚为壮观！

张公洞在善卷洞东南约二十华里。此洞一名庚桑洞，据道书中说：天下福地七十有二，此居五十八，庚桑治之，因称庚桑洞；后来张道陵和张果老都在这里隐修，才又名为张公洞。洞外一高大太湖石，上刻"紫气东来"四个大字，洞口有石雕"张果老倒骑毛驴"一尊。张公洞洞高近百米，分为上中下三层。底层为海王厅，比善卷洞狮象大场更加壮观！张公洞之妙，妙在洞中有洞，洞洞相通。一入其中，犹如进了迷魂阵，清代文学家陈维岱（著名宜兴籍词人陈维崧之弟）曾有《满江红》一首，咏之云："移此山来，是当日愚公夸父。还疑请五丁力士，凿成紫府。曲蹬崎岖犹可入，悬崖逼原真度难。只洞中蝙蝠共飞攀，羊肠路。石洼者，形如金，石突者，形如鼓，更左拿右攫，狰龙狞虎。仙去已无黄鹤到，人来尚忆青鸾舞，渐云速舟灶日斜，催归步。"读了这首词，大可窥见洞中奇奥之一斑。

世上竟会有一种泥土可与黄金比价，与珠宝媲美！那就是上苍撒在宜兴的紫砂泥。古时有"人间珠玉安是取,岂如阳羡溪头一丸土"称颂之,现代人更以"紫玉金砂"对宜兴紫砂做了最为贴切的比喻。也许是上苍的偏爱,竟把如此得天独厚的紫砂泥撒在了宜兴。

宜兴紫砂,始于北宗,盛于明清,盖世于当代。据说春秋时代越国大夫范蠡和西施曾在宜兴制陶,范蠡被后人尊为陶朱公。

紫砂陶土的最初发现犹如古埃及人最初发现玻璃的传说一样有趣。古时候,有一异僧行经村落,向村人高呼:"卖富贵土啦!卖富贵土!"大家以为这是僧人用癫话诓人,于是村人纷纷嘲笑他,僧人见围者无动于衷,反而讥笑他,便又说:"那你们贵土不想买,就买富土如何?"说罢径自而去。村人将信将疑,紧跟僧人来到青龙、黄龙、白宕诸山。僧人指点挖掘,果然挖得一种五彩缤纷的宝土,但见红、黄、绿、青、紫五色灿烂、如霞似锦,后被世人誉为"五色土"。宜兴紫砂工艺经历代名人高手传承,千年不衰。集书画、诗文、篆刻、雕形于一体的紫砂艺术瑰宝,堪称世界一绝!

2006年,国务院公布的第一批非物质遗产名录中,雄踞传统手工技艺首位的,便是宜兴紫砂。除此之外,被誉为陶瓷五朵金花的其他四朵,如均陶、青瓷、美陶、彩陶等犹如百花争艳、精彩纷呈,蜚声海内外。如今更有人称:"世界只有一把壶,它的名字叫宜兴!"

宜兴又是江苏省最大的茶叶产区。山上翠竹修篁、层林尽染，山下树影婆娑、茶香四溢。连绵起伏的山峦坡地、沟沟坎坎上，数万亩茶园四季常青、翠涛绿浪，自古就有"天子须尝阳羡茶，百草不敢先开花"的佳话。唐代茶圣陆羽在《茶经》一书中，对阳羡茶有十分详细的记载："浙西，以湖州上、常州次，常州义兴县生君山悬脚岭北峰下与荆州同，生圈岭、善权寺、石亭山与舒州同。……"除此之外，还有唐诗人杜牧《茶山》诗中提到的茶山，即宜兴湖㳇镇东山，因产贡茶，也叫贡山，即现在丁蜀镇红卫村的唐贡上村（过去的生产队）和唐贡下村。

《洞山界茶系》记载："唐李栖筠守常州日，山僧进阳羡茶，陆羽品为芬芳冠世产，可供上方，遂置茶舍与庵画溪，去湖㳇一里许，所产供万两……"如今，武夷山名茶"大红袍"贡茶树处的壑壁上，还留有明代茶人、学者许次纾在《茶疏》中写下的"江南之茶，唐人首称阳羡，宋人最重建州……"的石刻，甚为醒目。

宜兴又以盛产毛竹而闻名。城南山区方圆数十公里，青竹满山。驻足峰顶，举目不知其终极，回首不知其发端。历代山民们编制的竹器制品，花样繁多，令人爱不释手。如今更有成千上万种竹制日用品、工艺品畅销国内、远涉重洋。地处山区的张渚、湖㳇两镇，自古就有"金张渚、银湖㳇"的美称。千百年来，山里人靠毛竹，不仅维持生计，还可丰衣足食！

宜兴人杰地灵、崇文尚教，千百年来，贤臣名将、鸿儒硕彦代不绝书。由唐代至清，宜兴走出4位状元、10位宰相、400多名进士，至2013年，作为县级市的宜兴，先后已有25位两院院士和百余位大学校长。如今，有8000多名教授、副教授遍布全国及世界各地。

北宋神宗年间，佘中状元夺魁，邵刚、邵材分别高中会元、解元，被当时称为"一邑三魁"，天下荣之。近百年来，"父子兄妹皆教授"、"一门七博士"、"一村两校长"（曾任清华大学校长的蒋南翔和曾任台湾大学校长的虞兆中先生均出生在高塍镇杭上村，儿时读同一所小学）这样的范例早已不足为奇。

宜兴人历来视耕作为本，以读书为荣，稍殷实一点的人家自然送子女上学，即使家境贫寒，父母宁愿吃尽万般苦，也要设法让子女读书。

我国第一次科技大会主席台上就座的十人中，有四位是宜兴人，他们是周培源、蒋南翔、潘菽、唐敖庆。难怪当时有人戏称："台上简直就是你们宜兴人的天下！"

正因为如此，宜兴才当之无愧地被人们誉为"陶的故都""竹的海洋""茶的绿洲""洞天世界"和"教授之乡"!

第二节 书香门第

潘菽,字水叔,又名潘有年。1897年7月13日生于江苏省宜兴城西20多华里的陆平村。乡人俗称陆平为陆陵。当时的陆陵,在方圆十里八村中是个有名的大村。潘家更是远近闻名的名门望族,全村三四百户绝大多数为潘姓。陆陵村南数里便是巍峨的荆山(俗称铜官山),村后更有水宽千米的西氿支流南河、北河两条河流分别从村南、村中蜿蜒流过,数以百计的青瓦白墙农舍前后错落,点缀其中,绘成一幅典型的江南水乡风景。村中街市大多集中在南、北两河之间,一条狭长的青石板老街上,店铺林立、楼阁接踵。绸布、竹器、陶瓷、当铺、钱庄、银楼、南货、糟坊、茶馆、酱园、邮政、茶行应有尽有,清末民初直至20世纪五六十年代,陆陵一直是宜兴城西、氿南一带重要的乡间集市、庙会之地,其繁华热闹程度可见一斑。

潘菽的曾祖父潘亭山是道光二十年经魁,祖父潘复和,榜名元燮,字理卿,是清咸丰九年举人,大伯父潘清华和二伯父潘莘华(潘汉年之父)都是清光绪年间的秀才。可谓世代书香、高门及第人家。

由于咸丰、同治年间,太平军与清军在浙北、苏南攻防争夺,激战不断,战乱绵延十年之久,致使江南一带人力、财力、庐舍均遭涂炭,清政府腐败无能,决定了素有江南鱼米之乡的宜兴同样逃脱不了衰败的历史命运。到了潘菽父辈这一代,潘家大族已不堪重负,仕途多舛的元燮公颇感疲惫不支,于是决定按照江南当地习俗,为几个儿子分房分地,另立门户。

潘菉华作为潘家三子,分得祖田30余亩,三开间两进、两厢砖木楼阁十数间。虽然砖雕大门两侧石狮石鼓不失威严,楼阁木雕花窗依旧华贵,但潘家门庭此时已势单力薄、风光不再,加之祖上留下"耕读传家、不入仕途"的遗训,又逢光绪三十一年(1905年)废科举,宜兴各地私塾、蒙馆兴起,潘莘华、潘菉华两兄弟文采出众,秉性方正、治事严谨,于是决心在村中开办蒙馆,以承祖训。

当年的蒙馆、私塾有三种类型,即初级、高级和初高级混合。初级称为蒙馆,专为6—12岁的孩童开设,以点读和识字为主。高级的称为经馆,是专为15岁以上或准备考秀才的学子们办的,以讲读"四书""五经"为主,混合蒙馆则是供年龄不同、文化程度不一的学生们同窗共读的。

父亲和二伯父开设的蒙馆具有义学性质，学费自愿交纳，贫寒子弟可以免费入学，这也符合了潘家乡绅的一贯家风，虽然潘家已不及从前殷实，但有宅地，有田亩，这在当地仍是数得着的小康人家。

潘菽自幼聪颖，加之父亲循循善诱，未入蒙馆前，3岁便开始认字，5岁即可熟背"人之初、性本善。性相近，习相远。苟不教，性乃迁。教之道，贵以专……"了。然而自入蒙馆，他从不张扬，仍旧跟伙伴们一起念唱"子不学，非所宜。幼不学，老何为！"掷地有声，从不厌倦。

潘菽有兄弟五人、姊妹四人。五兄弟都通过各自的努力学有所成，并相继走上了革命道路。长兄潘梓年在大革命时期就参加了共产党，成为上海社联负责人之一，抗战时期一直担任在国民政府所在地公开发行的党中央机关报《新华日报》和《群众杂志》社社长，解放后任中南军政委员、教育部长，1957年起在中国科学院任学部委员，哲学社会科学部副主任，兼哲学研究所所长，是著名的教育家、哲学家。三弟潘渭年（后因革命工作需要改为潘企之）是位经济学教授，是20世纪30年代初的共产党员。四弟潘美年是清华大学物理系的优秀毕业生，也是共产党员，抗战期间，在与长兄潘梓年一道将《新华日报》搬迁重庆途中，他乘坐的运送报社印刷设备的轮船遭日机轰炸，潘美年献出了年轻的生命。五弟潘卜年，共青团员，抗战前赴陕北途中被国民党当局逮捕，在狱中折磨成疾，抗战后出狱不久在宜兴病故。

潘菽虽出身书香门第，但少年时的求学之路并非一帆风顺。十二三岁时，宜兴新式学堂凤毛麟角，整个县城还没有一所新式中学。这给他继续学业带来很大障碍。为此，父亲不得不带着他先后去苏州、无锡等地报考新式师范学校，但终因在私塾里所学知识大都与新学不同而未被录取。求学无门的打击给少年时的潘菽造成不小的心灵阴影和对旧学的疑惑。直至到他八九十岁的晚年，仍旧清楚地记得当年考卷上有些诸如"蜂酿蜜，蚕吐丝"这类令他当时一筹莫展的中译英试题。此时的长兄梓年已入上海龙门师范就读，学习外语和现代科学文化。他写信回来鼓励二弟千万不要灰心，一定要加倍努力、以求进学，绝不能中断学业。无奈中，父亲只得陪他到县城上县立高等小学六年级插班，一年后又上了一学期杭州蚕桑学校。几经周折，终于于1913年夏考入了当时很有名气的常州省立第五中学初中三年级插班。当年，潘蓁华为五个儿子起名时，均为他们用一个带有三点水的字起了"号"，五兄弟依次为渊、淑、滨、洵、洛。不知为何，父亲在有年上高小的时候居然把他的号报上去当了学名，从此名为"潘淑"并沿用至1927

年,而家人、亲眷、村人等仍然称他为"有年"。

入学不久,品学兼优且酷爱书法篆刻的多才多艺的潘菽,就深得同为宜兴人的校长兼国文教师童斐(字伯章,1865—1931,宜兴芳桥人。)的欣赏与厚爱。童先生精通训诂之学,所著《虚字集释》一书深得汉语语法专家吕叔湘的肯定并予高度评价(见吕氏《文言虚字·序》)。他更擅长书法、音乐,他以伯乐之慧眼,推荐麾下得意弟子、常州省立五中青年教师刘天华拜无锡二胡名家周少梅为师,研学二胡演奏,最终成就了刘天华这位举世闻名的二胡大师。

正是这位在当时学术界颇著声望的童先生,对潘菽钟爱有加、悉心教诲,使潘菽的成长锦上添花。

据潘菽三弟潘企之回忆(《宜兴文史资料》第16期),潘菽1917年夏在常州省立五中高中毕业,由于成绩斐然,其喜报送至村中的隆重热烈场面,在全村前所未有。

人还没有到家,喜报已先由县政府的差役送下乡来,贴在潘家一进正厅的肩梁大柱上。在差役进门前,早有望风孩童疾奔前来报信,于是鞭炮齐鸣,全村轰动,围观者数百之众,喜气洋洋。差役在鞭炮声中接过象征性的"赏钱"(当时潘家众多子女上学,家境已每况愈下),被众人簇拥着进入正厅,郑重其事地张贴上喜报。乡人拱手相贺,再请差役落座,吃红糖红枣鸡蛋汤,以慰辛

第一章 江南春雨

劳。其场景比《儒林外史》中描写的范进中举有过之而无不及,只是没有潘敖这个"范进"在场罢了。

当时宜兴全境还没有一条公路,交通主要靠船。光绪二十九年(1903年),上海内河招商轮船公司在宜兴设轮船分公司,华端荣轮船公司亦于同年开设航线,但不久歇业停运。到了光绪三十二年(1906年),裕商轮船无限公司再次在宜兴开张,设立航运。当时的所谓轮船公司根本没有机械船只,所投船只均为木船。在民国十一年(1922年)前,宜兴还没有通往常州的航线,远行者只能倒短转船,十分不便。

初时的航班分为航船(专作客运)、班船(主要货运,负载时带客)、快船(双橹双篙的高档客船)三种,均靠人工拉纤式风力扯帆为动力,速度十分缓慢。从常州到宜兴至少耗时一天半之多。

为节省票费,有年起早赶乘了班船,一路走走停停,沿途卸货,到家时已是次日黄昏了。

前日喜报的鞭炮声余音绕梁,潘家仍沉浸在欢愉之中。这日,父母料定有年必定到家,母亲亲自动手为儿子准备了他最喜欢吃的荠菜肉馅馄饨。全家人直等到天黑时分,有年才隐隐出现。一双小脚的母亲激动地挪着碎步迎上去心疼地问道:"怎的才到家?没乘船么?"有年边喊着母亲边回道:"从宜兴走下来的。""为什么？""不是能省几个铜板嘛。"母亲得知儿子为节省船资而背着铺盖走了近三个钟头时，一阵嗔怪。儿子已是20岁的大小伙子了，但是身子仍显得单薄，见他身上的无袖布汗衫如水洗的一般，更是心疼不已，急忙朝房门喊道："有年爹，快来呀！"随着喊声，父亲和五六个弟弟妹妹从门里呼喊着蜂拥而至，七手八脚地从有年身上卸下背包行囊，一些摇着饭碗来凑热闹的左邻右舍，也喜滋滋跟着潘家一干人等兴高采烈起来。

晚饭后母亲急着为有年整理床铺，几个弟弟妹妹一哄而上，翻看二哥带回的书籍物品。父亲看到有年毕业报告单上的各项科目均为甲等自是喜形于色。母亲一边为有年用热水擦拭着竹凉席，一边叨念着说："有年，你晓得不？村上人都称赞你呐，说我们家又出了两个举人，大家说中学毕业就是举人，还说你大哥上完龙门师范就相当于'进士'了呢！""母亲……"有年被母亲说得不好意思起来。依旧温文尔雅不动声色地对母亲说："那是人家抬举你，引你开心呢，别太当真就是，我会继续好好读书的。"

"那么你还真的想去报考北京大学吗？"父亲试探着问。"我决心已下，无论如何是要去的。"有年斩钉截铁地答道，父亲却没接下文，脸上的表情颇有些异样。

"呀！还有对联呢！"不料，说话间，几个弟弟妹妹早已把有年的书包翻了个底朝天。此时8岁的三弟渭年正拖着两条对联放风筝似的满屋跑。有年急切上前阻拦道:"三弟,快停下,这是我们校长给我写的,不要弄坏了。"

父亲听罢甚为惊讶:"什么,童先生为你写了对联?""是的,童先生特地写了送给我的。"

父亲连忙喝住渭年,接过对联小心翼翼地铺展在床上的竹席上,仔细品赏。这是一副中堂对联,上联是"得山水情其人多寿",下联是"饶诗书气有子必贤"。父亲观后连连叫绝,心中甚喜。他晓知童先生的名声。能亲笔挥毫,以书相赠,可见儿子在童先生心目中的位置非同寻常。尽管对儿子的品学暗自放心了许多,但是否真的让儿子外出深造,内心仍十分为难,举棋不定。

从此,家中的其他对联时有更新,唯独这一副,年年悬于正对大门的堂壁上,也许因为这副对联所写内涵正好与他老人家的气质、意愿十分相合吧。当然,常挂的屏条还有一位安徽人赠予理卿先生(潘菽祖父)的临王羲之的《圣教序》。

第三节 其乐融融

莘华与菉华两家相隔半个村光景。汉年听人说有年哥回来，闹着要来看二哥。其实，二伯父（莘华）又何尝不想早点看到这个令他十分钟爱的侄儿加学生呢。于是，第二天一早，他便带着汉年前来。

进得大门，二伯一眼便看见了新换上的那副中堂对联，立刻断定道："准是童先生的亲笔书！"父亲笑盈盈地连声回答："是啊，是啊，童先生特地送与有年的毕业纪念。""妙哉，妙哉，可喜可贺！有年这孩子我没看错，将来必成大器！"

有年腼腆地笑了笑向二伯父施礼："多亏二伯父教诲。"说罢急忙请二伯父落座。

此时，母亲提着一把泡好了茶的紫砂东坡提梁壶，喜滋滋边走边招呼着从厨房出来："他二伯，有年能有今天的出息，还不是您教授有方！我常提醒他多向您讨教呢！"

"哪里话，都是你们做父母管教得法啊！"二伯父十分谦恭地应着。

母亲一面斟茶一面邀二伯父和汉年在此用午餐，父亲也随声附和着，二伯父盛情难却，不好过多地推辞，便应允下来，一旁的汉年更是求之不得。

二伯父与父亲品着茶，一面又询问有年最近正读些什么书，并又询问些有关童先生近况等，有年一一作答，很是有礼有节，却又似乎有些拘谨。父亲一旁看了解围道:"好了,我和你二伯说说话,汉年早就等不及了,你就同他们白相白相吧。"

有年如释重负,牵着汉年的手来到明堂(江南称天井为明堂)询问弟弟妹妹们:"你们说,今天玩什么?"渭年抢道:"汉年哥已经学会下象棋了,你和他下一盘棋好吗?"有年听后十分惊奇,轻声问道:"汉年,这是真的?"汉年不好意思地点点头说:"才学了几次,只懂了点儿当头炮、把马跳什么的,跟你下我可不敢!""有什么不敢的?来!我们杀一盘。"

一群孩子拥着他们的二哥,欢天喜地地涌进西厢房有年房间。

那是1917年仲夏,汉年才11岁,而有年已整整20。一个心心念念地想去北京上大学的哥哥与一个正在等待宜兴县立第三高等小学录取(时称凌霞小学)的堂弟刘弈,似乎有些滑稽。炎热并没能让木格窗外无休止鸣唱的知了平静下来。棋盘上的景象,如舞台收聚在一起,这一幕在20世纪初苏南农村的一个书香门第里上演得如此和谐、恬静。渭年和只有6岁的美年以及一群小姊妹们,似懂非懂地瞪大眼睛,屏住呼吸,像一群鸟雀,一直围着观战,连母亲呼喊吃饭的声音都不曾听见……

饭后,母亲把一群孩童撵到外面玩耍,二伯父和父亲、有年又一起吃茶聊天。二伯再次问起有年的志向，共谈诸子百家的学问。有年回二伯父道："我尤其崇尚宋代理学大师朱文公，如有可能，很想做一个像他那样的大学问家。"

二伯父闻后大喜，父亲却着实吓了一跳！立刻呵斥道："适才还和你二伯父夸你温文尔雅，怎的此刻谈吐又没了分寸！"

二伯父抢白道："年轻有志，岂是坏事？我倒要考考你，你可晓得朱文公有何建树？"

有年回道："当年康熙帝曾喻朱文公为'集大成而绪千百年绝传之学，开愚蒙而立亿万世一空之规'，足见朱文公才情之深厚，理学之渊博。他的《四书集注》更是集《易》、《书》、《诗》、《礼》之精华，弃伪存真，实乃理学之道上史无前例之创举。他的正君心、立纪纲、明人伦的建言，当是最佳的为君之道、为臣之道。他的1200余首诗词、文章更是精辟畅达、沉郁真挚，洋洋大观，真可谓盖世奇才也！尤以《家训》一文，更让人感怀备至。文中之精论'慎勿谈人之短；切勿吟己之长'、'人有小过，含容而忍之；人有大过，以理而喻之'以及'勿以善小而不为，勿以恶小而为之'等诸多理学，真的可以受用终身！"

有年的侃侃而谈，引得二伯父拍案叫绝，连连称道："后生可畏，后生可畏啊！难怪你会想去报考当今中国名校的哲学门呢！"

说话间，忽见渭年手提一物，蹦蹦跳跳从有年卧房中跑来："二伯二伯，您看！这是有年哥自己做的。"有年见状唬道："你又乱翻我的东西！"二伯接过仔细看时，原来是件用马粪纸做的信插，下方是一幅鱼雁传说水粉画，画面活泼清丽、色彩沉稳。上方一行隶体字为"上有加餐饭、下有长相思"。便又惊问道："真是你做的吗？""是的，是我们的手工作业。""不错不错！"二伯端详着频频点头，便又问有年："你晓得这句话的出处吗？"有年答道："出自汉乐府《饮马长城窟行》，文中有'客从远方来，遗我双鲤鱼。呼儿烹鲤鱼，中有尺素书。长跪读素书，书中竟何如。上言加餐食，下言长相思'。我想，书信原本就是传递一种思念，把它放在信插上岂不贴切些！"

二伯父闻后甚喜，冲着菉华叹道："你这个儿子不得了，真可谓青出于蓝而胜于蓝，就连我这个先生也要望尘莫及了！"

盛夏的江南酷热难耐，即将孕穗的稻禾被火辣辣的日头晒焦了头顶，只有那些忠于职守的知了们，躲在树荫里不知疲倦地嘶鸣着，让人心烦意乱。

有年的卧房里，渭年用双手擒着蒲扇为二哥打凉。

有年专心致志地在一方桃木上雕琢着。渭年的手臂有些酸了，忍不住问道："有哥，你在刻什么？""你这么卖力，我给你刻一颗印章，是你的名字，完了再给美年、卜年也刻一颗。也许阿哥真的到北京上学，那就离你们远了，我们就不会常常见面了……"

后来据渭年回忆：都怪当初太小，不知道珍惜，二哥送给的印章不知何时遗失，很是遗憾。

没过几天，长兄梓年从上海龙门师范毕业返家，并告知父母，他已决定应邀到无锡东林小学任教。

父亲说："也好，这样也好帮衬家里一把，否则家中的日常开销真是捉襟见肘了。"

连日来，有年一副心事重重的样子，让这个原本就少言寡语的青年更加沉闷起来。前些日子县差役送喜报、放鞭炮的热闹已烟消云散，有年几次在父亲面前提起赴京考大学的事都没被应允。原因很简单，那就是时下潘家再没有这个能力了。这几天，梓年也为弟弟的事寝食难安、心急如焚。他深知二弟才气横溢，已初露锋芒，如不能继续深造而半途而废，实在是太可惜了，虽然私下也几次与父亲探究，但每提及此事，父亲总是长吁短叹，哀愁连连，甚至有时自言自语："如今这等家境，上什么大学啊，算了！"

"父亲，二弟是有造化的呀，你就让他去试试吧。"

一日，梓年又向父亲提起有年赴考之事。父亲说："我又何尝不想让他去试呢？可你也知道，万一考上了，一年就得花销一二百光洋，我们拿得出吗？还是留在家吧，也好帮衬帮衬弟弟妹妹们。"

父亲的确心余力拙了。

梓年忽然说："我有办法！"

父亲惊愕地说："你有什么办法？"

"我听说东林小学每月薪水有10个光洋，这样一年下来就是120光洋，我平时紧紧裤带，家里再想一部分法子，不就成啦？"

父亲闻言后沉思片刻道："既然你如此有心，我也不反对了，有年能有你这样的兄长，也是他的福分！"

有年闻讯后，激动得热泪盈眶。他紧紧拉着梓年的手说："多亏你了，阿哥，我不会辜负的……"

第四节 艰难北上

决定让有年去考北京大学，对潘家此时的家境，确实有些力不从心。正值民国六年（1917年）宜兴境内先旱后蝗，灾害严重。潘家30多亩稻谷注定要歉收两成以上，预计每亩收入能有20银元便是万幸。加之少量蚕桑、店铺、蒙馆等各处进项不足百元，满打满算也不过七八百元光景。

潘家书香遗风尚存，自家人并不能劳作，上下老小肩不能挑、手不能提，全仗农时雇工帮种帮收，更增加诸多开销。虽有部分田亩出租佃户，然天降荒年，佃户肚皮尚不能填饱，何来租粮交付。因此，有年赴京求学的费用皆成问题。

自梓年决定负担二弟部分学费并同意有年赴北京报考之日起，菉华夫妇二人便一刻不停地筹备他北上的费用行装。先是翻箱倒柜，东找西挖地凑到了三十多元。又到两位兄弟处筹来二十多元。父亲算了又算，此次有年赴京至少要带一百银元才行。并对母亲说："古人云'穷家富路'，在家的人日子紧点还能想办法，出门在外就不同了，况且眼下并不太平，世事难料呢。"

一连几日，父母二人为筹学费一筹莫展。一天，母亲对父亲说，不如到祖母的娘家表兄弟那里去筹措些来。有年祖母许氏的娘家是氿北庵头小镇上的大户。虽家境也都逊于从前，但眼下仍开有铁匠铺、豆腐坊、船码头（每天一两班的客船码头）等数家小本产业，照理说借贷几十银元应该没什么大碍。何况，潘家鼎盛时，许家上上下下，就连八杆子打不着的亲戚，也时常到潘家造访，许家晚辈中，很多人都受过潘家的恩泽。想到此处，潘菉华真的动了心。但菉华一向是位极要面子的先生,从未做过低声细气的借贷之事。可为了有年的前程,经不住夫人的劝说,只得勉强前往。

整整一个上午的步行、船渡,正值午饭时分,潘菉华到达许家二表兄嫂家。表兄嫂一番寒暄客套自不在话下,当他们得知表弟此次的来意时,脸色渐渐暗淡下来。表兄表嫂的一通苦经如倾盆大雨,尤其是表嫂更是诉苦不迭:逢天降灾祸,各处田亩几乎绝收,几处店铺维持艰难、频频亏损,往日里贷出的款项亦是有去无回等等等等。

菉华勉强用了午饭,很觉无地自容,逃也似的匆匆告辞。表嫂见状内心甚喜但表面上却假意地极力挽留着,一面又折回房中取出两块银元塞给菉华,说是作为资助有年赴京的一点心意。菉华心中愤然却又不好发作,只得赔着笑脸婉言谢绝表嫂的这番美意。只此一次,终于让这位天命之年的学士乡绅尝到了世态炎凉的真正滋味儿!他怎么也想不通,当初潘家门庭若市之时,许家男女老幼,每去必施,从无用两块银元打发了事之先例。今日遭遇倒是真正应验了一句老话:穷在身边无人问,富在深山有远亲!

潘菉华不忍心就此回家,让妻子满心的指望就此化为泡影,更不能实话实说,伤她的自尊,于是决计到宜兴城里的朋友家暂住一夜。次日回转后,只是轻描淡写地对妻子说："如今许家实是今非昔比，几处店铺关的关、当的当，看来自身难保，见此情景，我不便开口，借了托词，只好回转，另谋他途吧……"妻子听罢，赞美他办事极有分寸，说："无妨，既如此，我们再想别的办法就是了……"

有年父母正在为筹措学费之事愁肠百结之时，一日，二伯父来访，从腰间掏出二十块大洋，咣当一声掷于父亲手中。这让父亲惊得目瞪口呆，说不出话来。"你这是哪来的钱？汉年因贫辍学，如今刚又考上了凌霞高小，你这是……"

二伯父的家境，父亲早已心知肚明。前几年他有违祖训、步入仕途，做了宜兴县议员，但因暗暗沾上了吸食大烟的毛病，家中所得祖产几乎让他消耗殆尽，才弄得汉年辍学在家。本应帮衬一把的，只是自家子女众多，开销庞大，自顾不暇，因此也是有心而无力，如今他却……想到此，父亲执意不肯收二伯父的钱。二伯父解释道："你放心，这钱绝非吃人的高利贷，是我在宜兴城里圈中好友处借的，而且不要利息，日后归还便是了。"父亲仍是不信，二伯父动情地催促道："你还是不是我的亲兄弟？有道是患难亲兄弟、战场父子兵啊！"

父亲经他一说，眼圈顿时红了起来，再不好回绝了。

梓年见此情景，深有感触，对父亲道："父亲，二

第一章　江南春雨

伯父所言极是,您别辜负二伯父的一番苦心啊!如今,我这个做长子的也可以为您负担家事了。东林小学开学后,我每月就能拿到十块银元的薪水,二伯父借的钱,我们尽早还上就是。"

父亲自觉梓年言之有理,母亲更是喜极而泣。如此算来,眼下已有七十多块大洋,除沿途车船费用外,可维持有年考学后半年的开销了。

眼前的一切,让有年好生激动!更在他年轻的心灵上打下了难以忘怀的烙印。他第一次品尝到了生活中的"艰辛"二字,也更让他真正体会到了什么叫作亲情。这些都将成为他日后刻苦学习的动力,或许这些人与人之间的处世之道也将成为他今后研修哲学的启蒙课题。此时,这个涉世不深且言语不多的年轻人没有过多的感恩之词,他双手捧过一盅凉茶呈给二伯父并道了声"谢谢二伯父,我会记得的……"二伯父笑盈盈地接过茶一饮而尽,爽快道:"一家人怎说起两家话来?二伯父不要你道什么谢,我只要你明年暑假回来拿甲等的成绩给我看!""是,是的。"有年虔诚地应诺着,他拉起长兄梓年的手,使劲地握在一起!梓年意会,于是俩人向二老告辞,一同往后堂去看望母亲。

为了尽量节省开销,也图个经久耐用,母亲一直在这个挥汗如雨的三伏天里,一针一线地为有年缝制加厚的棉袍、棉裤、棉背心、棉鞋之类的冬季衣物。有年见状心疼地说:"姆妈,棉袍棉裤我不是都有么,为何又要重做?"母亲道:"你知道什么,我听人说北京的冬天冷得吓人,一边方便一边就能冻成冰棒呢!"还是梓年见多识广,对母亲言道:"北京的冬天外面是冷些,但屋里却有暖炕、火炉,还有暖气,比我们江南还好过哩!"母亲终是将信将疑,尽管如此,她还是坚持按她的计划早早准备停当,以便有年随时都可启程。

为了尽量避开灼热的暑气,二伯父建议晚间行船。民国六年阴历七月初八的黄昏,父亲、母亲、梓年、汉年、锡年(汉年胞弟)、渭年、美年及几个姊妹一干人等,提着有年的行囊送他至北河埠上船。那是一艘村里义仓的木帆船,两位船老大早已在此备帆等候了。梓年自告奋勇,代父母送他去常州,再送至浦口,他说有年第一次坐火车出远门,很是不放心。

简短的告别并未让有年感到沉重,好在此去是求学,很有一些憧憬在胸。

暮霭渐渐散去,木船扯起了帆全速行进。岸边的树木、村庄和老屋及村南溪山的远影,被银色的月光衬托得格外黑、格外浓。此时,有年才觉得这月色酷似因营养不良的亲人们离别时那一张张惨淡的脸。

河面上看不到其他行船,从河心到河岸,到处是一片宁静。船后面，汩汩地流动着黑色绸缎般光滑的长长河水。眼帘中缓缓蠕动着黑暗，这黑暗拂去了河岸与村落的界线，与帆上迎风发出的沙沙声融合成一个无休止的呻吟，有年心中突然掠过一丝离别亲人的惆怅来……

梓年与弟弟有年，沐浴在湿热的黑暗中，一路上，梓年俨然是位成熟的兄长，他在黑幕中拉着弟弟的手，喃喃地嘱咐着，生怕弟弟在外有个什么闪失似的。

次日清晨，当太阳再次像火球一般出现时，他们的船已进入常州界了。大约十点钟光景，太阳的威力已经烤热了船上的每一块甲板。不多时，梓年与有年便在常州水西门码头上了岸，呼过一辆黄包车，直奔火车站……

当年，从常州乘火车到北京，虽可买到通票，却不能直达。到南京下关车站后，兄弟俩换乘渡船过江至浦口，梓年迅速为有年签了车票，并一再嘱咐，到达徐州、济南、天津等地后，千万别忘记下来签票换车，一切安排妥当后，梓年又送弟弟上车找好座位，放好行李物品等。

火车汽笛一声长鸣，有年从缓缓北行的车窗探出头来，呼唤着梓年兄的名字，梓年十分虔诚地挥着手，直至弟弟乘坐的火车在眸子里变成模糊的小小黑影……

第二章 仰慕定志

第一节 北大校园

一个世纪前的火车虽然无法与当今高速列车相提并论,但对从未出过远门的有年来说,已觉得脚下如飞、十分新奇了!

车厢里人声鼎沸的嘈杂掺和着车轮发出咣当咣当的震颤,以及窗外不时闪过的树木、山川、田野、农舍,一切都是新鲜的、宽广的、从未目睹过的。所有的陌生与新奇感,驱走了有年与大哥梓年、与父母家人离别时涌现出的酸楚。此时浮现于脑海中更多的则是对京城的种种遐想,是大哥临别时的诸多叮咛。他不会忘记梓年的告诫:应考时一定要沉着冷静,一定要细心审题等等,尤其不能忘记,一定要去考北京大学。因为那是京城最有名气的大学,那里聚集着众多知名教授,

第二章 仰慕定志

而且学费又是最低廉的。有年深知大哥的用心,长兄如父啊,大哥的叮嘱、大哥的支持、大哥的责任,他怎么能忘呢?

五天五夜的行程并没有在这位踌躇满志的青年身上留下太多倦意。火车缓缓驶进了北京前门火车站。有年背起行囊,提过那只梓年专程从无锡为他买来的藤条箱,另一只手拎着母亲特地为他缝制的专装沿途吃用、洗具的粗布手提袋,与乘客们簇拥着走出站台。

车站广场上,叫卖声、吆喝声、马车铃铛声和不时驶过的汽车喇叭声,一股脑儿地敲击着有年的耳鼓。这位面容清癯、举止斯文、身材中等的青年,穿着一件退了色的浅灰中式长袍,脚下一双黑色布鞋,完全没有富家子弟的气派。一位黄包车夫见他的行囊便知是远路的客人,立即上前搭讪,招揽生意。有年说:"你可知马神庙嘛?"

车夫道:"这位公子一定是去北京大学的吧?"有年会意地点点头。"好嘞!上车吧!"说着,车夫麻利地帮有年搬上行囊,驾起车辕,一路飞奔而去……

北京不仅是中国的政治中心,也是学术和文化中心。十分向往北京的有年,坐在人力车上左顾右盼,好不新奇。八月初的北京温暖如春,当人力车经正阳门、中华门,直至天安门时,一颗年轻的心,被北京辉煌灿烂的古代文化强烈地震撼了！那红色的宫墙、巍峨的宫殿、雄伟的八角亭、高大的皇城、挺拔的松柏以及景山上红黄相间的亭台楼阁，无不散发着中华民族古老的文化气息，无不闪烁着中国劳动人民的智慧光芒。眼前的一切，正是他憧憬的、向往的，他决定到如此博大的文化殿堂里一搏，争取在这里能有他求知的一席之地。

半个时辰光景，正当有年还陶醉在皇城景色之中，忽听车夫停下来说，马神庙（今景山东街）公主府到了。有年这才回过神来，只见车子停在一座五开间青瓦红墙的门楼前，正门上方一块足有三米长、一米宽的白色匾额上书写着"国立北京大学"六个大字。啊，这就是梦寐以求的北京大学了。他急忙下车，付清脚钱，怀着一颗虔诚而忐忑的心，欣幸地踏进这座神圣的知识殿堂。

到了北大，他幸遇上了一位上年考入北大的同乡同学。他告诉有年，北大有预科和本科之分，一般中学毕业的都先考预科。如果要考本科的话，最好是报考文科，因为文科比理科容易些，当时文科有哲学、英语、历史等专业。由于有年在中学时就有了喜爱哲学的倾向，于是决定报考文科本科的哲学门（后改为哲学系）。

因有年在中学时成绩优异、功底扎实，发榜时，他居然跳过了预科，直接名列本科哲学门前茅。

面对南河沿边上的北大三院哲学门那幢二层小洋

楼，目睹石拱门旁红楼上十八名被录取者中的潘淑二字，有年顿觉热血沸腾，心怦怦怦地跳到了喉咙口。他终于没有让家人失望，他对得起长兄的嘱托，他庆幸老天对他的恩赐，感谢上苍的宠爱。他要以最快的速度，把消息告诉父母，告诉为他做出牺牲的兄长。

没过多久，有年金榜题名的喜讯传到了陆平村，潘家上下再一次沉浸在书香门第常有的喜悦之中。

1917年的北京大学，正如兄长梓年了解到的那样。这年1月，蔡元培正式担任北京大学校长。这位主张教育救国、两度赴德国游学、曾在辛亥革命后的南京临时政府当过教育总长的著名教育家、爱国者，一到北大，便对沿袭京师大学堂时的诸多传统陋习进行了一系列改革。对学生以"抱定宗旨"、"砥砺德行"、"敬爱师友"三事相勉励，对教员的选择上，更是采取兼容并包的方针，这才使得那些《新青年》杂志的主编、主笔们，如陈独秀、李大钊、鲁迅、胡适、钱玄同、刘半农、沈尹默等，均被请进北大任教。对于各学派，只要"言之成理、持之有故"，都可以自由争鸣，让学生自由选取。对学生的政治活动，不予严格干涉，他曾说："我对于学生运动，素有一种成见，以为学生在学校里面，应以求学为最大目标，不应有何等政治组织。其中如果年龄在20岁以上，对于政治有特殊兴趣者，可以个人资格参加政治团体,不必牵涉学校。"[1]

他对北京大学的改革,特别是对文科的改革,使新文化运动获得了一个有力据点,使《新青年》聚集了更多的新文化人,使学生有了接受新思想和参加政治活动的机会,客观上对后来北大成为五四运动爆发的中心起到了推波助澜的作用。

潘菽在耄耋之年回忆当年在北大求学的经历时说:"当时的北大非常宽松,一无拘束,如太空、如大海,就像小鸟儿飞离了笼子,飞到了一个空气清新的树林,自由自在。"

潘菽清楚记得,在常州中学时,监学先生十分严厉,吃饭时都要按班排好队,然后按次序进入膳厅。在自修室自修时不准说话,就寝前还要一一点名,熄灯后不准再有任何声响,否则便要受到处罚……

而到了北大,连排队点名、定时熄灯的规矩都没有了,校内更没有"学监"、"训导长"之类的人物需要防范,同学租住在外面也完全没人管,就是住在校内宿舍里的也是一样,出去、回来、早睡、晚睡,是在整日用功,还是无休止地谈天说地,都没有人来多加过问或指责。

---

[1] 参见人民出版社1998年12月出版、彭明著《五四运动史》(修订本)第165页。

尽管学习环境十分宽松自由，专业也可随意选择，上课更不做硬性规定，一切皆由自己掌握，但潘菽并未有过丝毫惰意。所有课程，无论有兴趣与否，一律按部就班，专心听讲，认真笔记，仔细研习。如胡适先生的中国哲学史，梁漱溟教授的印度哲学，马叙伦的庄子哲学，陈大齐的心理学和西洋哲学，还有章士钊先生的逻辑学等等，他都从不缺课。尤其是陈大齐教授讲述的西洋哲学，是潘菽第一次接触到唯心和唯物的概念。他觉得新奇，但又认识肤浅，于是他买来了一本外文版西洋哲学方面的书，硬着头皮啃了一遍。由于当时外文基础还不算扎实，因而研读生涩，并未留下深刻印象。

也许是深受潘家"耕读传家、不入仕途"祖训的影响，也许是自幼缘于封建礼教的熏陶，进入北京大学后的潘菽始终沉浸于苦读诗书的境地。在师长们的眼里，他是个循规蹈矩、好学上进的青年。在同学们心中，他是位与世无争、不事张扬、和蔼可亲的好学友。他崇尚蔡元培校长的主张，抱定一个信念，那就是，只有认真学习才是一个学生的全部使命。于是，他的整个生活轨迹便是所谓的教室、饭堂、图书馆的三点一线式。他觉得，唯有如此，才能无愧于父母的养育，无愧于兄长的资助。唯有这样，才能获取更好的人生前途！

因此，就连俄国十月革命的强烈炮声，都未能把他从埋头独行中震醒!

然而,正像任何人都无法在真空中生活一样,潘菽的学习、生活环境也非完全封闭的、孤立的。尤其是在当时各民主革命进步思潮相当活跃的北大校园里,他同样接触到了许多资产阶级革命的启蒙思想,这些思想主要来自当时的进步刊物《新青年》和《每周评论》。

蔡元培任北大校长后,聘请陈独秀为北大文科学长(相当于现今的文学院院长或文学系主任),因此,《新青年》编辑部便由上海迁至北京皇城根北池子大街箭杆胡同9号(即陈独秀家中)。1917年夏,胡适由美国回国,也被聘到北大文科教授中国哲学史课程。同年11月,李大钊经章士钊先生推荐到了北大,于次年1月接替章先生任北大图书部主任一职。

1918年元月,《新青年》由陈独秀个人主编改为同人主编,成立了由陈独秀、周树人、周作人、钱玄同、胡适、刘半农、沈尹默等7人为主的编委会。李大钊、鲁迅、胡适、钱玄同、刘半农等均为其中的主要撰稿人。

当时的《新青年》提出了两大鲜明的口号,一是民主,二是科学。这对当时半封建半殖民地且谈不上民主政治的中国来说,实乃振聋发聩之壮举!对启蒙当时还处在蒙昧、落后中的中国民众具有划时代的意义!

诚然,"五四"以前的启蒙思想家们歌颂的都是西方国家，尤其是法兰西式的民主、文明，并未真正找到在本国土地上实现这一憧憬的途径，但毕竟令当时的知识界及北大学子们耳目一新。

在民主与科学口号的引导下，1918年5月出版的《新青年》第四卷第五号上，陈大齐、陈独秀、钱玄同、刘半农等知名教授，纷纷撰文向封建迷信的鬼神论宣战。他们根据心理学、生物学的诸多原理口诛笔伐，揭露历代封建帝王无不以鬼神邪说统治与愚弄百姓，尤以陈大齐的《辟灵子》，切中要害，揭露了所谓《灵学》的无端邪说。

《新青年》作为新思想、新文学的最早提倡者、传播者，更是直指吃人的封建礼教。

1918年4月，胡适在《新青年》上发表《建设的文学革命论》，提出了文学革命的"八不主义"，不做言之无物的文字；不做无病呻吟的文字；不用典；不用套语烂调；不重对偶。文须废骈，诗须废律；不做不含文法的文字；不摹仿古人；不避俗话俗字。同年5月，鲁迅在《新青年》上发表了他的第一篇白话文小说《狂人日记》，李大钊用白话文发表了他的《山中即景》短诗，都有力地推动了新思想、新文学运动的蓬勃开展。①

---

① 参见人民出版社1998年12月出版、彭明著《五四运动史》（修订本）第五章"启封见建之蒙"一文。

《新青年》和《每周评论》在校园的大量传播，使潘菽与他的同学们身心为之一振。尤其是许多撰稿人均是与他们朝夕相处的老师，学生们看了更为亲切。当时，潘菽对胡适的文章颇感兴趣，以至于对他讲授的中国哲学史也钟爱有加。一次，胡适先生布置一道作业，让学生写一篇关于惠施[①]和公孙龙[②]的文章，潘菽围绕惠施的"天与地卑，山与泽平"和公孙龙的"白马非马"等主要命题中的辩证思想及某些片面性，评述有理有据、经纬分明、颇有见地，结果得到了"甲上"的最高分，深得胡适先生的赞赏！

1919年4月30日，胡适在美留学时的恩师，实用主义哲学教育家杜威偕妻子来华讲学。他宣扬的"教育乃是社会进化和改良的根本方法"的观点，在当时还没有真正接受马列主义思想影响的北大学生中，犹如春风拂面，引起强烈共鸣。潘菽亦是一群年轻崇拜者之一。于是，凡是杜威先生的演讲，他每次必到，因此，教育救国的思想渐渐在潘菽心中扎下了根，显然为他毕业即选择赴美留学学习教育投下了重要的思想伏笔。

---

① 惠施（约公元前370—前318年），战国中期宋国人，仕魏，曾任魏相，是著名的政治家、思想家。

② 公孙龙（约公元前325—前250年），战国中期赵国人，曾做过平原君的门客，著名思想家。

第二章　仰慕定志

第二节　放飞心智

由于经济的拮据，不想再给父母及梓年兄增添更多的负担，潘菽已经有一年半没有回家乡了。尽管思乡之情时时袭来，但他毕竟从少年时代开始便外出求学，渐渐地，对独立生活的各方面自理都已习以为常了。

在北大就读的潘菽，每天重复着穿梭于宿舍、饭厅、教室这一固定生活轨迹。由于北大那种新文化风潮，各种学术流派，各种新思想、新思潮风起云涌，让他这个当代知识青年大开眼界、心智骤增。尤其是新文化中各种思潮自由发展之氛围，在潘菽看来，这是在宜兴、常州乃至无锡、上海都很难甚至无法接触到的。尽管他没有更多的爱好也很少参与社交，但他对这里的学习环境十分满意，从未产生丝毫寂寞、单调的乏味之感。

由于他与生俱来的"两耳不闻窗外事，一心只读圣贤书"的习惯，加之自幼接受中庸之道的儒家学说影响极深，因此，在与同学之间、师生之间的相处中，从未有亲疏厚薄之分。即便同窗同舍之谊，也从不给人留下与之过从甚密的印象。关于这点他在晚年时曾回忆道："当年在北大师生中确实有不少风云人物，但自己从未特别留意与之交往，因为我始终认为，大家都是那个时代的普通人而已……"

去图书馆看书是潘菽在北大就读期间最大的嗜好。1918年12月初，北京已寒气逼人，他和许多同学都穿起棉袍了。一个星期天的上午，潘菽到新近落成的北大红楼一楼图书馆第二阅览室去借书。刚一进门，一位操浓重湘音、身材高大却只穿黑褂灰长衫的青年迎面问道："请问是借书还是还书？"潘菽打量眼前这位比自己高出半个多头的蓄发青年颇觉陌生，便脱口问道："老兄是新来的？""来了有个把月了。""哦……怪不得面生，我也是第一次来新馆二室。对了，我想借两卷曾国藩的《经史百家杂钞》，可有吗？""有！要哪两卷？我给你拿。""七、八两卷吧。"

当潘菽接过书，那青年说："登个记吧！"潘菽从衣袋里摸出借书证递给他，那青年接过证件看了一眼又看了看潘菽调侃道："潘淑？好个女性化名字！"

潘菽被他一说。脸真的红起来，那青年还过借书证见他面露尴尬，急忙歉意道："对不起，第一次认识就开玩笑，不好意思，我叫毛泽东，欢迎常来……"

潘菽并没有刻意记住毛泽东这个名字，1919年元月某一天，当他再次来到二室还书时，发现这位年轻的图书管理员也在认真阅读《经史百家杂钞》。待他再次去借换其他卷本时，那个叫毛泽东的青年已辞职离去。毛

第二章　仰慕定志

泽东一共在北大图书馆做了五个多月，像一位匆匆的过客，因此并没在潘菽的记忆中留下过深印象。

有道是世事难料，当年在北大做了5个月临工的那位比潘菽年长4岁的青年，25年后成了中国赫赫有名的人物。1945年国共两党在重庆谈判期间，这位未来新中国的缔造者以领袖的身份接见了潘菽等八位进步教授。

原来，25岁才毕业于长沙第一师范的毛泽东，1918年8月15日与他的同学萧子升、张昆弟、李维汉、罗章龙等二十四名青年一同乘火车赴北京，会同先期赴京的蔡和森同学奔走筹办赴法勤工俭学事宜，由于种种原因，在克服许多意想不到的困难后，终于使大多数同学如愿以偿，分别进入了由蔡元培、李石曾积极组织创办的分设在北京大学、保定育德中学、河北蠡县布里村、长辛店等地的赴法预备班。罗章龙也正式考入了北京大学预科。此时已在北大任哲学系教授的、毛泽东在长沙一师的恩师杨昌济，非常希望毛泽东也考北大。也许是经济上的原因，同时也与他一向推崇自学的主张有关。此外，当时教育部还有一条规定，中等师范毕业生不能马上考大学，必须先服务几年。因此，毛泽东没有赴考。

此时的毛泽东的确在经济上捉襟见肘，无奈请恩师杨昌济帮忙。杨教授自然责无旁贷，立即挥毫手书一封交与毛，让他去找时任北大图书馆主任的李大钊，鉴于杨先生的为人与声望，李大钊热情接待了毛泽东并立即安排他到图书馆第二阅览室当一名助理员，每天除打扫卫生外，便在第二阅览室登记新到的报刊和前来阅览或借书者的姓名，管理十多种中外报纸。当时北大教授们月薪大多二三百元，而毛泽东的月薪只有八元，仅仅糊口。但他很满意这份工作，一则不仅有了托足之地，二则可以免费阅览诸多古今中外书籍，更重要的是，在这里他结识了诸如李大钊、胡适、刘半农、钱玄同等一大批著名学者和北大学生。①

毛泽东是否在潘菽的影响下才发现并精读曾国藩的《经史百家杂钞》无从考证，但研究毛泽东的专家李锐曾经说过这样一段话："中国传统文化是毛泽东一生的主要思想土壤，这种思想土壤，对毛泽东一生的功与过都发生过极为重要的影响。"

李锐曾对"毛选"四卷里来源于中国古书的成语典故做过一个粗略统计：三十条以上者有《左传》，二十条至三十条者有《论语》、《孟子》、《史记》、《汉书》、《朱子语

---

① 参见中央文献出版社 1996 年 8 月出版、金冲及主编的《毛泽东传 1983—1949》（上）第 41 页。

类》等，其他十条左右者有《大学》、《中庸》、《战国策》、《后汉书》、《三国志》、《孙子兵法》、《诗经》、《晋书》、《尚书》、《老子》、《易经》、《国语》等。李锐说："《经史百家杂钞》肯定是毛泽东思想土壤来源的一个组成部分，细读《杂钞》，可以发现，'毛选'四卷中的那些典故，有许多就包含在《杂钞》中，这无疑与他青年时熟读过曾国藩的《经史百家杂钞》有直接关系……"

毛泽东认为：《经史百家杂钞》是一部囊括经、史、子、集四部精华的优秀古文选本，是一部研习国文的入门书。1915 年 8 月 3 日，22 岁的毛泽东给他的同学萧子升的一封信中说："顾吾人所最急者，国学常识也。昔人有言，欲通一经，早通群经。今欲通国学，亦早通其常识耳。首贵择书，其书必能孕群籍而抱万有。千振则枝披，将麾则卒舞。如是之书，曾氏《杂钞》其庶几焉。是书卜自隆古，下迄清代，尽抡四部精要。"[①] 可见，毛泽东对曾国藩的《经史百家杂钞》评价相当之高，也说明他对此书崇尚有嘉。

潘菽十分钦佩曾国藩的处世之道、为人胸襟，尤其对他"国贫不足患，惟民心涣散，则为患甚大"之说有

---

① 参见湖南出版社 1990 年出版的《毛泽东早期文稿 1912.6 至 1920.11》第 24 页。

颇多感慨。他从曾国藩身上领悟到的"把行动提升到理想的高度,把理想落实到信仰的境界,把信仰延伸到未来的时空"这一哲理,对他逐渐形成的教育救国、科学救国以及后来形成的具有中国特色心理学理念,奠定了重要思想基础!

其实,在常州读中学时,潘菽就已经通读过《曾国藩家书》、《曾国藩日记》。可以说,他在青少年时代,便对曾国藩的博学修养、为人之道推崇备至!他在《曾国藩家书》中尽情驰骋,多方面汲取做人与治学营养。尤其曾氏于同治十年十一月病危时给他的两个儿子纪泽、纪鸿的遗嘱中所说"一曰慎独则心安。二曰主敬则身强。三曰求仁则人悦。四曰习劳则神钦"[①]的精论,确实令潘菽那颗少年纯洁的心灵大受裨益!

遗嘱中所说的四点精要,出自曾国藩在同治九年九月二十二日在天津寓所的一段日记:"是日细思古人功夫,其效之尤著者约有四端:曰慎独则心泰,曰主敬则身强,曰求仁则人悦,曰思诚则神钦。惟独者,遇欲不忽隐微,循理不问须臾,内省不疚,故心泰。主敬者,外而整齐严肃,内而专静纯一,斋庄不懈,故身强。求

---

① 参见岳麓书社2002年9月出版的《唐浩明评点曾国藩家书》(下)第439—441页。

仁者，体则存心养性，用则民胞物与，大公无我，故人悦。思诚者，心则忠贞不贰，言则笃实不欺，至诚相感，故神钦。四者之功夫果至，则四者之效验自臻。余老矣，亦尚思少致吾功，以求万一之效耳。"①

潘菽从以上曾氏日记及其留给后辈的遗嘱中真正领悟到：一个人在独处时，也要能做到严格要求自己，能为善去恶，心中坦荡。这是儒家修身的最高境界。第二是为人要自强自立，生活充实，要有远大目标，平时工作、生活要庄敬严肃，不苟轻浮，只有这样才能成大器。第三则是对人要仁爱、豁达，善于帮助别人，这样才能受人欢迎。第四是人应当劳作与努力获取生存和社会地位，以自己的智慧给天下的人带来福祉；每个人付出的劳作与所得之酬赏若相一致，才不会招来嫉妒怨恨，否则便不能长久。

他对曾国藩在遗嘱第四条中所说"若农夫织妇终岁勤动，以成数石之粟数尺之布，而富贵之家终岁逸乐，不营一业，而食必珍馐，衣必锦绣，酣豢高眠，一呼百诺，此天下最不平之事，鬼神所不许也，其能久乎？"②更是豁然开朗，如同找到了人生之真谛，对他一生都受益匪浅！

---

① 参见岳麓书社2002年9月出版的《唐浩明评点曾国藩家书》（下）第439—441页。

② 同上。

潘菽在晚年时曾对他的秘书李令节说：正因为他喜欢读朱熹、曾国藩等人的文章，因此"中毒"很深，今天看来，这种"毒"正是他学术睿智的动力之源，也正是他一生为人谦恭与世无争，对同仁不事心计，对学生百般提携，一生淡泊名利、布衣素食的思想财富之源。

第三节 载入史册

在纪念五四运动六十五周年之际，1984年5月，当年五四运动学生领袖之一，我国著名的社会学家、民主斗士，曾担任中华人民共和国人大常委会副委员长、九三学社中央委员会主席的许德珩先生，满怀激情地抒笔挥毫，为同是在五四运动中被捕的三十二名同学之一、时任九三学社中央副主席的潘菽写下了他当日的狱中吟诗；相赠并悬挂于潘老厅堂正中，诗中云：

> 水叔我兄同志留念
> 为雪心头恨，而今作楚囚。
> 被拘三十二，无一怕杀头。
> 痛殴卖国贼，火烧赵家楼。
> 锄奸不惜死，志在灭仇雠。
>
> 许德珩·八四春九十有五

第二章 仰慕定志

五四运动把包括潘菽在内的三十二名青年学生的名字永远地载入了中国近代史册。他们是分别来自北京大学、北京高等师范学校、北京工业专门学校、中国大学、北京汇文大学的熊天祉、梁彬文、梁颖文、李良骥、牟振非、曹永、陈声树、郝祖令、杨振声、萧济时、邱彬、江绍原、孙德中、何作霖、鲁其昌、潘淑、许德珩、易克嶷、林公顿、易敬泉、向大光、陈宏勋、薛荣周、赵永刚、杨荃骏、唐英国、王德润、初铭音、李更新、董绍舒、刘国干、张德。①

五四运动是一场意义深远的爱国运动,也是前所未有的新文化运动,是中国的民主主义革命迈向新民主主义革命的转折点,是新民主主义的开端。它带着辛亥革命不曾有过的姿态,地不分东西南北,人不分男女老幼,所表现出来的爱国主义激情实属中国历史上所罕见。当然,五四运动的伟大意义乃是后来人穷源溯流的结果。作为当事人,尤其作为被捕学生之一的潘淑(此时还未改称潘菽),从未将其视为攀附仕途利禄的砝码。

在他的一生中,很少向人提起这段往事,他不认为

---

① 参见北京出版社 2003 年 6 月出版、许进主编的《百年风云许德珩 1890—1990》第 57 页。

自己是个什么"英雄",而是一个时代的产物,谁赶上了那个时代,谁置身其中,都会这样做。正如他在1945年7月15日发表在《青年知识》第一期上的《追念中的五四时代》一文中所说:"我在五四时代不过是一个受这个风气所熏陶的青年,并不是这个运动的发动者,也不是推动者,甚至于追随者都算不上。总之,我对于五四运动并没有在任何方式下尽过力,不过是被这个运动的浪潮所冲动的一块石头而已……"他还说:"我的被捕,完全是一件偶然的事情。假如以此为罪名,我实无此罪。假如以为荣誉,更绝对无以承当。回想那天的一幕,我个人所遭遇的只能是一班糊涂人所干的糊涂事,在我的记忆中仅留下一种滑稽感……"[①]

又如他在1959年纪念五四运动四十周年发表在《红专》杂志上的一篇文章中说:"五四运动是中国近代史上一件重大的事情,它的影响是深远的。"

"参加五四运动的青年到后来在政治上显现出很大的分化。有一部分人在运动后就停顿下来,不再前进,甚至变得堕落腐化。有一大部分人坚持资产阶级革命的道路,向往法、英、美。后来发现这条路走不通,而走入歧途,

---

① 参见人民教育出版社2007年7月出版的《潘菽全集》第十卷第199页。

跑到国民党反动派那边去了。另一部分人以研究科学作为自己的努力方向,想专门在科学上找到自己的前途,不再关心政治。还有一部分人则一开始或者不久以后,就接受了马列主义思想,决心为社会主义革命奋斗!"

"就我自己说,我原属于上面所说的第三类青年的,我虽然参加了五四运动,但并不是运动中的积极分子……,直到从国外回来数年之后,日本帝国主义侵略一步逼近一步,而国民党反动派的腐败无能一天天暴露,我的头脑才开始清醒,并开始接近以社会主义和共产主义为最后目标的革命思想。到了抗战爆发时,我的这种思想认识上的转变才进了一大步!"[1]

他甚至多次反思:"五四精神"在五四运动后之所以没有能够继续发扬下来,以早日达到所企求的民主与科学的两大目标,其主要原因大概就是那个时代的人,大都患着或多或少的幼稚病,所作所为出丁直觉者多,对于社会和历史的运动法则,则缺乏深刻的探究和了解。

作为一位被永久载入史册的过来人,潘菽历来客观冷静看待自己的亲历亲为,历史地、客观公正地分析和评价自己,自始至终毫无半点粉饰、夸大、拔高及邀功自喜之态。也许,这就是他人格的魅力所在!一生中,

---

[1] 参见人民教育出版社2007年7月出版的《潘菽全集》第十卷第245—247页。

他永葆胸怀坦荡、实事求是。或许,这与他出身于江南农村一个没落书香门第所具有的"草根性"有关。

尽管他一生以谦恭、寡言而著称,但是他参与五四运动时那惊心动魄的一幕,却早已成为当事者未曾料到的不争事实,凝固成一座中国近代史上最为辉煌的丰碑,令后人仰视!

五四运动的起因有其复杂的历史背景,笔者无须在此班门弄斧,但导火线却是巴黎和会上中国外交的失败,导致青岛主权沦丧于日帝之手而引起的公愤!

自1919年元月起,《每周评论》上便不断有揭露卖国贼的文章发表。4月22日的《每周评论》随感录中还直接点了章宗祥(时任驻日本国公使)、曹汝霖(时任交通总长兼财政总长)、陆宗舆(时任中华汇业银行总理)等亲日派的名字。[①]

5月1日,上海《大陆报》之北京通讯说:"政府接巴黎中国代表团来电,谓关于索还胶州(青岛)租借之对日外交战争业已失败。"5月2日,身为总统徐世昌顾问和总统府外交委员会委员兼事务长的林长民,也在北京《晨报》上发表的《外交警报敬告国民》一文中证实

---

① 参见人民出版社1998年12月出版、彭明著《五四运动史》(修订本)第260—264页。

第二章 仰慕定志

了这一噩耗。① 当日下午，北大文科学生许德珩亲自参加了由蔡元培校长在北大饭厅召集的由学生班长和代表一百余人的会议，便集约《国民》杂志社②代表在北大西斋饭厅紧急开会，讨论办法，决定由《国民》社通告北大全体同学于次日晚7时在北大三院礼堂举行学生大会，并约请北京十三所中等以上学校的代表参加。③

马神庙的西斋学生宿舍，即校本部一座很大的中式院落，潘菽进入北大后一直住在这里，也是北大学生们

---

① 参见人民出版社1998年12月出版、彭明著《五四运动史》（修订本）第260—264页。

② 1918年10月20日，《国民》杂志社在南池子欧美同学会举行成立大会。到会社员八十多人，许德珩任大会主席，报告筹备经过，说明办此刊物之必要。蔡元培校长出席大会并致辞说："本志酝酿数月于兹，今日始有此成立会，鄙人与君同一愉快。诸君为此，志在拯国家于危亡，深堪嘉尚。"在成立大会上，邓中厦（邓康）、许德珩、周炳琳等当选编辑股干事；黄日葵、廖书仓、孟寿椿等当选为特别编辑员；谢绍敏为调查股主任，张国焘为总务股干事，段锡朋为评议部议长。该杂志抱定四大宗旨：（一）增进国民人格；（二）研究学术；（三）灌输国民常识；（四）提倡国贷货。国民社虽是一个学生团体，但受到社会许多人士的支持，如蔡元培和《京报》主笔邵飘萍都予以帮助。蔡元培为《国民》创刊号写了序，徐悲鸿为创刊号设计了封面，李大钊被邀请为《国民》杂志社总顾问。《国民》社的大多数成员在五四运动中都是积极的参加者、组织者和领导者。

③ 参见北京出版社2003年6月出版、许进主编的《百年风云许德珩1890—1990》第44页

最主要的食宿处。因此，各种消息先在这传播，许多活动首先在这里展开。

5月3日清晨，饭厅处海报栏内的全体学生紧急会通告引起了很多同学围观，消息一传十、十传百，很快传遍了整个校园，校园沸腾了。

当晚7时，北大一千多名学生及各大专学校代表们纷纷向法科礼堂汇集。潘菽虽非政治运动的热衷者，又遇肄业前迎考，各门功课繁杂而辛劳，但他终究无法躲避那个时代，加之平日里在图书馆接触的如《新潮》、《国民》、《每周评论》、《新青年》等进步刊物影响，面对国贼当道、主权沦丧、国民受辱之现状，随着同学们的呼喊，他的心跳也随之加速，手足也不由自主了……

一千几百名学生把礼堂挤个水泄不通，许多学生无法进去，只得立于门外及窗前。当下，先由学生代表一致推举北大法科四年级学生廖书仓为大会主席，黄日葵、孟寿椿记录，由许德珩、罗家伦分别起草宣言。大会一致决定：（一）联合各界一致力争；（二）通电巴黎专使，坚持不在和约上签字；（三）通电全国各省市于5月7日国耻纪念日举行群众游行示威；（四）5月4日齐集天安门举行学界大示威。

大会上，相继有学生丁肇青、谢绍敏、张国焘、夏秀峰、许德珩、易克路等慷慨陈词、上台发言，尤其是法科学生谢绍敏更是义愤填膺，当场咬破中指，撕下衣襟，血书"还我青岛"四个字示之于众，顷刻间激起了全体学生的愤慨，掌声、呼喊声震天动地，爱国热情达到了沸点，深夜 11 时，会议才告结束。

潘菽自始至终站在窗外，目睹眼前的一切，被这一浪高过一浪的爱国热情深深感染。此刻的他，如同一颗暴风中的砂粒，被卷进了这场史无前例的激愤之中。

他和许多住在西斋宿舍里的同学一样，几乎彻夜未眠，和同学们一道准备游行用的大小旗帜、各色标语横幅。由于他自幼研习书法，同学们也有所耳闻，此刻也派上了用场。

5 月 4 日下午 1 时，北京大学等十三所高等学校的三千多名学生汇集天安门，宣读了由许德珩起草的文言文《北京学生天安门大会宣言》。揭露、声讨帝国主义国家"背公理而逞强权"的强盗行径，提出"外争国权、内惩国贼"、"取消二十一条"、"拒绝和约签字"等口号。要求惩办亲日派官僚曹汝霖、章宗祥、陆宗舆。他们在天安门升起了中华民国五色旗，散发由罗家伦起草的白话文《北京学界全体宣言》。最引人注目的是在金水桥南竖起的一面大白旗，上面书写了这样一副对联：

卖国求荣早知曹瞒遗种碑无字；
倾心媚外不期章惇余孽死有头。

尤其是3日晚北大学生谢绍敏血书"誓死力争，还我青岛"的那块衣襟，悬挂在华表旁，更让群情激动、热血沸腾！

一会儿，四周就都是人了，各校从四面八方来的学生秩序井然，经过短暂集会后，学生游行队伍人人手执小旗，时时高呼口号，"打倒国贼"、"还我青岛"、"保我主权"的怒吼声此起彼伏、响彻云霄。此时的潘菽突然感到热血在血管里沸腾，他个子不高，左顾右盼，四下张望，生怕掉了队。这支勇往直前、蔚为壮观的游行队伍使他惊叹不已。潘菽第一次看见这样一个波涛汹涌、喊声震天的海洋！第一次感悟这是一颗民族的心脏在急剧跳动！

队伍由天安门出中华门行至东交民巷各国使馆集中区之西口，因受军警种种阻挠，在炎热中受阻两小时之久。愤怒的学生们深深感到："国尚未亡，自家的土地已不许我通行，果至亡后，屈辱痛苦，又将如何？"面对步军统领李长太、警察总监吴炳湘及由他们率领的大批舞枪弄棍的警察们，学生们更加怒火中烧，于是纷纷呼喊着向位于东城厢的赵家楼胡同的曹汝霖宅地进发……

曹宅大门紧闭，一时无法进入。少顷，有人从靠窗的房屋破窗而入，开了大门，不到半个钟头，如潮的

第二章　仰慕定志

学生冲进曹宅，遍寻曹汝霖不着，激愤之中便放起了大火，还有学生痛殴了从曹宅后门逃身的一名穿着西装、形似日本人的人，事后才知被殴之人正是曾经向日本政府递交书有"欣然承诺"四字的驻日公使章宗祥。

至此，激愤的场面达到了高潮，学生队伍秩序大乱，一些学生自知事与愿违，开始撤退返校。此时，各路军警蜂拥而至。哨声、警笛声、呵斥声混成一片。潘菽突然意识到一场风声鹤唳的较量也许一触即发。此时的他，顿觉自己的胸膛酷似熔炉上的风箱，不断起伏，几乎到了难以喘息的地步。四周嘈杂而强烈的呼喊、怒骂充斥这个世界，惊恐猛然向他袭来，一切状况发生得如此突然和意外，他下意识地丢下手中的小旗，向胡同口快速奔去……

不料，三四个警察迎面而来，就在他转身的一瞬间，一件令他从未想象过的事毫不留情地发生了。几个头戴大盖帽、身穿黑警服的壮汉容不得他恼怒、否认、辩解，顷刻间，将他的双臂牢牢束缚。此时他的大脑一片空白，无法预料等待他的将是何等结局。他们强行拖着他，令他看不到一个自己的同伴，让他十分孤立、无助。就在此时，听得又有几名军警扯着一位不曾相识的学生由远而近。那同学在军警的武力下挣脱着，嘴里不停地咆哮着大骂："走狗！走狗！有能耐去对付那帮卖国贼去!"面对这位同学,潘菽的脑际里突然闪过一丝坚强,于是,他壮了壮胆说:"松开我,松开我,我自己走!"几名警察见状,耳语一番后果真松开了手,把他夹在中间,带向警署……

三十二名被捕学生分别由侦缉队、警察署内左一区、保安警察三队、四队、步军统领衙门等各处陆续送往京师警察厅司法处一一单独询问。令法官们失望的是,所有学生的口供惊人的相似,没有一人提供实质性内容,均以协从、不知情、未看清、未动手等等推诿,甚至还有人自供当时正在协助警察维持秩序,救护曹宅女眷云云……

据有关档案中载潘菽的供词是这样的:"我系江苏宜兴人,年23岁,在马神庙北大学一宿舍居住。我在北京大学文科哲学门肄业。今早我见有传单为争青岛问题,同学们举行游行集会,并往使馆请求主持公理,本校文科会齐在操场拿旗子,我遂去集合,聚有同学一千余人。各持旗子到天安门聚齐与各学校学生聚有四千来人,出中华门走东交民巷使馆区未叫进去,后走到曹汝霖住所,我在胡同西口,当时未能挤进曹宅,后听说打人,不知打的何人,复见火起,我怕同学乡人刘姓被打,我前去照看,亦未看见。我即收旗子扔在西口,欲要回校,被队兵收我事案,今蒙询问,昨晚开会我未去,不知详细。我亦未打人放火,所供是实"。

但问及指使人是谁时,潘菽毫不犹豫地答道:"没有谁指使,不过是自己指使自己罢了。"

第四节　陆平风波

北京学生5月4日大游行,三十二名学生被当局羁押在案的消息,次日便传到了当时交通相对发达、信息灵通的上海。这一消息的传播者是时任上海《民国日报》总编辑兼上海复旦公学国文教师的邵力子。他在5日子夜接到了北京发来的有关学生示威游行的新闻电讯后,深感震惊!他按捺不住激动,直觉让他立即想到,必须把这个重大消息告诉学生们。于是他匆匆下楼,叫过黄包车,并嘱其以最快的速度奔赴徐家汇李公祠内的复旦公学。

从公共租界地的河南路12号到徐家汇李公祠,足足跑了一个钟头。停车时,车夫早已大汗淋漓、气喘吁吁了。正值午夜1点多,校园里黑沉幽静、寂然无声。此情此景,邵力子似乎不忍心惊动正在熟睡的学生们。踟蹰片刻后,他还是拉起钟绳,猛烈地敲击起来。

这钟声,如春雷轰鸣,响彻夜空,响彻复旦校园,几乎让半个上海都惊醒了。这钟声,令全校大学部、中学部的四百多名学生如梦惊魂！许多学生腾地从床上跃起，冲出门外，打探发生了什么事。一个个朝集合钟跑来询问，当得知邵先生有重大消息告知时，整个校园沸腾了。如此一传十、十传百，不过几分钟，四百多名学生全都聚集在饭堂内，倾听邵力子先生演讲近三个钟头之多。他慷慨激昂地说："北京的学生，有这样的爱国思想和行动，难道我们上海的学生会没有吗？！……"第二天，《民国日报》刊出消息，整个上海轰动了！①

潘淑参加北京学生游行示威并已被捕的消息，像长了翅膀似的很快传到了宜兴，传遍了离县城并不遥远的陆平村。还有一些相关消息，诸如上海、苏州、无锡、镇江、常州等地的大中专院校的学生也闻风而动，连许多民众也参与其中。到处都在纷纷罢工、罢课，声援和解救被捕的学生。就连小小的宜兴县城里，四座城门两侧及城内主要街巷，都张贴了"惩办国贼、抵制日货"的标语。街头巷尾，乡村田头，都在议论纷纷。一时，潘家原本还算平静清淡的生活小溪里，犹如掷进一方巨石，方寸大乱了！

---

① 参见人民出版社1998年12月出版、彭明著《五四运动史》(修订本)第327—328页。

"你养的宝贝儿子,这回好啦,名闻天下啦!这个不争气的东西,如果还能保住性命,就让他回来,不要念了!"潘菉华怒不可遏,冲着妻子许棣棠吼叫!

"现在情况不明,你又何必这等发火?我们有年是个什么样的孩子难道你心里还没有数吗?我想……"

"有数什么?"潘菉华打断了妻子的话。

"有一年半没有回来了,鬼才晓得他在外头都做些什么。我们吃辛吃苦地东挪西凑,供他读书,他倒好……"潘菉华抑制不住怒火,激动得连连咳嗽,气也急了起来。由于他患肺病数年,又因家中拮据,不曾用心医治,只是偶尔寻访乡野郎中用些中药土方应付维持而已。今闻爱子有年居然在大学不务正业,做出如此骇人听闻的忤逆之事来,着实令他痛心疾首。在他看来,做这种事是潘氏祖训家风绝对无法容忍的。

妻子见丈夫果真动了气,不免担起心来。她急速挪动着一双小脚,端茶送于丈夫手中,一边趁他喝茶的空儿为他捶背。

"去、去,去把二伯(江南习惯以妇女及孩子的口吻称呼自己的平辈或长辈)请来,我要与他商议,如何处置这个没轻没重的不孝子。"

莘华也已获悉侄儿有年被捕之事,心中甚感不安。但毕竟他曾一度混迹官场,遇事自然比菉华沉稳许多。

正待要去看望菉华时，却被村中小学操场旁数百之众的场面吸引了。

陆平高级小学是在潘梓年、潘海量等年轻一代的极力鼓动下，由潘氏族长、族尊们决定创办的。一栋两层新式楼房共二十余间，花费了潘氏宗族百亩族田全年的田租收入。当时正值银贵金贱之时，国内的银元值钱，于是购进美国松等上等木材，建造校舍。楼上辟有教师办公室、教师宿舍、教师图书室等，这在当时的宜兴农村，也算颇具规模了。

校门口熙熙攘攘地聚集了许多乡民及学生，还有不少人正从各处田塍、桥头、河边蜂拥而来。走近时，但见校门墙壁上悬挂一幅自制的硕大中华民国地图。一青年教师立于长条板凳上高声呼喊着："乡亲们、同学们，大家可曾听说咱村正在北京大学读书的有年的事了吧。5月4日，北京大学会同京城的十几所高等学堂，聚集几千名学生示威游行，为的是反对日本人强占山东、强占中华民国的各项主权，欺辱我中华民国尊严！官府上层软弱无能，节节退让，更有甚者，还有官员与日人暗中勾结，卖国求荣！北京学生之举，惊动了官府，惊动了国人，也惊动了洋人。如今，各大城市，各省各县，到处都在抵制日货！抵制日货知道吗？就是不要去买日本人造的东西。比如各家晚上点灯用的美孚洋油，我们不要去买,我们宁可用蜡烛、用灯草好了!还有日本人造的洋铁桶、洋瓷盆,我们都不要去买,用我们自己烧的陶盆、木桶就是了……"

没等那青年教师说完,突然有乡民高喊:"还有日本人造的热水壶也不要买,就用我们宜兴紫砂壶好了!""对!就用我们的紫砂壶!"一时间,学校门前操场上欢声雷动,喊声阵阵,这个江南乡野小村的乡民们,似乎也融入了北京学生们游行示威的爱国浪潮!显然,这位青年教师的慷慨陈词,获得了陆平乡民和小学生们的绝对认同。此时,那青年教师举起一叠早已准备好的传单高喊:"乡亲们!同学们!我手里就是丧权辱国的"二十一条"条文,有谁愿意跟我一起进城,贴到城里去!"

"我去!"

"我去!"

"我去!还有我!"

说话间,七八个十三四岁的少年,还有两三位十八九岁的青年人纷纷响应,并挤到前面接过传单,当场分发于众人。潘莘华顺手接过一张,匆匆览过,便急步向菉华家而去。

菉华远远望见哥哥走进大门,便在厅堂里大呼起来:"二阿哥啊,家门不幸!家门不幸啊……"

莘华微笑道："何以见得，兄弟此话重矣。"

"出了这等出格的事，兄长焉能笑得出？光荣乎？"菉华惊问道。

"何谓出格？我看事出有因，事出有因也。"莘华仍旧不紧不慢，笑盈盈回道。

"怎不出格？无论如何，国家之事，自然有官府衙门去交涉，哪里用得着这些乳臭未干的学生去掺和？"

"此话差矣，难道你忘了昆山故人顾炎武的那句'天下兴亡、匹夫有责'之宏论吗？"

菉华哑然，于是问道："以你之见，有年之事……"

"就不要深究啦！你看看这个，也许对有年之事自有公论呢……"说着他把那张传单递给了菉华。

菉华不解地接过传单，又从长台上拿过老花镜，细观起来。看着看着，菉华的神情渐渐凝重起来，继而他的双手也有些颤抖了，于是惊问道："此物从何而来？过去也曾有所闻，但从未如此详细……"

"满村皆是啦！若问从何而来，我想自然是从报章杂志上抄录的吧，你看其中第四号、第五号，当心你的肺，别气炸啰。"

经他此番调侃，菉华越发仔细起来，且逐字逐句地念颂，其中规定："中国政府允诺，凡在山东省内并其沿海一带土地及各岛屿，无论何项名目，概不让与或租与他国。"

第四号全文规定："中国政府允诺,所有中国沿海、港湾及岛屿,概不让与或租与他国。"

最为可气的是第五号内各款,其中规定："在中国中央政府须聘用有力之日本人,充为政治、军事、财政各顾问。""将必要地方警察,作为中日合办,或在此等地方之警察官署须聘用多数日本人……""由日本亲办一定数量之军械(比如在中国政府所需军械半数以上)或在中国设立中日合办之军械厂,聘用日本技师,并采买日本材料……"

"岂有此理!岂有此理!日本人真是太狂妄了……"菉华还没有全部读完,早已愤懑到无以复加的地步了。

"是可忍,孰不可忍,此乃中华民国之奇耻大辱也!"菉华丢下传单,猛击八仙桌面,桌上紫砂杯里的茶汁跳溢出来。

"不可过于激动,以免气坏身子,反倒便宜了日本人。"莘华仍旧打趣道。他抿了口茶又说道:"刚才我说事出有因不错吧?"北京的学生们正是为争取取消"二十一条"才游行的。纵然行为有所过激,但终究是爱国之举,无可厚非啊……"菉华似乎释然地点了点头,一时无语。

正在此时,梓年从无锡急匆匆回来了。执教于无锡东林小学的他，自从得知有年参加"五四"游行并且被羁捕的消息后，胸中犹如翻江倒海般难以平静。一则幸庆弟弟终于长大成人，能辨明是非，关心国家之存亡了。关于这一点，绝对出乎梓年的意料。在他心目中，有年一向是个才学出众，只知刻苦读书而不问政治，从不节外生枝、走错半步的自律青年。二来令他万分担忧的是：弟弟从未受过官衙牢狱之苦，此番危难被羁，能否安然无恙？世事难料，一切都在念念之中。

然而，梓年毕竟长有年4岁，又曾在上海读书，比起有年来，可谓见多识广，可他最担心的还是父母，此刻又获悉绝好消息，于是请了假即刻乘小火轮，赶回陆平。

5月的苏南，是一年中最柔美的季节，和风吹过的麦田里，绿涛滚滚，就像梓年此刻的心情，让人激荡，令人心旷神怡。

招呼过后，二伯惊讶道："今日并非礼拜，你怎个回来？"

梓年接过母亲递来的茶，未曾落座，便兴冲冲答道："我请假专门回来向二老报喜呀！"说罢便从随身的书包中抽出两张报纸道："二伯、父亲，这是昨日拿到的上海5月10日的《民国日报》，有年弟及所有被捕学生均已释放，两份报纸内容完全一样，一看便知了。"

闻得此言,梓年母亲早已悲喜交加热泪横流了。

但见报上标题《释放学生之经过》赫然醒目,文中报道:"七日上午九时,被拘之学生既然释放,当由各校各备汽车往警厅荣迎,将近十点钟,一齐都到了北京大学,然后才各自回归本校。当时北京大学的学生及职教员,全体在门外迎候,彼此初一见,那一种喜欢不尽的样子,自然让人难以描写,尤有那喜欢没完,将一执手,彼此又全都大哭起来的感慨激昂,静悄悄欲语无言的样子。……如此近了四五分钟,才由校长蔡君率领大家进去,又过了些时候,蔡校长方召集诸同学至操场训话,谓诸君今日精神上身体上必然有些困乏,自然当略为休息,况且今日又是国耻纪念日①,何必就急急地上课。诸君或者疑我不谅人情,实则此次举动,我居间有无数的苦衷,所以不得不请诸君稍为原谅……"②

文中描述北京高师时这样写道:"北京高等师范的向大光等八位,约十点钟乘汽车至该校大门,当由职教员及同学出外迎接者有七八百人之多,沿途相送者亦不

---

① 1915年5月7日,是日本逼迫袁世凯政府签订二十一条不平等条约发出最后通牒的日子,故称国耻纪念日。

② 参见人民出版社1998年12月出版、彭明著《五四运动史》(修订本)第294—295页。

下百余人,掌声如雷,并齐呼'爱国同学万岁!''北京高等师范学校万岁!''中华民国万岁!'各同学又将被拘之八人,用手托起,合摄一影,以志纪念。下午课毕,由四时起至七时,该校即全体开慰劳大会。会场在校内风雨操场,外悬'慰劳大会'四字,内悬'欢迎'二字,旁有一联云:'救国入牢薄海同胞齐顿首;攘夷筹策中华志士更雄心。'其余设备,非常整齐,开会秩序,首由音乐队奏乐,次主席报告,次同学演说,皆言词恳切,于慰劳之余,寓一种勉励之意,尤是动人者,即'还我青岛'、'保我山东'及'誓不达目的死不休'等语……"[①]

潘莘华、潘菉华兄弟各自捧着《民国日报》细读细品,犹如身临其境般激动不已。潘菉华更是仿佛从字里行间看到了自己爱子站在高高的台子上,眼里流着激动的泪花,接受师长们、同学们无语的祝福……想到此,潘菉华不禁脱口而出:"太好了,太好了!真要感谢这位记者,更要感谢这位总编辑邵先生!"他们无论如何也不会想到,正是这位邵力子先生,十二年后居然成了他们的亲戚,成了陆平人的女婿(邵力子先生的夫人傅

---

① 参见人民出版社1998年12月出版、彭明著《五四运动史》(修订本)第295页。

学文1903年出生于宜兴县陆平霞墅村,距潘家所在的陆平村仅数里之遥。后来,潘汉年的姐姐潘文玉即潘梓年、潘菽的堂妹嫁到了傅家,成了傅学文的嫂嫂。潘汉年正是充分利用了这层关系,在那个特殊年代里,为党做了许多常人难以想象且难以做好的工作)。

激动之余,潘荣华眼含热泪对梓年说:"梓年,你给有年写封信去,就说全家人都盼望他今年暑假回来一趟,我们都很想念他……"

梓年高兴地说:"是,我即刻照办!"

第五节 洗涤心灵

在前门里户部街(后称公安街)步军统领衙门,警局捕快们强行把三十二名学生塞进一个不足五十平方米的牢房。墙角一只便桶里发出的阵阵恶臭令人窒息,空气中弥漫着难闻的腥臊味儿。

面对如此恶劣的羁押环境,面对人身的侵犯和自由的被剥夺,这群血气方刚的爱国学生,并未因此而神思不定。虽然面对的是一张张陌生而惊恐的表情,但数小时之前那一种亢奋而激烈的情绪并未彻底偃旗息鼓。他们很快便手握着手,相互询问对方的姓名、学校,相约着鼓励对方,拿出勇气来面对凶险,面对冷酷的现实。

"你就是哲学门的潘菽吗?"突然,一双有力的大手紧紧握了过来。

作为一个非常内向、从不张扬的潘菽,他连自己都想不通,是什么力量让他义无反顾地参加了当日的游行示威。是《新青年》的影响?还是《新潮》的诱惑?总之,他被一个说不出的理由左右了,于是便不由自主地加入了这个激进的群体。

这双有力的手令他感到一种潜在的不可抗拒的震撼。他认识这张坚毅而沉稳的脸,铭刻着昨日在法学院礼堂发出的愤怒的呼号。这位30来岁的学生领袖激愤的怒吼,曾让他清癯的胸膛喷发怒火。他的号召力在几个小时前还振聋发聩般鞭挞着一切,扫荡着一切!而现在,那种雷霆万钧般的意志还存在吗?那种顶天立地、深入灵魂的感召力还存在吗?

他知道,这双手的力量来自北大,这双手传递的慰藉缘自同一个战壕的校友。

"挺住,同学!我们绝不低头!"

"谢谢你,许德珩君。"

"何以言谢。你我虽非同乡,却都是江南人,如今国之河山,日人时时觊觎,吾辈即为同学校友,岂可等闲视之!"

来自江西九江的许德珩,因中学毕业投笔从戎三年，1915年才考入北大，以至近而立之年，才是北大英文系四年级学生。

许德珩的鼓励，无疑为正在狂风暴雨中踟蹰而行的青年潘淑送来了一把纸伞，让他在无助的孤寂中觅到了可以依傍的脊梁。但他的回馈却非豪言壮语式的。他说："我明白，我会洁身自爱，辨明是非曲直的……"

一群同病相怜的年轻人在虎视眈眈的呵斥中，旁若无人地交谈着、勉励着，完全忘却了这是腥臭难耐的牢房，直至深夜都毫无倦意。牢内没有床铺，他们肩并肩、背靠背地席地而坐，一时间，这里几乎成为他们秣马厉兵的课堂！

22岁的潘淑，内心是极其复杂的。他已经不是一个稚气未脱的中学生了。他忘不了梓年兄的叮咛，更忘不了父母临别时期待的目光，也从未忘记父亲、二伯在他幼时常挂在嘴边的一句话："万般皆下品，唯有读书高！"而眼前的处境，早已违背了家中所有人对他的希望。此时的他，似乎陷入一种痛苦的矛盾之中，不知不觉地开始勉强审视眼前发生的一切。他仿佛极力要寻找什么东西来分散内心的迷惘，但是他做不到，思乡和思念亲人的情愫顽强地侵入他的沉思之中……

母亲，您做梦都不会想到孩儿时下的遭遇吧，假若您知道了，一定是心惊胆战，寝食难安！孩儿实在不该让您再为我担心，我想我不会有事的。如果母子真能够心有灵犀的话，那就为我祈祷吧！

父亲，您一定会恨铁不成钢地痛骂我这个不孝子吧。或许我真的辜负了您的希望和教诲了吗？可您知道吗？假如您在现场，您就会知道，再没血性的人，再与世无争的人也会被激动、被唤起的。请谅解儿子的不由自主，尊重儿子在特殊情况下的选择吧。

梓年兄，你的消息一定会比父母灵通得多，也许很快就能知道我们的壮举啦！我并不是一个狂热的政治敏感之人，但也绝不会面对国家之存亡漠然置之。我仿佛看清楚了，如果没有国之完整、国之尊严，岂能有家之安宁、个人之前途？我只是一颗微不足道的沙粒，被汹涌的潮汐不由分说地夹裹着、带动着，让我第一次彻悟到潮涌力量的不可阻挡！但我无法预知它在激烈涌动中是否隐秘着悲惨与暴虐，不知未来风何时止、浪何时平。也许我会被风浪击打得无影无踪，也许我会被潮头抛向彼岸，成为金色沙滩中的小小分子。无论被托起、被击碎，我都将无声无息，因为我原本就是一颗无关轻重的小小沙粒而已。亲爱的梓年兄，唯有你最能理解愚弟此次的选择……

夜深了，牢房里的空气混浊而凝重，阴冷中越发令人不安，三十二位同学席地而坐，喃喃而语。潘菽的心绪无法平静,惶惶然毫无睡意地浮想联翩,继而又想起三个弟弟渭年、美年、卜年来,想起在常州读中学时,每次回家与他们一起上山樵草,一起下田摸螺,一起去池塘捉虾的情景来……

第二天一早,他们又被军警们捆绑着,荷枪实弹地解送到了京师警察厅。许多同学以为此次有去无回,要杀头示众了,此时潘淑突然听到许德珩高声对大家说:"同学们挺起胸来,不要害怕,他们不敢拿我们怎样的,先生和同学们不会坐视不管,全国的民众更不会放过他们!"于是,同学们个个精神振作,均无惧色。三十二名学生仍旧被关在警厅的一个大房间里,室内放着两只大便桶,那意思是不让大家出去而就地方便。在大家的抗议下,终于撤走了便桶。少顷,狱卒提过一大桶小米稀饭、一筐白面馒头和少许酱菜,似乎有些不情愿地挖苦道:"喏!你们有功了,请用膳吧。"有同学说:"这还差不多。"在如此微妙的环境里用餐,显然是对学生们的一次人格考验。正值此时,忽闻北大同学段锡朋、钟巍、刘翰章等三人来案并与各位同学送来食品,一时间,整个屋子欢声笑语,仿佛完全忘记了这里是警厅。三同学的到来立即遭到传讯,他们均以非经手办事之人及对事件并不详细为由,加以推诿。此后又对所有被拘学生开始传讯,时间长短不一,多者十几二十多分钟,少则几分钟便又放回。学生们皆说未有指使者,亦说被夹裹入伍,总之,均说对本案细末一概不详。

十几位同学在潘菽前面被传,只见他们一个个不卑不亢地被带出,又一个个若无其事地回来,看不出丝毫被逼供、被施刑的痕迹。

"潘淑!"

"有!"

"出来!"

他和他的同学一样,镇定自若地走出房门,不过十分钟,传讯即告结束,至于供词,自然是轻描淡写应付了事。

三十二名学生被捕,不仅成为北京城的爆炸性新闻,也激起了全国民众的极大愤慨!5月5日上午,北京各大专以上学校立即开会决议从即日起一律罢课。北京十几个学校校长都出席了这次大会,并组成了以北大校长蔡元培先生为首的校长团,准备营救被捕学生。虽然当日上午教育部已向各校校长下达了通令,欲将为首"闹事"者一律开除,但校长团所有成员概不以为然,并且声明:如果政府不采纳释放被捕学生的意见,全体教职员即一律罢职也在所不惜!

6日晚间,北洋政府派警察总监吴炳湘向校长团提出在实现两个条件下释放被捕学生。一是明日（即5月7日）不许学生参加群众大会（原计划在国耻纪念日举行群众游行示威运动）；二是各校明日一律复课。蔡元培等完全答应了以上两个条件。

在蔡元培校长的劝说下，各校学生于7日晨全面复课。同日上午，警察厅即通知各校，被捕学生一律释放。

当各校组织车辆人马去迎接时，学生们居然拒不出狱，一致认为"我学生多拘一天，则国民多一次刺激，甚至我三十二人被杀，其刺激甚大！"后经前来荣迎同学们的一再劝说后，才勉强返校。

潘淑和许德珩等二十位北大被捕同学中的十四位分乘三辆小汽车（据说是蔡元培校长从各处借来的）驶进北大红楼时，蔡元培先生率领全校所有教职员和学生列队欢迎他们。场面之热烈让所有被捕学生激动不已。红楼北面的广场上早已摆上了五张大方桌，蔡校长及许多教员、学生把他们拥上方桌，站立高处与全校师生见面。① 潘菽在暮年回忆这段经历时说："当时大家的心情十分激动，激动得说不出一句话来，也许这就是人到悲时亦无声的缘故吧！被捕的同学谁也说不出一句话，台

---

① 参见人民出版社1998年12月出版、彭明著《五四运动史》（修订本）第294页。

下近两千名师生也不说一句话，只是以热泪交流此时的复杂情感。"

潘菽老先生在事过六十多年后回忆他当时的心境时说："我庆幸有这样的结局，原本担心会被当局责令开除学籍的事情终究没有发生，这一点从蔡校长当时十分关爱的言语中得到了证实。我很像不小心落水的幼童，呛了几口水被众人救起，那种感激无以言表，我看到了学界的胜利，民众的胜利！我暗暗发誓：磨炼意志、增长本领，抱定教育救国、科学救国之宗旨，奋发努力！"

第六节　风雨不止

树欲静而风不止。

潘淑、许德珩等三十二名被捕学生虽各自安全返校，但北洋政府仍对学生运动虎视眈眈，实施强硬的高压政策，更没对被捕学生案就此束之高阁，只是面对学生及全国民众压力而采取的权宜之计而已。

5月8日，总统徐世昌即下令警察厅将释放学生送交法庭审办。

5月9日，北京政府便依照内阁会议精神下了三道命令：一、查办北大校长（此令在中途遭到巨大压力而收回）；二、将学生送交法庭；三、整饬学风。

第二章 仰慕定志

在政府的强大压力下,蔡元培提出辞呈并于当日晨秘密离京,经天津、上海后返回故乡绍兴。蔡元培被迫出走的消息很快传遍了北京各校,引起轩然大波。9日一早,被捕学生均又接到法庭传票,更引起所有学生的愤怒!为设法挽留蔡校长,为替释放的三十二名同学鸣不平,爱国学生运动掀起了更大高潮。

5月14日,许德珩、潘淑等三十二名学生向京师地方检察厅递交了集体声明:①

学生许德珩、曹永、易克嶷、梁颖文、梁彬文、李良骥、江绍原、何作霖、熊天祉、萧济时、林公顿、牟振非、陈声树、易敬泉、潘淑、鲁其昌、孙德中、邱彬、杨振声、郝祖令、向大光、杨荟骏、薛荣周、初铭音、王德润、唐英国、陈宏勋、赵永刚、李更新、董绍舒、刘国干、张德等三十二人呈为提出声明事。

曹、章等卖国罪不容诛,凡有血气罔不切齿,五月四日之事,乃为数千学生万余市民之爱国天良所激发,论原因不得谓之犯罪,则结果安有所谓嫌疑。且使我国而果有法律之可言,则凡居检察之职者,应当官而行,不畏强御,检举曹、章等卖国各款按照刑律一百零八

---

① 参见北京出版社2003年6月出版、许进主编的《百年风云许德珩1890—1990》第52页。

条、一百零九条之罪，代表国家提起公诉，始足以服人心。乃曹、章等卖国之罪，畏不检举，而偏出传票传讯学生，不平者一。学生等三十二人并无一人系当场捕获者，既非当场捕获，亦不过数千人中分子之一耳。钧厅传讯加以"嫌疑"二字，果有嫌疑耶，亦应与数千人同时讯问，何得单传生等。不平者二。以民团捣毁议会，殴打议员，被捕者百余人，释放之后，未闻依法办理。五月四日之事，痛外交之失败，愆卖国之奸人，悲愤所激不能自已，非公民团所可比拟，而钧厅公然传讯，不平者三。以上三大不平，所谓"法律"二字者，宁复有丝毫价值之可言！然五月九日学生等奉到钧厅传票，十日即齐集候审者，岂甘受此不平之审讯哉！盖一以卸校长保释出署之责任，一以避抗传不到之恶名，此两种原因，在钧厅传讯时，学生等已首先声明在案矣。今各校长已联翩辞职，同学又自行检举，事情变迁，两种原因已不存在，用特提出声明：如钧厅认为有再讯之必要，嗣后不论其为传票，为拘票，请合传十六校学生，德珩等亦当尾同到厅静候讯问，决不能单独再受非法之提传也。再此呈已于五月十四日十一时呈递钧厅，奉谕以不合方式不能受理，改用刑事辩诉状见示。学生等查刑事辩诉状系刑事被告人所用，不敢从命，理合申明。谨呈地方检察厅公鉴。

第二章 仰慕定志

具状人：许德珩等三十二人

撰拟词状人姓名：刘翰章

而京师地方检察厅于 1919 年 6 月 4 日为被捕学生案送京师地方审判厅的预审请求书是这样写的：[1]

被告人：（略）

证物：旗布四块、通告二纸，存库。

附属文件：名册十六本，存库。

上列被告人，京师警察厅函送北京大学许德珩等刑事嫌疑一案，本检察官认为应请预审，所有犯罪事实及起诉理由如下：

（一）犯罪事实

本年五月四日（系星期日），北京大学暨专门以上十三校学生，因报载青岛问题激起义愤，于午后一时余在天安门集约三千余人，各执白布小旗，上书"还我青岛"、"青岛一失中国必亡"、"卖国贼曹汝霖、陆宗舆、章宗祥"等字样，游街示众，列队出中华门至东交民巷西口使馆界，经巡捕阻止，该学生等遂举代表四人赴英美使馆求见，未许，乃循旧户部街北行至东单牌楼进石大人胡同，经抵赵家楼交通总长曹汝霖私宅。尔时，人

---

[1] 参见北京出版社 2003 年 6 月出版、许进主编的《百年风云许德珩 1890—1990》第 52—58 页。

数众多，拥塞巷内，人声鼎沸，该学生等即在曹宅门前肆口谩骂，旋将所持白旗向曹宅院内抛掷并砸毁临街后窗，由窗洞搭肩跨入，开启大门蜂拥而进，即将门窗什物任意打毁，该管署长及保安队兵竭力禁阻，均受微伤。是时，该宅西北隅火势陡起，经兵警救护，计烧毁大小房屋十一间，章公使宗祥适在曹宅，亦被群众环殴，致受重伤约三十余处，该学生等纷纷逸去。旋兵警在曹宅门外、门后及附近各处捕获学生许德珩、陈宏勋、李良骥、鲁其昌、潘菽、郝祖令、易敬泉、李更新、杨振声、何作霖、邱彬、梁彬文、杨荃骏、梁颖文、熊天祉、易克嶷、董绍舒、唐英国、陈声树、王德润、初铭音、向大光、林公顿、薛荣周、赵永刚、张德、曹永、萧济时、刘国干、江绍原、孙德中、牟振非等三十二名，并将身受重伤之章公使宗祥送入日华同仁医院。其时本厅检察长曾亲往肇事处所，分别查看。回厅后，当即派员前往医院验伤，据该院常务员日人马养八驼介声称，章公使伤势稍痊，惟因静养起见，来人概不接见，所有诊治情形，有诊断书为证，容即送厅备案等语。五月五日复由本厅派员赴赵家楼曹宅勘验该宅焚毁一切情形，绘具简明图样，并报告书附卷。五月七日准警察厅将该案函送到厅，惟捕获之学生三十二名当时警察厅因风潮甚急，维持北京治安之救，先行一律保释在案。五月九日

第二章　仰慕定志

本厅传票该学生等于十日到厅，当经分别切实研讯，该学生等于放火、伤人、砸毁什物等均坚不承认，反复详鞫，矢口不移。讯以事前究系何人煽惑主使，均称并无主动之人，因大众热诚爱国，迫于义愤，不谋而合。五月十二日复传案内受伤之保安队李昌言等十四名来案，分别验明受伤属实。讯据该队兵等均称，我们所受之伤究竟被何人所殴，因当时人数多至数千，当场既未看清，事后亦无法证明。五月十三日复传曹宅管事燕筱亭、张显亭等来案，讯据均称放火、伤人、毁物各学生，因当时人数过多，不能辨认。五月二十二日复函警察厅请分别调查当日肇事情形，并先后查传北京大学文科、法科茶役李宗汉、杨明、马成、周奎、曾启等五名到案，讯以当时北京大学开会之际，有何人到场演说，旗帜由何处备办，费由谁出，最初由某科发动，而该茶役等均称，学生开会演说及如何商量，如何备旗帜，或因事情请假出校或不在场，概不知情，各等语。五月二十九日复准警察厅函覆调查情形，略称当时秩序纷乱，在场员警极力弹压、救护，对于下手之人数若干及有无特别标志均无从指认，并将学生许德珩等就捕地点分别开单一并函送到案。综核本案前后情形，除当场逸去之学生三千余名，谁为实施犯罪行为之人，事后殊无相当之证明。又五月十三日北京高等专门以上十六校学生具呈投案，并附呈名册十六本，人数有五千五百余名，核与当日肇事实在情形不符，且于法定自首之例亦复不合，若概予传案追究，则徒滋纷扰，于事无济。除应一并暂缓置议外，所有获案之学生许德珩等三十二名，业经本厅侦查终结，认为有下列各罪之嫌疑：

（甲）骚扰罪

查当日人数多至数千，并有伤人、毁物、放火事情，其聚众为强暴行为已无疑义。惟获案之许德珩等是否首魁，是否执重要事务，迭经详查，均无相当之证明。惟于附和随行仅止助势一节，似属无可解免。

（乙）放火罪

查当日烧毁曹宅房屋约十一间，其放火一节，无论为学生或出自匪徒已成不可掩之事实。惟当场人数过多，真伪莫辨，究系何人着手实行，自应严究首要，俾免漏网，方足以昭公允，而资折服。

（丙）伤害罪

查章公使宗祥暨保安队队兵等均于当日受伤，业经分别验明。该学生许德珩等虽未能证明有直接殴人之事实，恐当场助势亦在所不免。

（二）起诉理由

据上事实，除侮辱及损坏二罪自未经被害人依法告诉均暂缓设外,被告许德珩、陈宏勋、李良骥、鲁其昌、潘淑、郝祖令、易敬泉、李更新、杨振声、何作霖、邱彬、梁彬文、杨荃骏、梁颖问、熊天祉、易克嶷、董绍舒、唐英国、陈声树、王德润、初铭音、向大光、林公顿、薛荣周、赵永刚、张德、萧济时、刘国干、江绍原、孙德中、牟振非等三十二名均有刑律第壹佰陆拾伍条第叁款及第壹佰捌拾陆条、第叁佰拾陆条第三项之嫌疑。本案疑义甚多,事关重大,合依各级审判厅试办章程第贰拾贰条之规定,送请先行预审。

京师地方检察厅检察官

高熙

夏勤

杨天寿

查履忠

胡国洸①

从三十二名被捕学生联署声明到京师地方检察厅为被捕学生案送京师地方审判厅预审请求书成文,相隔整整二十天。在这二十天时间里,北京、天津、上海、济南、武汉、南京等地学生运动如火如荼。各地军警更是如临大

---

① 参见北京出版社2003年6月出版、许进主编的《百年风云许德珩1890—1990》第58页。

敌、大肆镇压。仅北京一地，6月3日、4日两天，拘捕学生就达七百之众，全部关押于北京大学二院、三院内。

6月7日，北京政府迫于形势，释放了拘禁的学生，派员向学生道歉，表示政府"处置失宜"，规劝学生"回校休养"。① 学生们表示：政府对待学生毫无诚意，或以武力威胁，或以小惠施诱，如欲示诚意，须自罢免曹、章、陆始，曹、章、陆不予罢免，绝不甘休，决议现仍暂不出拘留所，以示要求罢免曹、章、陆之决心。②

6月10日，北京政府在全国人民的强大压力下，被迫罢免曹汝霖、陆宗舆和章宗祥三人的职务，国务总理钱能训亦提出辞职。至此，五四运动即告一段落，三十二名学生被捕案从此不了了之。

第七节　亲情永驻

北洋政府终于在强大的压力面前让步了。罢免曹汝霖、陆宗舆、张宗祥三人职务的消息当晚（1919年6月

---

① 参见北京出版社2003年6月出版、许进主编的《百年风云许德珩1890—1990》第59页。

② 参见北京出版社2003年6月出版、许进主编的《百年风云许德珩1890—1990》第59页。

第二章 仰慕定志

10日）传到了北大。全校上下一片欢腾！青年学生们被压抑了一个多月的爱国热情犹如山洪暴发般喷泻出来！大家奔走相告，相拥庆祝。潘淑也和同学们一样，兴奋之情溢于言表。诚然，他的心绪也许比其他同学更为复杂。为了这个目标，一个月前，他经历了人生中第一次最危险、也最为难忘的生死考验，他庆幸此次能逃过一劫！然而，毕竟一个多月来始终未能正常学习，耽误了不少课程。眼看着暑期考试将至，他很想静下心来，集中精力备考，把落下的课程尽可能补回来。

这晚，潘淑躺在床上，回顾一个月来的风风雨雨、曲曲折折，久久未能入眠……

次日早餐后从饭厅回来，宿舍门房喊住他，说是有家信来！

这是潘淑最盼望也是最为激动的消息。接过信件，梓年兄熟悉而洒脱的毛笔楷书映入眼帘。他飞也似的回到宿舍，细心打开信笺。

有年弟：

惊悉五月四日北京学生之壮举，甚感疑虑。后又获悉《民国日报》之消息，方具悉一切。知弟与所拘同学均平安获释，全家皆惊喜万状！弟之所举，实令兄惊诧，想吾弟素以学以至上为性情，此次却一反常态，忧国忧民，愚兄望尘莫及也！足见吾弟少年达才，兄之左右同仁惊闻后，皆称吾弟乃古今仅见，为兄心中不甚惬意！

父母始获吾弟被拘讯息时，痛心疾首，心神不怡。吾急返陆平家中慰之，并捧上《民国日报》供阅，父母、二伯等均又如释重负，逐令为兄速寄家书，命弟暑期回宜。一切盘费开销勿需多虑，众兄弟姐妹及亲友皆甚念念，均嘱回乡相聚为要。

前日所寄《新青年》、《新潮》两册皆已收悉，阅后犹如枯木逢春、柳暗花明般心旷神怡，万望吾弟返乡时切记再带几册，以供荆西社①同仁阅览。余不一一

兄梓年手草

民国九年五月二十二日

手捧家书，潘菽激情澎湃。他一口气读了两遍还舍不得放下。读第三遍时，眼睛已经模糊了……

当同舍学友提醒他胡适先生的课要到九时一刻才开始时，他立即取过纸砚，奋笔疾书。他要把一个月来的复杂心境倾吐给生他养他的父母，他要把一个月耳濡目

---

① 20世纪初，宜兴知识分子中有两种组织。一是"文昌会"、主要围绕应试、士途、酬应等来活动。一是"七七社"，都有不同的社会目的。荆西社是以陆平为中心的团体。因陆平在荆山，铜官山以西，故名。主要成员是潘梓年、潘海良、潘菽、谢方军和潘耕六等。

染后的内心变化告诉长兄如父的梓年。面对信笺,他心潮奔涌。染点墨香,他如泣如诉!万语千言皆流淌于笔端……

儿有年跪禀父母亲大人万福金安:

喜读梓年兄手书,万分激动!吾深悟二老一月来为儿心急如焚、寝食难安之心境。都是孩儿不孝,才惹父母劳神费心。然此次游行起事实属无奈,国贼当道、国土将沦,匹夫岂能等闲?凡有良知之国人,均知国家之重。国家国家,国在前,家在后,国乃大,家则小也。父母平素教诲"男儿做人不可怕丑,须有狂者进取之趣"之言谨记心间。儿等此举,不敢持半毫仕途谋求之非分想法,只是随波逐流、尽力而为之。儿乃严尊家训:"学以至上、耕读传家。"

儿近日在通读曾文正公家书中颇受裨益,曾翁乃旧清叱咤风云一代政要,且能严示子侄们半耕半读,以守先人之旧,慎无半点官气。不许坐轿,不许唤人取水添茶等事,其拾柴收粪之事,须一一为之;插田蔚禾等事,亦时时学之。曾翁尚能如此,何况吾辈乃平民百姓之子,更当自律勤勉而为之。古人云:"取法乎上,仅得其中;取法乎中,仅得其下。"吾将立志"取法乎上上",但愿能得其上也……

暑假将至，儿定安心研习功课，争取摘个满堂彩回报二老。跪请二老告知梓年长兄，所嘱诸事，一定照办。想到不日可侍奉二老左右，无不喜之以极，书不尽言。

谨此跪禀万福金安

民国八年（1919年）夏季，宜兴持续降雨月余，大水泛滥成灾，陆平虽地处半圩半山之地，较之纯粹平原圩区好了许多，但大雨引起的山洪仍几次经大汉浐奔泻而下，四处漫溢，陆平亦受其害。好在这年荆南山民们引种来的山芋，高地及田埂旁遍种的蚕豆、芋艿等均有收成，所以在大灾之年，灾民们还可勉强糊口度日。然而，这年的陆陵桃却格外的好。桃树均栽植于村南的山坡上，水淹不到，这在当时毫无林果科技可言的情况下，陆陵桃能如此丰腴大概是占尽了气候、水土等诸多有利条件的缘故吧。这里的桃以个大、皮薄、甜软可口闻名，不仅深受四周乡民青睐，还远销至无锡、上海、南京等地。

暑假正是桃熟荷绿之时，菉华夫妇早已准备了一大篮上好的陆陵桃，放置井壁深处。

有年近日回乡之事不胫而走，二伯父莘华期盼有年的心情似乎比菉华夫妇还胜一筹。几天来，他几乎

第二章 仰慕定志

没有任何心思做他本该做的事,只想着能在第一时间里看到这位侄儿。在他心目中,有年这个京城学子不仅是弟弟一家的荣耀,也是他这位伯父兼师长的荣耀,更是潘氏家族及陆平村的荣耀。尤其经历了这次"五四"被捕的变故,全村人都盼着早日目睹这位连死都不怕的"英雄"。

为节省开销,7月中旬学校宣布放假后,潘淑速择道至天津上船,经烟台、青岛、连云港,七天七夜后抵达上海吴淞码头。动身前因为给梓年拍了加急电报,7月23日清晨,船到码头时,他的这位情同手足的长兄早已在码头等候多时了。

虽然汉年、渭年、美年、卜年等一群小兄弟并不清楚在北京念大学的有哥到底曾发生过何等惊天动地之事,但盼望有年归来的心情却如同盼望过年一般的激动。汉年已在官林凌霞小学高小毕业。那年13岁,渭年、美年、卜年分别只有11岁、9岁、7岁而已。但在他们的心中,有哥永远是他们的头儿。他们盼着有哥早点回来为他们讲故事,领他们下河洗冷浴,摸鱼捉虾,即便是犯了错,有有哥的庇护,父母亲就不会轻易罚他们面壁、挨竹板了。

梓年远远便看到了挤在人群中正待下船的弟弟,立即高喊着有年的名字跑到了跳板旁。心里恨不得能插上翅膀从人流上空飞过,把日思夜想的胞弟揽在怀中。

兄弟俩终于四目对望,站立于码头的石阶上。梓年上上下下端详着有年,像两个陌生人似的一言不发,把个有年直看得不知所措,竟然有些羞涩慌乱起来,忙问道:"年哥,何故如此看我?"

"嗯……我的兄弟真的变样了。长大了,成熟了……就是个子没怎么太长。总之大有士别三日、当刮目相看之感也!"梓年一手搭在有年肩上,一手捻着尚未留须的下巴,有模有样地说道。

"啊……年哥在取笑我么?"

"岂敢、岂敢,钦佩还来不及呢!走,我们去火车站边吃饭边候车!"说罢,拎过有年的藤箱。

"哎哟,好重!都是些什么宝贝?"

"当然都是你要的宝贝啦!"

梓年心领神会,他明白,箱子里装的的确是他渴望已久的。

在通往常州的火车上,梓年几次忍不住要打开藤箱,有年环顾四周劝道:"还是小心些,回家再看吧!"

下午2时左右,兄弟俩赶到常州水西门码头,正巧遇上宜兴裕商轮船无限公司的客货混装班船就要起锚。梓年急忙招呼着付了船费,总算在中舱一个靠窗的舱板上安顿下来。

第二章　仰慕定志

仰卧于洁净光滑的甲板之上，耳闻着熟悉亲切的吴侬软语，有年如释重负地长叹一声。

梓年问："缘何叹气？"

有年答道："闻着乡音、听着水声，就像到了家一样。"说罢，他又左右环视，只见舱内除有少数妇孺老弱外，并无可疑之人，于是说："年哥，看看你的宝贝吧。"

梓年闻听此言，一骨碌地起来，迫不及待地打开藤条箱，翻开几件破旧衣物后，一叠书刊杂志映入眼帘。

为首一册便是《国民》杂志第一卷第二号，梓年如获至宝地迅速捧在手中。翻看扉页，李大钊撰写的《大亚细亚主义与新亚细亚主义》一文赫然醒目！文中道："日本侵略分子所提倡的'大亚细亚主义'是'并吞中国主义的隐语'，是'大日本主义的变名'。'大亚细亚主义'不是平和的主义，是侵略的主义；不是民族自决主义，是吞并弱小民族的帝国主义；不是亚细亚的民主主义，是日本的军国主义；不是适应世界组织的组织，乃是破坏世界组织的一个种子……。""我们所说的新亚细亚主义，是'主张拿民族解放作基础，根本改造'……"①

---

① 参见彭明著《五四运动史》（修订本）第224页

梓年如饥似渴地阅读着这些颇有见地的文章，一面又反复咀嚼着一个个诸如帝国主义、民族主义、侵略分子等等既新鲜又有些生涩的名词含意以及这些词汇的相互关系。

当他看到4月6日《每周评论》第十六号"名著"栏目中刊登的《共产党宣言》第二章《无产者共产党人》一文时，几乎屏住了呼吸。原（译）文写道："劳工革命的第一步，我们所最希望的，就是把无产阶级高举起来，放他们在统治的地位，以图 Democracy（民主政体或民主国家）的战争胜利。这些无产阶级的平民，将行使他们政治上的特权，打破一切阶级，没收中产阶级的资本，把一切的生产机关都收归政府掌管，由这些人去组织一个统治机关，并且要增加生产的能力，愈速愈妙。""无产阶级去和中产阶级争战，因为情势所迫，不能不自行组织一种阶级。若是取革命的手段，他们便自居于统治的地位，把一切的旧生产情形，都要废除；并且要把一切的阶级的反抗都消灭了；到后来，连他们自己那一阶级的特权，都一并废除。"①

这些振聋发聩前所未有的文字，如此鲜明、生疏的

---

① 参见人民出版社1998年12月出版、彭明著《五四运动史》（修订本）第218页。

无产阶级专政思想，对这位身处小城的小学教师来说，的确比较生硬，也难以理解，但他却隐约嗅到了，眼前之中国迟早会迎来更大政治风云的消息！

也许，正是这种朦朦胧胧的感悟，诱导着他在次年便辞去无锡东林小学的教师职务，毅然选择去弟弟读书的北京大学哲学系旁听，从此决定了他一生从事革命、从事哲学研究的人生之路。

第八节 淡去的记忆

潘老一生温文尔雅、不事张扬的个性是出了名的。既然连参加五四运动这样被载入中国史册的大事都三缄其口，就更谈不上诸如青少年时期的一些生活琐事了。因而在他步入耄耋之年，后辈们偶尔问及时，他大都草草回答，轻描淡写地一笔带过。理由是：他早已淡忘了。

事实上，谁人不曾拥有过一个难忘的童年、少年、青年时代？无论温暖还是艰辛，快乐还是苦难，都会在岁月中沉淀下来，刻印成那个时代难以忘却的纪念。

据我所知，潘老所谓的记忆淡去，只是不愿在早已过去的时空里花费时间，更不想让后人在这些陈年旧事上抛掷精力罢了。其中，一些珍闻逸事，幸好可以参考他的胞弟潘企之先生（渭年）1989年6月提供给宜兴市委、宜兴市政协文史资料研究委员会的回忆文章。

正是五四运动发生的那年暑假，特别是在梓年动身去上海接有哥后的那几天里，汉年天天往小叔家里跑，总想在年哥回来的第一时间内看到他。尽管他自知高小毕业根本不能和有哥这个大学生相比，可在他心里，早已把自己看成个小大人了。不久前，他与同族好友潘志文等在设在本村小学教师图书馆的荆溪社看到过《新青年》、《新潮》、《平民报》等刊物，他知道，那是有哥从北京寄回来的。虽然还并不能完全看懂，但在他的潜意识里，却总觉得有一种不可抗拒的力量在吸引着他……

梓年、有年兄弟乘坐的班船因沿途装卸货物，开开停停，甚是缓慢。幸亏梓年有诸多杂志痴迷着，根本觉察不出航船的速度来。

潘淑则陶醉于另一番景象之中。透过船窗，两岸的庄稼、树木，骑在水牛背上嬉笑着冲班船招手的牧童，那些赤裸着只穿一条短裤正在罱河泥的壮汉，还有那些衣衫褴褛、一溜歪斜、躬身竭力的纤夫们，以及一群群光着屁股戏水游泳的孩童，不时从眼帘中划过……

如果说眼前的一切是一幅让他倍感亲切、百看不厌的巨大水乡风情画的话，那么透过这幅画卷背后的便是一部山河颓败、民不聊生的故乡苦难史。目睹着这一

第二章 仰慕定志

切,已有两年没有回家的潘淑若有所失……

二人到家时,已近深夜了,然而潘家上下人等却毫无倦意地在等待。宅门及厅堂内外悬挂的灯笼熠熠生辉、仿若白昼,这是以往年节时才有的气象。帮佣的丁妈也未曾回家,摇着蒲扇一直守在大门外的竹椅上。

黑暗中的脚步声令丁妈断定是他们回来了。"到了、到了,哎呀!先生、太太,有年他们到了,到了!"随着丁妈的一阵惊呼,潘家老小顷刻沸腾起来,呼呼啦啦地拥至天井。母亲正在厨房,听丁妈呼喊便急速迎出,初见有年时激动得不知说什么,嘴里一个劲儿地叨念着"哎哟哟,这船怎的这么慢,一定是饿坏了,去,进堂屋见过二伯和你爹,我这就热汤来!"

汉年、渭年、美年、卜年等一干小兄弟姐妹,此时早已跟在伯父和父亲身后,手舞足蹈地迎出厅堂,有年向二伯父、父亲行过礼便被簇拥着来到客堂。

因天时已晚,有年与父亲、二伯未及多叙,匆匆用过丁妈和母亲端来的甜汤(宜兴习俗,用红枣、红糖煮的荷包蛋),二伯父即带汉年告辞了。临行前,二伯说:"有年!二伯明天一早,来检查你的功课如何?"有年慌忙答道:"恭候二伯赐教。"正待出门时,汉年突然转过身来,拉过有年耳语道:"有哥,明天我也来,我要看你上次寄来的那种书……。"有年自然心领神会,却又故意吊他的胃口道:"你能看懂?……"汉年听后,并不计较,调皮地挤了挤眼,欢快地走了。

有年无论如何也不曾想到,在他有意无意间寄给大哥梓年不时带回的这些进步书刊,深深影响了这位比他小9岁的堂弟。正是这些书刊的引导,使汉年日后走上了比他这位堂兄更加觉悟、更为彻底的革命道路。令他成为中共党史上赫赫有名的隐蔽工作实践者和领导者,也因此成了新中国成立以来中共党内最大冤案的主人公!

次日一早,二伯与汉年果然如期而至。当有年把厚厚的洋洋数百万字的《明儒学案》、《宋儒学案》捧到他面前时,二伯惊呆了。他接过来草草翻了翻,见许多页面的字里行间都做了重要符号和批注、感言等,惊问道:"如此浩繁之作,你竟精读深研了么?"有年有些惶恐地点点头。但见二伯又高声惊叹道:"不愧年少气盛,真乃青出于蓝而胜于蓝矣!先前我也只读过周汝登的《圣学宗传》、孙奇逢的《理学宗传》而已,那些都是东鳞西爪,何来这般条理,这般见地!真乃后生可畏,后生可畏矣!"

二伯在众人面前赞不绝口,羞得有年不知如何是好。企之在晚年回忆当时情景时写道:"唯有哥才令二伯父如此喜形于色,而我们其他兄弟,则从未享受过二伯的这般宠爱……他晚年挖掘与整理中国古文献中的心理学思想的财富,道来如数家珍,这和他青年时代的扎实的理学功底和勤思好学是有极大关系的……。"①

潘企之在回忆文章中还这样写道:"那时我年事还小,对《新青年》、《新潮》、《平民报》等刊物的内容一知半解。而比我大的潘汉年、潘志文等则看得入迷。记得还有一部印刷精美并附有彩色插图的汉译汤姆森的《科学大纲》更是吸引着我,它如同古庙的窗口吹进来的带着争鸣的喧哗和自然韵律的清风,敲开了我的心扉……"②

关于这段回忆,笔者查阅相关资料后发现,可能潘企之先生的记忆有误。因为这位英国生物学家阿瑟·汤姆森的科普巨著《科学大纲》汉译本一、二两册,是1923年4月由商务印书馆正式出版的。第三、第四两册于同年十月和次年一月问世。而有年则于1921年春即赴美留学。可见。儿时的潘企之所读《科学大纲》一书,疑是潘梓年在北大哲学系旁听时带回的更为可信。

二伯父又对有年说了许多诸如"儒业有志救国不可不发奋图强,发奋图强即不可小视研习吾国精深入理

---

① ②均参见政协江苏省宜兴市委员会文史资料研究委员会1989年6月编辑出版的《宜兴文史资料》第十六辑(书刊登记证:无锡市宣准8965号)潘企之回忆文章《急流勇进 锲而不舍——忆有哥》。

之学"以及"年少不可好高骛远,更不可以未来国士自许"等等。

母亲自然听不懂二伯兴致勃勃的高谈阔论,于是兴味索然地回到梓年、有年房中,翻腾有年带回来的行囊,以寻找所需缝补浆洗之衣物。

如此劳作早已成为母亲的习惯,每次假期回来照例如此,何况此次有年已经两年不曾回来了。也许,缝补浆洗、添补鞋袜之类正是做母亲的本分吧。不一会儿,母亲惊问道:"有年,你来看看!"原来,她在行囊中发现了一双布鞋的鞋底后跟没了半截,鞋面却完好如新,因而责问起来:"怎么弄的?有年,鞋后跟被老鼠咬掉了不成!"还是8岁的三妹妹机灵,在旁边嚷道:"哪里是老鼠咬的,一定是有哥坐着看书两脚边看边晃在地上磨掉的呗。"有哥不吱声,只是在唇角露出一丝笑意。①

母亲见状,22岁的儿子立在面前,不好多说,于是道:"好了,没你的事儿了,去和二伯他们说话吧。"有年又是腼腆一笑,走出卧房。

身为二哥的潘菽,在一群小兄弟姐妹中极具亲和力。

---

① 参见政协江苏省宜兴市委员会文史资料研究委员会1989年6月编辑出版的《宜兴文史资料》第十六辑(书刊登记证:无锡市宣准8965号)《宜兴文史资料》第十六辑潘企之回忆文章《急流勇进 锲而不舍——忆有哥》。

第二章 仰慕定志

闲暇时小兄弟姐妹们总要缠着有哥讲故事，讲他在北京的见闻。潘淑也从不怠慢他们的期待，每次回来，总不忘给他们买回些刀型、镈形古钱币等分给大家。还有他平时镌刻的各种印方、收集的各类古钱币等物，虽锁在书桌里，但钥匙却只放在另一只不上锁的抽屉里，任凭小弟小妹们翻弄玩耍，即使弄坏了丢失了也从不与他们计较。所有这些，都源于他从小养成的温良恭俭让的性格。

这次是从北京回来，小弟小妹们岂能放过。尤其是汉年、渭年，更是强烈要求他讲述参加五四运动的亲历亲为。虽然他们并不完全理解甚至听不懂什么民族沦亡、帝国主义列强瓜分祖国，什么军阀政府媚外无能以及"国家兴亡、匹夫有责"之类的词语和道理，但是，当他们听到有哥和其他被捕同学出狱回到各个学校时那种激动场面时，原本仰着头一脸严肃、聚精会神的弟弟妹妹们一下子跳了起来，拍着小掌欢呼雀跃！

正是这个亲历亲为的生动故事，在他们幼小心灵中埋下了驱强扶弱的种子，激发了一颗颗朦胧的爱国之心，使他们长大后一个个都走上了拯救祖国、振兴民族的革命之路！

渭年比有年小12岁，生于1909年。1930年就读中央大学三年级时便加入了中国共产党，从事党的地下工作。1932年春，中央大学党组织遭破坏，组织上命他转移到上海,参加党领导的上海经济总会工作,半年后即调入党创办的中国工农通讯,在其堂兄潘汉年直接领导下从事对敌隐蔽斗争,编写、翻译电稿,传递秘密情报,掩护党的领导同志。1935年,他掩护陈云同志从长征途中到上海,后到达莫斯科,为革命做出了贡献。1948年前后,潘渭年先后在广西资源委员会、云南个旧锡业公司和淮南煤矿工作,参加党领导的护矿斗争。1952年8月调入合肥工业大学,先后担任教研室主任、系主任等职,1956年参加中国民主同盟,任民盟安徽省委常委、顾问等职。1978年后,当选为安徽省第四、五届政协委员。1981年6月,潘企之重新入党。1985年10月,经中共安徽省委批准,恢复他1930年春至1985年5月的党龄,充分肯定了他为党工作的革命历史和贡献。1986年11月离休,1990年5月病逝,享年82岁。[1]

1911年出生的四弟潘美年早年是清华大学物理系的高才生。1933年毕业后曾任江阴青阳中学教导主任兼代理校长,深得前辈教育家黄炎培先生赏识。后因唤起民众团结抗日而不容于国民党当局,被捕后关在镇江监狱,后经大力营救出狱。两年后赴常州中学任教,仍不改初

---

[1] 参见宜兴市政协学习和文史委员会编印(内部资料)的《宜兴文史资料》第三十三辑(纪念潘汉年诞辰一百周年专辑)第472—474页。

衷,宣传共产党的抗战政策。1937年抗战爆发后学校遣散,潘美年回到家乡宜兴积极组织"宜兴青年战地服务团"。宜兴沦陷前夕,潘美年等率战地服务团一行30余人从家乡陆平出发,一路千辛万苦,于1938年春到达武汉,潘美年被时任《新华日报》社社长的大哥潘梓年留下任秘书兼翻译和整理资料。武汉沦陷前夕,周恩来同志命潘梓年、李克农等将《新华日报》社撤离武汉至重庆。10月23日,潘美年等乘坐的押运重要文件及物资设备的"新升隆"号轮船,行至北嘉鱼县燕子窝附近,遭到日机的疯狂轰炸而沉没,年仅27岁的潘美年等25名同志不幸遇难。12月5日,《新华日报》社在重庆社交会堂举行隆重的追悼会。中共中央领导给死难者献了挽联,送了花圈。中共中央挽词为"气壮山河"。毛泽东同志的挽词是"为国牺牲"。周恩来、朱德、彭德怀、叶剑英、董必武、陈绍禹、博古、凯丰、林祖涵、吴玉章等题了挽词。邓颖超同志写了挽诗。国民党政要林森、于右任、陈立夫、孔祥熙、孙科、张群、邵力子等也送了花圈和挽词,新中国建立后,潘美年被追认为革命烈士。[①]

小弟潘卜年,1933年春在江苏省立无锡中学读高

[①] 参见宜兴市政协学习和文史委员会编印(内部资料)的《宜兴文史资料》第三十三辑(纪念潘汉年诞辰一百周年专辑)第472—474页。

三时，就与同班进步同学吴启璋（宜兴人）、鲍志春（常熟人）、王士伸（江阴人）及师范科进步学生张春生（后改名张之宜，曾任江苏省农林厅厅长）共同发起组织"社会科学研究会"。在共产主义青年团无锡县委领导下，组织锡师支部，作为无锡师范学生运动的领导核心。1935年，卜年到达西安，在西兰公路管理局任油库管理员。1936年跟随堂兄潘汉年参加西安事变等活动，宣传停止内战、一致抗日。不久，潘汉年介绍他到延安学习。学习后仍回到西安做秘密工作。不料被胡宗南部逮捕，关进集中营，受到了惨无人道的折磨，身心受到极大摧残。因坐了水牢、生了肺病，解放前夕才得以释放，回到宜兴，不久便病逝，年仅36岁。卜年英年早逝，终生未婚。

潘家一门，走出如此多的无产阶级革命战士，此乃宜兴人的无上光荣和自豪！

第九节　姑母的权威

要不是仰仗姑母的权威，潘菽赴美留学的梦想将付诸东流。倘若不能出国，也许中国的心理学历史将改写。

1926年以前，一些国家、地区都使用银元作为本国货币。当时的中国、日本、香港等地所使用的银币含银量基本相等。而英、美等西方国家则用黄金铸造本国货币。因此，外汇价格即受金银比价的波动而影响。第一次世界大战结束后，连年出现银贵金贱的局面。因此，国内各省乘机选送优秀本省籍学生赴美国留学深造。但因当时受长期闭关锁国的观念影响，各省财力也十分有限。1920年，江苏、浙江两省确定的赴美留学名额仅有一名（据潘企之先生回忆），潘菽绝不想放过这次极其宝贵的机会。因为到美国深造，正是他上大学后一直梦寐以求的。这一想法与他对当时美国著名大哲学家、教育家杜威教授的仰慕有直接关系。

1919年5月，杜威教授偕夫人、次女一行经上海、南京等地转至北京。原本计划在中国讲学几个月的杜威，在中国的知识界受到了空前欢迎，行期也一再延长至两年零两个月之久。其足迹遍布直隶、奉天、山东、山西、江苏、江西、湖南、湖北、福建、广东等十一个省。其影响可想而知。

当年思想尚较幼稚的潘菽，正处于寻求一般性改良阶段，不可能辨别和认识中国究竟该走向何方这样更深层次的道理。他对杜威教授所宣扬的"新科学精神"、"新的人生观"以及所谓不偏不倚的实用主义哲学推崇备至，甚至到了顶礼膜拜的程度，认为杜威教授所讲的

"人类的责任,在某种时间、某种环境,去寻出某种解决方法来,就是随时随地去找出具体的方法来应付具体问题"的论点似乎正切中当时的国情,似乎正是改变民国现状的良方。当他听到杜威教授在讲台上高喊"学生们啊!你们以各人的知识一点一点地去改革……"①时,潘菽越发发现自己知识尚少,需要更多地学习,以增长担负救国责任的本领。也更加增强了他出国深造,尤其要去美国留学的决心。

潘菽当时的心态,正如他在晚年的回忆文章中自我剖析的一样,由于受家庭教育的影响,自己从来都不是激进的暴风骤雨般的外向性格。尽管他积极参加了五四运动,但思想实质终未脱离、也不曾改变那种小资产阶级知识分子的状态。二十出头的他根本看不清中国革命的走向,一味迷恋所谓学术研究,主张教育救国。于是,在五四运动结束后,他既不像一群激进青年那样,主动接受马克思主义并坚决走革命的道路,也不像一群右翼的叛逆者那样,在不从事政治的幌子下,去反对马克思主义。应该说,当时的他,的确属于暂不确定什么主义或可以不急于确立什么主义的持中立态度的

---

① 参见人民出版社 1998 年 12 月出版、彭明著《五四运动史》(修订本)第 469—472 页。

第二章 仰慕定志

另一类。

潘菽决定立即报名参加考试。就像1917年考入北大一样,他再一次金榜题名,而这次不同,是出国留洋!这在当时的陆平村,他也是第一个。

潘菽的中榜,再一次光耀了这个世代书香的门庭。然而,如此的荣耀并未给潘荣华这位落魄乡绅带来些许欣慰,而更多的则是压力与烦恼。

当潘菽再一次欢天喜地地踏进家门时,似乎有一种不祥之兆笼罩他的心头。他从父母脸上体察到的是冷漠与哀愁。不用多问,他便心知肚明,他立即意识到,跨出国门将是一个十分艰难而遥远的梦!

为慎重起见,父亲当着母亲、二伯、梓年及全家老小的面宣布他的决定:那就是,坚决不同意有年出国,让他放弃出国的机会,并让他死了这条心。理由有二:一则家中拮据,子女众多,且都要读书、升学,实无此财力供他出国;二则汲取上次在北京参加五四运动之教训,以防他再次远走他乡,发生意外风险!总之一条,希望有年打消念头,尽快择业,以担负起为家庭分忧之责任!

为此,二伯父和梓年费尽了口舌也均未奏效。父亲坚持己见,没有丝毫松动的迹象。

有年拗不过父亲,但又一万个不甘心放弃这个难得的出国机会，于是再次做母亲的工作。哪个做母亲的不是望子成龙呢？儿子能出国留洋，原本就是件十分光彩的事，从内心讲，即便讨饭，她也愿意供儿子出国留学。因此，有年并未多说，母亲就点头同意了。然而几天下来，母亲仍旧说不动父亲，父亲照旧一百个不同意！

在万般无奈之下，还是母亲出了个主意，命梓年、有年去请大姑母回来，让大姑母给父亲施加压力。

梓年、有年喜忧参半，但他们知道，这是说服父亲的最后一张王牌了，万一不成，定将无计可施了。

次日一大早，兄弟俩谎称进城与同学会晤，忐忑地叫了条船，直奔距陆平近三十里水路的丁蜀镇北郊双妙村（俗称双庙头）而去。

姑妈潘星五在潘菽父辈中排行老二，除长兄潘清华外，莘华、菉华都比星五小。加上星五出嫁的双妙村吕姓，也是当地名门望族，又与潘家两代姑表联姻，让她出面说话，自有一定分量。

中午时分，木船停至双庙头村东河埠。消息顷刻飞也似的传到了吕家。大姑妈欣闻娘家两位上过大学的侄儿同时前来拜望，着实喜出望外，迈着那双令她骄傲了一辈子的"三寸金莲"，亲自迎出门外。

梓年、有年二人按照母亲的吩咐，路过宜兴城时，

第二章　仰慕定志

特地上岸买了徐舍小酥糖、和桥豆腐干（二者均为明清时代朝廷贡品，至今名扬大江南北）和小笼蟹黄汤包等食品礼盒，这更让大姑母觉得风光八面，为她挣足了面子。于是立即吩咐左右，摆酒加菜，款待两位侄儿。

饭毕，当她得知两位侄儿的真实来意时，立刻拍着胸脯道："这桩事情包在我身上！放心，我去跟他说，我就不相信，孙猴子还能翻过如来佛的手心！"

有了大姑妈的这句话，梓年、有年的心顿时放下了一半。于是梓年说："大姑妈，那就要看您的啦！可是这事比较急，您看您几时……"

没等梓年说完，只见她手一挥说："这就动身！"

别看大姑妈将近六十的年纪，又挪着一双小脚，可说话做事仍是风风火火、一百个爽快，从不拖泥带水。

大姑妈自从上了年纪后就不轻易回娘家了。此次"大小姐"（村上许多长辈、平辈族人仍旧如此称呼她）回到陆平，几乎传遍了全村的每一个角落。多年来未曾见到"大小姐"的乡里乡亲们纷纷前来探望，一时间，潘家门庭若市，来来往往者络绎不绝。

大姑妈却是极有分寸的。除了礼节性地与来者相互问候、闲谈之外，绝口不提自家内幕半个字。因此，村里人并不知晓菉华阻止有年出国留学之事。

尽管大姑母很有权威，但潘家家道日趋捉襟见肘是事实。梓年在无锡东林小学执教不到三年,大部分结余都供给了有年,如今他又辞职去读北大哲学系,也少不了要家里帮衬。大姑妈还是有理有据地责问父亲:"此次乃官费留洋,自家只是做些贴补罢了,你何故要弄得鸡飞狗跳、上下不宁?"

父亲辩解道:"自家虽说是凑些补贴,可凭潘家现时家境,也难以为继了。"

大姑妈斩钉截铁地道:"无论怎样,不可耽误孩子前程,俗话讲船到桥洞自然直,黄泥萝卜吃一段揩一段,这事就这么定了,有什么难事找我去!"

就这样,凭着大姑妈的权威,凭着宜兴本土风俗,弟弟一般都要服从姐姐的祖传规矩,父亲终于退让了。

可是,一波刚平,一波又起。第二天一早,大姑妈用过早餐正欲返程,父亲突然对大姑妈说:"阿姐,既然有年出国的事你帮他做主了,那么还有一桩事也请您不妨一并为他做个主吧。"

"你讲,什么事情?只要是合情合理的,我总归不会推脱。"大姑妈一向快言快语。

"那好,阿姐你是晓得的,我家有年与氿北益氏圩蒋家小姐秀羕 7 岁就定了亲的,后来有年还为她改了名字,现在叫蒋一鸣了。两个小佬(宜兴方言称孩子为小佬),今年都廿四了,按说早该当爹做娘了。可是只要我

第二章 仰慕定志

一提这事,他总归同我推三阻四,总像是对这桩婚事不称心,难不成还要我退亲去?今天我把话放在这里,这种无情无义的事,我们潘家绝对做不出!如今你又答应他出国,再不结婚要拖到何年何月,阿姐你讲讲看呢。"

突然一个烫手山芋扔了过来,大姑妈却并没感到有多少为难。她稍加思索,便当着众人对有年道:"有年啊,这桩事情我倒要帮你爹爹讲句公道话了。自古以来,父母之命,媒妁之言,天经地义。人家蒋家也是一门小康,和我们潘家也算是门当户对的,没什么不好。这样吧,你也别犟了,我看这事就这么定了,赶快结婚!一是听娘老子的话,二呢,也算买大姑妈一个面子。看个好日子,临走前把喜事办了。"说着叫过同来的贴身丫头凤仙把她的包拿来,又从包里取出二十块光洋递给菉华:"这是我的礼金,应该够了。场面热闹点,不必太铺张。今天我先回去,定好日子早点告诉我,这杯喜酒我是一定来吃的……"

如果说是大姑妈的陆平之行改变了潘裁的人生走向的话,那么,同样是大姑妈在对潘裁婚姻问题上的武断决定,为他一生在家庭成员及亲人间相处的情感经历,筑成了数十年难以和谐、难以完美、甚至是抱憾终身的心灵屏障。

能够出国深造、实现抱负,让有年原本纠结了许久的心绪豁然开朗。而眼前不得不面对的并非理想的婚姻又让他倍感郁闷。喜与忧两种矛盾心理折磨着他,幸亏梓年及时开导,才让他能强颜欢笑,去接受弟弟妹妹们那些不知忧愁与烦恼为何物的笑闹与纠缠。

当时三弟渭年欲上中学,而他作诗的对仗仍较欠功夫。为此,有年讲了一个非常有趣的故事给渭年听,他说:"从前有一个秀才和一个担柴的樵夫狭路相逢。秀才要樵夫让路,樵夫不肯,相持不下。后来樵夫提出个让路的条件,他先出个上联,让秀才对下联,如果秀才能对得好就让他路。秀才听后暗喜,心想,对对联还能难倒我秀才?于是满口答应并说,随便你出!于是,樵夫开始出对,他指着肩上的木柴说:'此木为柴山山出。'秀才被难住了,搜肠刮肚怎么也想不出来,一直僵持到夕阳西下,山上炊烟四起时,秀才方有所悟,对道:'因火成烟夕夕多。'"这故事,不但对得巧,也很有哲理,令渭年茅塞顿开,一生都难以忘怀。[①] 在弟弟妹妹们眼里,有哥永远都是和蔼可亲、博学多才的兄长、大学问家。

[①] 参见政协江苏省宜兴市委员会文史资料研究委员会 1989 年 6 月编辑出版的《宜兴文史资料》第十六辑(书刊登记证:无锡市宣准 8965 号)第 100 页。

第二章 仰慕定志

第十节 奔赴大洋彼岸

尽管此时的潘家家境早已外强中干,但儿女成婚乃人生大事,为此,潘菉华夫妇动足了脑筋。按照大姑妈既要节俭又要热闹的叮嘱,婚宴的规模虽有所减缩,但是按照江南迎娶的旧俗,红灯高悬、花轿远迎、凤冠霞帔、鼓乐齐鸣、红毡上堂、红毯入房、新人祭祖等程式一样不曾缺少,也算是风风光光、热热闹闹地挣足了面子。婚后三日,按当地风俗,有年陪同新娘回门后,即准备启程远涉重洋,踏上留美求学之路。

当年规定的留学官费为每年每人限额银元三百枚,如有不足当由学生自负。于是,春节刚过,梓年便陪同有年去南京国民政府江苏省教育厅,领取出国留学置装费和旅费,也同时办理诸项相关手续。

按照出国手续要求,新生必须在民国十年(1921年)五月初到达目的地。于是,梓年、有年兄弟又马不停蹄,赴上海打探去美国的船票。

那时,第一次世界大战已停战近两年,欧美各地已是一片和平发展景象,因而从中国到英、美、法等国的商人、华工及留学生渐渐多了起来。但因外国和中国远洋航运的船只有限、吨位有限,使得出国者处于一票难求的境地。许多人为了一张船票往往要预订半年至一年之久，而他们却只能提前两个多月。兄弟俩抱着碰运气的想法来到外滩十六铺码头，居然被告知，三月二十六日有一艘七千吨级的中国"南京号"客轮前往美国旧金山。

窗口的先生说，有位先生因故推迟行期，刚刚来此退了一张三等舱票。兄弟俩闻听喜出望外，虽然原打算为节省开销买张统舱票的，可眼下有如此凑巧的好事，岂能犹豫不决？于是，立即递过八十枚银元，忍痛买下了这张宝贵的船票。

从上海回来不久，北大即将开学，梓年需辞别家人，去哲学系旁听。有年虽船票在手，但登船还待时日。临行前的那个晚上，兄弟俩似乎有说不完的话。梓年一再地嘱咐弟弟，一路上要多加小心，此次的轮船吨位较小，容易颠簸，一定要吃饱，才不容易晕船。还有，船上人多庞杂，处处要多加提防，害人之心不可有，防人之心不可无。再就是留心打听是否有同往的留学生。如若有缘，无论是男是女，也好相互间有个照应。等等等等。尤其千叮咛万嘱咐的是，到了美国，一定要常写信回来，遇到困难，更要记着写信回来，别太委屈自己……总之，梓年俨然长兄为父，说个没完没了。

有年即将出国留洋的消息在陆平村传了开来，潘

第二章　仰慕定志

家族人和远近亲友们不断前来道贺。你三元他五元地争相解囊，倒也凑出了一百五十多银元。尽管父母心中明白，这些贺礼迟早都是要还的，但毕竟不要一下子拿出来，因此，菉华夫妇多日来常常紧锁的双眉终于渐渐地舒展开来。

3月25日晨，整个村庄还在晨雾中没有完全醒来，有年便在父母、一鸣、二伯、二伯母及众兄妹的簇拥下，在村中北河沿上了去常州转上海的宜兴班船。因梓年先行去了北京，父亲、二伯决计由他们送有年到上海。后经有年多次劝阻才肯作罢。有年说："我一个堂堂24岁的小伙子，还能摸丢了不成？"

话虽如此，母亲终究还是放心不下。她紧紧盯着儿子上船，把行李箱笼递给船家安置。船虽还没启碇，她却望着儿子的背影，想着一个人孤单单去那遥不可及的外国，不知要遭受多少艰难。一时伤心，不禁流下泪来。离别之情，原已无处宣泄，况且梓年兄又不在场，一种莫名的失落感袭上心头。望着母亲泪水涟涟的凄恻神情，做儿子的只觉得鼻子一酸，瞬间也泪眼模糊了。连父亲也不忍面对此等离情别绪，不由得回转身去……。二伯见此情景，故作若无其事状高声安慰道："几年辰光眼睛一眨就过去了，到时候不就回来了吗。"

有道是：知子莫若母。她知道自己儿子性情中固执的一面。无论什么事，不到万不得已的情况下，轻易不求人。其实并不完全是他孤傲，而是怕麻烦他人，他总觉得轻易麻烦别人是一种拖累，是一种不明智不道德。就连对自己的父母兄弟姐妹也是如此，乐施于人而不求索取。遇到难事，他是属于磕掉了大牙往肚子里吞的那一类。这种性格，自然让做父母的常常放心不下，于是强忍住泪高声叮嘱道："有年儿，出门在外，多打打交道，到了大轮船上多同人熟悉熟悉，大家好有个照应！"有年点头高声应道："记住了！姆妈放心吧！"

眼看着木船带着自己的儿子缓缓离岸而去。没有罗曼蒂克的挥别，一鸣一直无语，夹裹在全家人中间，就像钉子一样钉在河埠上，一动不动，直至船身渐渐模糊起来。

有年仍旧立在船尾的甲板上，回望着河埠上亲人们高高低低的身影，回望着生他养他的陆平。这一刻，就像一幅照片，定格并深深印进他的脑海。直至到了耄耋之年，每每回忆当时情景，心中仍会掠过丝丝思乡的落寞与甜蜜。

第一次乘坐远洋轮船，而且是阴差阳错地买到了三等舱，虽觉有些奢华，不过毕竟条件要好些。舱房里有上下八张铺位，不像四等票，数十人挤在一个大统舱里，光线不足，空气浑浊，嘈杂的声浪让人震耳欲聋。

第二章 仰慕定志

由于是从上海出发的中国船,黄皮肤黑眼睛的华人占绝大多数,潘淑并没感到多少陌生。他所在的下铺位置恰巧临窗。圆圆的钢骨上镶嵌着厚厚的透明玻璃。因为是三等舱,舱面只高出水面一米多。如有风浪时,海水完全可以从窗口打进来。不过,他还是庆幸自己的运气,可以通过它,饱览海上风光。

没过几天,潘淑便从大家的闲聊中得知,整个舱房的八位清一色男客中,有三位来自浙江,一位是上海人,两位湖南人,一位安徽人,江苏的只有他自己。他的上铺是位民国政府驻旧金山副领事的小公子,是个高中毕业生。六十多年过后,潘老已是一个也记不起他们的姓名来,只能恍惚记得他们有的是前往探亲,有的是前去靠友,绝大多数做着去美国的淘金梦,唯独那位副领事的公子,说是只有18岁,是想让父亲在当地为他找所大学继续深造。

第一次远行,而且是一艘只有七千吨位的小船,这对潘淑及所有乘客都是一次痛苦的经历。轮船以每小时三十华里的速度航行。若遇风浪,完全达不到设计时速。在浩瀚的太平洋洋面上,轮船"南京号"孤寂得似一片亦浮亦沉的落叶,摇得人常常不能自已头昏脑涨。唯有风平浪静的时候,才能到甲板上走走。有时,潘淑倚在甲板的铁栏上,面对大海,若有所思。也许,只有到了海上，才真正懂得"无风三尺浪"这句话的真正含义。迎着海风，他眯起眼睛眺望宽广无垠的太平洋，心绪忽而驰向五百多年前。眼前仿佛浮现出郑和率船队七下西洋的壮举，心中全然理解了这位中国古代航海家的心思。海的诱惑实在是太大了！

而此番自己孤身登船，是海的诱惑吗？不！那是大洋彼岸先进教育的诱惑，是现代工业下科学与哲理的诱惑，是当代青年人寻求教育救国、科学救国理想与志愿的诱惑！

也许因为中国人都比较传统和保守的缘故，船上一千多名乘客在寂寞而漫长的航行中，很少有罗曼蒂克的故事传出。尽管偶见洋人的情侣们在船头或船尾的角落里卿卿我我，甚至伫立着旁若无人般的拥抱、亲吻，传统的中国乘客反倒先被吓得心惊肉跳，然后便犹如躲避瘟神般地逃之夭夭。

经过近三周的海上颠簸，"南京号"终于在一个被称作夏威夷的欧胡岛港口停靠下来。乘客们很快被告知，轮船将在这里停留两天，以补充淡水、燃料、食品等项给养。大家可以下船观光，但不允许在岸上过夜，以免发生意外。

船上的一部分乘客已达终点，他们中的大部分是华工子女、眷属。想必他们的父辈或兄弟已决定在此地定居。

第二章 仰慕定志

到了这里,距离真正的美国本土据说还要航行半个多月光景。18世纪末,美国人动用武力征服了这个只有数十万人的群岛王国,让它成为美国殖民地。据说这里有非常丰富的香蕉、菠萝、甘蔗和咖啡种植园。但美国人看好的并不是这些,而是这个太平洋上的交通要冲,是它在北太平洋上所处的战略地位。

面对金发碧眼、昂着头穿梭于码头街市的白种人,以及躬身伏首向路人伸手乞讨的黑人老妪,还有那些蓄着胡须、高扬着皮鞭,朝黑人孩童怒目圆瞪的警察,潘淑原本的好奇心,骤然紧缩起来,对异国风情的热烈向往几乎降到了冰点。眼前的一幕令他思索,这就是弱肉强食的真实写照?这便是丧权亡国之悲哀?

4月中旬的夏威夷岛气候温润、景色宜人。第二次世界大战后,火奴鲁鲁(即檀香山市)迅速发展起来,成为夏威夷群岛的政治文化中心。钻石山头郁郁葱葱,尽显热带雨林的原始风貌。伊奥拉尼皇宫和卡美哈梅哈一世的塑像代表了一个时代的消亡,尽管延绵数十里的威基基海滩在落日的余晖下十分绚丽,让人流连忘返,但所有这一切都无法消除刚刚目睹码头一幕时产生的心理阴影。潘淑无心浏览欧胡岛风情,再三婉拒那位副领事公子的百般相邀,独自一人踱向"南京号"。在他心里,相比这个陌生的岛屿,那里才是他的安身之地,那里才是他释放自由的家园。

第十一节　走进伯克利

两天后,"南京号"又带上了数百名肤色各异的乘客起锚了。轮船向正北方向行驶,没多久,又一个美丽的岛屿迎面而来。有人说,前面这个岛名叫可爱岛,是夏威夷一百八十多个岛屿中的第四大岛,也是在夏威夷王国历史上唯一没有被卡美哈梅哈一世用武力征服而自动归顺王朝的岛屿。

这的确是一个从未遭到战争破坏的纯自然风光的洋中宝地。蜿蜒的海岸,在椰子树、棕榈树的点缀下,依偎着崎岖险峻的山峦。忽而如刀削的绝壁,直插海底。忽而又峰回路转,拥吻着碧蓝的大海,裸露出沙滩的轻柔。典雅与险峻的辉映,恬美与刚劲的融合,几十海里延绵不绝。

潘淑趴在圆圆的船窗边,静静地遥望海上的景色。耳边不时传来那位旧金山副领事公子对夏威夷岛(大岛)风光绘声绘色的描述。这两天他与同舱的几位男士乘小艇去了大岛,去看海拔四千米的冒纳罗亚活火山。四十年前,冒纳罗亚火山喷发出的岩浆如同层层的波浪,在山下凝固成十分壮观的石海。山顶的火山口已

第二章 仰慕定志

长满了树木,在阳光的照射下,它像一口巨大的打碎了锅沿的大铁锅,也像一面巨大的绿色盾牌,十分雄伟……。那位公子的津津乐道,并不能吸引潘淑的注意力,因为他从来没有旅游观光的兴趣。

又是近十五天海上风吹浪打,南京号终于抵达此次航行的终点——美国西海岸著名海滨城市旧金山。4月下旬的旧金山,天气乍暖还寒。走上甲板,潘淑极觉云淡风轻、凉爽宜人。他紧随人群,手提肩扛地匆匆上岸。没走多远,便有一名华人模样的中年脚夫主动用华语与他搭讪:"先生,您是从中国来的吧?"潘淑十分惊奇地连连点头道:"您是……""我也是中国人,祖籍在浙江省。这里中国人多得很,大概占到旧金山人口的四分之一呢。我是专门在码头做工的,下班了,正好遇上中国客轮,顺便捎个脚,挣点小费。"对方一连串的自我介绍一下子解除了潘淑警惕着的心理防线,见对方很是友善的样子,于是并未多虑便放心地把行李递了过去。

一路走着,潘淑很快便知晓这位华工姓顾,于是便称呼他顾先生。这位顾先生很是健谈,说他爷爷在18世纪中叶的旧金山淘金热时期就移民来到这里,成千上万的中国东南沿海民众相继到这里来淘金,后来在这里形成了一股华人势力,建造了唐人街。他说他10岁的时候,赶上了旧金山8.2级大地震,48秒钟,多半个城市几乎夷为平地。煤气管道爆燃引起的大火烧了三天三夜，几公里高的火光和浓烟在 80 公里外的地方都能看得见。地震造成 3000 多人丧生，25 万人无家可归，他们一家三代十几口人除了父亲受伤断了一条腿之外，其余都平安无事，缘由是他家住的是广场边的二层小楼。

出了码头，顾先生引导他来到广场拐角处的一个僻静巷口，那里有顾先生事先放置的一辆三轮车。顾先生的热情以及他的滔滔不绝，让刚踏上异国土地的陌生感顿时消了许多。后因顾先生指引，终于顺利到达奥克兰镇以北四英里处的一个名叫"伯克利"的地方，加州大学便坐落于此。

具有五十多年历史的加州大学已有相当规模了。校园从伯克利城区一直向郁郁葱葱的伯克利山麓延伸。5月初的春夏之交，伯克利校园内早已满眼绿色。放眼望去，到处草坪如毯、鲜花怒放。数十幢色彩鲜明的楼宇错落有致、散落其间，更显得清幽典雅。置身于此，仿佛步入偌大的山水公园，让人心旷神怡、流连忘返。

此时，加州大学的夏令学期正要开始。于是，潘菽很快找到了校方，呈上中华民国政府教育部的有关公文函件。校方对此十分认可，尤其是对北京大学哲学系的毕业文凭，更让初识的这所美国著名学府的几位教授赞叹不已，另眼相看。

第二章 仰慕定志

在北大时，潘淑的英文便常常获得甲上的成绩，流利的英文对话更让教授们刮目相看！

按照当时的意愿，潘淑选择教育学作为自己的研究目标。没过几天，一位朴实、精干的中国青年很快与潘淑相识并一见如故，而且迅速成为无话不谈的好友。他就是后来的著名生理学家、中国科学院院士、曾任中国人民解放军军事医学科学院副院长的蔡翘。

蔡翘，又名蔡卓夫、蔡又忠，广东揭阳人。不仅年龄，就连那个中等身材也与潘淑相差无几。当时，他已是加利福尼亚大学心理学三年级研究生了。当他得知潘淑就读教育学研究生班时，就直言不讳地建议他："敝人不敢枉论你的教育救国理念有何不妥，只觉得与眼下国内紧迫之时局比照，似乎有些遥不可及、望梅止渴之嫌。学兄如不忍舍弃，倒不如折中选一门与教育相近的新兴学科潜心研习，也许将来能成大业，也好寻得个安身立命的处所。"

潘淑原本的踌躇满志，被这位学长的一番高论，击得心神不宁起来。他深知立本求学的重要，也从来不曾追求轰轰烈烈、荣耀风光，而素以踏踏实实做学问为己任。此后的几个夜晚，蔡翘的那番话都令他辗转反复，难以入眠。思前想后，尤其这位学长的一句"美国教育也未必适合眼下民国之国情"的肺腑之言，更是一语中的。他深感蔡翘的点拨如金玉良言。心想,如若盲目追求研习美国教育,万一陷入空谈、陷入虚幻、陷入叶公一类,岂不误人误己,岂非学之悲哀么?

正在此时,1918年便来加州大学的四年级中国学生郭任远的一篇题为《取消心理学上的本能说》的论文,发表在美国当时的主要心理学期刊上,引起了哈佛大学心理系主任麦独孤以及美国行为主义创始人华生等前辈科学家的反击,该文震惊了美国心理学界。

潘淑认真阅读了郭任远发表的这篇论文,并从中产生了对心理学的较好印象。于是,他与蔡翘商议,表露欲改学心理学的心迹。蔡翘见状,又将两年来所见所闻美国教育之现状,尤其是个中弊端等等和盘托出,如此更坚定了潘淑改行的决心。从此,潘、蔡二人更成了志同道合的挚友了。

光阴似箭,转眼到了秋季。来时虽带足了一年的资费,但蔡翘已有两年没有回家,教育部公费从来都不能按时寄达,于是,平时开销常常由潘淑帮他垫付。渐渐地,潘淑带来的费用也已不多了。当时的国际邮路极为不畅,蔡翘虽多次与家人联络却均未奏效。于是,他建议转到一个心理研究条件较好而又节省费用的大学。经多方咨询,他们选择了中西部的印第安纳大学。

两人一拍即合。那时美国几乎所有大学都承认中国国立大学毕业生的学历。无须考试，也无须事先联系，只要开学时去报名交费。于是，学期考试结束后，潘淑即随同蔡翘，告别伯克利，背起行囊，奔赴印第安纳……

第十二节　印第安纳印象

作为研究生，潘淑很顺利地进入印第安纳大学，并可以任意选课。其实他在国内学过一门普通心理学性质的课程，但那时一心放在哲学上，并未深入，和没有学过差不多，于是他暗下决心从头学起。当时，印第安纳大学里开的心理学课并不多，经与蔡翘商议后，他便选了普通心理学、实验心理学和变态心理学，尤其对普通心理学和实验心理学更是情有独钟。

创办于1875年的印第安纳大学是一所历史悠久、设施完备的著名综合性大学，在美国享有盛誉并得到州政府强大的财力支持。这里聚集了大批有成就的教授人才，具有极高质量的学术背景。

入学不久，潘淑发现，这里的动物学也是非常不错的。它对于学习普通心理学和实验心理学都很有帮助。于是，他在努力学习心理学的同时，又几乎选学了脊椎动物、无脊椎动物、动物的组织和器官、动物胚胎发生以及动物生理学等数十个动物学课程。这些课程使他对刺激、兴奋、抑制等动物心理和生理特征及动物遗传状况有了深入了解。这对他以后从事心理学研究提供了诸多帮助，也使他当时学习的心理课程大受裨益。

讲授普通心理学的康托教授，是一位思想极为活跃的人，很有自己的心理学见解。他讲课时用的教本，是刚刚出版的吴伟士的那本心理学。吴伟士是美国哥伦比亚学派的主要代表，既是机能主义心理学家，也是动力心理学家。他提出的动力心理学理论，把人的整个活动作为心理学研究的主要对象。强调人的内在条件、经验在行为发生中的重要作用。这一观点被当时美国的心理学界普遍接受，也成为心理与生理的关系在宏观上的界定。

康托教授讲课时从不照本宣科，他对吴伟士提出的反动（即反应）、各枢反动、反动的趋向、先天性与后天性、本能、情绪、感情、感觉、智能、记忆、联想、知觉、思考、意志及人格等等观点都有自己的独特见解。听他的课，就像在听一个生动、活泼或情节跌宕的感人故事。这颇对潘淑的胃口，使他深受启迪。①

---

① 参见人民教育出版社2007年7月出版的《潘菽全集》第一卷第23页《我的心理学历程》一文。

第二章 仰慕定志

康托教授除了讲述自己的观点外,还让每个学生必须通读、熟读吴伟士教本的上下两卷20个章节的全部内容,目的是让学生们相互比照、融会贯通。[①]潘菽先生晚年回忆道,这样的学习方法令人欣赏,故获益颇多、印象深刻。

在印第安纳大学,另一位让潘淑终生难忘的便是讲授实验心理的布克教授。他的讲课方法很是特别,他把这门课的绝大部分时间都用在让学生做实验上。只是在布置每一项实验之前郑重说明要注意的事项,指出每项实验需要参考的书目,甚至细到某一本书中的某些有关页码。至于如何去做,如何比照查阅这些材料,全凭学生们的主观能动,他提倡每位学生发挥各自的专长,提出不同的观点。[②]这种教学方法,深得学生们的喜爱,使潘淑有了更大的想象空间,更多的思辨余地,为他以后从事心理学的教学与研究奠定了坚实的基础。

布克先生的教学方法,看似草原跑马、易放难收,其实则不然,他对学生的实验结果要求是极为严格的。为此,每一项实验,潘淑都与蔡翘认认真真地对待,丝毫不敢马虎。尤其是对实验报告中的"讨论"一项,他

[①] 参见人民教育出版社2007年7月出版的《潘菽全集》第一卷第23页《我的心理学历程》一文。

[②] 同上。

与蔡翘都要反复雕琢、反复比照，反复查阅有关资料，细心写出对实验结果的解释和体会，并在体会中陈述个人的观点感受。

因此，他和蔡翘的实验报告，常常得到"优"的批分。潘老后来回忆说，这是他在印第安纳大学所学心理学课程中最受益的一门。主要原因就在于布克教授的教学方法，能够最大限度地调动起每个学生的学习积极性。这使他印象极深，终生难忘！

潘淑在认真学习心理学的同时，对所选的诸多动物学课程也毫不放松。他深知，动物学的许多基本知识，都是研究心理学所必须具备的。对此，蔡翘常常讥讽他"贪得无厌"。

在印第安纳大学，最令潘淑常常为之担忧且感到尴尬的仍旧是囊中羞涩。初到美国时，银贵金贱，每年的三百枚公费银元还能勉强应付。可是到了1922年年底时，金价日贵，银元兑成美元的比例越来越少，就连最艰苦的生活标准也难以为继了。无奈，潘淑只得向家中告急。

家中接到有年的来信，母亲犹如火烧眉毛。父亲东奔西走，终于筹集到二百银元。可是，谁也不知道如何汇给他。无奈，只能等到渭年年后开学时由他带到南京去想办法。那时南京城里还没有银行，渭年只得到下关鲜鱼巷的上海银行打听。接待生告知，他们只办储蓄和国内汇兑业务，不办外汇，站在柜台前，渭年十分茫然。他一个中学生，上海自然无熟人可托，带回学校宿舍又不安全，只好将款子存入银行再说。回到宿舍后，渭年迅速给他的有哥写了一封信，请他"等待"。

眼看着家中接济无望，潘淑和蔡翘经常不去食堂，而是以每人5美分一个最便宜的黑色咸面包，就着白开水吞下了事，还用美其名曰"黑白分明，越吃越有劲"的调侃来相互鼓励！但对各自的学习，却从未有过半点懈怠。

如此艰难的学习生活，磨砺着潘淑的学习意志，更坚定了他拼搏求知的决心。他常常用清代著名诗人画家郑板桥的"咬定青山不放松，立根原在破岩中，千磨万击还坚劲，任尔东南西北风"的诗句与蔡翘相互勉励。当时的印第安纳大学实行的是季学制，每年分为四个学季，无论是大学生还是在职教师，都可以自主安排进修时间，任意选择适合自己的学季。一些美国本土及经济较宽裕的外国学生常放弃某一个学季或学季之间短暂的假期，走出学校，到异地采风观光，这对潘淑来说，却是连想都不曾敢想的奢望。他深知天道酬勤的道理。信心、意志、勤奋已构造了他立志求知的"原动力"、"加速器"和"有用功"。

在印第安纳大学生里，潘淑与蔡翘一直是少有的在艰苦条件下孜孜以求的中国学生。他们平日里轻易不离开校园,身影始终穿梭于教室、图书馆、实验室。除此以外,便是深入各界民众之中进行访问,力争把实验报告做到精确再精确。对此,康托教授和布克教授十分赞赏。

1923年2月,民国政府当年的公费终于下发。虽然仍旧金贵银贱、入不敷出,但确如雪中送炭,终解燃眉之急。尽管如此,潘淑却破天荒地邀请蔡翘陪他去逛了一次街,花费数美元买了当时在国内根本看不到的手摇绞肉机、自来水笔和一辆由发条驱动的玩具小火车。对此,蔡翘大有不解地问他,为何要买这些东西,这与学习有关吗?潘淑答道,我想把这些东西寄回家,绞肉机送给母亲,自来水笔和小火车送给小弟弟小妹妹们。蔡翘闻后顿悟,他明白了潘淑的心思,他是要通过邮寄包裹,以表明自己在这里费用是宽裕的,他不想让家人了解他在国外的窘境而为他担忧。

在印第安纳大学近两年的刻苦攻读,使潘淑的心理学专业水平取得了长足的进步。他向康托教授提出,准备以"汉字的心理学研究"为题,做一次硕士论文研究,借以说明自己对汉字改革的看法,他认为汉字的改革问题已势在必行。

平心而论,当时他对汉字除了能识能写之外,其他知识的掌握是很有限的。但他却隐隐感到，研究汉字的改革是一个中国学者应该做的事，他不想花大力气去研究美国的文字、美国的教育。康托教授很尊重这位中国学生的想法，更不想打击这位中国学子的爱国之心。他知道这项研究的重要性，但至于怎样研究，从哪些方向入手，如何论证，他却感到无能为力，无法帮助他。他表示一切只能由潘淑自己决定。

此时，他非常怀念自己的挚友蔡翘，因为他已经离开了印第安纳大学，转到芝加哥大学去改行学习生理学了。临行前，潘淑试图挽留他，而他却固执己见，决心改行。潘淑甚至用极其刺激的言语挖苦他说："我是上了你的当才由教育学改学心理学的，可如今你却当逃兵，又要去学什么生理学！"蔡翘深知好友的用心，并不动怒，笑着答道："自古道，人各有志，又何必强求呢？将来你在心理学上大有建树，我岂不成了你的依附？"

数十年前两位年轻人的玩笑话，想不到数十年后居然得到极有趣的应验。潘菽被誉为中国心理学界公认的泰斗，蔡翘则成了中国生理学界的领军人物，此为后话。

没有蔡翘这位挚友在身边，许多需要探讨的问题只能自己冥思苦想去解决。直至6月底，潘淑的硕士论文仍未完全脱稿，然而却到了毕业期限。为此，康托教授和布克教授与潘淑做了一次深入的长谈，认为潘淑的各方面成绩都非常优秀。当时美国的许多重点大学都有不成文的规定，凡是大学毕业生继续学习两年，即便没有硕士论文，只要平时成绩优良，导师做出公正评语，仍然可以发给硕士毕业文凭。于是，潘淑便取得了没有论文的硕士学位，从而圆满结束了在印第安纳大学两年的学习生活。潘老晚年回忆道，印第安纳大学的两年时间，令他刻骨铭心。

第十三节　慕名芝加哥

取得了印第安纳大学心理学硕士学位的潘淑，当时可谓"少年得志、踌躇志满"。他决心获得更多知识，将来为国效命。也许是挚友蔡翘的牵引，也许是芝加哥大学的良好名声，他决定前往芝加哥大学，攻读博士学位。

位于美国中北部密执安湖西南端芝加哥河河口的当时美国第四大城市芝加哥，17世纪还只是一个小小的商站。自19世纪伊利诺—密执安运河的开凿和铁路兴建以后，芝加哥迅速发展，并成为美国东部向西部、西北延伸的金融重镇，三十二条铁路在此交汇，芝加哥很快成为世人瞩目的焦点。

芝加哥大学是由著名的美国石油大王约翰·洛克菲勒于1891年捐资创办的一所私立学校。它面向烟波浩渺的密执安湖,身后是日益繁华的芝加哥市区(现在已成为闹市区),数十座风格各异的建筑散落在200多英亩(约1200亩)的美丽校园内,构成芝加哥大学独特的校园景致。

20世纪20年代,芝加哥大学的软硬件设施已赶上或超过了美国其他的老牌大学;依然秉承办学初期的宗旨与特色,以成人教育为主,主要承办在职人员的回流教育与进修课程。

潘淑的到来,令蔡翘十分兴奋。两个远离祖国的青年学子在分别一年后再次重逢,更让他们深深体会到一种可贵的手足之情。当蔡翘接过行囊、拉着潘淑离开火车站后,竟破天荒地直奔赴芝加哥唐人街上一家最为著名的中餐馆。先是点了一盘在粤菜中成为主打的蚝油牛肉,接着便是淮扬菜系里闻名天下的水晶硝蹄,还要了一瓶香槟酒。潘淑惊问道:"何以如此破费,莫非发了大财不成?"蔡翘笑答道:"你我萍水相逢,不想居然能在异国他乡成为三校同学,岂止一般缘分能够成就的?俗话说,一世同窗三世亲呐……来,我们干一杯!""好!为我们的友谊,干杯!"潘淑激动地回应着，二人举杯一饮而尽。

当时的芝加哥大学只有培养本科生的大学院部才提供寄宿，潘淑与蔡翘同为博士研究生，只能在校园外租住。

潘淑的到来，令蔡翘与人合租的居室拥挤不堪，于是二人商议着尽快另觅住处。

校园外通往密执安湖岸多少有些冷清的明斯克大街不太远的转弯处，有一座明净、整洁且装有橙色百叶窗的二层小楼。小楼敞开式庭院的正中足有0.2英亩（1.2亩左右）如茵的草坪，很是气派。草坪两侧及四周，整齐地划成一块块长方形，种着各种蔬菜。二楼西侧临窗，有一架葡萄棚，每到8月底葡萄成熟的季节，那绿莹如玉、紫如玛瑙的色彩十分娇艳、诱人。门前并排着六颗粗壮的法国梧桐，每到夏季，大片大片的树荫，几乎遮蔽着整栋别墅。大门石阶两侧各有一个鲜花盛开的花坛。这一切，充满着洁净、繁盛、舒适的温馨气氛。

房东劳莱斯夫人是芝加哥大学一名颇有些名气的教授遗孀，典型的中产阶层的代表人物，女儿远嫁美国西海岸的旧金山，她感到寂寞而孤独，脾气有些古怪。她挂出的租房招贴，特别注明谢绝黑人入住，即便有钱的黑人也概不欢迎。这样的招贴同样也引起许多外国留学生们的反感,因此,招贴挂出后很少有人问津。然而,劳莱斯夫人标出的房租却低得非常诱人,这不得不使那些囊中羞涩且政治激进的青年暂时搁置自己的主张。潘菽与蔡翘亦是如此。虽然对招贴上明显的种族歧视深感厌恶,却还是抱着试试看的态度礼貌地按响了门铃……

两位中国青年的到来,令劳莱斯夫人欢欣鼓舞。她说她知道中国,且崇拜东方文化,但她并不了解中国,也很想更多地知晓东方文化与西方有什么不同。她还说,如果他们愿意入住,房租可以降到最低,每月每人只需2.5美元即可。

潘菽与蔡翘当即拍板敲定,并付清定金,同时向劳莱斯夫人声明,他们还有两位中国同学,也许会经常来拜访。劳莱斯夫人耸耸肩爽快地说:"没有关系,我喜欢中国青年,是你们的朋友,以后也是我的朋友,OK!"

劳莱斯夫人把楼下最大的房间给了他们,足足有260平方英尺(约25平方米)。同时允许他们随便使用厨房。劳莱斯夫人的大度迅速拉近了房东与房客的心理距离,原先的反感渐渐在潘菽与蔡翘的心中烟消云散了。

芝加哥大学接受研究生无须经过考试,潘菽很快报名取得了学籍。他选择心理学为主科,动物学仍为副科。著名的比较心理学和机能心理学家、时任芝加哥大学心理学系主任哈维·卡尔教授担任潘菽的博士生导师。

卡尔教授主张心理学的研究对象是心理活动,如记忆、知觉、感情、想象、判断和意志等。他认为心理活动的功能是获得、确定、组织和估价有关的经验,以及随后利用这些经验来指导行为。他认为这种心理活动都可以从适应意义、对过去经验的依赖及对有机体未来活动的潜在影响等三个方面来进行研究。他强调在感觉刺激和运动反应之间有一种相互作用的连续过程,并把动机的问题引进机能心理学,用以说明适应行为。

卡尔教授还主张心理学应同时采用内省法和客观观察法,提倡并同意实验法是一种最理想的方法,但承认适当地使用实验法来研究心理学是不容易的,主张采用日常生活的观察资料来补充科学观察的不足。

总之,哈维·卡尔教授对别人的观点从不盲目跟从,更不随风摇摆。对自己提出的每一项主张都脚踏实地地进行周密思考、论证。即使发现自相矛盾之处,也敢于自我剖析、批判。

卡尔教授坚守机能心理学研究而有所发展,提出意识和太阳光一样是不可否认的。他的这个论断对潘菽影响极深,对他当时选学的中级实验心理学、高级实验心理学、比较心理学、体系心理学等都产生了积极影响。

卡尔教授建议潘淑，立志心理学研究，还必须选修生物学方面的课程，比如胚胎学、遗传学、动物行为学、神经学和医学方面的生理学等等。由于蔡翘主攻生理学，因而在平时的学习、生活中又有了更多话题，更多探讨空间。

潘淑在芝加哥大学的最后两年里，已不再享有公费资助（公费留学资助只限于四年时间），全靠勤工俭学。平时到寄宿大学生食堂洗碗、洗碟，到图书馆做临工，帮着打印资料，甚至负责实验室的保洁工作。如此多的临时工作占去了他许多时间。于是，他惜时如金，只是埋头读书研究，以至于养成不喜交际、不事娱乐、不入大流的习惯。卡尔教授曾称赞他："潘淑同学，你是一个外表平静却极有心志的青年，你的刻苦精神让我感动，我对你很有信心。"

导师的赏识与鼓励，并未在潘淑内心激起丝毫自傲的情感波澜。他深知自己的选择，目标一经确定，就必须一步一个脚印地走下去。他试图尽可能多地获取知识，多学一点东西带回国内，将来为自己国家的心理学事业做点什么。

随着心理学知识的不断拓展和对心理学研究课题的不断深入，潘淑对研究心理学的重要性有了更多的领悟，然而他却越发地感到困惑。他发现，他所接触到的康托教授、布克教授、卡尔教授以及拉希莱、考卡夫等诸多著名学者，在许多有关心理学的重大问题上大都固执己见，各说一词，甚至存有很大分歧。如此众多的门户派别，使得心理学不像一门真正的、名副其实的科学，常常令潘淑感到无所适从。但他却隐隐感到：凡是有争论的东西，就越需要弄通弄懂，就越需要付出努力，使之成为一门独立而完整的科学。一次，他在与蔡翘进行探讨时说出了自己对心理学现状的认识和想法。他认为心理学至今还不像一门科学，大概源于两种理由：一是心理学也许确实难以成为科学；另一个原因是心理学的确比较高深而博大，使最有水平的学者们也一时难以把它看透，故此容易陷入一偏之见的境地。

蔡翘闻后惊呼道："精辟之论，精辟之论也！"说罢试问潘淑："那你可有信心博采众长、去伪存真、自成体系、有所建树否？"

潘淑平静地笑曰："卓夫（蔡翘又名）缘何出此狂言？拿我开心么！我只是不相信心理学不能成为科学。世界上凡是实在的东西都能够对它们取得科学的认识，难道人的心理活动不是实实在在的东西吗？所以说，心理学必定能成为科学，只是时间问题罢了。如今心理学还不够科学，正好说明我们有必要也必须进一步加强对它的研究。目前最重要的是，要设法找出它为什么长久以来未能成为完整科学的真正原因！"

蔡翘对他的一番见地十分钦佩，连声夸赞道："有年兄实为心理学天才、奇才也！"

"喏喏喏，我在跟你一本正经探讨问题，你却总这样一惊一乍的，好像我成了心理学的哥伦布似的。不跟你说了，反正你的心里只有你的赫里克（C. G. HERRICK）先生、爱维（A. C. IVJ）先生（前者是芝加哥大学著名神经解剖学教授，后者为著名生理学教授，均为蔡翘先生的导师），好了，我们不说这些了。"

潘淑到芝加哥大学不久，便通过蔡翘认识了于1922年1月从江西高安到芝加哥大学攻读物理学学位的吴有训。当时他已取得了硕士学位，已经是芝加哥大学的小名人了。原因是他的导师康普顿教授的X射线散射效应的实验研究取得了举世瞩目的进展。为了进一步证明这一效应的普遍性，吴有训在康普顿的指导下做了七种物质的X射线散射曲线，有力地证明了康普顿效应的客观存在，并把康普顿效应的理论推向前进。1926年，吴有训以"康普顿效应"为题，通过了博士论文答辩，同年回国，后成为我国著名物理学家、教育家，此是后话。

虽不是同系，也非相同专业，但都来自中国，吴有训又和潘淑同岁，只比潘淑大两个月零十八天，也与蔡翘同年，比他大五个月零十六天，于是潘淑与蔡翘都风趣地称呼他为"老表兄"（因中国人习惯称江西人为"老表"）。1924年秋，周培源也赴芝加哥大学插班入物理系本科二年级。他最小，比他们都小5岁。他也来自江苏宜兴，与潘淑同乡，很快，四人成了患难与共的同窗好友。

从此，劳莱斯夫人的别墅，成了四位中国青年的聚会之地。他们不仅常在一起探讨学术问题，也探讨国内形势，关心民国政府的外交动向，因劳莱斯夫人允许他们动用厨房，于是他们合伙做饭，基本上免除了久不适应的两餐之苦。即便是水煮面条，也能美美地饱餐一顿，为了节省开销，更为了不耽误学习时间，四人一致同意轮流做饭。有趣的是，他们均出身于书香门第，从小都有帮佣服侍，在家根本没有机会也不需要他们下厨房。可是在这里，四人个个成了身手不凡的"厨师"。时不时地还要请劳莱斯夫人品尝他们的手艺，这使劳莱斯夫人大为振奋！只是轮到吴有训做饭时，他烧的菜偏辣。来自广东的蔡翘还可以勉强接受，同是江苏宜兴的潘淑和周培源便因此而常常"抗议"之声不绝于耳了。相比较而言，劳莱斯夫人坦率地表示，她比较赞赏偏甜偏淡的中国淮扬味儿！

由于吴有训、周培源的国内公费不能正常供给，潘淑和蔡翘各自家中的贴补又因邮路不畅而不能及时寄达，校内外打工的机会也常因竞争者增多而难觅岗位，于是四人的经济经常危机四伏。有时，吴有训口袋里竟拿不出一美分。幸亏劳莱斯夫人的善举，允诺吴有训搬进了潘淑和蔡翘的房间，且不增收一分钱房费。有时，周培源也因故借宿，逼得潘淑和蔡翘不得不同住一床、合盖一被。谁也不曾料到，日后中国的四位著名科学家、教育家居然也有如此这般的奇闻轶事。真可谓人人经历了"苦其心志，劳其筋骨，饿其体肤，空乏其身"的刻骨铭心般的生活体验。

1925年以后，四位好友相继离别各奔东西。当年6月下旬，蔡翘获芝加哥大学金钥匙奖后结束六年留美生活，绕道加拿大经日本回国，接着便是吴有训于1926年秋获得博士学位后也回到祖国。这一年，周培源也获得了学士和硕士学位，然后去加利福尼亚理工学院攻读博士学位。只有潘淑自己留了下来。

1926年年底，潘淑开始酝酿构思博士论文。题目叫作《背景对学习与回忆的影响》，并把这个题目拿给卡尔教授，立即得到了卡尔教授的赞同。1927年初春，他开始埋头设计。一连几个月没去找导师谈，只是独自思考，多方查阅资料，常常一连几天不离开图书馆。当把整个论文初稿写完去找卡尔教授时，卡尔教授竟然怒气冲冲地质问道："你为什么这么长时间才来找我？"

潘淑面对导师的责怪虽感有些意外，但他并不想多解释什么。因为他明白导师的意图，那是不想让自己的学生在论文答辩时遇到麻烦。因为论文答辩的现场不是卡尔教授一个人可以左右得了的。

第十四节　快快回国

尽管卡尔教授因潘淑在毕业论文写作期间没能及时与自己沟通而稍有不快，但正如潘淑所料，导师发的小小脾气其实是真诚关心自己才会这样的，是导师情感上一种类似恨铁不成钢般的自然流露罢了。在跟随卡尔教授的三年多时间里，潘淑无时不在品味导师的善良、幽默与严厉。他那略显苍老的眼神里充满了平静、慈祥与爱悯。而且他发现导师对每年招收来的学生都是如此，尤其是即将毕业的学生，其论文从研究课题的选定，实验的设计，直至把实验结果写成论文，他都一一悉心指导。而像潘淑这样，每每喜欢独立思考，事事都想自己完成且不主动请教的学生，在卡尔教授的心目中深感有些与众不同。为此，卡尔教授把潘淑的性格看成是神秘东方文化背景下特有的另类人文理念和文化精神。于是，他不计前嫌，仍旧为潘淑的《背景对学习与回忆的影响》一文进行了详细的审阅与修改。甚至从宗教、伦

第二章 仰慕定志

理、哲学、人权、人生目标、人类良心及道义责任等诸多方面进行心理学方法的比照。包括文法上的字斟句酌,都力争做到最满意为止。[①]

其实,潘淑对自己的毕业论文并无十分把握。他深知自己的实验工作做得不够扎实。主要是被调查、被试验的人数少了些,因而数据不够充分。

关于这一点,潘淑一直心有余悸。可是卡尔教授却显得比他都自信得多。答辩那天,还特别请来了颇有名气的G.H.米德教授和其他两位知名教授前来听辩评审。并一再叮嘱潘不必紧张,以免适得其反。

答辩时,卡尔教授紧紧盯着潘的眼神,并不住地点头微笑。这使潘淑的情绪变得轻松起来,发言时的逻辑思维层次分明,常常在导师提出反问时对答如流、妙语连珠。答辩结束时,卡尔教授特别谦恭地做了规避。于是G.H.米德教授与另两位教授进入另外一个房间商讨。不一会,三位教授笑着出来说是一致通过! G.H.米德教授第一个伸出手握住潘淑表示祝贺,并称赞道:"很好,很好,不愧是卡尔教授的学生!"

此时的卡尔教授如释重负,似乎很激动。他突然跑

---

① 参见人民教育出版社2007年7月出版的《潘菽全集》第一卷第29—30页。

过来与潘菽热烈拥抱。导师突如其来的举动让这位拘谨惯了的中国青年多少有些紧张，甚至有些无所适从……

这位研究了三十年知觉、情感、想象、判断和意志等人类心理活动过程的老教授，并未觉察到此时潘菽情绪上的微妙变化，仍旧兴致勃勃地拍着弟子的肩说："OK，OK！你的实验很有意义，题目也很有创意，我可以负责提供给权威心理学杂志发表……"

其实，他从1916年开始，便担任《实验心理学杂志》的顾问编辑，不久前（1926年）又当选为美国心理学会主席。如此权威的美国心理学家、堂堂芝加哥大学心理学系主任，要让他的学生发表一篇博士论文，还不是轻而易举、易如反掌吗？

美国的大学对博士研究生最后给不给学位本来就不十分严格。作为系主任的哈维·卡尔，他更多看重的是学生平时的学习成绩、学习态度以及独立思考能力和独立工作能力等综合素质，而不单凭一纸博士论文、一次精彩答辩。

于是，没过多久，潘菽便从导师卡尔教授手中，郑重接过了他心仪已久的芝加哥大学心理学博士学位证书。这是卡尔教授任系主任七年来从他手里颁发的第五十张博士学位证书（自1919年继安吉尔之后出任芝加哥大学心理学系主任至1938年退休的近二十年间，经他之手共颁发了 150 个博士学位）。

就在接过证书的瞬间，卡尔教授微笑着问道："我很高兴你取得的成就，可我更想知道的是，今后你怎样打算？"

面对导师的提问，潘淑未假过多思索便回答道："我该回到我的国家去，我将付出我一生的力量，为心理学的充分科学化，为中国心理学教育的建立、发展、进步而努力！"

"可你的国家在这方面还很幼稚，甚至一无所有！"卡尔教授提醒道。

"正因为如此，才更需要我们的加入，我们的付出，我们的奋斗！难道这不正是你所希望的吗？也许我此刻的信心可能会有某些盲目意味，但我却从您的教导中，您的著作中（卡尔教授 1925 年出版了《心理学：心理活动的研究》一书）感到，心理学是有前途的。"

卡尔教授显然被学生的真情打动了，眼睛有些湿润。他摘下深度近视镜，揉了揉，本想再说点什么，但又觉得已没必要，于是紧紧抓住潘淑的双手不停地摇动着说："OK，OK！祝你成功，祝你成功！"

当 1954 年 6 月，美国著名的《实验心理学杂志》刊出哈维·卡尔博士逝世的消息时，潘菽已是中国著名高等学府之一的南京大学校长了。此时的他，仍旧清晰记得这位导师的音容笑貌以及他的博学多才。

一个月前，潘菽已写信给自己的小同乡、此时已在帕萨迪纳加州理工学院攻读博士学位的周培源去信，请他代为留意预订回中国的船票。因为帕萨迪纳与洛杉矶近在咫尺，那里每个月都有船去中国。

在芝加哥大学的四年多时间里，潘菽几乎把所有时间都用在了学习上，以至对这座当时美国最为繁华的都市极为陌生。比他低一届的美国同学梅杰拉尔了解潘菽曾喜欢美术，不厌其烦地多次在他面前描绘建于1891年的芝加哥美术馆如何宏伟，那种维多利亚建筑风格是多么引人入胜，尤其是馆中30万件以上的藏品堪称世界之最！其中不乏耶博特的《巴黎雨中的即景》、著名法国印象派画家雷诺阿的《游船上的午餐》和《两个马戏团的女孩》。有洛特雷克的《红磨坊》，有被称为现代绘画之父的塞尚的《苹果蓝》，还有荷兰后期印象派代表人物凡高的《阿尔的寝室》，西班牙著名画家毕加索二十几岁时的代表作《老吉他手》，等等等等。

尽管有如此多的诱惑，然而他却仍旧心如止水，除用少量时间去学校东面紧临密执安湖的杰佛公园和校园西边的华盛公园外，他甚至不知道芝加哥还有像菲德尔博物馆及位于密西根大道上宏伟的歌特式水塔这样的好去处！

第二章　仰慕定志

与劳莱斯夫人辞行时，潘淑身上除了够买一张回国船票的钱之外，已所剩无几了。他翻遍了身上所有能装钱的地方，终于凑足了十美元交给她说："对不起夫人，看来我只能给您这么多了。我知道不够一个季度的，我回国后一定会给您寄来，请您相信我……"

劳莱斯夫人目不转睛地洞察着潘淑有些尴尬的复杂面容，泪水夺眶而出，她把十美元仍旧塞到潘淑手中道："亲爱的孩子，这权作我送您的心意。几年来，是你们这些中国青年带给我快乐，这已经足够我回忆终生了。上帝保佑你一路平安，我会想你们的。如果有机会再来美国，别忘了芝加哥还有一位想念你们的金发老太太。……"

面对这位善良得犹如母亲般亲热的劳莱斯夫人，潘淑向她深深地鞠了一躬！

火车到达洛杉矶已近黄昏。周培源专程从帕萨迪纳赶来接站。此时25岁的周培源再不像刚到芝加哥时的矜持、稚嫩。他高大英俊、西装革履、风度翩翩，俨然是位活力四射的倜傥英才！

与国与家远隔万里的两位宜兴同乡和挚友，从芝加哥大学分别不过半年，甚至半年前相互勉励之语还言犹在耳重逢之下十分兴奋，特别是周培源还卖着关子笑问今天是什么日子。潘淑岂是愚拙之辈，稍作迟疑便立即醒悟道："哎哟哟，今天是 8 月 28 日，你的生日啊！哎哟哟，祝贺贤弟，祝贺贤弟！"潘淑边说边又拱手道："今天我请你！"潘淑的话音刚落，周培源便调侃道："你请？那你回去的盘费还得我来掏！岂不是羊毛出在羊身上？算了吧，还是让我蜻蜓吃尾巴，自吃自吧！"

安顿好潘淑的行李物品后，二人来到洛杉矶最热闹的百老汇唐人街。周培源早已在这里预订了桌位，一来为潘淑接风，二来也算庆祝自己 25 岁生日。

一位华裔张姓老板热情地迎上来，一面引导着他们入座，一面如数家珍般地介绍着各种威士忌的特点。当时的情景令潘淑印象颇深，以至潘老在 80 多岁时，还清楚记得加拿大威士忌轻柔淡雅、美国威士忌强烈奔放、日本威士忌辛辣芬芳、爱尔兰威士忌清淡柔和。而世界最为著名的要数苏格兰威士忌，它具有各国威士忌的优点，深得皇家喜爱，当年英国女王、王子们过生日时，唯一选中的就是苏格兰威士忌。

其实，那天他俩并未喝什么威士忌，而是叫了一斤较为便宜的中国白酒。远在万里，能喝到家乡的白酒的确是件美事。二人一直喝到深夜才尽兴而归。

1927 年 8 月 30 日下午，潘淑离开帕萨迪纳加州理工学院博士研究生公寓，前往位于圣德罗湾顶端的洛杉矶港客运码头。他执意不要周培源送行，他说："送君千里,终有一别,何苦到码头去品尝那种惜惜别离的伤感呢?不如在校园笑着握手道别,学一学侠客行旅来得痛快!"

临别时,潘淑突然说:"培源贤弟,我决定把名字改改,改成草字头的菽字。"周培源对他的话毫无思想准备,惊问道:"为何?""其实,我对自己名字中的淑字一直耿耿于怀,简直就是女人的名字。你知道吗?南北朝宋文帝刘义隆有个妃子就叫潘淑。"周培源坦率地说他对此未曾研究过,不敢妄加评论,于是问道:"既然早已知道,为何今日才想改名?"

"因为近年来美国报名时,淑和菽的英译都是PAN SHUN,并无区别,因此也没有改的必要。""那现在又为何要改为菽呢?"培源又问道。

"因为当年家父为我们兄弟起名时都有个'年'字,我的长兄叫梓年、我叫有年,弟弟们分别是渭年、美年、卜年。我们的号也都有个三点水旁,长兄为渊,我是淑,弟弟们分别是滨、洵、洛。不知为何,我上高小时,父亲居然把我的号字'淑'作为学名报了上去,所以后来一直就叫我潘淑了。这次我想把名字改为'菽',一是不忘'啜水思源',二指'菽粟'乃民生之本,人不能忘记根本,第三,'菽'又与'淑'字同音,也可省了许多改名的麻烦。再把我的'字'改为'水叔'也不枉家父为我们兄弟取号中的'淑、渊'里带水的含义。岂不三全其美？"

经潘淑如此解释，培源连连称道："甚好、甚妙！那我以后就恭称老兄为潘菽罗！""一言为定！"二人再次握手，就此为别。

还好，培源为他买到的是一张美国邮轮船票，由于吨位较大，设备也较七年前来美国时的"南京号"更为先进。三等舱一间只住四位客人，比当年同是三等舱的八人一间安静许多。

安顿好行李物品后，潘菽踱上甲板，看着邮轮起锚，孤身一人的他，扶着栏杆，望着码头上穿梭往来的各色人群，遥望洛杉矶这座繁华城市身后翠绿的莽圣加布里埃尔山，绵绵不断地伸展开去，只有埃尔西峰高高耸立。青松裸露处，从山脚直至峰顶，几乎全都是苍黑透红的岩石。接近峰顶处有一大块岩石突兀着，像一盏巨型的灯笼，不可思议地隐隐约约地高悬着，面对这山，面对这海，不知为什么，此时的他居然想起了冯梦龙在《醒世恒言》提到的两句俗谚："巴东三峡巫峡长，猿鸣三声客断肠"来。这令他深深感到，异域的风情再美，都不属于自己，他只是金发碧眼的白色族群中匆匆的过客。眼前忙忙碌碌的港口，帆樯林立、舳舻相继的港湾似乎都与自己毫无关系。举目远眺，三三两两的巡

第二章 仰慕定志

洋舰、油船和小汽艇游弋着、飞驰着。大和小、快与慢之间诠释着整个港口的沉静与纷繁，也诠释着当代美利坚合众国军事科技、社会经济等综合实力的发展与强大。想到此，一个贫穷落后、列强瓜分、西方时刻觊觎的民国天地仿佛与眼前的一切形成了鲜明对比！令他的心情一落千丈。他反复地扪心自问："我该回去吗？我应该怎样回去？我能拯救我那多灾多难的祖国吗？"

"是的，你该回去！你应该昂首挺胸地回去，你有一颗正直的心，你就会为拯救苦难的祖国努力！"他的心在回答……

邮轮起锚了，圣德罗海湾渐渐远去，眼前只有海天一色的深邃静空，一群海鸥追逐着全速航行的邮轮不肯离去，犹如一群游子始终不肯离开母亲的怀抱。此情此景，令他的心沉重起来，于是离开甲板，怏然回他的房间，开始了近一个月的海上回国之旅……

第三章　十年彷徨

第一节　岌岌国门

也许，出国留洋了七年的潘菽，此刻躺在颤巍巍颠簸的船舱里，无论怎样调动他所有的联想空间，也无法想象，在他离开的这些日子里，就在五四运动爆发后的岁月中，他的国家究竟发生了什么！也根本无从了解，有一群与他年龄相仿的年轻人，放弃了个人的利益，放弃了原本也可以出国留学的机会，高喊着反帝反封建的口号，还拿起了枪杆子。他们决心用正义的武力拯救这个满目疮痍的贫弱国家。

其中最为杰出的一位代表正是那位曾经在北大图书馆为潘菽办理过借阅书刊登记的湖南籍临时管理员毛泽东。

面对浩瀚太平洋的深蓝色波涛，倾听着浪拍船体发出的轰鸣，潘菽深感自己此时的脑海一片空白，那是一段思念祖国的历史空白。在他的思维中，已无法与"毛委员"率领湘赣边界的农民、工人和部分北伐军开展武装起义这样的壮举相融合。也很难想象，就在他集中精力撰写博士论文，为论文收集大量实验数据的时候，他所在的一贯标榜自由、民主、人权的美国，正联合英国等列强，以借口保护侨民为由，公然炮轰了离他的出生地很近的南京城！

他无法想象，也全然不知自己的祖国每时每刻都处在帝国主义、封建军阀相互争战、相互勾结的毁灭之中。一群被称为共产党人的青年后生们，尽管还赤手空拳，却正在酝酿和谋划着前所未有的让国家彻底改变命运的壮举！

所有这些，潘菽在回国后的若干年才有所耳闻，尤其让他没有想到的是，他最尊敬的长兄潘梓年就在蒋介石发动"四一二"反革命政变的白色恐怖中加入了中国共产党。而他却一无所知，长兄也从未在与他为数不多的通信来往（因在国外邮路不畅、邮费昂贵而较少通信）中提及过半点儿此类信息。他甚至更加无法想象的是，就在他长达月余的归国途中，他的兄长正在自己的家乡宜兴，进行重建中共宜兴县委的工作。而且经党组织同意还可以公开身份，担任了国民党县教育局局长的职务，按照党的指示，利用公开身份积极开展教育界的团结、争取工作，并奔走于南京、宜兴之间，为在江南发动秋收暴动做了不少准备工作。

近一个月的海上颠簸，令所有人焦灼不安。顶风迎浪时更是苦不堪言。只有在风静浪止时，潘菽才能和绝大多数乘客一样，走出舱门，到甲板上呼吸新鲜空气，打发寂寞时光。

每每到了傍晚，偶尔会发现与自己同样孤单的一条船，在晴空的晚霞里被染得通红，在海面的远处无声无息地飘弋着，只有这时，才会顿感自己并不孤寂，好像是在经历一次极为短暂的海上观光。只有当远处的船影渐渐消失，无际的沉寂笼罩着整个海天，在与大自然的交合中，一切又重新显得令人难耐的静默！这时，你才会突然发现，原来大海是那样地无情！它总是把罪恶隐藏起来，很少撩开真正的面纱。它常常把宽广的温柔展现给人们，而把暗中翻滚的残暴深埋海底！面对神秘莫测的太平洋，潘菽心潮涌动。他无法猜测等待他的将是什么。

远洋轮上的岁月枯燥而又封闭，他无法知晓大洋彼岸祖国的任何消息……

在归心似箭的煎熬中终于度过了 28 个海上日日夜夜。1927 年 9 月 29 日，当挂着星条旗的美国林肯号远

第三章 十年彷徨

洋轮缓缓驶入中国上海浅海时,潘菽早已按捺不住激动的心绪,伫立在甲板上苦苦眺望了。

然而,映入他眼帘的并非他所盼望的画面。从吴淞口入江至南栈码头(十六铺码头前身)的数十里浦江两岸,虽然码头仓库林立,但大多还是七年前的老样子。不少载着棉花、煤炭、黄沙进上海的木船,仍旧靠一队又一队弓腿、弯腰,几乎把脸贴到地面上还要扯着嗓子喊号的纤夫们缓缓前行。他们衣衫褴褛,瘦骨嶙峋。他们的身上,既辉映着东方民族的坚毅,同时也浸透着中国人眼下被奴役的悲凉!

昔日那种帆樯如织、舳舻蔽江、上下装卸、昼夜不息,盖南北通商区埠之首的情景虽清晰可辨,但是趾高气扬、横冲直撞、挂着各色外国旗帜的洋人舰船,却在中国最大的海上门户任意游弋。那些黄眉毛绿眼睛们面对舰船掀起的江浪涌进纤夫们努力拉扯着的船舱,溅湿了船上的货物却哈哈大笑、自鸣得意!面对洋人们的淫威,中国人似乎奈何不得,这使刚刚兴冲冲踏入国门的潘菽的心绪一落千丈!

"林肯号"这个庞然大物缓缓驶入南栈码头,引来了人们的一阵惊奇。而在潘菽的眼帘中,江边除了不知何时新建了两座钢质的固定浮码头供乘客上下船外,这个自清朝咸丰、同治年间就开辟的上海最大的水码头,亦如七年前离开时那样，并无多少改观。熙来攘往的人群、黄包车、独轮车、小汽车，依旧在自然形成的坡岸上沸沸扬扬。吆喝声、叫卖声、嬉笑怒骂声混成一片，还不时看到穿着黑色制服的警察，挥舞着棍棒驱赶着自己的同胞。

潘菽举着行囊，夹裹在拥挤的人群中随波逐流。突然，一个高喊着"有哥"的英俊青年，在岸上嘈杂的人群里，边挥手边朝他这边奔来。呵……七年了，七年没有听到如此亲热的呼唤了！不用说，这一定是他的弟弟渭年来接他了。当年别离时，渭年还是个只有11岁的孩子，如今出现在他眼前的却已是个相貌堂堂的男子汉了！

望着向他奔来的胞弟，潘菽顿觉热血沸腾起来，刚才在船上目睹的一切不快顷刻间烟消云散。他加快了脚步，边喊着渭年的名字，挤上了下船的跳板……

眼前的渭年，一张黝黑的脸庞上仍流露出少许稚气。兄弟俩七年后的重逢没有任何戏剧性情节和场面，只是相视一笑，各自一句简单的"一路上辛苦了吧？""你什么时候到的上海？"之类，渭年便忙不迭地接过有哥并不沉重的行囊。

潘菽这才上下仔细地打量一番自己的胞弟。只见他一身藏青色对襟粗布衣裤，而且两只早已退了色的裤管的膝盖处均已打上了补丁,脚下一双黑色旧布鞋,其中的右脚大脚趾已顶了出来,一副十足的穷人家孩子的模样。于是惊问道:"弟弟何以穿这补丁衣裤?""我是在田里跑来的!"渭年随口解释道。

"你什么时候动身的?"潘菽又是追问。

"今天一大早呀!"渭年回答。

"怎个当天就能到?难道你会飞么?"潘菽越发不解了。

"噢,我现在已经参加工作了。"

"什么,参加工作了,已经不念书了吗?做什么工作?在哪里工作呢?"潘菽一连串的不解,一连串的刨根问底。

"是这样的,去年冬天,正值北伐军进军长江下游一带,我正在南京读高三,学校因没有经费而停办。我同班一位叫奚景高的同学邀请我到他的家乡沙川县一起办农场。我已经到沙川半年了,而且我们已经办起了一个有50多亩田的小农场。今年夏熟的小麦收成还真的不错呢!"

"南京的学校停办,为何不去常州、无锡,或者是宜兴的学校也好啊!"潘菽迫不及待地询问道。

"要知道,我们家的日子,可是每况愈下哟!你又在国外,弟弟妹妹们都要读书,大哥更是到处跑,连家都顾不上，爸妈的年纪一天天变老，我不出来谁出来呢？况且，父亲也很支持我的，起码家里吃饭少了张嘴，有时我还能拿些钱回家呢，现在我已经习惯了。"

听渭年一番解释，潘菽心里很不是滋味儿。好像全都因为自己的私念，才连累了父母，连累了整个家庭。面对眼前这位勇敢挑起家庭责任懂事的弟弟，他的心情再次沉重起来……

一阵沉默之后，潘菽突然说："不行！你才18岁呀！你这样半途而废，谈何前程？一定要读书，我回来了，马上就可以找到工作，就可以有薪水了，回去念书！我来供你！就这样定了，今天你就跟我回宜兴！"

"有哥……"

"别犹豫了，跟我走！"潘菽斩钉截铁地说，似乎没有任何商量的余地。

"那这样好不好？今天晚上我们就去沙川住下，我也要跟同学打声招呼吧？人家是好心好意，我总不能不辞而别呀？"

潘菽觉得此话有理，于是便说行。弟弟有些稚气的脸上露出了真诚的笑意，潘菽这才觉得肚子有点饿，于是说："走，我们到东门路吃点东西去……"

多少年来，离南栈码头不远的十六铺东门路、方溪东路一带，银楼、皮货、海味、地货、棉布、药材等店铺林立。可自从1927年初北伐战争胜利开始，一些大钱庄、商行等纷纷迁入租界，整个上海的经济贸易中心北移，各国租界相继大兴土木，苏州河外白渡桥以南的浦江西岸，一幢幢西洋式高楼拔地而起。从此，南市与十六铺一带开始衰退与萧条。至潘菽回国时，这里已是街净人少车马稀了。

吃过东西后，天色已晚，当日根本无法再去沙川，于是兄弟俩便随便找了家小客栈住了下来。第二天一早，过江找了两辆黄包车，谈妥价钱，直奔七十里开外的沙川而去……

第二节　素衣还乡

潘菽在美留学七年，除与少数同学聚会，或与同学、同乡在近郊公园留影拍照时，才在大家的极力怂恿下，像唱戏似的换上西装外，其余常年都是一身中式布衣裤褂。在国外，他只买过一套西装、一只领结、一双皮鞋。每当穿戴时，他就会浑身不自在，觉得很别扭。此时，同学们还要故意地讥讽他："想不到铁板一块的潘淑竟也披上了'洋皮'！"而他却自嘲："此生有此一套行头足矣！"

其实，并非因为他亲历过五四运动，就对洋人、洋装有一种本能的抵触。最主要的倒是，他要在金发碧眼的白色种族主宰的世界里，保持东方黄皮肤自身的特点。当然，更多的还是来自美国的白人上层对黑人及其他种族常常流露出的排他性所引起的反感！

于是，温和中蕴含着倔强的潘菽，在西装革履盛行的洋人国度里，始终穿着母亲亲手为他缝制的足够换洗的衣衫鞋袜。在洋人的眼里，他的穿戴很特别、很个性、很东方化。在中国的同学、同乡看来，他简直就是"铁板一块"、"年轻老古董"！

其实，关于他一生不爱穿西装的事，还是潘老晚年回忆时的调侃更实在、更有趣些。他说他并不完全是铁板一块，也非完全排斥洋化。除了觉得不习惯、不太自在外，更主要的还是没有钱罢了！真是一语中的，可见当年他留学七年之艰辛！

但有一点却有目共睹，那就是：凡认识潘老或与之共过事打过交道的人，特别是他的许多学生都众口一词，潘老一生布衣始终，简直可以称得上从大俗升华到大雅的典范！

在从上海开往常州的火车上，渭年端详着潘菽好奇地问道："有哥，还说我呢！你出国留洋回来，应该风风光光的，为什么也穿一身布袍布裤，踏一双旧布鞋呢？上次你寄来的相片，可是穿西装系领结的，蛮精神的！"

"那是装潢门面的戏装,不是我喜欢的,哪有穿这布衣布鞋随便自在呢?再说,一穿起姆妈做的衣裳,心就想到家,想起你们,那多惬意啊!"潘菽绘声绘色地答道。

"对了,那身洋装是你借的还是买的?"

"当然是买的啰!"

"那你这次带回来了吗?"

"诺,就在那里面呢。"说着边用眼睛向那只带回的旧藤箱乜斜了一下。

"那你下车以后在回宜兴的路上换上它行吗?"渭年瞪大眼睛兴奋地央求着。

"为什么?这是在中国,不是美国!为什么要那样怪里怪气的?"潘菽不解地反驳道。

"哎哟,这还用问吗?谁不知道你留洋七年,现在又是个大博士,别说村子里找不着,就是全宜兴县也没有几个啊,知道你这几天到家,全陆平都惊动了呀!俗话说,衣锦还乡嘛,何必要穿得这样土里土气的。穿洋气点,也是给咱潘家争光啊……"

这回该轮到潘菽睁大眼睛了。他真的没有想到,七年没见的三弟,居然有如此复杂的想法。这一观念可能多少来自家族的影响,来自长辈们"万般皆下品,唯有读书高"的传统礼教,或者还来自乡民们真诚而朴实的殷切期望。他深知自己并非反传统、反潮流的勇士，但年届而立的他，已非人云亦云的年龄，他有自己的主见，应该按照自己的想法行事。想到此，他对渭年说："三弟呀，人要的是真实的自我，那种'皇帝的新衣'不是明摆着自欺欺人吗？那种徒有虚表而败絮其中的表面文章，我看根本没有做的必要！中国人的筋骨，在自己的土地上，干吗一定要套上洋人的服装装模作样呢？我看，还是入乡随俗更为亲切、更实在的好！"

"好了好了，我说不过你这个大博士，随你的便好啦！不过有一条，我要你送给我一样礼物！"渭年高兴得简直像个孩子。

"都这么大了，还张口管人家要礼物，还认识'羞耻'这两个字吗？"

渭年被他这么一说，脸唰地一下红到了耳根。刚想张嘴解释什么，即被潘菽打断："行了，别不好意思了，早就给你准备好了。不过你要答应我，收了这份礼物，你要好好学习，不仅要考上个好大学，也要做个博士，将来成为对国家有用的人！"

听了有哥的一番善意叮嘱，渭年自然喜出望外，于是连连点头道："一切遵从有哥安排，一切听从有哥教诲，保证不辜负有哥的希望！可是说了半天，我还不知送我那份礼为何物？"

第三章 十年彷徨

潘菽不慌不忙地诱惑道:"如果你实在等不及,那就打开藤箱看看呀!"

渭年真的憋不住了。一种先睹为快的欲念在胸中涌动!心里痒痒的,听有哥如此放话,双手早已不由自主地去提那只藤箱。好在火车上乘客不多,稀稀拉拉的,否则非引来众多好奇者的目光不可。

"哇!"打开藤箱后,渭年几乎惊叫起来。原来是一台崭新的英文打字机!的确是一份珍贵的礼物。这种英文打字机,他在南京读书时曾在老师的宿舍里见到过,觉得很稀奇,连摸一下都不敢。想不到他有哥居然从万里迢迢的美国带回来送给他!他简直怀疑这一切是不是真的,是不是在梦境之中?他伸手揿了一下按键,觉得很真实,很有弹性,这才彻彻底底地确认,一切都是真的了。据渭年晚年回忆,有哥从美国回来行李当中除书籍之外,只有一架英文打字机,还有几只装有摘录资料的卡片盒子。他工作以后受用不小的打字技术,就是在这架手提式英文打字机上学会的。用卡片收集资料的习惯也是受有哥的启发。[①]

抚摸着那架令他爱不释手的英文打字机,渭年做着

---

① 参见政协宜兴市文史资料研究委员会 1989 年 6 月编辑出版的《宜兴文史资料》第十六辑(书刊登记证:无锡市宣准 8965 号)第 100 页潘企之回忆文章。

鬼脸故意挑逗般地试探道:"一定也给二嫂和你那还没见过面的儿子欢伯带礼物了吧?"

潘菽经他一问,神情反倒有些不自然起来。于是支吾着回道:"她……她就算了,我也没那么多钱,也不晓得买什么好,欢伯的礼物我倒是带了,大哥前些日子在信上说他已经6岁了,想必该读书写字了。我特地为他带了几样智力玩具,国内估计还没有。另外,还买了几支美国造的巴拿马牌铅笔,质量十分地好……"

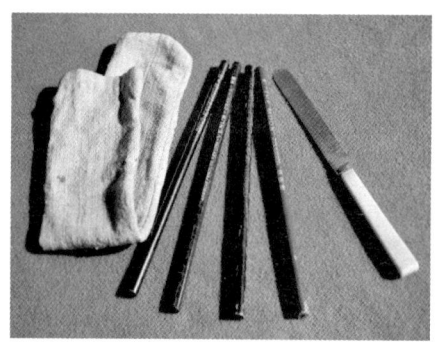

潘菽1927年从美国回国时为长子潘欢伯带回的铅笔和小刀,潘家保留至今。

"那就好,那就好,只要欢伯有了,二嫂一定会高兴的。"渭年自说自话地为自己解围道。

令人难以置信的是,已有95岁高龄且历经重大家庭变故的欢伯,至今还珍藏着父亲当年从美国为他带回来的铅笔。作者2014年10月赴天津采访时有幸目睹原物,胸中五味杂陈、不胜感慨,那种血浓于水的父子亲

第三章 十年彷徨

情可窥一斑。

一路上,潘菽很想知道他非常思念的长兄潘梓年的近况,而渭年对此并不十分清楚,只知道他担任了宜兴的教育局局长,干了不少惊天动地的事,而且引起了父亲的极度不满,甚至还说出要与大哥断绝父子关系和死在他面前这样的绝情话!

对于这位他心目中最为尊敬的长兄,他几年来几乎一无所知。他无论如何都不会想到,正是这个1927年,是长兄"闹腾"得最凶的一年。

梓年先是于当年"四一二"大屠杀、革命处于低潮时在上海加入了中国共产党,并迅速接受党的委派,于4月18日回到宜兴,21日便邀请史曜宾、史乃康、吴曰信、汪茂遂、汪子柔五人在宜兴城内台西路(今光荣西路)"补庐"(现为省级文物保护单位)内建立了五人马克思主义小组。5月初,经中共江浙区委批准,史曜宾等五人为中共正式党员,改宜兴马列主义小组为中共宜兴县特别支部。由进步知识分子史曜宾为特支书记,潘梓年、李谷旸(抗战时期牺牲在湖北孝感)为特支部委员。6月,中共宜兴特支完全控制了国民党"清党委员会",并利用其通过国民党县政府解散了四乡公所、商会、协和会等反动组织和团体。

与此同时,潘梓年通过已打入国民党清党委员会任委员的史曜宾的关系,以公开身份出任了宜兴县教育局局长,得以重新开展党的地下工作。

在潘梓年担任教育局局长短短四个月期间,他利用一切契机开展工作。4月下旬,即暗中组织中共党员、青年团员们以各种公开身份到各乡小学以办教学为名,开展农运工作。于是,宜兴的农民运动蓬勃兴起。最令父亲潘蓂华恼怒的是,他这位堂堂宜兴县教育局局长儿子,居然亲自到了陆平村,带领二百多农民,斗了本村地主潘景云、潘鹤高、潘兆斌三人,要求他们立即实行"二五减息",并立即成立了农会,入会农民达二百五十多人。①

这显然是陆平村祖祖辈辈从未有过的奇闻怪事,穷苦农民们扬眉吐气时的威风,让这个村几千年的封建壁垒在顷刻间分崩离析。看似平和的生活秩序被打乱,昔日贫卑富威的固有模式似乎在一夜之间销毁殆尽。而造成这一"混乱"局面的不是别人,正是本村乃至十里八村颇有名望的"大先生"的长子潘梓年!这种大逆不道、有违祖制的造反行为被一些人斥责为"土匪蟊贼、打家劫舍"!面对如此"乱世",面对这样的儿子,潘

---

① 参见政协宜兴县文史资料研究委员会(当时无锡尚未由"县"改"市")1982年5月编辑出版(内部资料)的《宜兴文史资料》第二辑第31—47页潘可西、俞志杰回忆文章。

菉华痛心疾首，觉得无法在乡里乡亲中直起腰、抬起头！他觉得儿子的行为让他颜面尽失、亏欠乡人。于是，他多次训斥梓年即刻退出什么党什么派的（他并不知道儿子真正的身份），他甚至威胁儿子说："你若不就此洗心革面，老子就当没有你这个儿子，老子就死在你面前！"

在极大的精神压力下，这位"大先生"在一夜之间疽疮骤起，日不能安，夜不能寐。又见长子我行我素、置若罔闻、毫无收敛悔改的迹象，于是，不禁悲从中来，厌世之心顿生！丁卯年甲辰月二十八日深夜（1927 年 4 月 29 日），这位内心充满矛盾，充满绝望，怀着对潘家列祖列宗无尽悔疚的"大先生"，瞒着家人，只穿一身短裤短褂儿，且将短褂口袋里仅有的几枚铜钱也尽数掏出置于床边——他不想带走任何财物去另一个世界，这位辛劳了一生的老人去意已决，悄悄走出了家门，冒着乍暖还寒的春风，自沉于屋后冰冷的北河之中……

所有这一切，潘菽一无所知。一路上，凡问起父亲近况，渭年均含糊其辞地支支吾吾，或说还不错，或说挺好的等等。潘菽也并未看出有何破绽，于是只管与弟弟安心地往家赶路。

潘菽是陆平村第一位出国留学的学子，被村人尊称为"洋状元"！

这位"洋状元"荣归故里,自然名震陆平村上下及周围十里八村。为此,村里专门搭起了戏台。族人特地请了当地有名的锡剧戏班,选定了连唱三天的戏目,村里村外好不热闹,来看戏的民众不下千人!

潘菽与渭年傍晚下船进家时,门外已是鞭炮齐鸣、人声鼎沸了。潘菽惊问渭年何故如此张扬破费,渭年称道:"这大概是族人们的心意,尤以二伯为甚,可能是要崩崩晦气!""晦气,何谓晦气?"

渭年自知说漏了嘴,急忙改口道:"哦,哦,是崩崩你这位洋大博士、洋状元身上的洋气哩!"

"我一身土气,洋吗?……"

说话间,二伯、二伯母、姑妈、一鸣及弟弟妹妹们早已簇拥着母亲迎出门来,唯独不见父亲的身影。正疑惑着,母亲一声"我的有年儿"的呼唤即出,已是泣不成声。潘菽回应着母亲,扑通一声,双膝跪于母亲面前道:"儿子不孝,让二老受苦了。"一面又问道:"爹爹呢?"众人急忙扶有年起来,母亲又呜咽道:"他在厅堂等你呢……"此情此景,引得众人一片低泣之声。

潘菽不知详情,以为大家七年未见,纵然喜极而泣也是人之常情,于是急匆匆欲拜见父亲。刚入正厅,眼前的情景令他大为吃惊!

厅堂正中长台上的一对粗大白烛正闪烁着惨淡的

火焰。镶嵌在黑色镜框里父亲的大幅画像面容清癯而慈祥,略带微笑的脸庞似乎隐含着些许凄楚。此时的潘菽,犹如失去了知觉,木讷地立在堂前,一句话也说不出来。

还是母亲含泪令他为父亲上炷香,他才如梦方醒、泪如雨下,颤抖着双手为父亲上了香,重重地磕了三个响头……

晚餐毕,村西头石场上汽灯通明、鼓乐喧天,锡剧《珍珠塔》演得酣畅淋漓。潘家上下人等尽数前往,只有潘菽、渭年等陪着母亲、二伯及大姑妈叙话,亦说陪陪父亲。

一晃七年,潘菽见二伯父、母亲等长辈都老了许多,心中不免酸楚。二伯父眼尖,生怕悲事重提,故意夸赞潘菽道:"还数我们有年规矩,没忘根本。不像有些少爷、小姐,留洋回来,要么浑身洋里洋气,要么满脸涂脂抹粉。哪像我们有年,仍旧一身布衣,体魄强健。足见曾文公(曾国藩)所言"艰苦则筋骨渐强,娇养则精力愈弱"乃至理名言也……"

正当一家人忘却悲情,喜滋滋叙述七年离别情怀,潘菽又讲了许多美国发生的稀奇古怪之事时,突然梓年推门进来了!他知道有年近日到家,特地从上海赶了回来。二伯一见到梓年,霍地从椅子上弹起来,劈头便嚷："你还回来做啥？这个家还能装得下你这个大人物么？你闹腾得还不够吗？"

潘菽见二伯父动了怒，急忙解围道："二伯，别生气，当心气坏身子。大哥已是30多岁的人了，我想他不是是非不分之人。他知道什么该做、什么不该做。你就不要过于顶真、自寻烦恼吧……"

潘菽的话，说得不软不硬，加上二伯一向偏爱他，听他这么一劝，瞪了梓年一眼，坐下来再不言语。

其实母亲并没有过多责怪梓年，更多的倒是担心他的安危，虽然她并不知晓自己的儿子到底在做什么，但却冥冥之中觉得，他说的话、做的事，常常都在理上。于是忙说："还没吃饭吧？走，到厨房吃罢……"

第三节　彻夜未眠

有年弟的信任令梓年十分感动。虽有七年未曾相见，期间也少有书信来往，但那种从小玩到大、从少年到青年的手足之情，那种坚定而执着的信任着实难能可贵！这使梓年心中因父亲自沉而潜藏胸中的缕缕歉疚多少得到了些许安慰。

是夜，有年执意要与梓年同住一室，理由是要好好与之叙谈。他的这一举动，令母亲大为不悦，她不容分说地呵斥有年："这像什么话！这么多年没回来过，还不赶快到一鸣娘儿俩房里去！俗话说久别胜新婚的，你怎么可以和梓年同宿呢？有什么话明日再讲……"

"姆妈，您就饶了我吧，我和梓年有好多好多话要讲，有些事情您也不一定都明白，再说……"

"姆妈，您就答应他这一回吧。一鸣那里您帮他去解释解释，以后时间还长呢……"梓年明白有年的心思，于是不等有年说完就忙着恳求道。

母亲看两个儿子如此亲热，虽然觉得这样对一鸣有些不公，但是也没有多往别处想。

梓年从北大毕业随即去了日本，但时间很短即又回国。1924年初，他应邀前往河北保定育德中学任教，讲授新文学的现在和将来。他说这是受胡适先生和鲁迅先生的影响使然。在每一次讲演前，他都认真详尽地拟好讲稿，尽力做到旁征博引、立论严密、层次分明而极具说服力、影响力。他说他的演讲常常令学生们痴迷，甚至对他的学识与才能推崇备至……

二人的谈话常常被笑声打断。梓年说累了，就让有年说说在美国的事。有年说累了，仍旧由梓年接着说。他说育德中学是他最感愉快的两年，却不料有一天被校方召了去，说他宣扬过激思想，影响学生之身心。说到此处，梓年显得有些激动。他说："听了这样的训导，你能无动于衷吗?你是知道的,五四运动之前的所谓新文化是以进化论为主导的,它不可能深刻地认识帝国主义的本质,不能辩证地了解'弱肉'、'强食'两者之间的关系。因为过去只是把主要矛头指向封建主义,而没有指向帝国主义……"

潘菽几乎被梓年这番让他听起来似懂非懂的慷慨陈词震撼了。他瞪大眼睛惊问道:"大哥,俗话说士别三日当刮目相看!我们兄弟俩分别近七年,你的变化、你的思维、你的高论,真让我觉得丈二的和尚摸不着头脑了!"

"你少给我贫嘴!如今你是个留美回来的大博士了,恐怕你的大作,我连看都看不懂了呢!对了,你有什么现成的文章嘛?比如说博士论文什么的。你要知道,大哥现在可是在上海北新书局一家叫作《北新》的半月刊当主编哟!那位书局老板李小峰和你同年,也是1897年出生,很是年轻有为。他是我在北大的同学,你的文章如能在《北新》发表,我还可以给你发稿费呢!"梓年说着,脸上洋溢着得意的微笑。

"你这么说,我倒是想起来了,我还真的有两篇写好的东西要向你讨教呢。"说着从床上跳下来,在藤条箱中取出文章交给梓年,并为梓年拧亮了美孚灯。

梓年接过文章,先是一目十行地浏览大概。不一会儿便对潘菽说道:"恕我直言,你的这篇博士论文《背景对学习和回忆的影响》太专业,而且表格又多,读起来比较生涩,不太适合在杂志上发表。而这篇《心理学的过去与将来》倒是让我很感兴趣,题目就让人眼睛一亮!文中对心理学的看法很有独到的见地,的确有种初生牛犊不怕虎的味道!其中的某些观点我似乎扑朔迷离,但又觉得你很大胆,敢想敢说!尤其是最后一章阐述的将来心理学应走的路及其重要性很有思想。我觉得文中提出的将来心理学应该另铸术语、将来的心理学应该有独立观点和方法、将来的心理学不应该有什么主义、将来的心理学是研究人类种种现象的基本原理,这些观点和想法很新颖、很有创意!当然,是否完全正确,我难辨菽麦,只能持不置可否态度。但我很同意把它发表出来,让大家争鸣,让读者发表意见才好!"

"太好了,太好了!听哥一席话,胜读十年书啊!"潘菽激动地说。

"大博士又抬举我了不是。不过你可别忘了,我也是学哲学的呀!"

事后不久,这篇近两万字的《心理学的过去与将来》的文章便在当年《北新》杂志第二卷第一号上全文刊登出来。六十年过后的1987年2月,他的秘书李令节为他收集整理过去发表的文章,准备出版《潘菽心理学文选》时,时年九十高龄的老人为了慎重起见,对此文做了重新审视,实事求是地对当时的观点与错误做了修正,并作为"作者附言"收入文后。他在文中写道:"这篇文章是我最早写的心理学文章之一,自己也早就忘记了。李令节同志花了很多工夫收集我过去写的文章,他认为这一篇较能代表我早期对心理学的看法,且有可取之处。我看后,觉得它很不成熟,是'乳臭未干'的东西。不过同时也觉得它颇有一点'初生牛犊不畏虎'的意味和有些青少年知之未多就放言高论起来的那种气派。这不一定就好,但如果完全没有了那种意味和气派就差不多可以肯定是难于好到什么地方去的。这篇乳臭之作,有不少不恰当和错误的看法和说法,尤其对于几个学派的评价是如此。说要给心理学铸一套科学名词这一点是错误的。我现在认为心理学要尽可能少造新名词,要到寻常的语言文字中去采用适当的名词而使之科学化、规范化。说心理学不能有什么主义,这主要是指不同学派的各立门户而说的,但实质上是错误的。因为心理学要由'半科学'而成为全科学,关键的问题在于基本观点,也就是主义的意思。至于说到心理学将来的情况,形象化的粗糙看法就是最后那个图表示的。读者看了那个图恐怕都要怀疑或者感到有点荒唐。不错,这个图所表示的看法是很不成熟的。但我个人认为设想心理学这样的发展趋势大概还是可以的。心理学成了一门成熟的科学以后，它必然会和几乎所有的其他学科都产生一定的密切联系，像哲学和其他所有的学科的联系一样，但较为具体。其实这种联系早已有了，现在则在扩大。但这种联系的全面扩大和较高水平的发展则有待于心理科学的充分成熟。不过这种广泛的联系现在也已出现苗头。一个例子是，新出现的'科学学'中就有关于心理学的问题这一重要部分。可见，心理学的前程确乎是远大的。"[1]

这篇由潘老在1987年2月18日亲笔撰写的《作者附言》，再一次体现了潘老心怀坦荡、尊重科学的学者风范。他那种严谨的治学之道和治学原则受到几代心理学者们的普遍称颂！

那次与梓年的长谈通宵达旦却无丝毫倦意。通过这次长谈，让他看到了一个全新的更让人可敬的兄长，让他知道了他大哥的确在宜兴干了许多让他意想不到的事。

由于在美国七年，潘菽对国内发生的一切几乎一片空白，对中国共产党更是一无所知。更无法想象与他彻夜长谈的兄长已经是共产党员。以他在宜兴任教育局

---

[1] 参见人民教育出版社2007年7月出版的《潘菽全集》第一卷第72页。

局长的经历,潘菽推测梓年兄应该是国民党党员了。于是,他主动说起了国民党的三民主义政策,并表露对"民族主义、民权主义和民生主义"三大政策的许多不完备、不尽人意之处。这引起了梓年的极大兴趣!他从床上坐了起来,看着弟弟就像哥伦布发现了新大陆一般的好奇,因而故意调侃道:"想不到我的书痴弟弟居然也有如此的政治嗅觉,还能对'三民主义'的实质发表高论!"

"我何以有什么高论,只是觉得心中糊涂罢了。"

"你糊涂是吗?那么我告诉你,在1924年1月20日—30日在广州召开的国民党第一次代表大会上,孙中山先生重新解释了三民主义内容。在民族主义中加进了对外反对帝国主义,主张中国民族自求解放,对内反对民族压迫,主张各民族一律平等;在原来的民权主义基础上重新主张民主权利为一般平民所共有,不许为少数人所专有,成为压迫平民的工具;在民生主义中增加了平均地权、节制资本。平均地权就是对没有田地的佃户给予土地,以期达到耕者有其田。节制资本更是强调私有资本制度不能操纵国民之生计!这样,你明白了吗?"

潘菽虽不能顷刻领悟,但确觉得此举比原来的三民主义更进一步。尤其令他震惊的是兄长居然对新三民主义的理解如此精辟、稔知，令他钦佩不已。于是说："现在我相信你的演讲才能和保定育德学校的学生们为何痴迷的缘由了……不过，我还是似懂非懂的。"

"好了，你就别再取笑我啦！如果你真想懂的话，以后有机会到上海，我可以给你提供些书籍资料，你看了自然就明白了。"

"对了，我还要问你个问题，你必须如实回答，不许有半点折扣。"梓年话锋一转地问道。

有年一向敬重且信任这位大哥。他毫不掩饰地答道："我有什么要隐讳的？从记事起到现在，难道我对你曾有什么隐瞒之事吗？"

"当然没有，既然这样，我就直说，我想知道你和一鸣的事，你打算如何处置？"梓年毫不顾忌地单刀直入了。

有年沉思片刻后答道："大哥既然问起，我就敞开心扉。说实话，我和一鸣真的不合适。七年前，我已经酿成了大错，我不想再这样一直错下去，错一辈子。这对我、对一鸣都不公平。哥你知道没有感情、没有共同语言的婚姻有多痛苦吗？"

"我能理解，看来你很后悔？"梓年的眼神咄咄逼人。

"岂止后悔，而是憎恨、厌恶。但绝不是针对一鸣，而是憎恨中国传统愚昧的包办婚姻。在西方国家，根本就不存在什么父母包办这一说。我憎恨自己面对封建礼教的懦弱，尤其厌恶自己当年一时冲动，违背本该具有的道德底线与一鸣圆了房……"

"有年弟言重了，这与道德、品格是两回事，你不必如此自责。"梓年极力劝慰道。

"不！我应该受到良心的谴责。这七年来，我无时不在追悔、检讨，无时不在为自己当年的荒唐之举感到羞愧，总觉得是我害了一鸣，是我一百个、一千个、一万个对不起她……"

有年的肺腑之言深深打动了这位兄长。

"可孩子是无辜的。"梓年道。

"我知道，孩子最无辜，所以我一定会负责的，不管将来发生什么……"

"你想离婚？"梓年似乎听懂了有年的潜台词。

"是的。"有年斩钉截铁地回答，神情十分严肃。

片刻的沉默过后，梓年道："有年啊，这个事你可要想好了，大主意得你自己拿。不管你怎么决定，大哥都表示理解。不过，你要明白，这事不是轻而易举就能解决的，尤其是姆妈，还有大姑妈、二伯这些长辈，说服他们是极困难的。"

"这我知道，但是最关键的是要慢慢说服一鸣，要让她明白，我们两个都是封建婚姻的牺牲者、殉葬品，要让她晓得没有感情、没有共同语言地勉强结合在一起对她对我都不公平的道理，然后再来慢慢说服长辈们。我知道这事不可能一蹴而就，慢慢来吧……"

"你明白就好，也只能慢慢来了。好了，不说了，这个话题太沉重，我们还是换个轻松点的吧。说说你今后的工作打算如何？"梓年故意岔开了话题。

"当然想干本行啦！"

"到上海去？"

"不，我还是想去南京，去当个教书匠吧。据我所知，中国目前所有的大学里，只有南京的第四中山大学理学院专门设了心理学系。我在美国的同学吴有训、蔡翘等目前都在那里任教，我在回国前就给他们分别写了信，估计不会有什么问题。"

"好，学以致用，大哥支持你！"

"还有，渭年也应该继续读书，我已经跟他说过了，让他加紧温习功课，报考第四中山大学，这样，彼此也有个照应，你看如何？"

"当然好啊，学费不用考虑，我来供他。"

"还有我呢，我想我会有这个能力的。"

兄弟俩你一言我一语地谈天说地，展望着各自的未来。不知不觉鸡鸣三遍，天已大亮了。

一夜长谈，让潘菽消除了父亲自沉的所有疑虑。他深刻意识到，这就是代沟！这就是新与旧、前进与倒退的必然碰撞！父辈们死抱着传统的宗族观念、君臣之说和中庸之道不放，包括二伯也是如此。他对汉年弟的所作所为也极力反对并大加鞭挞，以至到了水火不容、不可理喻的程度。父辈的偏见始终没有改变他们堂兄弟间的手足情谊，更没有影响以后数十年间，无论是在学术方面，还是在革命道路上的相互扶持、相互勉励。只不过所有这些，他们的父辈再也无法知晓、无法阻挠罢了！

第四节 应聘"中大"

吴有训、蔡翘既是潘菽在美留学时的同校同学，又是在异国他乡患难与共的挚友。他们生于同一年（1897年），虽性格各异，但崇尚"献身科学、教育救国"的志向却惊人的一致。他们与周培源等同住一室、轮流做饭的故事早已成为中国科技名人史上的一段轶事佳话了。并且与杨武之（杨振宁之父）、袁敦礼、夏少平也均为同学好友。

潘菽回国前，蔡翘、吴有训已先后执教于当时的第四中山大学（次年1928年5月即改称国立中央大学）。

于是，他在回国途中的船上即给二位写了信，表明有意前往南京，并请二位代向校方转达他有意求职的意向。在上海一下船，便将此信寄出，然后才与前去接他的三弟潘谓年一同返乡。

吴有训1926年年底回国，曾怀着一腔科学报国和教育救国热情，应家乡人士之邀，前往江西协助筹办江西大学事宜。然而，1927年4月12日，蒋介石在上海发动反革命政变，大批共产党人和革命志士遭到逮捕杀害。一时间，政治风云突变，国共两党全面破裂犹如箭在弦上。江西一带，政局更为紧张。这让吴有训顿生理想即将破灭之感。1927年夏，他抱憾离开南昌，回到阔别多年的南京母校（他1920年毕业于南京高等师范即中央大学前身），找他在大学时的物理老师、时任第四中山大学理学院院长胡刚复。胡深知吴有训在美留学期间参与"康普顿"效应研究的成就，故立即通过校方聘他为物理系副教授兼物理系副主任。

蔡翘于1925年回国后应聘在复旦大学，后因复旦大学取消生物系，转而应聘于第四中山大学。他到校后不久，发现当时许多教授、副教授用外文上课，许多教材也都用国外原版。蔡翘面对这种状况，提出了自己的观点说："用外文教学不便于学生吸收和掌握学习内容，也很难普及生理学科学知识。如此下去，何时才能有我们中国自己的生理科学?"他的主张得到时任中央大学校长张乃燕的支持,因而得到他的器重和赏识。蔡翘也成了中国最早用国语讲授生理课的副教授。

由这样两位既年轻、又有知名度的教授推举,加上美国芝加哥大学心理学博士头衔,还有胡刚复这层关系,潘菽应聘之事很快得到落实。

第一次踏进位于南京四牌楼2号的国立第四中山大学(旋即改为江苏大学,又改为国立中央大学)校园时,潘菽的心情复杂而激动。初为人师的憧憬令他对未来要走的路近乎有些茫然。蔡翘和吴有训引导着他敲开了张乃燕校长的办公室,二人很有礼貌地退了出来,并相约在大门楼前不见不散,准备共进晚餐为老同学接风洗尘。

张乃燕任校长虽官居国民党中央委员、江苏省教育厅厅长兼省政府委员,但他毕竟是一介知识分子、教授出身,况且年龄也只比潘菽大3岁,因而对潘菽的到来深表欢迎。他十分客气而谦恭地从椅子站起来,走过来与潘菽握手寒暄,说道:"久仰潘博士大名,此次承蒙高看,肯屈尊加盟鄙校,日后吾校心理学科必成大器、盖誉全国呀!"

经他这么一说,潘菽反倒十分地不自然起来,连连说道:"哪里哪里,张校长实在是过奖了。"

第三章 十年彷徨

"哎,你的成就、志向,我在有训和卓夫(蔡翘字)面前早有所闻了!我也已和校董会商议过,就请潘博士出任理学院心理学系副教授,你看如何?"

对于这样的聘用,的确是潘菽未曾想到的。他原本计划着能在心理学系做一名助教,一面熟悉情况,一面也好向前辈同仁们学习,从而增加学识、积累经验,以利于稳步前进。想不到初次应聘,直接聘为副教授。对此,在他晚年时还开玩笑地说:"我本以为张先生要把我扶上马送一程的,想不到他直接就套上我拉起车来了……"

四牌楼2号,乃六朝宫苑遗址,曾是明朝国子监所在地。1908年留学美国、并获得哥伦比亚大学师范学院博士学位的郭秉文先生出任首任校长时,周咨博访、广延名师,集刘伯明、陶行知、秉志、郑万钧、陆志韦、陈鹤琴、郑晓沧、孟宪承等数十位著名学者、专家荟萃中大,使中大赢得了"北大以文史哲著称、中大以科学名世"的美誉。

按照约定,潘菽从张乃燕校长处出来便直奔校门,与吴有训、蔡翘会合。三人见面后,有训道:"我俩先领你转转然后再吃晚饭,你看如何?"潘菽欣喜地答应,于是三人兴致勃勃地边走边谈起来。

中大校园内绿树掩映,许多建筑彰显出西方古典空间模式。1923年由江苏省督军齐燮元为纪念其父齐孟芳捐款建造的孟芳图书馆，立面采用爱奥尼柱式和山花檐浮雕，做工十分考究。同年建成的体育馆更是受西方古典文艺复兴手法的影响，青砖墙、拱形窗、西式扶梯双路上下，其造型简洁明快，色彩清新素雅。经体育馆向西便是六朝松。这株千年古松，虽屡遭雷电袭击，伤痕累累，但至今翠叶犹茂、傲骨峥嵘。梅庵与六朝松仅数十步，是一处带皮松树做成梁架起的三间平顶茅屋。这是当年两江高等师范第二任校长、我国现代教育事业先驱之一的江谦，为纪念该校拓荒者，亲自率领学生集资，为曾立下汗马功劳的前辈督学（校长）李瑞清（字梅庵）建造的纪念堂。正门檐下高悬着梅庵先生的手书校训"嚼得菜根，做得大事"八个大字。关于梅庵先生的书法造诣及声誉，潘菽早在常州读高中时已有耳闻，今日目睹他的手书，心中格外亲切。梅庵看似平常，与其他茅屋并无诸多异处，但意义却非同寻常。进得堂内才知，在这个校园一角的幽静之处，他一向敬仰的英国哲学家罗素、美国教育家杜威、印度大文豪泰戈尔等居然都在此做过报告。他的老师胡适及许多知名学者如梁启超、瞿秋白、邓中夏等都在此发表过演讲。据说，1922年中国社会主义青年团也是在这里宣告成立的！

离开梅庵，蔡翘与吴有训继续引导潘菽着来到一座口字形颇具西洋现代风格的二层楼房,这是学校里最大的建筑,足足六十多间。方才潘菽因去张校长办公室曾路过此处,但并未仔细分辨。如今细观,很是感慨,连连赞叹道:"难怪堪称东南第一学府,的确名不虚传!我看完全可与北大媲美了呀!"此时,潘菽发现自己已经深深地被这所学校的历史背景、人文底蕴吸引了。他决心像梅庵先生那样:"视教育若性命、视学校若家庭、视学生若子弟。"也为这座知名学府做出贡献!此后的事实证明了这一点,此后仅一年左右,蔡翘和吴有训相继离开,另有高就,而他却一干就是近三十个年头。无论世事怎样变幻,战事怎样残酷,他都不离不弃、誓与学校共存亡,直至新中国成立后的1956年,因工作需要离校赴京。

自1902年建立三江师范学堂起,学校虽经杨觐圭、刘世珩、徐乃昌、李瑞清、郭秉文前辈们在战火侵扰、校舍屡建屡毁中竭尽努力、苦心经营,但终因时局不稳、政府财资短缺,连教授们的薪金都常常拖欠,因而各院系房屋吃紧。潘菽初次踏进心理学系时,令他好生惊诧、出乎所料,成立于民国九年秋(1920年),堪称中国第一的前东南大学心理系,经过了七年风风雨雨,居然如此落后破败,小得可怜。在科学馆的一个角落,三间大小不等且不足五十平方米的房间便是心理学系的全部教学用房。几橱残缺不全的仪器和六七种德语和英文杂志堆放在房间一个角落,还有校内另有的三间破平房用作饲养动物和比较心理学实验室。先他而来的四位——王素贞、吴绍熙、于心佐、雷肇唐——见来了新同事,在向他介绍心理学系现状时,纷纷表示对现状的担忧以及无可奈何。

但是,令潘菽感到欣慰的是,如今的第四中山大学把心理学系归属理学院,把教育心理学这一部分划开而独立于教育学院,这一明智之举比北京大学一直置心理学于哲学系来得更为高明。把心理学完全属于理学院,一方面可以使学生们把心理学当作一种纯粹的科学去研究,一方面可以使他们多一些时间去多学一些数学、物理学和生物学的功课。心理学系能属于理学院,无论是否名副其实,也算是开世界潮流之先河,因为世界各地大学很少有能把心理学摆在适当的地位的。尽管也存在另一种弊端,那就是学生减少了。因为许多大学生倾向于实用的学问,那是为了毕业后好有生活出路,这是很现实的问题,因而对于纯粹立志于科学研究的人很是凤毛麟角。当时的心理学系总共不足十位学生,但在潘菽看来,少而精也并不是件坏事。根据现时中国的情形,每年能够造就几个对心理学有真正的兴趣和正确了解并且能继续研究的人,也就足够了。

对此,潘菽信心百倍,他对同仁们说:"留得青山在,不怕没柴烧,虽然东南大学留下来的设备少、底子薄,但毕竟有了基础,已付出了许多心血,前辈同仁们已经是功不可没了!"

第五节　勤奋如蜂

初为人师的潘菽犹如辛勤的蜜蜂,在心理学知识的花海里采撷。他深知中国的心理科学还只是个牙牙学语的婴儿,需要他和他的同伴们去努力、去付出。

当时学习心理学的并不多,每位教授、副教授只需负责两三名学生。有时,教室里虽只有一两名学生,他也会严格按照课程设计规划,精心备课,耐心讲解,辅导学生做好实验,除此之外,他把所有精力和时间统统用在对心理学的深度研究、学习和撰写论文上。仅仅半年时间,他便在当时上海较有名望的《北新》杂志上发表了《心理学的过去与将来》、《论自然现象》、《中国宗法社会的将来》、《心理学的取材》、《美学概论的批评》等六篇共四万多字的论文。这在当时各大学年轻副教授中是不多见的。

特别是在1928年春,他与当时颇有名气的陈望道教授在上海的《北新》杂志上开展了一场以美学为内容的文笔战,尤为精彩!

也许,这次论战的原因与潘菽在国外留学近七年,对国内学界、文艺界、军政界以及党派发展与争斗毫不知情不无关系。

陈望道何许人也?他是1919年毕业于有修辞学摇篮之称的日本早稻田大学的高才生。还是中共最早的5名党员之一,当然也是中国共产党的创始人之一。是他第一个在1920年4月,翻译完成了由马克思、恩格斯合著的《共产党宣言》,并于同年8月正式出版,备受欢迎和推崇。

当时,陈望道正担任上海大学中文系主任,《美学概论》是他在1926年写成并由上海民智书局出版的。

美学美育是心理学研究不可或缺的组成部分。早在北大读书期间,潘菽便对蔡元培校长的美学观点,以及他的美学美育演讲推崇备至。不仅平时十分注重对美学美育知识的汲取,也逐渐培养起他自觉探索、分析、研究美学美育的兴趣与爱好。

《美学概论》即出,潘菽即觅来认真阅读、反复揣摩,以自己的感受及对美学的认识,对陈望道先生在书中的许多美学观点,尤其是列举的有关说明人类追求美意识的实例,认为是"隔靴搔痒",并非精辟!他在《北新》杂志第二卷第四号上发表了《美学概论的批评》，以犀利的笔锋、辛辣的语言、调侃的文风对陈先生的文章进行了毫不客气的批评。

有道是先入庙门为大，何况陈氏年长潘菽7岁，无论资历、阅历及知名度都非潘菽可比。潘菽的批评似乎大有些不知深浅地激怒了这位前辈学者。于是，陈氏即在《北新》第二卷第七号上发表了《美学概论批评的批评》一文予以回击！该文措辞强硬、态度鲜明而尖刻，严厉批评了这位口无遮拦的后生晚辈，试图以此煞煞这个初生牛犊的锐气！

他在文中最后写道："呜呼，我已经空费了七八点钟的时间批评潘菽君的批评了。有一个朋友要和我商量要事，他已出去等了一时又来了，我只好依了他的劝告。不再浪费时间写下去。若有人愿意我们打笔仗，请先到棋盘街民智书局去买一本我编的《美学概论》来先看一遍。定价并不贵，只要四角还可打一个八折。我是三百块钱把稿子卖给民智的，我丝毫再也得不到利益，请不要疑心我在揽生意。

"但我现在愿意做它的护卫和'说不出它的缺点'而硬要'说它的缺点'的强暴的侵入者战！"[①]

[①] 参见人民教育出版社2007年7月出版的《潘菽全集》第十卷第31页。

看了陈望道先生的"批评的批评",潘菽并不示弱。他立即提笔,紧接着在《北新》同一卷的第八号上发表了《批评陈望道君给我的答复》一文,文中写道:

我以下所说的几句话不是答复,只好算是一种批评。理由下详。

陈望道先生所讲的话在我这个可笑的人听起来很够得上老气横秋。我细细拜读了陈先生的文章是在豆油灯下,好像辜鸿铭、林琴南这许多人的影子都活在我面前,猜想起来陈先生大致已有50岁的年纪了吧。

陈先生未曾和我讨论,只把我盛气地教训了一顿。我固然有被教训的资格,但陈先生那种自居不疑的态度也实足令人拜服。我的意见只足以使陈先生笑死,那么我还有什么资格能和陈先生讨论学问呢?所以我没有答复陈先生的必要。

我是一个有胆怯病的人,当我看陈先生的文章,开端就遇见"此时只可提枪,不必执笔"这几个字,心中未免一悸。读到完来更有"和……战"这种宣言,更把我吓得三魂六魄摇摇欲出,这样我怎还敢和陈先生说话呢?

我是没有什么东西足以"护卫"的。所以即使我不胆怯而强有力也只有发了大头癫才来和陈先生"战"。我在上次的批评中不过贡献给陈先生一些意见,所以我再三声明以表示我的话并不根据何种权威,也没有什么靠山。陈先生既因此菲视之把我双手所捧的礼物一脚踢在门外。此时我只有小心拾起我的区区礼物跑回家中,如是而已。

陈先生既有什么东西要忠心护卫,像我这样胆怯而仅是笑死的人有何可虑?但此世界上不只我一人,当别有强暴者。我还是劝陈先生固其垣墉、坚其壁垒去对付别人吧!然而,拾他人的唾余当作自己的宝贝,这在我的良心上始终觉得是可以不必的。①

素不相识的潘、陈笔战,在当时的学界、文化界激起了轩然大波!俗话说,人无完人、金无足赤。再知名的学者,其思想、学术观点也非必是真理,都很难达到无懈可击的境地。年轻的潘菽并无自我炒作之意,更不想诋毁任何人的名声,于是他收官罢战、息事宁人。但这场所谓的笔战却使潘菽的声誉陡然上升。从此,张乃燕校长对他的勇气和学术造诣更是赞赏有加,推崇备至。

别看潘与陈在《美学概论》引起的笔战中不亢不卑、锋芒毕露,大有咄咄逼人之势,可在平时的生活

---

① 参见人民教育出版社2007年7月出版的《潘菽全集》第十卷第32、33页。

中,他却是一位温文尔雅、不苟言笑,且历来都是与世无争的书生。他视书如命,把心理学作为终身伴侣,甚至把除心理学之外的一切活动视为不务正业,几乎成了一个"两耳不闻窗外事,一心只读圣贤书"的怪人。正像他在晚年一些回忆文章中说的那样,把自己封闭到一个象牙塔里去了。

正是一头钻进这个心理学研究的"象牙之塔",使他沉浸于只顾专心教书和研究学问,很少关心政治,以至有人邀请他加入国民党也被他婉拒。

三弟潘渭年于1927年秋考入中央大学。1930年,这位与他朝夕相处的胞弟在大学三年级时加入了中国共产党,在他眼皮底下从事党的秘密活动,他却全然不知。可见,他真的是钻到"象牙之塔"的顶端去了。

第六节　磐石奠基

潘菽涉足第四中山大学时,心理学系的全部家当几乎都是由东南大学承袭而来的。其规模之小、条件之简陋可用"袖珍"二字来形容。也许,这是当时中国社会动荡不安、政府漠视及财力虚弱所致。即便如此规模,在当时国内较为知名的高等学府中已是首屈一指了。尤其让潘菽深感欣慰的是,学校领导非常明智地让心理学系隶属理学院，这使心理学成为一门独立学科，不像过去的东南大学将心理学隶属教育科、北京大学将心理学归属哲学系，好像一个小孩子寄养在别人的家里难免出现营养之不良。因此，从应聘之日起，他便决心为此付出努力，为改变心理学系现状添砖加瓦。而学校改名为国立中央大学以后，也为潘菽实现自己的志向与抱负提供了条件与可能。

1928年5月4日，国民政府大学院（即教育部）院长蔡元培代表政府到校宣布正式定校名为国立中央大学（此前曾于同年2月29日易名为江苏大学，因全校师生极力反对而作罢），并由张乃燕担任国立中央大学首任校长。张乃燕上任后，即对原有的管理体制做了大刀阔斧的改革。首先是取消了集权的校董会，继而以校务会议取而代之，成为学校的民主决策机构。校务会议下设政治训育、群育、招生、图书、出版、卫生、体育、教学、稽核等9个常设委员会。校务会议以校长、秘书长、高教部长、各院院长和全校不分院系选出的10位教授、副教授、讲师代表组成。学校的大事均由各委员会拟案提出并由校务会议表决通过方可执行。各种拟案包括学校及各院系预算、院系设置、课程设置、各种规章、学生考试和训育、校舍建筑、设备添置、图书购买以及校长交议的各类事项等。

吴有训、蔡翘二人皆是教师代表。有两位留美同窗、挚友进入了校务会议，无疑给潘菽立志从头做起、立志改变心理学系现状提供了良机和沟通上下的管道。

为了有的放矢地根据当时学校财力状况增添急需的书目、器材，潘菽多次与同仁们一道商议，请大家根据平时授课时碰到的难点、热点问题，提出所需书目及器材设备之要目。经过反复讨论，形成统一意见后，再由潘菽写成详尽报告。他写的并不是一份单纯意义上的采购报告，而是心理学系短期、中期的发展规划。报告中所列书目及仪器设备均为教学急需甚至必不可少的。加上条理分明、思路清晰的发展计划，使这份报告格外具有说服力和可信度！就连一些对心理学缺乏了解、毫无兴趣的教师代表们，也无法从这份报告中提出任何异议来，于是全票表决通过！潘菽的初步计划得以实现。

正当潘菽踌躇满志地为振兴中央大学心理学学科呕心沥血之时，一天，吴有训到他的宿舍找他，并告知他欲辞去理学院物理教授职务，改赴北京清华大学任教事宜。潘菽毫无心理准备，觉得很突然，惊问道："不是好好的吗？为何想起来请辞？"

原来，清华学校是由部分中美庚子赔款办起来的，原属外交部，已于上月（1928年8月）被南京国民政府正式接管，并改称国立清华大学，归教育部直辖。9月，由蒋介石钦点时任中央党务学校（政治大学前身）代教育长罗家伦为首任校长。罗家伦是位很有影响力的人物。他是"五四运动"的学生领袖，加之他曾留学美、英、德、法等国多所著名学府以及精通史学、文学、哲学、教育、民族地理学、人类学诸学的经历与涵养，深得当时许多青年学生的仰慕。一到清华，他便增聘名师、兼并学系、招收女生、添造校舍、裁汰冗员，以美国普林斯顿大学的水准为清华追求目标。他在德国柏林大学研究院就读时就对吴有训在康普顿效应研究中的功绩深信不疑、钦佩不已。大家都是同龄人，易于沟通，当罗家伦发出邀聘函后，吴有训心动了，决定即赴北京。

"既然去意已决，我就祝贺一路平安、一切如意，北方人有句俗话叫作'树挪死，人挪活'，我想有训兄（吴有训比潘菽大73天）此番前去清华必定大有用武之地，定会实现你的抱负！"潘菽握着他的手，鼓励着。

"你想去不？"有训突然问道。

"我就不去了，从未考虑过。"潘菽未假思索地回答。

"你和家伦都是当年'五四运动'斗士，他会欢迎的。"有训似乎在动员他了。

"快十年了，早已经淡忘了。如今他已飞黄腾达，再说，当年虽为校友，但大家并不熟识，他在文科主修外国文学，我在哲学系选学心理学、教育学、哲学。

如今他已担当校长之重任,大有倾向从政之势。这正是我不愿意也不感兴趣的事。凭他的才学与志向,也许将来会成为民国政界的风云人物呢!吾乃一介书生,又何必攀附呢?再说,清华大学心理学至今仍未独立成科,乃隶属教育学院,这对心理学将来的发展并无益处,我还是觉得中大更合适我。当然,我这么说,绝无阻止兄赴清华发展的意思。俗话说人各有志、各事其主嘛,但更重要的是觅到能让自己出拳伸腿之地,你说是吗?"

吴有训深知眼前这位老同学此番言语确无半点恶意,于是又说了些希望能听到他让中大心理学科发扬光大的鼓励话便与他依依惜别。临别时,他又郑重其事地对潘菽说:"你也该找个意中人了吧?何时筑巢红罗帐,到时知会一声,我也想分享几颗喜糖呢!"

"好了好了,又啰唆,谢谢你的美意,今天晚上我做东,叫上卓夫(蔡翘),为你饯行可以了吧!"

有训笑了笑,一溜烟地回他的办公室了。

看着有训消失的身影,潘菽苦笑着摇摇头。谁人知道自己的苦衷呢?南京距宜兴并不遥远,可一年多来他很少回家,他把全部精力都投入到努力壮大心理系的工作当中。也许唯有这样才能排解不幸婚姻带给他的内心痛楚。有时,他竟想到就这样保持个已婚的"名分"打一辈子"光棍"算了。但每当夜深人静,反复掂量此事时,颇觉不妥,如若这样自暴自弃,岂不自甘套上了愚陋的封建枷锁?岂不在灵魂上成为消极沉沦的废物?如若真是这样,既牺牲了自己也无益于对方,更有悖于对社会应负的责任心。思前想后,他还是暗下决心,一定要尽早解脱出令他们俩的身心都深感疲惫的精神樊篱。

可是,只要一扎进工作,就什么都忘在脑后了,离婚的事便一拖再拖……

经过潘菽和同仁们的共同努力,到1929年初,中央大学心理学系的确有了长足进步。张乃燕校长其间提供了多方支持。原本从东南大学遗留下来的仪器设备得到了充实。花了一千多元购置了模型、挂图,终于填补了历史的空白。另外又申请了一千余元购置了必要的参考书籍,使原来许多残缺的英文、德文版参考书及杂志配套齐全。在此期间,留美回来应聘中大的何运暄副教授,因病在家休养。当潘菽得知他从美国精心收藏并带回四百多册心理学书籍时,如获至宝,几次登门拜访,动员其将一部分书籍转售给心理学系。何教授对潘菽热衷心理学事业发展的言行深深感染,于是慨然将所有心理学书籍悉数搬出,加上潘菽本人从美国带回的200多册也全部拿了出来,一下子使中大心理学书籍总数达到两三千册,终于办起了一个初具规模的心理学图书室。

潘菽在购置心理学教学仪器设备上也倾注了大量心血。当时系内曾有人主张除了必须应用的仪器之外,别的可省则省,免得浪费金钱。但他却坚持认为,心理学最重要的是实验方法。学生所知道的方法越多,就越能大开思路,就能发现更多新方法去解决更多所要解决的问题。所以,他主张除校方实行经费限制外,只要允许,就应该尽量购置购足各类仪器。为了节省经费,潘菽还曾指导工场工人,力所能及、因陋就简地自制了不少仪器设备。

他一方面注重各类参考书籍、仪器的购置扩充,另一方面又与同仁们多方切磋,精心研制教学方案及课程设置。经校方批准后,对以心理学系作为主系的学生必修课和选修课做出详尽而严格的规定。系内的基本学程必修课有普通心理学、试验心理学、应用心理学、比较心理学、变态心理学、生理心理学、知觉心理学、心理测量、学习与工作、系统心理学及研究问题等十一科目。另有系外必修课包括英文、德文、微积分、普通物理学、普通化学、普通动物学、生理学、比较解剖学、智力学力测验、社会学原理或哲学概论等十余科目。以上二十一科必须达到84学分方可毕业。其余则可另选些诸如教育学、教育心理学、经济学、语言学等作为辅助,但对此并无硬性要求,只作为参考。

同时，潘菽还主张，作为一个大学不仅仅是为学生授课或传递知识，还应该担负起科学研究的责任，应该成为为国家进步而提供科学技术项目的研究机构。因此，他建议校方同意他们招收研究生，以便培养中国自己的心理学研究人才。一方面又根据本系同仁各自特点，拟定各自所要研究的课题方向及所编、所译书目等项，并进行详细分工，做出完成时间的要求。一时间，心理学系研学之风强劲，也更增强了潘菽对中大心理学发展的信心！

与此同时，潘菽在悉心授课之余，更是夜夜伏案笔耕。于1929年5月完成了他第一部心理学专著《心理学概论》。该书于当年7月由上海北新书局出版，1932年9月再版，成为当时中大及国内其他高校心理学系必用的教材之一。

在这部十二章约五万字的著作中，他深入浅出地向读者或初学者阐明了心理学的意义和历史背景、范围和所涉内容。尤其是以充分的论据，阐明心理学在实际应用中的重要性。

他指出："科学研究是一种人类现象。一切科学的成立一半是由于心理的原因。这样看来，心理学不但和物理学、生理学并峙而为三种基本的科学，其重要实超乎一切科学。所以心理学可称为最根本的科学！"①

他在该书最后结尾时强调："人类所有的事情根本上都是人类的，所以人类的一切问题根本上都是心理学的。必须依据于心理学的观点，然后能彻底了解一切问题，妥善解决一切问题。这是心理学在实际应用上的重要。"②

中国心理学发展的历史充分说明，潘菽先生早在八十年前的预言是极具前瞻性的。当年，他所做的努力，无疑是为中国心理学的发展磐石奠基。

第七节　扬鞭策马

自古道："三十而立，四十而不惑。"虽然年已三十有二的潘菽仍旧尚未卓然成家，但热衷于心理学事业的追求与研究却似乎到了如痴如醉的程度。在他并不长的教学生涯中越来越展示出他学术上的日趋成熟，其许多观点颇有与众不同的独到之处。

他对上海出版的《北新》半月刊和《民铎》月刊情有独钟。《北新》由他的老兄潘梓年在那里主持自不必说，而以标榜"阐扬平民精神，介绍现代最新思潮"为

---

① 参见人民教育出版社 2007 年 7 月出版的《潘菽全集》第一卷第 222—223 页。

② 同上。

宗旨的《民铎》，更以系统介绍尼采、柏格森、詹姆士、康德哲学和达尔文进化论，以及发表各家论著，介绍其他哲学学派和政治、经济、文学、历史及自然科学等诸多文章而引起了他的极大兴趣。

1929年7月，他在北新书局出版了首部专著《心理学概论》之后，一发而不可收。紧接着又在当年《北新》第三卷第一号上发表了《心理学的主体》一文。首次提出了心理学的主体为"多元的统一体"观点。阐明在心理学上"我"即是主体和客体。"我"同时作为认识的主体和客体时，能认识的我是怎样，被认识的我是怎样，能认识的我和被认识的我是怎样的区分、怎样对待，实在是心理学方法上根本重要的问题。①

他指出，一切知识都是相对的。科学知识虽然和常识经验很有差别，但它是主体客体相对而生的一种关系。在世界中没有绝对的真理，也没有独立存在的真理。无论哪一种科学都开章明义就要指明它研究的对象是什么，所谓对象就是客体，而主体就是研究者自己。②他的文章刚一问世，就引来青岛的一位学者姚宏文的极大反感。姚宏文立即撰写了《心理学的主体之我见》发

---

① 参见人民教育出版社2007年7月出版的《潘菽全集》第一卷第225—229页。

② 同上。

表在《北新》月刊上，对他的观点加以挞伐。

面对姚宏文的批评，潘菽的态度鲜明而平和。他在《北新》第三卷第七号上发表了一篇只有数百字的《附记》中指出："姚君和我的立足点完全不同，我的立足点是近世的科学，姚君的立足点是玄学的唯识论。""我的立论也并未自以为一定对，不过是暂时的结论罢了。不过我觉得我思想的方向大致是不错的。姚君称我的立论'和近代的哲学家、心理学家迥然不相同，颇有一些独到的见解'。姚君虽只许我'一些'，我却已深深引姚君为知音了！"①

潘菽向来欢迎在学术上百家争鸣，把批评当作鞭策自己不断进步的阶梯。这使他对自己每提出一个新观点时都坚持做到严之又严、慎之又慎，但又绝不拘泥于前辈定论而畏首畏尾。他崇尚儒家学说中"慎独乃修身之最高境界"的原则，也恪守"主敬则自强"的信条。纵观他的一生，的确做到了一个人在独处时，能够严格要求自己，从不妄取苟为、轻狂自大。对待生活，他从来都是一个庄敬严肃的人。对待事业与工作，他更是精益求精、永无止境。对于婚姻，他自信随缘是真。于是，

---

① 参见人民教育出版社 2007 年 7 月出版的《潘菽全集》第一卷第 249—250 页。

33 岁上,他才再次续缘情定终身。

在再婚之前他就对自己最爱的心理学研究如扬鞭策马,全身心地奋发努力。继《心理学的主体》一文之后,又在《民铎》月刊1929年第十卷第四号上发表了《心理学之实用的价值》一文。他从心理学和政治法律、心理学和工商业、心理学和教育等多个方面、多个角度,分层次地列举众多事实,生动活泼地阐明凡一切人类的事情,都是心理学所可应用的范围,也都有待于心理学的帮助。预测将来心理学的应用和研究必占有崇高的地位。

1930年5月,他的第二部专著《社会的心理学基础》由上海世界书局出版,1931年8月再版。1931年,他在由民国政府实业教育部和劳工教育设计委员会合办的《教育杂志》第二十三卷三、四号上,连续发表了近四万字的专论《"意识"的研究》。他认为:"所谓意识其实就是我们直接觉察到的世界。"[1] 尽管这一提法还是比较笼统的,不够全面甚至可以说还是比较稚嫩的,但是他却以尽可能充分的事实,雄辩的理论依据,批驳了旧心理学者认为的所谓意识是属于一个特殊的世

---

[1] 参见人民教育出版社2007年7月出版的《潘菽全集》第一卷第391页。

界以及行为主义者完全否定意识的错误，而直接提出"意识"就是我们直接觉察到的世界的观点。作为一名初出茅庐的年轻心理学者，如此胆大、如此旗帜鲜明地提出自己的见解，无疑是对西方诸多资深心理学前辈，以及国内诸多深受旧心理学和西方行为主义心理学影响者们的一种极大挑战和大不敬，大有一股初生牛犊不怕虎的味道。

五十年以后的1980年，他在《心理学探新》杂志上发表《意识问题试解》，才对"意识"问题有了更加正确的认识和更为全面的阐述。他说：第一，意识就是一种认识作用，即人在生活、实践中对客观世界的认识活动。第二，意识是我们人在生活、实践中对现实的整体认识作用。第三，意识是包括感觉、知觉、思维的一种具有复合结构的认识作用或认识过程。①

他的大胆，他的执着，常常表现为只要对心理学的研究与发展有利，他便不分门第、不论派别、不念及资历辈分，坚持真诚善意。在学术争鸣中从不口无遮拦，恶语中伤。这与他一生坚持"求仁则人悦"的做人原则不无关系。这一点，我们可以从他1933年发表在《独立评论》

---

① 参见人民教育出版社2007年7月出版的《潘菽全集》第三卷第384—385页。

第 46 号上的《关于心理学的预言》一文中感受到。

汪敬熙,乃蔡元培先生的得意门生,也是潘菽北京大学时同系的校友。1917 年毕业于北京大学获学士学位。1920 年赴美留学,1923 年获美国约翰·霍普金斯大学哲学博士学位。1929 年 4 月,任广州中山大学首任心理系主任。1931 年 1 月应时任北大校长蒋梦麟之邀请,赴北京大学任心理系教授兼系主任。此时,他对皮肤电反射的研究已颇有成就,也是第一个将电子仪器引入中国用于脑功能研究的心理学者。论年龄,他比潘菽大 4 岁,论资历及成就,当时也应在潘菽之上。就是这样一位知名学者的文章,潘菽也同样对其观点进行公开点评,发表自己的不同看法。

在 1933 年《独立评论》40 号上,汪敬熙发表了一篇题为《中国心理学的将来》的论文。潘菽拜读后立即撰写了一篇题为《关于心理学的预言》的评论文章,刊登在同年《独立评论》第 46 号上,阐明自己的观点和看法,与汪先生进行切磋。针对汪先生在《中国心理学的将来》一文中指出的"现在心理学上有两条不通的路,两条有希望的路",他在文章中旁征博引,列举种种客观现实,用与汪先生商榷的口吻,说明汪先生指出的关于"教育心理学家测验之路"和"白鼠的迷津学习的研究"这两路"此路不通"似乎有些武断。他认为,测验的研究虽然不见得是心理学上的康庄大道,但假如有人要走这条路,而且在方法上精益求精,还是有路可走的。

关于"白鼠的迷津学习"的问题,假如有人有时间有兴趣去复做任何白鼠的迷津学习的问题,用极精密的方法,因此可以得到更正确可靠的结果,或否证前人的结果,这方面绝不可以武断地称之为"绝径"。

关于汪先生文中指出的在中国心理学理论和实用两个方面的两条希望之路,潘菽这样认为:任何科学的领域内,如果很确定地对新进入的人说"此路不通,请走彼路"都是无益而有害的。科学上的许多重要发现都是无意中碰着的。所以,要说哪两条路有希望,哪条路没希望,除了有充分结果可以证明外,不过是主观的和个人的意见,很难靠得住,至于要以此判定"将来"就更毫无是处……①

潘菽的评论文章自然引起了汪敬熙先生的高度重视。为了阐明某些观点,以免在心理学界产生歧义,汪先生很快在《独立评论》第49号上刊出《答潘菽先生〈关于心理学的预言〉》的文章对潘菽的见解加以肯定,

---

① 参见人民教育出版社2007年7月出版的《潘菽全集》第一卷第409页。

并感谢他的某些提醒。从此，两位的学术争鸣成为早期中国心理学界的一段佳话。

此时，中央研究院心理研究所已由北平迁至上海，汪敬熙接替唐斌担任所长，深得蔡元培院长之器重。1934年6月，心理所又迁至南京，一向不善交际的潘菽出于对汪先生的尊重，专程拜访过他，二人亦成为至交。只是自1937年抗战爆发后的几年中，心理所均在迁徙途中，经湖南岳阳至阳朔，后又转至桂林，于是与汪先生的交往越来越少。1953年后，汪敬熙再次赴美国约翰·霍普金斯大学和威斯康星大学进行研究工作，并定居美国直至1968年6月30日逝世。汪先生在生理心理学方面的精深造诣和突出贡献，始终为潘菽津津乐道的。

尽管潘菽早年对心理学研究的观点，在我国心理学界存在不同看法，但这并不影响其科学价值。这些观点也无疑对我国后来的心理学发展产生了积极影响。

第八节　孤雁哀忧

1930年秋，昔日在美留学的好友蔡翘继吴有训之后，也离开了中大再次出国赴英国伦敦大学、剑桥大学从事生理学研究。这使原本不善交际的潘菽更觉孤独与失落。就像他晚年多次回忆的那样,把自己封闭在了一个象牙塔之中。

然而,正值日寇欺境、国难当头的危急时刻,每一个中国国民都无法安静。周围发生的一切随时都在侵扰这位一心试图以教育救国、把全部精力都扑在心理学教学与研究上的年轻学者,使他不得不睁开眼睛,环视身边不时涌动着令他猝不及防的政治潮流。他像一颗分量不重的沙粒,被动承受着和中大一样经历过的种种动荡与冲刷。

在当时的情况下,很难再安心开展心理学的研究。同时,潘菽对心理学存在的根本问题和应该是一条什么样的道路也看不清楚,这使他一度陷入彷徨。他本来设想,可以通过实验研究以清除心理学中的歧见,求得在科学道路上的发展。但在当时的社会现实面前,根本没有条件开展实验研究。同时,几年来的探索过程也让他意识到,即使有条件照自己的想法去做,也未必能取得所期望的结果。

历经"易名、易长、欠薪"等风潮之后,中大首任校长张乃燕倍感心力交瘁,且又常常处于上下左右的夹攻之中,于是在1930年10月底终于做出请辞决定,并得到国民政府的同意。

是年底,原中山大学校长朱家骅调任中大校长。朱家骅身为国民党中央执行委员，曾任过广东省政府常务委员会代主席。1930年12月13日到任后，20日便在中大体育馆举行就职仪式。他立即着手变更学校行政组织，取消总务长，改设教务长。让人称道的是，朱家骅主持了中大礼堂的建成。中大礼堂原本是由首任校长张乃燕于1930年3月筹款开工的，但后因经费不足而停建。朱家骅上任后，利用自身影响，以召开国民会议之名，请得51万银元的拨款，使大礼堂工程得以重新复工，并于1931年4月底竣工。

中大礼堂立面采用了西方古典柱式构图。正立面为爱奥尼亚式列柱与山花结构。上覆欧洲文艺复兴时代的铜质大穹拱顶，顶高达34米。堂内共分三层，面积为4320平方米，可容纳2700余人。整个建筑庄严宏伟、气势非凡，在全国大学中实属罕见。七十多年来，一直是数十万海内外校友心目中母校的象征，并且成为全国校园建筑中最为著名的标志与典范。

1931年5月5日，国民政府第一届全国代表大会在中大礼堂隆重开幕，也为中大校史留下了重重一笔。

1931年9月28日，就在"九一八"事变后的第十天，中央大学学生举行了声势浩大的示威游行，强烈要求政府出兵抗日。游行队伍手持旗帜，高呼口号，直奔位于丁家桥的中央党部。中央党部中常委丁惟汾受命出面接见。这位颇具学者风范且态度温和的国民党元老，虽怀有一腔爱国之情，但他的回答似乎无法得到学生们的认可。此时，有学生发现朱家骅也在这里开会，于是大家不由分说地力请并簇拥着他一起游行至中山北路32号外交部所在地。部长王正廷不肯亲自出面，激起学生公愤。僵持间，激愤的学生冲进部长室与其理论并引发口角。有学生以红墨水瓶掷向王正廷头部，王受轻伤被侍卫送往鼓楼医院。

学生们满怀爱国之情，虽行动中有些过激行为，却是因王正廷拒不出面而起。翌日，王引咎辞职。

由于中大学生游行示威造成"严重后果"，朱家骅自知难脱干系，即请求辞职，未果。11月12日仍出席了在南京召开的国民党四大会议，21日留任中执委。12月5日，中大学生再次组织游行示威，捣砸了诋毁学生运动的《中央日报》馆，以声援北京大学南下抗日示威团被捕的学生。因出发前向校长秘书索要校旗未果而发生冲突，朱家骅再次提出辞职未准。期间，江苏省已停发了学校经费，中大已经拖欠了教职员三个月薪金，局面再度处于危乱之中。朱家骅第三次提交辞呈，并以离开南京表示决心，后终获政府批准。

1932年1月8日，民国政府任命时任考试院考选委员的桂崇基为中大校长，因学生反对，不到一个月，桂崇基被迫辞职。

于是，政府即改任原中国科学社社长任鸿隽为中大校长。任鸿隽1912年便就任南京孙中山临时政府总统府秘书，时任中华教育文化基金会干事长，是一位资深的并对中国教育做出较大贡献的学者。对于政府的委任，他坚辞不就。无奈，校务只得暂由中大法学院院长刘光华代理。6月间，刘光华又辞去代理职务，导致中大处于无人掌管的混乱局面。与此同时，中大全体教师因索要欠薪，宣布"总请假"，这便是中大校史上著名的"索薪事件"。

6月底，行政院派教育部政务次长段锡朋为中大代理校长。这位在1919年五四运动中的学生领袖人物，早已堕落为反共的AB团骨干分子，成为国民党右派分子的代表。他在学生们心目中早已"臭名昭著"！学生们岂能容他？当段锡朋坐着小汽车到中大视事时，闻讯而来的学生出于对国民党统治的不满，纷纷涌向校长办公室，高呼口号，反对靠党务起家的段锡朋任中大校长。甚至动手扭打，还砸坏了段锡朋乘坐的小汽车。段锡朋狼狈不堪，酷似当年火烧赵家楼一般地仓皇离校。

在当局者的眼里，中大的学生简直"无法无天"了。在中大学生联合会组织的一系列游行示威中，有一个瘦小的很不起眼的身影频频出没且引起了当局有关方面的注意,他就是潘菽教授的胞弟潘渭年(企之)。一切都在潘菽的眼皮底下不断进行着,他却毫无觉察出有何异常。在潘菽的心目中,这位成绩优异且很听话的胞弟,不过是犹如他当年参五四运动一样的热血青年而已。他无论如何也不曾想到,企之已经在1930年春便加入了中大地下党组织,并且在历次学生运动中起着微妙的推波助澜作用。也许,所有这些,都与他在五四运动不久便去国外七年有关,他对共产党毫无印象,连朱德、毛泽东是何许人都无从知晓。

由于中央大学学生运动接连不断,校长频频易人。当局情治部门加强了对中大的整肃,1932年春,中大地下党组织遭到破坏。组织上指示即将毕业的潘渭年迅速离开中大赴上海,从此改名潘企之,参加党领导的上海经济总会工作。后又调入党创办的中国工农通讯社,在堂兄潘汉年的直接领导下,从事对敌隐蔽斗争。

是年6月,正值中大发生"索薪事件",全体教师宣布"总请假"期间,潘菽也与其他教师一样,赋闲在家。恰巧,他的儿子潘宁堡刚出生不久(生于1932年6月11日)。一天,渭年前来看望兄嫂及小侄儿。在房内看过嫂嫂及小侄儿后,渭年把潘菽拉到外间低声道:"有哥,我要走了。"潘菽挽留他说:"不行,在这里吃晚饭,我让大姨娘(专程从上海嘉定前来伺候妹妹坐月子的庄炳松大姐)再去弄点菜来。"说着便高声唤大姨娘。渭年急忙道:"不是的,我是说要离开南京到上海去!"

"为什么?"潘菽深感莫名其妙。

"因为……因为……"

"因为什么?难道不相信你有哥?"

"哎呀,你就别问了,反正我是要走的。"

"好,你不相信我是吧?"潘菽似乎有些绝望。

"不是的,你千万别误会,反正我不会去做什么坏事就是了,放心吧。"

"那你还没毕业呢,就差这么几天吗?"

"一天也不行,我明天就走,文凭以后再说吧!"

潘菽沉默了,他明白渭年一定有他的理由,有他不便挑明的苦衷。于是说:"那好,你今天安心在这里吃饭,明天我送你,我和你一块去上海,反正我也是闲在家里,正好趁机去看看大哥和汉年。"

"你就算啦,阿嫂还没满月呢!"

"阿嫂不是有大姨娘吗。我就是在家也是插不上手,帮不了什么。就这么定了,明天一早走!"

见有哥态度坚决,渭年不忍心辜负他的一片真诚,更明白有哥不放心他独自去上海恐有不测的手足之情,于是只得应允。

在上海福州路54号北新书局二楼,多日不见的梓年、有年(潘菽)、渭年三兄弟分外高兴。梓年吩咐杂工沏了茶送上楼来,兄弟仨边品边谈,不知不觉一个下午就要过去了。

潘菽有意向梓年道出他的担心与不解,提起渭年中大尚未毕业,却心血来潮地要到上海来找事做。梓年不便将渭年的身份和盘托出,只得顺水推舟地回道:"年轻人嘛,人各有志,既然他自己做了决定,你就不要太勉强他吧。我想他来上海也好,有我在这里,还有汉年,彼此也有个照应。何况你每天教务繁忙,如今又有家小,哪有时间来料理他?"

长兄的话显然在兄弟间有分量,听梓年如此说,潘菽确也觉得有理。因而不便再坚持己见,道:"既然大哥如此决定,我也无话可说。只是上海时世更加复杂难辨,渭年正值青春年少,遇事极易冲动、热血沸腾,望三弟时时处处多加小心,凡事多与大哥商议,还望大哥时常指点才是……"

"有哥的话,我岂敢不听?你尽管放心好了,我一定照办,一定好自为之就是了!"

"还有我和汉年呢,放心吧。"梓年笑着说。

此时,楼下杂工上来禀报说李老板来了。

第三章 十年彷徨

潘菽因问道："他说的李老板是否是李小峰？"

"正是。"

说话间，李小峰风风火火地上楼来，不等梓年介绍，李小峰早已快步上前，十分热情地与他们一一握手表示欢迎，一边冲着潘菽嚷道："十几年啦！老同学！如今已是大名鼎鼎的心理学博士啦！《北新》多亏有潘菽兄这样的有识之士，才有了今天这样的小小知名度啊！"

潘菽急忙推辞道："小峰先生实在是过奖了。我的几篇拙作怎能撑得起您这样的大门面呢，今后还仰仗老同学你多多提携和指教呢……"

"好了，好了，大家都不必如此客套吧。这样吧，梓年，今天难得你们兄弟相聚，更难得咱们老同学会面，今晚我做东，为你们接风！你说，咱们是去成都饭店，还是去老半斋，你定！"

梓年道："怎么好让您请呢，还是我做东吧！"

"不行！今天这面子你一定得给我。"

梓年知道李小峰的脾气，他是个说一不二的爽快人。于是说："既这样，那就老半斋吧，那里的雪菜焖面是上海有名的，也经济实惠。"

"好！就听你的，老半斋！"李小峰兴奋地一挥手道："走！"

说起来，李小峰的确称得上与潘菽老同学。他1918年考入北京大学哲学门，虽然与潘菽同年，却比潘低一届。当时北大哲学系每年只招收十来名学生，因此虽不同届同班，但相互基本上是熟知的。尤其潘菽又是当年"五四运动"被捕的三十二名学生之一，各大小报纸纷纷登载消息，因而李小峰对"潘淑"的印象还是比较深的。加上近几年潘菽的多篇文章和专著都在《北新》上发表，因而此次相见，李小峰如此热情自然是顺理成章的事。

福州路、浙江路口的老半斋酒楼是上海滩有名的老店。这里的雪菜烩面以配方独特、味道鲜美风靡整个上海。很多文人墨客最爱光顾这里。据说柳亚子、于右任、鲁迅、王韬等都愿到这里一饱口福。李小峰要了一间比较僻静的包厢，还点了瓶当时上海有名的"状元红"花雕酒，潘氏兄弟都不胜酒力，但在李小峰的热情好客面前，不得不各酌了少许。

渭年由党组织调他到上海的消息，早已通过内线联络通知了时任中央特工科负责人的潘汉年。于是，他以看望自家兄弟的名义前往福州路《北新》书局。店内杂工通报后直接把他送至楼上。他与梓年虽同在上海从事党的地下工作，彼此并不能经常见面。此次相见，兄弟间自有一番欣喜、一番感慨。但有潘菽在场，彼此间所谈之事不过是些相互问候,询问家乡父老亲情以及各自学业、生活状况之类的话题而已。当谈到渭年之事时,潘汉年反而大包大揽地说:"有哥,渭年的事儿就交给我吧!他的工作我来想办法帮他安排,实在不行还有梓年兄呢。"

汉年比潘菽小9岁,此时也不过26岁,但从他的行为举止中,潘菽看出了他的老练、沉稳、可信来。于是说:"有你和大哥在这里,我还有什么不放心呢?"

其实,汉年早已为渭年做了安排。他与梓年、渭年之间都心照不宣,只有潘菽不知内情。不过此时的他也似乎有所感觉,觉得他们是在为国家的前途命运做着什么。这一点,他能从梓年阅读的许多书刊中体察到。

当晚,汉年便把渭年带走了。因汉年、谓年排名,为避嫌,从此,潘渭年的名字改成了潘企之,在潘汉年的直接领导下,从事翻译电稿、传递秘密情报、掩护党的领导同志等工作,1934年8月至9月间,相继护送陈云、潘汉年顺利登上苏联商船去莫斯科,去打通中共与共产国际中断多年的关系,为党的秘密工作,做出了很重要的贡献。

正是这次在上海的小住,梓年给了潘菽一册列宁的《唯物论与经验批判论》中译本。时间有限,他只是匆匆读了一遍,虽颇觉译文晦涩难读,但却从中隐隐看到了心理学的出路所在，似乎对心理学的前途看到了一线曙光和希望。尽管许多观念一时还不能明确，一时解决不了问题，但是，他对心理学的信心则毫无动摇，从列宁的著作中，他已经感到必须对自己的心理学工作的方向进行较大的调整，到马列主义方向去寻找心理学的真正科学出路。也许，这正是他今后彻底走出"象牙塔"的真正原因。

第九节 如愿秦晋

1931年年初，在中大任教已有四年之久的潘菽，频频发表心理学专著与论文，他的教学生涯呈现满园春色、勃勃生机。而他的个人生活却仍旧布鞋素衣、形单影只。34岁的他早已过了男大当婚的黄金年华，却看不出半点意欲娶妻成家的痕迹来。其实，在中央大学的同仁之间，包括与他交好的同学故旧，没有任何人知道他曾经结婚生子，而且还离过婚。对此，潘菽守口如瓶。

两年前，经过几番周折和努力，潘菽终于说服了蒋一鸣和母亲及二伯他们。其间更得到了长兄梓年、三弟渭年夫妇（渭年妻子吕鑑莹是大姑妈的女儿，属姑表亲）及四弟美年等的理解与同情。在无锡一位名叫杨轼的律师家中，由杨律师起草并由他的助手沈慰高代笔，订立了协议离婚笔据。潘菽本人、母亲许棣棠、妻子蒋一鸣分别在离婚笔据上签名画押。

但是，一鸣在离婚协议上提出了两点要求：一是离婚后她仍作为潘家的一名成员，离婚不离家。为抚养儿子欢伯，老家在潘菽名分上的田产归一鸣所有。二是不把离婚的事实在家乡双方亲友面前宣布。[①]

正是这份沉重的离婚笔据，潘菽先生用其一生的承诺信守一鸣提出的两点要求。也正是这份承诺，使他的再婚家庭，使他前后两房的儿孙之间，饱尝了骨肉分离的苦果，遭受到人世间难以弥补的情感伤害。

几年来，与他一起留学归来的同学们个个都已结婚生子，为人夫为人父。只有他，岁月如故，埋头于斗室，伏案于笔端。每到暑期寒假，要么回乡看望老母、弟妹，要么去上海梓年兄处小住。

一日，他刚刚上完课走出教室，一位校工匆匆寻来请他速到系里接听电话。原来，是一位昔日在美留学的旧友许继廉打来的，许君是在芝加哥大学学经济的，回国后供职于江苏省财政厅。虽为同学，但非同班同专业，又因职业不同，因而平素少有来往。突然接到

[①] 参见潘菽1979年9月5日写给长子欢伯的亲笔信（由潘望远提供）。

他的电话，的确让潘菽颇感突然、十分惊诧。许继廉劈头便调侃道："水叔兄（潘菽字）啊，何时能让老弟吃上你的喜酒？"潘菽被这位许君弄得一头雾水，支支吾吾反问道："莫名其妙，吃什么喜酒呀，你开什么国际玩笑啊。""你这位大教授真不明白呀！这么说你还是个和尚啰？"这时潘菽才略有所悟，笑答道："老兄是在吃我豆腐嘛！""好啦好啦！说正经的，有意中人了吗？""这种事情是要靠缘分的嘛，像我这样整天除了教室就是宿舍，连校门都难得出的人，到哪里去随缘呢？""那好！今天下了班出来一趟吧，五点半保泰街恒利酒馆见！"啪！那边挂断了电话。

潘菽一向不善交际，更少与人去酒店厮混消磨。在他看来，时间比什么都宝贵。

许继廉的突然来电让他有些哭笑不得，听他命令式的口气，似乎不容他有些许犹豫，至于何事，他也能猜出个八九，于是他如期赴约。

事情果然如他所料，原来许继廉的夫人有位朋友在南京女中任教，说该校有位教体育的女同事庄炳松，其身材窈窕、端庄秀丽，年方29岁尚未恋爱。许继廉闻讯后立即想到了他的同学潘菽，即令夫人进一步打探实情，这才自告奋勇，当起了月下老。

据说庄炳松出身江苏嘉定县城里一户世代书香之

家。早年毕业于上海女青年会体育师范，曾执教于燕京女大、贝满女中、汇文女中等校。1924年应邀到前国务院总理熊希龄创办的香山慈幼院女学部任教，由于她的出色表现，深得熊希龄赏识。熊于1927年介绍她任天津南开女中体育教员，期间也在天津女师任教。1928年南返后，任南京女中体育教员。

潘菽如约赶赴保泰街，许继廉已在那里等候了。不仅没有半点媒人架子，反倒抢着做东。要了一盘咸水鸭、一盘花生米及烧干丝等小菜，还要了瓶绍兴花雕，与老同学小酌。

谈起庄炳松，潘菽问道："如此优秀女子，何故29岁尚未婚配？"

许继廉解释道："据说因为眼界极高，因而一拖再拖罢了。"

潘菽疑惑道："像我这般毫无建树、相貌平平之辈，岂敢高攀？"

许继廉即调侃道："水叔兄乃堂堂博士、教授，论年龄你俩上下相当，论出身又都是书香门第，岂非天地之合、前世绝配吗？"

见潘菽沉默不语，他又趁热打铁地鼓动道："这样吧，哪天我让夫人与她约好后通知你，就在我家见个面如何？"

潘菽迟疑片刻后微微点头，许继廉见状向桌上重重一击说："好！就这么定了！水叔兄，吃酒！祝你马到成功！"

想不到，三天后在许继廉家的首次相见，二人居然一见钟情！在庄炳松眼里，潘菽正是她等待已久的"白马王子"。在潘菽看来，庄炳松也正是他心中理想的人选。他俩一见如故，几个月的你来我往之后，便到了谈婚论嫁的程度了。

2008年秋，笔者前往上海嘉定寻访庄炳松先生故乡，有幸拜访了时年102岁高龄的庄佩琏先生（庄炳松堂妹，当年与庄炳松一样，一生从事体育教育），老人家十分硬朗，也十分健谈。

庄炳松，1901年2月14日（清光绪二十六年十二月廿六日）出生在江苏嘉定县城中小囡桥南堍的一个书香世家。到了他的父辈，兄弟五人中除老四庄乘黄任大学教授外，其余大都在上海开钱庄。虽然庄炳松出生时家道已渐衰落，但在嘉定城里，仍旧是个数一数二的大户人家。小囡桥南堍道东的一个深宅大院中，近三十亩宽阔的花草林木中，二十七间亭台楼阁错落有致，极尽辉煌。据说，20世纪60年代拍摄电影《红楼梦》（王文娟饰演林黛玉、徐玉兰饰贾宝玉）中林黛玉初入贾府见贾母那场戏，就是在庄家当时近百平方米的中堂大厅里拍摄的（整座庭院于 20 世纪 80 年代因城建需要而拆除，如今改建为上海嘉定区税务局大楼）。

庄炳松故乡嘉定城内小囡桥。（作者 2008 年摄于上海嘉定老城区）

庄炳松出生时，社会新风已起。见过世面的父亲庄子岩思想开明，不仅不让女儿缠足，还让她读书。1917年，在她 16 岁时便进入浒墅关省立蚕桑学校就读。毕业时适逢北洋政府教育部要在学校中增设体育课，促使当时全国私立学校规模最大的创立者——基督教青年会大力培养师资，庄炳松被其同乡、时任上海文博女校校长黄绍兰看中，推荐进入上海女青年会体育师范，就此成为我国从事体育教育最早的一代女性之一。

　　由于潘菽父亲潘菉华早已去世,所有兄弟妹妹都在外面工作、读书,老家只有老母亲和一直未离开家的蒋一鸣与幼子欢伯,门庭中十分冷清不说,更主要的是为了对一鸣不把他们离婚的事实向外宣布的那份承诺,于是他们决定于1931年7月暑期赴庄炳松老家嘉定完婚。当时由于时局不稳,庄子岩在上海经营的钱庄也不景气。因而他们的婚礼仪式较为俭朴,只是双方家中亲友几桌酒席小聚而已。三弟渭年陪同母亲特地赶赴嘉定,长兄梓年也从上海赶来参加了他们的婚礼。

　　潘菽与庄炳松的婚姻在以后半个多世纪中,虽历经多种坎坷磨难,但却可称得上相濡以沫、珠联璧合。为了全力支持丈夫,婚后的庄炳松主动放弃了自己已有的事业基础,相夫教子。尤其是在抗战期间,因与丈夫远隔千山万水,分居九年余。庄炳松独自带领4个子女寓居早已沦陷的宜兴农村。她为此吃尽苦头、历尽艰辛。在漫长的岁月里,她既是贤妻良母,又担当丈夫的贤内助、好帮手,潘菽的许多文章修改后都是夫人帮他抄写的。在庄炳松身上,浸透着东方女性特有的善良、质朴、节俭及尊老爱幼的传统美德。他们的婚姻和情感博得了所有了解他们的人的普遍称赞。

第三章 十年彷徨

第十节 长兄被捕

就在那次陪同胞弟渭年去上海梓年兄那里小住的短短一个星期里，潘菽的内心受到很大的触动。他的思想也有了较大变化。其中最主要的有两件事：一是梓年兄介绍他阅读了列宁的《唯物论与经验批判论》一书，虽然对其中一些要点还似懂非懂，但却在他心中激起了巨大波澜，他开始怀疑过去对心理学的研究方法，他似乎觉得找到了心理学研究的真正出路，他在内心中反复审视，感到很有必要调整以往心理学研究的方向。

第二件便是梓年兄向他全面介绍了上海及整个国家近几年所发生的情势变化。这使他的心灵第一次得到了洗涤，他从内心里开始关注国家与民族存亡的严重程度。在兄长那里，他确切了解到1931年9月18日日本关东军故意制造炸毁南满铁路柳树沟铁轨的卑劣伎俩，却诬陷中国军队所为而挑起事端、借故发动大规模侵略，炮轰沈阳城及吞并东三省的真相。也了解到不久前的1月28日，日本侵略军在上海大肆挑衅、公然向驻守在闸北地区的中国军队发动进攻，以陈铭枢、蒋光鼐、蔡廷锴为首的国民革命第十九路军全体官兵如何出于爱国之心，如何拒不执行蒋介石的不抵抗命令，奋勇还击，以及上海各界人士如何广泛支持十九路军的诸多过去很少知道的实情。尽管他的长兄并未说明自己的真实身份,但他却在老兄的慷慨激昂中感受到,也从汉年、渭年的表情里猜得出,他们与国家与民族的危亡贴得很近。

为消除这位心理学教授弟弟不必要的疑虑,梓年一再表白自己不过身在上海,许多消息自然是近水楼台罢了。经过这次朝夕相处的促膝而谈,令潘菽自觉不自觉地触碰了他那根平时似乎有些麻木的政治神经,对蒋介石的反动本性开始有了不同的认识。联想起目前中大连教师的工薪都常常拖欠,研究经费更是无从谈起,可见民国政府的经济已到了岌岌可危的地步。他开始怀疑,自己难道真的可以一心抱着对心理学的研究热忱而对国家存亡却漠然置之吗?他的内心回答是否定的,就像他在晚年撰写的回忆文章《我的心理学历程》中写的那样:"不搭理窗外的风吹草动是可以的,但如果是狂风暴雨,雷电交加,你不听它也会冲进你的耳朵,使你不免心惊色变。"①

也许,这正是他当时内心的真实写照。他已经感到,他并不是民族危亡的局外人,他有责任,有义务,以他的力所能及做点什么。

---

① 参见人民教育出版社2007年7月出版的《潘菽全集》第一卷第30页。

第三章 十年彷徨

从上海回到南京,他一直处在深深的矛盾与自我反省之中,似乎有些心事重重。细心的夫人似乎发现了丈夫的异样,因问何故。他终于慢吞吞向妻子表露出他对时局的忧心,对蒋介石民国政府的愤懑!对自己钟爱的心理学研究的茫然若失。他说他从渭年未曾毕业便离校远行的现实而为当今青年的出路感到担忧。

于是,他第一次抛开学术专业而奋笔疾书,为《时代公论》撰写文章,表露自己对当代青年出路的心声。他在文中写道:"在中国面临帝国主义侵略和国民经济枯竭的情势下,有两种对待态度;一是听天由命、随遇而安。一是旁鼠突出,不问方向、不择手段,去依附恶势,投降帝国主义也无所谓。这都是错误的态度……总之纯粹就个人的利益讲,无所谓出路不出路的问题。国家灭亡了,只顾自己能升官发财,那有什么要紧……。一个人是属于社会的,整个的社会崩溃而个人能独立繁荣,那是绝不会有的事。所以我们要找的出路是整个的社会的出路,而不是你和我个人的出路。现在中国社会的现状已经使个人感受到极切迫的苦痛!假如我们还只知唯个人的利益而是却把整个的社会问题置于脑后,那就根本当不起'青年'这两个字!

"讲到整个的中国社会问题,固然情形复杂……但有两个大前提是很明了的。这就是帝国主义的侵略和国民经济的枯竭。我们的努力都应该集中在这两个方面的解放。

"现在全国青年所应该大家联合起来去做的事,是反抗帝国主义的侵略和拯救国民经济的枯竭。青年的出路应该是去考虑怎样反抗,怎样拯救。读书如此,求真理也如此……必须把大前提认定了,然后才有出路可言!"①

从上述文字中,我们不难看出这位向来自顾研究心理学的年轻学者的心境。他以他的真实情感向青年们发出反抗帝国主义侵略中国的呐喊!

也许正是从那一刻起,潘菽的骨子里,已经烙上了"革命"的印迹。在他的人生档案中,便多了一份"进步教授"的光荣!

大约是在1933年5月中旬的一天傍晚,潘菽和往常一样,整理好当晚需要开夜车用的资料,小心翼翼地包进一块用了几年的黑布包袱内,夹在腋窝下走出心理系。夜幕中,一位校工急匆匆跑来:"潘教授,有您一封加急信,我不敢耽搁,就给您送过来了。"

潘菽一愣神儿,站在原地思忖着,会是谁的来信,

---

① 参见人民教育出版社2007年7月出版的《潘菽全集》第十卷第52页。

第三章 十年彷徨

还用加急？接过信后，跳进眼帘的毛笔字非常熟悉。不用拆，他就知道这是渭年从上海寄来的。他向校工道了声谢，转声折回自己的办公室，迫不及待地打开了信笺。

让他无论如何也不曾想到的是，这信居然是他的长兄潘梓年在上海被捕的噩耗！

其实，关于长兄潘梓年的真实身份，他虽一直被蒙在鼓里，潘菽也从不过多问及自己的兄弟们在做什么，但从他们的言语行踪，从他们涉猎的书籍报刊中，似乎也心知肚明。他们从事的应该是与当局、与国民党背道而驰的事，抑或正是社会上所传的"赤化、共党"之类的既危险又神秘的行当。但令他想不到的是，悲剧的发生竟如此之快！

潘梓年，1930年以后便接受党的委派，在上海担任左翼文化运动机构的领导工作。开始是"社联"（社会科学家联盟）负责人，后又调到"左翼文化总同盟"（1930年3月2日成立时，他的堂弟潘汉年曾任文总第一任党团书记）当书记。

1931年5月，由于潘汉年遵照党中央指示离开文坛和宣传战线，调至中央特科参加领导工作，并兼任第二科科长，负责情报、侦查、反间谍等任务，代号为"小开"，完全转入了地下，因此，潘梓年成了"文委"的实际领导人之一（文委是中央宣传部于1929年9、10月间成立的党中央直属文化工作委员会，潘汉年是第一任文委书记）。

关于这段历史，曾与潘梓年同时被捕的著名女作家丁玲回忆道："1932年春天，我和田汉、刘风斯等同志入党时，就是潘老（潘梓年）代表'文委'主持的入党宣誓仪式。当时瞿秋白同志曾作为中共中央宣传部的代表参加了会议。"①

潘梓年在"文总"工作期间，广泛接触和团结左翼文化界的人士，与国民党的反革命文化围剿进行了针锋相对的斗争。

1932年至1933年，潘梓年还担任了江苏省委机关报《真话报》总编辑。丁玲当时的爱人冯达是社长，联络地点就设在上海四川北路昆山花园7号丁玲家中。1933年5月14日，潘梓年正是到丁玲家中联系工作时与丁玲同时被捕的，而出卖他们的正是丁玲的丈夫冯达。②

所有这些，当时的潘菽自然一无所知，但他对兄长及弟弟们的安危，却是时时记挂在心的。

---

① 参见宜兴市政协学习和文史委员会编印（内部资料）的《宜兴文史资料》第三十三辑（纪念潘汉年诞辰一百周年专辑）第479页。

②《扬子晚报》2007年11月16日B15版《姚蓬子与徐恩曾在南京》一文。

第三章 十年彷徨

捧着三弟渭年的这封加急信,潘菽的手在发抖,头脑一片空白,渐渐地,也使他联想到近年来几次去上海拜望兄长的情景……

一次,他去上海办差,像往常一样总要抽时间去拜访长兄。那天,他刚走近梓年的住处,只见二楼临街的窗口有一人探出头来,暗示家里没有人。他一看有些不妙,顿时觉得心里怦怦地跳个不停,而表面上却只能装作若无其事的样子,赶紧迅速离开了那里。无奈只得雇了辆黄包车去一个朋友那儿,朋友知情后着实为他捏了把汗说:"好危险呀!"

后来又一次去上海,他到梓年在曹家渡开的一家名曰"梅邨书店"的地方(是专门用来掩护的一家书店)找梓年。刚走到离书店大门几丈远的地方,忽见里面急匆匆跑出一个熟人来,告诉这里已经出了问题,梓年已离开了。潘菽又一次扑了空,只能悻悻离去。

获悉长兄被捕的当晚,潘菽彻夜未眠,翻来覆去地理不出任何头绪来。事到如今,他才深深发觉自己平时与人交往实在少得可怜。面对兄长的被捕而束手无策,幸亏夫人庄炳松在旁不停地劝慰,多次提醒并从中梳理可利用可求助的线索。

翌日大清早,潘菽急不可待地乘火车赶往上海,按照信中预定碰头地点找到了他的胞弟潘渭年(企之),

再一起找到了堂弟潘汉年,请他设法营救。

此时的潘汉年,虽然还没有任何可以营救梓年的办法,甚至还不知道梓年的具体关押地点,但是,为了安慰这位他心目中十分尊敬的堂兄,还是非常诚恳地表白道:"有哥放心,我一定会想尽一切办法,营救梓年兄出来的!"

汉年的表白无疑给心乱如麻的潘菽以最大的鼓舞,他们商议了第二天碰头的地点。然而不知何故,汉年次日竟失约了,而且就从那天起再也不见踪影。

潘菽哪里知道,在那种极其严峻的白色恐怖下,任何疏忽都可能给革命和党的事业带来无法估量的损失。因为潘汉年与潘梓年的关系众所周知,丁玲与潘汉年也有过多次接触,为防止意外,上级党组织果断决定,立即将潘汉年撤出上海,转移到中央苏区去。潘汉年当然不可能把这些透露给任何人,包括他的兄弟、家人。就连一直受他领导、跟随其左右的堂弟潘渭年也一无所知。他只是说要出趟远门,匆匆交代了工作,一路辗转,踏上了去中央苏区的艰难路程。待潘菽与潘渭年到处打探他的音讯,指望再次与其合力营救梓年时,他早已在去瑞金的路上了。

谁也没有料到,汉年与兄弟就此一别,竟长达一年零三个月。直到 1935 年 7 月,汉年在长征途中,受

第三章 十年彷徨

中央委派，与陈云同志身负重任潜回上海，去执行赴莫斯科与共产国际恢复联络的任务。潘汉年历尽艰辛、巧妙打入烟贩集团，辗转到香港后，给宜兴老家的表妹吕鑑莹去信，打听到堂弟潘渭年仍在上海安全无恙时，才主动与之联络。后由潘渭年分别于 1935 年 8 月中旬和 9 月初，护送陈云和潘汉年乘苏联商船经海参崴去了莫斯科。

潘汉年的突然离沪，使潘菽设法营救梓年的愿望陷入绝境。后通过渭年找到了一些"党内"的关系，终于获知梓年与丁玲被关押在上海警察局拘留所。然而，那里戒备森严，根本无法接近。其中，那位"党内"的人又通过"朋友"，找到了一个与租界巡捕房有关系的人。那人认识巡捕房的一个小头目，可是请他来了之后，也谈不出什么真正有效的办法来，只答应通过里面的熟人设法照顾照顾。营救无望，潘菽不得不两手空空回到南京另寻他途。

就在潘菽为营救长兄一筹莫展之时，他的夫人庄炳松突然想起一个人来。说她大姐庄炳金的女婿陈彬龢，此时正在上海的《申报》馆任主笔。此人年轻有为，《申报》上不少重要社论都出自他手，在报界颇有些名气。为此，庄炳松亲自陪丈夫去上海，找到了陈彬龢，并通过他的关系，找到了时年九十有三的知名人士马相伯老先生。马老先生一向以爱国著称,非常同情革命志士。他十分爽快地一口应承下来,答应设法在当局有关部门内进行周旋。

与此同时,潘、丁二人的被捕,在上海左翼文化界也引起了强烈愤慨。鲁迅、柳亚子等都知晓潘梓年与潘汉年之间的关系。早在1929年鲁迅便熟悉了潘梓年。这年10月,鲁迅先生从广州到达上海。第三天,北新书局主人李小峰设晚宴招待鲁迅。当时,潘梓年的公开身份就是北新书局《北新》杂志的总编辑。李小峰是潘梓年在北大时的同学,也比较进步。在晚宴上,李小峰特地把潘梓年介绍给鲁迅。在李的心目中,潘梓年很值得被鲁迅先生认识。席间,潘梓年邀请鲁迅先生为《北新》半月刊写稿,鲁迅先生愉快地接受了约请。从此,鲁迅先生的许多作品发表在《北新》杂志上。

为此,鲁迅及柳亚子等很快组织起"潘、丁营救委员会",公开向社会呼吁营救,要求立即释放!

但是,国民党当局一意孤行,拒不理睬。为避开社会舆论,不久便将潘、丁二人押解至中央宪兵司令部拘留所(现南京瞻园路126号)。

渭年很快通过"内线"了解到这一讯息,并立即乘车赶往南京,把情况告诉了他的有哥。潘菽得知,心中顿感一丝慰藉,长兄虽仍陷囹圄,且与之咫尺天涯,但终究强于上海。南京毕竟是政要聚首之都，就近托些熟人关系要容易些，或许还能有机会与兄见面也说不上。想到此，他那多日阴霾的脸上终于露出一缕光彩来。

不日，潘菽果然接到通知，狱方准许送些日常生活必需品给潘梓年。这让潘菽夫妇喜出望外，虽然不允许与梓年会面，但这已使他们很满足了。于是，夫妇二人立即上街买了牙膏牙刷、毛巾、肥皂及衬衣短裤等必需品，还特地为他准备了平时最爱吃的椒盐烧饼。第二天一早，潘菽提着包裹，急匆匆前往城南夫子庙瞻园隔壁。当他将包裹递到侍卫手里时顺势将一枚银元塞给了他，侍卫捏紧了银元打开包裹逐一进行了检查后冷冷地说："你走吧，我会帮你送进去的。"潘菽见侍卫收了贿赂，于是壮着胆子又问道："我们什么时候能会面？"那侍卫白了他一眼低声道："如果不枪毙的，三个月以后，走吧走吧！"侍卫的话着实令潘菽吓了一跳！

正在此时，突然哐当一声铁门大开，霎时间警车呼啸而至。但见铁门里一群杀气腾腾的刽子手们押过两个五花大绑并戴着沉重脚镣的中年男子来。两人迈着坚定的步伐口中不断高呼"中国共产党万岁！""打倒汉奸走狗卖国贼！"卫兵不时持枪托用力推搡着两个血肉模糊之躯。潘菽从收受银元的侍卫口中得知，"这都是共党中的顽固分子，是押到雨花台枪毙的！"

目睹如此气势汹汹的场面，联想梓年命途多舛、性命攸关，内心顿觉十分紧张。但眼前两位志士大义凛然、视死如归的气节，却又令他肃然起敬！更使他坚定信念，要千方百计营救兄长出狱。

其实，潘菽一向是最怕央求大人先生们办私事的，更很少与当局政要来往，但无论如何，他决心尽百分之一百的努力，决定去拜访国民党元老之一的邵力子夫人傅学文。因为傅学文不仅是宜兴陆平的同乡，还有更深层的关系。傅学文的嫂嫂正是潘汉年的嫡亲大姐潘文玉，亦是潘菽的堂姐，他欲通过傅学文影响邵力子，再由邵力子出面请于右任帮忙。原来，傅学文与邵力子1931年2月在南京世界大饭店举行婚礼时，于右任先生是他们的证婚人之一。想不到潘菽找到傅学文时，傅直接领着潘菽去见了于右任，并很客气地答应从中周旋。

潘菽找傅学文帮忙还有另一个原因。因为傅学文是我国于1924年第一批派往莫斯科中山大学学员之一。同学中不乏冯玉祥之子冯洪国、女儿冯弗能，廖仲恺之子廖承志，蒋介石之子蒋经国，于右任之女于芝秀等等。尤其是与梓年同案的丁玲亦是傅学文少数几位女同学之一，她岂能见死不救呢？

遗憾的是，在潘菽与傅学文见面之后不久，邵力子便被委任陕西省政府主席。1933年6月中旬，傅学文即随同邵一起去了西安。傅学文离开南京后，潘菽的营救行动再次陷入了"有病乱投医"的境地。他先是去找原北大老校长蔡元培先生，因为他是著名的乐于助人的人。他曾与宋庆龄、杨杏佛等于1932年12月联名签署组建了"民国民权保障同盟"，专事营救爱国志士和政治犯。后又与朋友一同前往找过林语堂先生。林虽为知名人士，但面对请求并未表示积极态度。无奈，他又专程前往杭州，去拜访在美国留学时熟识的、时任浙江大学校长的郭任远先生。郭先生答应向有关部门的熟人等写信。回到南京，他又与一位同乡老同学一起去找过宪兵司令部主要负责人之一的一个同乡钱企裴，他颇重视同乡关系，答应从中帮忙。一个多月以后，潘菽接到了梓年的判决书，判的是无期徒刑。虽然是仅次于死刑的重刑，但能保住性命，将来还有希望，这使潘菽的心暂时安定了下来。更令潘菽感到欣慰的是，他被通知可以按规定时间与梓年会面了。

据潘老晚年回忆，他认为傅学文、钱企裴和郭任远等先生都是起了一定作用的。

还有一位值得一提的便是原中央大学工学院的学生杨允植。据说他与国民党中某要人有较近的关系，但在学校里是和进步同学站在一边的。有人建议可找他帮忙。为此，潘菽特地找到了他，他的态度很友好。他虽然并不很熟知潘教授，更不认识梓年，当面也没具体说怎样帮忙，但却提出要潘菽陪他一起去监狱（判刑后已被转移关押在南京江东门外的中央军人监狱的星字号牢房中）看望梓年同志。他的热情与关心令潘菽深受感动，久久不能忘怀。

无期徒刑对正值不惑之年的潘梓年来说，的确是他下半生漫长的时空隧道，更是对所有亲人们的心灵煎熬。潘菽并未因此而沮丧，经过几个月来的奔波营救，在与来自共产党方面的人接触交往中，他越来越觉得长兄的被捕可钦可敬。他满怀亲情与信心，频频奔波于四牌楼与江东门之间，几乎每个星期要去一两次。为他送去各种各样的食品和鱼肝油等药品。尤其每逢年节，梓年还会特别关照多送些食品去，为的是与难友们共享。

时间久了，潘菽已与江东门小镇上一家姓苑的饭铺老板交往稔熟。苑老板为人厚道诚信、乐于助人。于是潘菽便常常在他那儿存上几元钱，请他隔三差五地送一两样小炒进监狱。这样，梓年与他的同室难友便可以多得到几次加菜了。

最让潘菽欣慰的是，梓年在狱中不但没有消沉，反而更加珍惜时间，忙于学习与写作。于是，每次探监，潘菽都会为他带来足够的笔墨纸张。

梓年在狱中的四年里,让潘菽为他提供了大量有关英文、哲学、心理学、逻辑学方面的书籍进行学习、研究,并写成了两部近五十万字的《矛盾逻辑》、《逻辑与逻辑学》书稿。

其中《逻辑与逻辑学》一书在他1937年6月出狱后很快由生活书店出版。这本论著答复了反动派在思想理论上的挑战,系统传播了马克思主义的唯物辩证法原理。书中的许多论述,与毛泽东1937年8月发表的《矛盾论》的基本观点完全吻合。潘梓年将此书寄赠给了毛泽东同志。"潘梓年的《逻辑与逻辑学》一书重点探讨了辩证法和形式逻辑的关系。毛泽东'感到颇为新鲜'。收到书后,他'只用了三天就把它读完了'。"① 不久,毛泽东复言,表扬了梓年同志在哲学领域做出的成绩,并勉励他在哲学特别是在逻辑学方面继续努力。

最让潘菽惊讶的是与梓年在监狱的初次会见。当兄弟俩的手在狱卒的监视下紧紧握在一起的时候,潘菽眼前的兄长居然还是几个月前的样子,他精神饱满,气度非凡,竟无半点憔悴和愁眉苦脸的样子。于是惊问道:

---

① 参见中央文献出版社1996年8月出版、金冲及主编的《毛泽东传1893—1949》(下)第497页。

"大哥的气色何以如此仙健?"①

梓年冲狱卒斜睃着眼,故意高声答道:"自然是狱警们照应得好啦!在这里无忧无虑,有吃有喝还不用干活,气色怎能差得了?"

潘菽会意地塞给狱卒一枚银元,请他行个方便。那狱卒冷冷道:"只一刻钟,你们快点!"说着离开了小小的会见室。

梓年这才告诉潘菽,他坚持每天锻炼,天天洗冷水澡。并向他的弟弟表明:无论当局使用什么花样,包括派人劝降、诱骗等等,他都不会丧失意志,抛弃自己的信仰!

由于日本帝国主义的进一步入侵,全国出现了要求一致抗日的强烈呼声。潘梓年与楼适夷(著名俄国文学翻译家,于1933年被捕,在狱中翻译了高尔基的名著《在人间》)等难友一起以中央军人监狱全体政治犯的名义向外界发表了一个宣言,要求释放全部政治犯,一致抗日。这个宣言送出去后,终于在一个小报上登了出来。潘梓年和楼适夷等还给冯玉祥将军写了封信,希望他能促成国民党释放政治犯,给他们抗日的权利。直到1937年6月,党提出的抗日民族统一战线已到成熟阶

---

① 宜兴方言:比喻象神仙一样健康、神气。

段，经我党与国民党当局交涉，潘梓年、楼适夷等一大批所谓政治犯终于获释。

1937年6月21日，是潘菽及其家人永远难忘的日子。下午4时左右，他和往常一样，讲完课回到办公室。顺手端起脸盆欲去盥洗间洗手。突然有位校工急匆匆跑来，请他去门厅听电话，说是中央军人监狱方面打来的。潘菽不知是福是祸，拎着脸盆三步并作两步地直奔门厅……

"是潘菽先生吗？"

"是，是……"

"我是中央军人监狱的，请你马上到丁家桥民生旅馆去一趟，你的哥哥潘梓年可以回去了，他现在就在民生旅馆109房间……"

这的确是个天大的喜讯，潘菽几乎惊呆了！手握着听筒几乎说不出话来，口中只是不住地哦、哦、好、好……至于打水清洗那双沾满粉笔灰的手也统统忘在了脑后。

放下听筒，他急忙招呼工友，请他将洗脸盆暂时保管，便冲出校门，拦下一辆人力车，直奔丁家桥民生旅馆……

经服务生引导，潘菽很快找到了109房间。推门的刹那间，一个剃光头的瘦小身影疾步冲了过来。这就是日夜牵挂的长兄梓年。虽然身上不再是印着号码的囚衣，但中式白衬衫的领口、袖口都已破损，一条青灰色长裤上已打了多处补丁，看上去要比实际年龄苍老，这让潘菽一阵酸楚。当两双手紧紧握在一起时，潘菽惊问道："何故穿成这样？我送给你的衣物呢？"

梓年笑答道："都让我慷慨了！"

潘菽明白他的意思，知道都送人了。他见屋内并无监狱方面的人在，又问道："手续都办好啦？可以走了吗？"

"当然！"梓年十分肯定地点着头。

"二表兄晓得吗？"

"我又不知道他的电话。"梓年耸了耸肩道。

"那好，我们立刻去大堂给他挂个电话，马上到他家去。"

与梓年同龄的二表兄吕菡生是宜兴张泽乡双庙村吕姓书香望族之子。1919 年北京大学化学系毕业后便留校执教，主讲分析化学。1930 年赴法留学，1933 年秋获法国南希大学化学博士学位后回国。时值国民政府资源委员会成立不久，急需人才，于是吕函生应聘于该委员会。1937 年，他已是该委员会矿业资源部主任了。吕函生是当时较为知名的锡金属方面的专家，虽然平时较少过问政治，但与梓年兄弟们却情同手足。梓年入狱后,这位表兄也曾为他东奔西走,尽力营救。再说,吕菡生的母亲潘星五亦是梓年兄弟们的嫡亲姑母,而潘渭年(企之)的妻子吕鑑莹(也曾从事党的地下工作)还是吕菡生的胞妹,吕菡生的原配夫人潘文雎又是潘梓年的妹妹、潘菽的姐姐。由此可见,潘、吕两家乃两代姑表联姻,亲上加亲。

潘企之和夫人吕鑑莹。(照片由潘望远提供)

吕菡生接到潘菽的电话后自然十分兴奋,于是以最快的速度,赶回中山东路逸仙桥堍的家中,并在附近的顺昌饭庄订了包厢,准备为梓年压惊洗尘。

表兄弟三人见面,自是一番惊喜与感慨。菡生家虽不是洋房别墅,但条件还是相当可以的,家中卫生设施在当时也称得上一流,于是让梓年好好洗个温水澡。巧的是,吕菡生与梓年、潘菽均属中等身材,他的衣服梓年件件合身,待梓年从浴室中出来时,简直就像换了个人似的。

两天后,梓年即回上海,他与夫人张萍卿已有近一年没见面了,更为重要的是,他必须尽快找组织联系。

第十一节 良知可贵

潘菽一生不善趋炎附势,全凭自己的良知行事、做人。尤其是长兄被捕以后,经过与共产党方面的人多次接触交谈后,更对兄弟们平日之所为深表理解和钦佩。自"九一八"事变以来,日军不仅全面侵占东三省,而且步步深入,已对关内形成东、南、北三面包夹之势。日本帝国虎视眈眈,战争一触即发,而蒋介石的国民政府却仍抱有和平幻想。中华民族已到了生死存亡之边缘。如此情势面前,潘菽的内心世界开始发生质的转变。他对校内进步学生们发起的"南京学生救国会"、"南京学界救国联合会"(简称南京学联)宣传的"团结抗日、丢掉幻想、反对投降"的主张不仅深表赞同,而且还常常在暗地里给予支持。

1936年10月19日,鲁迅先生在上海逝世后,中大学生组织"鲁迅先生纪念会、追悼会",想借用学校的教室,但上下午都有课。学生陈元晖急匆匆来找潘先生商量,请他帮忙。当时潘菽已不是系主任了,但他并未因此而推托,而是积极为他出主意,让他去找时任教务长陈剑修(心理学系教授,与潘菽相处较好)。陈得知是潘菽让他来找的,很快批了条子借给他们教室,才使得"鲁迅先生追悼会纪念会"顺利举行。①

自1932年8月26日至1941年8月,在罗家伦担任中大校长的九年中,在日机炮火的不断轰炸下,他的确为当时的中国支撑并发展了一所学生最多、学科最全的高等学府。他一再提倡大学应担负创立民族文化之使命,体现民族精神之灵魂,要成为复兴民族大业的参谋本部。并且一再强调"只求人才,摒弃门户"以及"绝不把教学地位做人情"的用人原则。但从他的骨子里,并未真正脱离维系"党国"利益的信仰实质。因此在他上任不久,来校仅一年多的心理系教授肖孝嵘便取代了潘菽,当上了中大心理系主任。

与潘菽同龄的肖孝嵘,湖南衡阳人,1897年10月25日出生,比潘菽小3个多月。他是美国伯克莱加利福尼亚大学哲学博士,主攻儿童心理学,且颇有些业绩(在美发表的论文曾获"科学荣誉学会"、"心理学荣誉学会"金钥匙奖)。他于1931年回国应聘中央大学心理

---

① 参见李令节先生提供的访问陈元晖先生笔录稿。

学系任教授。"但肖的为人行事却与潘菽截然不同,他平时一向西装革履,喜言善辩,且对当局称颂有加。在进步学生们的眼里,这位喜好吹嘘的政客式人物,大有政治上右派人物代表的派头。"①

也许正是应了"物以类聚、人以群分"的老话,在当时的社会氛围中,肖孝嵘的做派却深得罗家伦的赏识,于是才有了心理学系主任的易人之举。

在他人的眼里,潘菽永远都是个与世无争的"阿弥陀佛"。当不当系主任那是校方的事儿,他仍旧兢兢业业、尽职尽责地讲他的课,当他的教授。

1937年5月,就在潘菽仍在为老兄梓年的出狱而奔波无果之时,突然又传来了一个令他震惊的坏消息。他的一名十分钟爱且即将毕业的学生季钟朴②因参加抗日救亡宣传活动被当局逮捕了!

当他的另一位学生孙运仁③急匆匆跑来把消息告诉潘菽时,他却没有丝毫怪怨,就像什么事情都没有发生

---

① 此话为原中大心理系学生、地下党员陈元晖语。
② 季钟朴,1933年唯一考入中大心理学系的学生,地下党员,实为中大"学生抗日救国会"主要负责人之一,解放后任哈尔滨医科大学校长,后任中国中医研究院院长。
③ 孙运仁,1934年唯一考入中大心理系的学生,地下党员,中大学生抗日救国联合会领导人之一。解放后曾任教育部政教司副司长。

那样平静。他沉默片刻后安慰道:"不要慌,我们一起来想办法,一定要救他出来!宣传抗日,何罪之有?"

潘教授的话,语调虽然低缓却斩钉截铁,顿时给孙运仁以极大的鼓舞与力量,更让学生看到了一位进步教授的品格与良知。接着,潘菽又温和犹如慈父一般,叮嘱孙运仁在此期间一定要倍加注意,尽量少起冲突以避免引来更多的不必要麻烦。即便如此,事后罗家伦公然还在一次教授会上敲山震虎般地怒斥:"心理系出了共产党!而且还是中大地下党的负责人!"

与会的教授面面相觑,纷纷表示出无可奈何的神情。肖孝嵘惊愕而狡黠地朝坐在对面的潘菽斜了一眼,潘菽心神镇定,自知他的用意,神情自若地轻轻摇了下头,以表不置可否。的确,对于季钟朴、孙运仁等的真实政治身份,他的确毫不知情,因为他从不过多探究他们的背景。他同情他们,支持他们,纯属出于一个中国人应有的良知。

兄长入狱已近四年,犹如一块巨石压在潘菽心头。如今一波未平一波又起,兄长还未出狱,而学生又被关进了警备司令部,而且面临毕业,不仅事关他的学业前程,更关乎他的性命,他岂能袖手旁观?

南京,作为当时国民党的政治中心和蒋介石的大本营,这里反动的党、政、军机关林立,党棍、特务、宪兵、军警悉数云集，无所不及地充斥着这座百万人口城市的每一个角落。因此，第一次大革命失败后，南京的地下党组织屡次遭到严重破坏。尤其在1934年至1937年的三年间，南京地下党屡受重挫，几乎到了无法恢复活动的地步。即便在"一二·九"运动中，青年学生、革命群众也几乎没有了自己的指挥部。

就在如此残酷严峻的白色恐怖下，一群忧国忧民的进步学生如中央大学经济系的李庚，化学系薛保鼎，心理系季钟朴、孙运仁以及金陵大学祁式潜、胡笃弘等，在全国各界救国会及少数仍在坚持做群众工作的地下党员影响下，开展起南京学联的地下工作。他们组织起"读书会""中日问题研究会""鲁迅研究会"。尤其是"中日问题研究会"，经常组织会员对"中日和、战"问题展开热烈讨论。当时，他们把学联与研究会秘密机关设在中华门彩霞街28号李庚家中。

这是一座中式两层楼房。前后两进中有个很大的天井。楼下为厨房、客厅兼李庚父母及妹妹居室。楼上三间便是李庚、李霖四兄弟卧室，当然更成了学联成员们的活动场所。他们在此每两个星期便油印一批《时事分析》，出版《中日问题》小册子，常常开会讨论至深夜。久而久之，尤其是"中日问题研究会"引起了当局特务机关的特别注意。1937年5月，学联工作人员（负责刻钢板油印）堪宪谟因受牵连被捕，这个软骨头居然供出了南京学联负责人名单。于是李庚的家连夜被抄。十几名特务守在他家一个星期，守候逮捕前来联络工作的学联负责人。先后致使李庚、季钟朴、胡笃弘、端木正、何伟等七人被捕。

由于此时离"七七事变"抗战爆发只一个多月，国内情势骤变，国民党中央内部已经考虑释放"七君子"。形势逼迫他们再不能放手镇压了。于是，南京警备司令部有关甄别部门对在校大学生被捕后的处罚也相对宽松了些。只要没有足够证据证实是共产党员的，一般只需校方出面保释即可。

季钟朴被捕后矢口否认自己与共产党有任何关系，且一再表明从未听说过在中大有什么共产党。他们组织和参与"中日问题研究会"、印刷抗日宣传单，完全是出于对国家、民族的生死存亡之热忱，是绝大多数当代青年学生应有的爱国之心等等。

半个月左右，南京警备司令部监狱便告知季钟朴，如果学校方面肯出面担保、随时都可以离开。

为此，季钟朴先是给中大理学院院长艾伟先生写信，请他出面担保。不料，艾伟却以此事甚为棘手，并以他不便出面为由进行搪塞。

无奈，季又给当时心理系主任肖孝嵘先生写信，谁知，肖孝嵘干脆不予理睬。

如此这般，时间一拖再拖，转瞬便到6月初，季钟朴已被关押一月有余了。

孙运仁将这些情况一五一十地告知潘教授时，潘菽并未表示出丝毫愤慨，只是淡淡地说："他们各自有各自的想法，也各有各的难处，凡事不要强求……我相信他们同样也会爱护自己学生的。"

"我看不尽然！"孙运仁情绪激动，还想再说什么却被潘菽一个眼神拦住了。他担心隔墙有耳，一旦传出会招至其他不必要的麻烦。

"好了，振作点，明天跟我一起到警备司令部去……"

看着自己的恩师，孙运仁会心地笑了。

第二天一早，潘菽和孙运仁一道，乘车前往夫子庙瞻园隔壁的南京警备司令部，向有关部门出示了证件，并写了一张"今领到季钟朴一名……今后随传随到"的字条，并在字条上注明愿以教授身份及全家人性命财产做担保，然后签字画押，这才把季钟朴接了出来。

次日中午，季钟朴到饭堂用午餐时，正巧在路上遇见了罗家伦校长，罗感到十分惊讶，那眼神似乎希望季钟朴永远都不要出狱才好似的。

季钟朴出狱后在毕业问题上可谓关卡重重。先是校方说他有两门选修课缺考没有成绩而不能毕业,进而又以考试日期已过、当年不能补考为由进行刁难。其实,他的毕业论文早已完成了。

关键时刻,潘菽站了出来,先是找到了理学院院长艾伟,然后又找到系主任肖孝嵘。两人自然不想得罪这位教学上的得力干将,因而只能给足面子。由此,潘菽亲自出题,为季钟朴进行补考,终使他顺利毕业。

毕业前夕,季钟朴在福昌饭店请了桌饭,找了几位思想相近的同学,也请了几位老师,但其他老师都怕与季发生什么瓜葛,纷纷退避三舍,只有潘菽一人前往,令季钟朴十分感动。

卢沟桥事变后,形势十分紧张。一天,潘菽问起季钟朴毕业后的打算。季向他表示仍想做心理学或理学的研究工作(因季的主修是心理学,辅修的是生物学)。潘菽听后十分高兴,立即写了一封介绍信,让他到中央研究院心理学研究所去找汪敬熙所长。

季钟朴捧着恩师的介绍信犹豫了。心想:现在国家正处在危殆存亡的关头,我若留在南京,肯定还会参加抗日救亡运动。虽有职业掩护,但国民党特务盯梢、监视……找我和潘先生的麻烦绝对少不了。如果再累及潘先生,如何是好?

思前想后,他把介绍信悄悄藏在怀里。就在9月中旬，日机第一次空袭南京后，季钟朴不方便与潘师辞行，与五名同学结伴匆匆离开南京，直奔陕北，走上了抗日救亡的最前线。

从此，潘菽与季钟朴一别十几年，毫无音讯。想不到1949年召开全国政协会议前夕，居然在哈尔滨相遇，并同时作为我国代表团三名成员之一，出访苏联，参加巴甫洛夫诞辰100周年纪念大会。师生再次重逢，惊喜万分。一路之上，千言万语，说不完的别后之情，道不尽的坎坷磨难。此时，季钟朴已经是哈尔滨医科大学的校长了！

第十二节　国破家离

日本侵略者自1931年全面侵吞我国东北以后，为进一步挑起全面侵华战争，陆续运兵入关。至1936年，日军已从东、西、北三面包围了北平。从1937年6月起，驻丰台的日军连续不断举行挑衅性军事演习。

1937年7月7日下午，驻丰台日军第1联队第3大队8中队由中队长清水节郎率领，荷枪实弹开往紧靠卢沟桥中国守军驻地的回龙庙至大瓦窑之间地区。晚7时30分，日军开始举行以攻取卢沟桥为假想目标的军事演习。22时40分，日军声称演习地带传来枪声，并声称有一士兵（志村菊次郎）失踪，要求进入中国守军驻地宛平县城搜查。中国第29军37师110旅第219团团长吉星文严词拒绝。日军一面部署战斗,一面借口"枪声"和士兵"失踪",假意与中国方面交涉。半夜12点左右,冀察当局接到日本驻北平特务机关长松井太久郎的电话,要求立即入城搜查所谓放枪者及失踪士兵。中方再次予以拒绝。不久,松井又打电话至冀察当局称,若中方再不允许,日军将以武力强行入城搜查。同时,冀察当局也接到卢沟桥中国守军报告,说日军已对宛平城形成了包围进攻之势。冀察当局为防止事态扩大,经与日方商议,双方同意协同派员前往卢沟桥调查。可是凌晨5时左右,日军突然发动炮击,中国第29军司令部急电命令全体前线官兵:"确保卢沟桥和宛平城,……卢沟桥即尔等之坟墓,应与桥共存亡,不得后退。"守卫卢沟桥和宛平城的第219团第3营在团长吉星文和营长金振中的指挥下奋起抗战。

对于在卢沟桥战斗中英勇抗敌的29军,全国各界反响十分强烈!各地民众纷纷组织团体,送慰问信、慰劳品,平津学生组织战地服务团,到前线救护伤员、运送弹药;卢沟桥地区的民众为部队送水、送饭,搬运军用物资;日军的进攻遭到了中国军民团结一致的顽强抵抗!

消息很快传到延安。当时,整个局势会如何发展还并不明朗。卢沟桥所发生的,究竟是一次地方事件,还是日本帝国主义对华发动全面军事进攻的开始？许多人一时还难以辨别。然而，毛泽东和中共中央却立刻做出了判断：中华民族已处在生死存亡的关键时刻，只有全民族团结抗战，才是中国生存和发展的唯一出路。

7月8日，也就是卢沟桥事变的第二天，中共中央率先向全国发出通电，大声疾呼："全中国同胞们，平津危急！华北危急！中华民族危急！只有全民族实行抗战，才是我们的出路。"并且提出了"不让日本帝国主义占领中国寸土！""为保卫国土流最后一滴血！"的响亮口号。①

国民党政府在空前严重的民族危机面前，鉴于自身的统治已经面临生死存亡的危急关头，也在进行抵抗侵略的准备。②

空前的民族危机和共产党的积极主张，一扫国内的沉闷政治空气。要求武装抵抗日本侵略的热情急剧高涨起来。各地的大资产阶级，国民党的各地党部，国民革命军的将领及各地方的军政长官，也表示了抗战要求。全国各党各派各界各军到处要求行动的统一，并且到处组织了各类统一救亡组织，使全国抗日救亡运动迅速向

---

① 参见中央文献出版社1996年8月出版、金冲及主编的《毛泽东传1893—1949》（下）第456—459页。

② 同上。

前推进了一大步。①

7月17日,也就是卢沟桥事变后的第10天,蒋介石在庐山发表谈话,宣布:"如果战端一开,就是地无分南北,年无分老幼,无论何人,皆有守土抗战之责任。"并同时提出了"不屈服,不扩大"和"不求战,必抗战"的方针。并且指出:"卢沟桥事变已到了退让的最后关头,……再没有妥协的机会,如果放弃尺寸土地与主权,便是中华民族的千古罪人。"这对蒋介石来说,的确是一个大的进步。②

7月30日,北平、天津相继陷落。日军占领北平、天津后,使中国失去了华北与中国西北部的最重要屏障。紧接着,日军又集中约28万兵力,实行海、陆、空三军联合作战,向南方迅速推进,尤其加紧对上海、南京等地发动更为猛烈的进攻。8月14日,日本海军木更津航空队的20架轰炸机从长崎大村机场起飞,偷越淞沪防线,直飞南京,以低空对明故宫、校场两空军基地实施轰炸,遭到地面高炮和空中歼击机的联合反击,日机损失近半。尽管首次出击便遭重创,但日军并不甘心,于是便三天两头偷袭南京,甚至一天轰炸两次。不

---

① 参见中央文献出版社1996年8月出版、金冲及主编的《毛泽东传1893—1949》(下)第456—459页。

② 同上。

仅军事目标，就连平民住宅、医院、学校也屡遭轰炸。8月19日傍晚，中央大学校长罗家伦率本校及浙江大学、武汉大学三校合组的考试委员会正在中大图书馆内吃饭，突然警报长鸣，他们以为敌机只对军事设施袭击，不可能对准学校等文化教育机构，幸亏警卫人员为防万一，建议他们到地下书库躲避一下。没想到，100多人刚刚进入地下书库，天崩地裂的爆炸随之而来。一阵炸弹过后，图书馆一片狼藉。整个校园多处被炸，尤以男女生宿舍最为惨烈。幸亏校方有所防范，提前撤出了学生，这才没有造成更多的伤亡。

面对火光冲天、硝烟弥漫的校园，目睹日寇的强盗行径，罗家伦恍然醒悟，他力排众议，亲自向蒋介石详述，最后决定中央大学西迁重庆。1937年9月23日，教育部令准西迁。

在准备西迁的教授会上，罗家伦提出：鉴于一切都要从头开始，房舍肯定紧张，而且重庆方面将来的情势也无法预料，因此教授们的家眷最好暂时不要随行，等那边一切正常以后再行安排……

正是这一决定，使潘菽与妻儿从此山水相隔、一别便是9个年头。

听了罗家伦校长的决定后，潘菽很快找到在南京国民政府资源委员会工作的表兄吕菌生，与他商量妻儿的安顿去向。听完潘菽的述说，吕菡生二话没说，当即决定让潘菽速把家眷送往吕菡生宜兴老家乡下的"双庙里"。一来那里距宜兴县城较远，即便沦陷，日军对比较偏远的农村地区，骚扰会轻些，因而相对安全。二来吕家家境比较殷实，房屋比较宽畅，住处自然是没有问题的。更为主要的一点是，菡生的母亲是潘菽的嫡系姑妈，这位姑母一向都对侄男侄女们关爱有加、呵护备至。吕菡笙、吕梅笙堂兄弟俩都是宜兴著名的精一中学创办人之一，同时分别担任主席校董及校长等职，因而均为地方知名人士，口碑颇佳。因此说，去双庙里是最合适不过的了。

但是，事情远非他们预测的那么简单，当时淞沪战役犬牙交错，国民政府军队由于指挥失当，处于劣势，日军越发狂妄嚣张，苏、锡、常包括宜兴在内，情势岌岌可危。因此说，潘菽当时把家眷送往双庙里只能说是不得已而为之，他们的心情有几多复杂与为难可想而知。

9月中旬的一天，潘菽一家收拾细软铺盖，犹如难民一般自下关东站乘火车至苏州，再乘火轮至嘉定，经过两天颠簸，船至嘉定码头。此时，炳松娘家也都人心惶惶，于是，潘菽一家稍事歇息便又匆匆乘船直奔宜兴。当天，轮船经昆山到苏州的甪直镇天便暗了下来，船家不走夜路，他们不得不上岸投宿。幸运的是，就在码头不远处，他们居然遇上了一位好心的严婆婆。这是一位吃素吃斋的老人,她二话没说就把这一大家八口逃难者留了下来,口中还一个劲地念叨着"阿弥陀佛、阿弥陀佛"。在那兵荒马乱的岁月,孤身只影的严婆婆乐善好施、慷慨接纳的情景,让当时只有5岁的宁堡至今印象深刻!次日,潘菽一家千恩万谢地辞别了严婆婆,乘船去无锡,再转乘去宜兴的班船。又是两天的颠簸,船至宜兴码头,吕家的木船早已在码头迎候,全家老少随即转乘木船至东氿口经蠡河直驶双庙里。此次来宜的有潘菽夫人庆炳松及长子宁堡、长女宁仪、次女宁姗、小女宁思,同行的还有炳松的母亲和大炳松11岁的寡身姐姐庄炳金,另有一位20出头的男佣葛福元(嘉定人,儿时不求上进,爷爷气得要杀掉他,不要他了,因而收留下来,平时称其小名阿炳)。潘家姑婆迎见一群从省城来的侄孙侄孙女活泼可爱,自是喜不自胜,旋即招手吕家上下一干人等悉数礼待、一一介绍,并要他们日后尽力照应等。一时间,吕家厅堂院落、场头田脑也着实欢闹了几日。

数日的喜笑欢颜不时被前方频频传来战事吃紧的坏消息搅扰得心神不安。潘菽也自知中大西迁的准备工作繁忙,不便在此久留,家小已安顿停当,于是请示姑母后,告别妻儿及众亲,纵有诸多不舍,也只好割断情丝,只身返回南京!

第四章 十年探路

第一节 随校西迁

1937年9月23日,中央大学接到了教育部令准西迁的公文。其实,在8月15日、19日中大两次遭到日机轰炸后,校长罗家伦便下定了学校西迁的决心。他力排众议一面呈文上报,一面做西迁准备,分别派出三路人马寻觅迁校地址:一是派法学院院长马洗繁和经济系主任吴干前往重庆;二是派心理系教授王书林前往湘鄂;因重庆无法安排医学院教学与实习场所,于是又派出医学院教授蔡翘、郑集专程前往成都华西大学(今华西医科大学)接洽医学院迁徙事宜。

与此同时,罗家伦致函四川省主席刘湘。10月初,刘湘复函表示同意,并知照重庆大学,得到了重庆大学的大力支持。迁往重庆的校址问题解决后,罗校长立即派出水利系主任原素欣、工程师徐敬直和事务主任李声轩携款赴重庆，着手建造简易平房。至此，正式拉开了这所当年中国最大规模高等学府大迁移的序幕。①

与家人匆匆告别的潘菽马不停蹄，火速赶回南京，与陆续接到学校急函催促返校的师生一道，投入到这场史无前例的迁校运动中。

然而，当时战局十分吃紧，西行人员逐日增多，尽管南京至武汉水上航运还属正常，但客运舱位已十分稀缺，几乎到了一票难求的地步，虽然民生轮船公司总裁卢作孚主动为中大师生西迁实行免票乘坐，但由于运力吃紧，根本不可能包船包舱。为此，学校决定，所有师生及家属均化整为零，分散行动。并约定在10月10日于汉口集中，再由中大联络站（原赴湘鄂寻觅校址的心理系王书林教授，在得知迁校重庆后，奉命在汉口设立中转站）负责统一安排舱位陆续入川。

尽管舱位十分吃紧，但550箱图书仪器，航空工程系的三架拆卸式飞机，医学院泡制供解剖用的24具尸体和农学院部分实验良种动物等大批物资，在关键时刻仍得到了卢作孚先生的鼎力相助，他们千方百计，拆座

---

① 参见原中大机械系32级学生、上海同济大学机械工程系教授苏笠寿2010年5月25日发布于东南大学110周年校庆专刊中《中大西迁话当年》一文。

第四章 十年探路

改舱,历尽艰辛终将这些物资顺利运抵重庆。他们的善举,在中国高等教育发展史上留下了恢弘一笔。

下关码头,人山人海。与大批西行而苦于买不到船票的普通民众相比,潘菽算是很幸运的。这多亏了他表兄吕菡生的神通广大,请轮船公司的熟人为他预先留出了舱位,终于让他顺利登船。

临行前的一天晚上,潘菽与长兄潘梓年相约一同前往菡生家中,一是表兄菡生为他此次西迁践行,二是有意与兄长们做彻夜长谈。尽管他对梓年的身份从不过深探究,但他却已知晓,梓年兄仍欲留在南京筹办一张中共在国民政府所在地公开发行的党中央机关报——《新华日报》。他隐约感知,这是一项艰巨且危机四伏的任务,他真的很担心梓年兄刚出狼窝又再落虎口。

"民风"号客轮开足马力,驶离危难在即的民国都城。10月3日清晨,江面上的雾霭渐渐消散。对面浦口火车站内,车头喷出的白色气浪依稀可见。潘菽一个人站在前方左侧甲板上,两岸景色尽收眼底。可是,在这局势动荡险恶、国脉如丝、警报频鸣之际,他哪有丝毫赏风吟月的闲情逸致呢?

轮船拖着长长的黑烟,吃力地逆水而行。据船员说,"民风"号是民生公司新近购进的最大吨位客货两用轮,共分为上中下三层。菡生托人为潘菽预留的是条件最好的上层舱，上层舱前后两舱各辟有若干房间，每间放置四张单人木床，虽然显得狭小，但与底层船舱相比，已是相当舒适了。前来送行的莪生帮着把行李搁置妥当后，又再三叮嘱潘菽一路小心、保重之类的告别话，便匆匆下船，消失在茫茫人海之中。

此时，同室的客人都相继到达，先是一对军官模样的中年夫妇，接着进来一位身穿长袍马褂、很像是商人或者乡绅模样的中年人。初次相识，彼此间一时无话，于是，潘菽下至中层甲板上消闲透气。

"民风"轮船吐出的浓浓烟雾与江面上渐渐涌起的乌云相互交织着、变幻着，天空黑压压似乎一场暴风雨就要来临。虽然已近中午，迎面吹来的江风仍旧令他感到仲秋时分的丝丝凉意。亦如他此刻的心情，孤寂、恍惚而茫然……

"先生……"

回眸时，一位风华正茂的青年已站在他的眼前。

"咦！怎么你也乘这班船？"

潘菽的惊奇显然充满掩饰不住的兴奋！因为突然出现在面前的是他平时十分看重的学生陈元晖，曾以福建省高中会考"状元"的优异成绩进入中大心理系。一年来，这位性格开朗、稳健且善于关心他人而又好学上进的青年，给他留下极好的印象。这种好感，完全出自老师对一位才情学子偏爱的本能。

"看先生独自在此,想必是在想念师母她们吗?"

"想有何用?"潘菽一脸无奈,苦笑着轻轻答道。

"据说也有些先生带着家眷走呢。"

"是啊……。我也不知为何,当初是罗校长再三强调最好不带家眷的……事已至此,说也无用,但愿他们能在老家乡下平安无事,躲过劫难吧……"

"先生所说的是指日军的占领吧?"

"唉……,我看江南沦陷是迟早的事……"

"那先生对国之前途如何看?"

听学生如此探问,潘菽不由一惊!环视四周,甲板上幸好未有生人往来,于是刻意缓步向前,若无其事地背靠扶栏,轻声对学生道:"凭我直觉,若要挽救危亡,只有全面发动民众,别无他途。"

"先生高见!学生颇有同感。"陈元晖立即附和着。此语一出,连潘菽自己都吓了一跳!于是又立即自圆其说解释道:"吾乃愚见,绝不可以当真啊,你我现在还都应该在学术上多下功夫才是正途,你们正是青春年少,更要以学习为主,且不可想入非非,误入歧途,蹉跎岁月啊……。"

潘菽哪里知道,眼前这位学生早已胸怀大志、下定决心,为拯救民族危亡,别说青春,就连生命,他都在所不惜呢!

"谢谢先生教诲,学生绝不会不务正业,更不会误入歧途的。"

"那样最好,你看,那边像是要有雨过来了,我们还是回舱吧。噢,对了,你在哪一层?有空我也好去看你。"

"先生最好不去的好,底层船舱又挤又脏,各色人等混杂无序,如若先生有遐,我们倒不如同往甲板聊聊,学生也可随时向您请教。"

"这个自然可以,但是别忘啦,嘈杂之地也正是我们观察人的心理活动、心理表现的绝佳场所呀。"

"先生所言极是,也许这一点正是我们做学子的与先生之间最大的差距所在吧,先生则处处留意皆学问,而我们却事事漠然学荒芜呢。"

"你太过谦了吧,如若漠然,你的成绩怎会常常优等的。"

师生二人边聊着各自回舱。

风雨如期而至,潘菽回到舱内,用善意的目光与几位同途的客人打过招呼。坐在自己的铺位上,凝望着打在船舱玻璃上噼啪作响的雨滴,一种无名的孤独向他袭来。百无聊赖中,他顺手从枕下拿出一本随身带来的1936年出版的《大众教育》杂志,重温自己发表的一篇题为《心理学出发点》的文章。"人类所获得的知识,人的思想……尤其是人的思考、推论、想象、冥想……"而此时的他正在思考、推论、想象、冥想中煎熬着。他很难想象前面的路是凶是险,无法想象送往老家乡下的妻儿们日后生存会有多苦多难,更无法预料日寇的铁蹄何时停止,祖国的河山何时宁静。他忘不了与妻儿临别时那期待的目光,他答应到重庆安顿好后就回来接他们,然而这一承诺实在很难憧憬。此时,他的脑海中交替浮现出日机轰炸中大校园的惨烈景象。想起梓年兄临别时的嘱托以及菡生表兄的再三叮咛,所有一切的一切,都是那么扑朔迷离,那样地无法假设、推论,他感到自己真正陷入了国不宁、家难安的沼泽地,这也从另一个角度让他认识到,作为一个有思想、能思维的个体,面对窘况,其心理状态是多么的复杂、痛苦和艰难!

第二节 家乡沦陷

令潘菽无论如何都没有料到的是,侵略者的速度竟如此之快。他的家乡,就在他随校西迁仅一个多月便落入了敌人的魔掌。

宜兴,南负群山,东枕太湖,京杭国道(今 104 国道)自西向南连接江浙两省,因而自古以来乃兵家必争之地。宜兴历来是著名的江南鱼米之乡，于是自然又被日寇视为战略上的军粮重要资源地。

1937年11月16日，日本侵略军飞机首犯宜兴城区，一枚炸弹落于城区西北京杭国道东侧尚武桥旁。① 尽管离城中心尚有五华里多，但巨大的爆声和飞机盘旋的轰鸣，足以让小城居民们惊恐万分。此后接连几天，日机滥炸宜兴城区，至25日，城内东大街、北大街几乎全部被毁，西大街部分被毁，除南大街外，整个宜兴城可谓面目全非。11月25日，驻守宜兴之国民军总参谋长陈诚撤离宜兴，太湖防线至此崩溃。11月29日，日军中岛师团（第十八师团）一路由凰川（现洑东大港村）进犯宜兴县境，另一路由苏州横渡太湖，在沿湖各个口岸登陆。沙塘港、洋溪、大浦、师渎、周铁桥等均告失陷，日军登陆后，沿路大肆烧杀掳掠，凶残无比，其状令人发指。

11月30日，日军侵占宜兴县城，宜兴沦陷。② 同日，丁山、湖㳇、王婆桥、芳桥、夏芳桥、扶风桥、漕桥、和桥等乡镇均告失陷，至此，大半个宜兴置于日寇的铁蹄之下。日寇为确保武宜交通，巩固锡宜外围，凡

---

① 参见《宜兴文史资料》第八辑第2页。

② 参见上海人民出版社1990年出版的《宜兴县志》第511页。

途经国道的集镇都集聚重兵把守,一时间,宜兴城乡,均陷入惨绝人寰的黑色恐怖之中。

如今,我们可从《宜兴文史资料》中,追忆宜兴沦陷时的情景。

文史第八集39页有一篇樊立新、殷金棠、顾超然的回忆文章这样写道:"1937年11月29日下午,20多名日寇乘着三艘小汽艇在大浦河南东村登岸,一上岸便开始屠杀乡民,近者用东洋刀劈,刺刀剖腹,远者用枪射击。一个下午,这个小小自然村就被杀了28人,受害者上至83岁的老太,下有孕妇及刚出生的婴儿。殷荣根一家四口全被杀绝,死者之惨,目不忍睹。"

"日寇占据大浦之后,经常把行人当作活靶子打,1938年2月28日,回家探亲的孙天保、陈玉清的女儿及当地百姓11人,均被日寇当作活靶子惨遭射杀。日寇残无人性,奸污妇女更为可恶。一次,日寇抓住一个姑娘,由12个日寇轮流奸污,直至死掉。这血海深仇,我们永远也忘不了……"

潘菽先生的夫人庄炳松及四个儿女所在的双庙头村(也叫作双庙里)与大浦村近在咫尺,是在宜兴沦陷的第一时间里被日寇占领的。这里河网纵横密布,恰好成了日寇乘小汽艇肆虐乡里最便捷的水上通道。

村上的不少农民,在日寇占领前夕纷纷外逃,有条件的赴常州乘火车、坐江轮，逃往安徽、武汉等地。没有条件的也陆续逃往日寇一时还无法顾及的宜南山区，投亲靠友，以暂避涂炭。而庄炳松和孩子们却无路可逃，她下定决心，要与孩子们共存亡，一切听天由命！

初来双庙里的时候，吕家虽已不比从前，但正像俗话说的那样，瘦死的骆驼比马大，整个大家庭仍是一派富庶祥和的景象。加上有当家"大姑奶"这块金字招牌罩着，庄炳松娘几个享受的是太太、少爷、小姐的较好待遇。只是好景不长，刚过了两个多月，日寇便长驱直入，做亡国奴的滋味苦不堪言。丁蜀乃宜兴重镇，日寇很快在丁蜀建起了"红部"（据点），驻扎一个小队兵力。双庙里距丁蜀不过三华里，就在日寇的眼皮底下，几乎三天两头被日寇搅得鸡犬不宁。日寇扫荡成家常便饭，双庙里村民人人自危，个个深感性命危在旦夕。此时的吕家也是朝不保夕，能吃能用的已多次被日寇洗劫。到了这步田地，就连平时最疼爱他们的大姑婆也无可奈何、无计可施，只有"阿弥陀佛"求菩萨保佑他们的份儿。随着日寇扫荡的日趋频繁、步步紧逼，庆炳松母子母女的处境一落千丈！

面对如此艰难困苦，庄炳松并未气馁，更不怨天尤人，她主动向大姑妈提出，退出大家，另起锅灶，自食其力。虽说大姑妈内心有一百个不愿意、一万个不放

第四章 十年探路

心这样做,但见近二十口人聚在一起已到了吃了上顿没下顿的地步,还不如化整为零、各谋活路的好。于是只好退一步想,并千叮咛万嘱咐对庄炳松道:"乖乖侄媳,姑妈这一大家子真是让这帮可恶的东洋兵逼得泥菩萨过河、自身难保了,虽然分开过,可往后不管遇到什么难事、急事,一定要同我讲,千万勿要一个人硬撑,若撑出个好歹来,我就更无法向有年(潘菽)交代了。你是有文化、见过大世面的人,回头我再让三伯(吕梅笙)想办法帮你谋个事做,不然我那几个可怜见儿的乖侄孙儿、侄孙女们吃什么,穿什么?"说此话时,大姑妈竟忍不住哽咽起来。但见她边抹着泪边站起来,挪动着那双不大灵活的"金莲"走进自己房里,摸出两枚银元,边塞进炳松手里边说道:"别嫌少啊,姑妈如今也只这点力量了,备着好歹应个急……"

姑妈说的三伯吕梅笙(1889—1966)是双庙里吕家的二房长子,是潘菽的三表兄,早年毕业于上海龙门师范,地方上都尊称他"梅先生"。吕梅笙、吕菡笙(当年捐资700大洋)以及地方名士程伯威、路洞曾先生都是1928年宜兴精一中学(现江苏省宜兴中学)的主要创办人(吕菡笙为校董事会主席,校董有徐悲鸿、贾果伯、沙彦楷等)。1937年11月宜兴沦陷后,精一中学被迫停办,几度辗转,后经梅先生与程伯威、路洞曾先生多方努力后迁回丁蜀，又不顾日寇的种种刁难，开办了宜兴县第七临时中学。外界看到该校教师大多是精一中学同仁，因而被当地民众视作精一中学的化身。

作为表兄，梅先生对表弟媳庄炳松的经历早有耳闻，知道她曾执教于南开大学（新中国首任卫生部部长、冯玉祥夫人李德全就是她那里的学生）、金陵女中，于是聘她为第七临时中学的女生训育主任兼体育教师，尽管薪酬微薄，但却能解决部分生计，这让庄炳松十分感激。

转眼间，炳松母子已在双庙头村待了四五年，其中艰辛自不必说，单说当时的邮路十分不畅，常常几个月收不到潘先生的来信，并且时有寄钱收不到的事情发生。潘先生原是与夫人约定好三个月寄一次生活费的，但在当时的沦陷区，常常半年甚至一年都收不到潘先生的款项，而潘先生也几次试图返宜探家，皆因日寇的层层封锁而作罢。一次，潘先生在中大偶然遇到了一名宜兴小同乡学生，这名学生居然是他当年在省立常州中学读高中时的同学、丁山大窑户鲍冠英的儿子，于是，他想出了一个两全其美之策，并写信与鲍冠英商榷，请鲍冠英把需要寄给儿子的费用直接转交到庄炳松手里，他儿子所需款项则由潘先生在学校付给他，如此双方都不必为邮路不畅而担忧了。

第四章 十年探路

潘菽的提议自然得到了老同学的积极响应，从此也省去许多周折。尽管如此，鲍家的钱也不可能按时付给，在日寇统治下的丁山，百业萧条，陶瓷业也是一落千丈、一蹶不振，鲍家的窑品常常滞销，造成原有的承诺常常无法兑现，炳松娘儿几个不得不勒紧裤带，过着度日如年的日子。

正如日寇统治下的暗无天日一样，1943年的江南梅雨也格外厌恶，没日没夜地下个不停，每天昏昏沉沉地犹如末日。在一个电闪雷鸣的风雨黄昏，一个徒步在窄小田埂上的小男孩用尽力气，撑着把破旧油纸伞，一步一滑、东弯西斜地艰难行进着。突然，一道惨白的闪电后，一个巨大的闷雷如重磅炸弹在男孩的不远处劈来，男孩在光亮中晃了晃身，倒在水田里。他，就是潘菽先生的儿子潘宁堡，那年他11岁，在丁山东坡小学读五年级。那次炸雷虽然没有击中他，可他当时已经饿得两眼发黑，两腿发软，加上突然的惊吓，就再也坚持不住了……

天已大黑了，宁堡却一直不见回来，望着屋外噼噼啪啪的雷雨，庄炳金（庄炳松之大姐、生于1889年，青年寡居，一直跟随妹妹生活）心急如焚！然而，自己是双小脚，无法冒雨外出，几个外甥女瘦小柔弱，更是无计可施。无奈，她只好挪到隔壁求助大姑妈。大姑妈闻讯后顷刻便惊天动地般忙活起来,她立即命全家上下迅速出动,四处搜寻。不一会儿,一个湿漉漉、昏沉沉的宁堡被七手八脚地抬回了家。

当时双庙里村只有初小,要上五、六年级的高小,只有到五六里外的丁山镇上,可这五六里大部分是狭窄的田埂小路,加上三四座晃晃悠悠的小木桥,为了避免行走风险,尤其是南方常有的风雨天,宁堡读完初小已经在家里休学了一年。

宁堡的此次遭遇虽有惊无险,但却着实吓坏了炳松、炳金两姐妹。倘若此次真的有个三长两短,如何向远在重庆的潘菽交代?想到此,后悔不已的庄炳松果断决定让宁堡从此住在学校。在吕梅笙先生和东坡小学校长的帮助下,不日,炳松母子终于住进了东坡小学供老师临时用的一间简易平房内。

俗话说"屋漏偏遭连阴雨,船小又遇顶头风!"在那段日寇横行、民不聊生的岁月里,潘菽妻儿在家乡的许多遭遇和磨难都是潘菽本人始料不及的。那是宜兴沦陷后的1939年秋,6岁的大女儿宁仪(生于1933年)突然大喊头痛。开始,家里人并不以为然,认为是得了一般的感冒。不料宁仪却越发地严重,最后疼得在床上打滚,这才让全家人慌了起来。那年月,一般的小毛小病,都先是用迷信的那一套,端碗水,在床边上叫一叫

（据说是在呼唤灵魂的回归）便可了事，继而请"剃头的"来扎针。然而这次宁仪发病，无论怎么着都无济于事。无奈之下，炳松立即赴丁山镇上，请来了当地最有名气也是唯一的西医周勤博到家为宁仪诊治。周医生诊断宁仪得的是由蚊子传染的脑炎，而且一开始用的那些土法已耽误了最佳治疗时机，他说这种病最好要到上海的仁济医院才能治好（因为周医生知道病人一家是从上海落户到宜兴的）。周医生的一番话无疑为宁仪下了个"死刑判决"！全家人束手无策，在当时的情况下，别说上海，就是去宜兴、常州也是不可能的呀！

一个活泼可爱的女儿，就这样，眼睁睁地在痛苦中挣扎，一个无辜而幼小的生命，就这样，在母亲无可奈何的怀抱中离开了人世……，不知道潘菽先生在冥冥之中是否有所感应？

第三节　寻觅光明

经过艰难跋涉，潘菽随同中央大学4000多名师生员工中的绝大部分，终于于10月10日前后陆续到达汉口联络站。再由中大联络站负责分批乘船继续西进。断断续续的又是一个多月的忙忙碌碌，最后一批师生到达沙坪镇已经是11月中旬了。

松林坡是重庆大学东北面近 200 亩的一座小山坡。由于山坡上稀稀落落地长着一些小松树，因而人们便把它称作松林坡。驻足环山的路上，眺望嘉陵江蜿蜒流淌，远山碧水，风景殊为秀美，着实令人向往！小巧玲珑的松林坡虽毫无雄奇之处，但却由于嘉陵江在它身旁环绕，细细品味，山水风光，十分清秀灵动，的确是个适合读书的佳绝处。潘先生自踏上这片蜀地起，绝对未曾想到，居然在此度过了他一生中最为难忘的九年教学生涯。

八年抗战，前前后后近九年的时事沧桑、心路磨砺，这对他的人生走向产生了决定性影响，使他从一个学术和政治的分工论者逐渐成为学术与政治的统一论者。在潘老晚年的回忆文章中，他很少提及在重庆期间的教研活动，即便提及也是轻描淡写地几笔带过。在《难忘的重庆岁月》一文中，他只是写道："回忆在重庆八九年的一些主要情况，在学校担任的教学工作可以不去说了，但要表明一点，就是我所热爱的业务在苦难的日子里仍然时时在心。"于是，关于这段日子学术方面的情况，他在晚年虽很少对同事、学生、子女们提起，但我们却可以从他在抗战期间发表的诸多文章中探其一斑或概貌。

自 1938 年 7 月发表在由罗家伦校长任主编的

《新民族》第二卷第三期上的一篇题为《汉奸的心理分析》一文始,他陆续在《读书月报》、《教育通讯》、《教育丛刊》、《高等教育季刊》、《时事新报》、《全民抗战》、《教与学》、《湖北教育》、《国立中央大学心理半年刊》、《中华教育界》、《现代读物》、《新华日报》、《教育心理研究》、《扫荡报》、《科学时代》、《时与潮》、《教育与职业》、《青年中国季刊》、《新世界》、《现代周刊》、《青年知识》、《大公报》、《科学与生活》、《民主报》、《建国教育》、《军事与政治》、《教育与中国》、《文艺》等诸多进步或倾向进步的报刊上以实名或笔名发表学术文章数十篇、40多万字。其中有为中国心理学发展而呐喊的《替心理学辩护》[1],有发表在由胡绳主编的《读书月报》上的《学术中国化问题的发端》[2],尤其是在中大校长罗家伦任主编的《新民族》上发表的《林语堂先生救国》[3]和《乐以忘忧》[4]等文章,不仅在中大学生中,也在当时社会上引起了

---

[1] 参见人民教育出版社2007年7月出版的《潘菽全集》第二卷第190页。

[2] 参见人民教育出版社2007年7月出版的《潘菽全集》第八卷第71页。

[3][4]参见人民教育出版社2007年7月出版的《潘菽全集》第十卷第63、70页。

强烈反响,许多文章成为进步学生们爱不释手的精神食粮。在这些文辞犀利的篇章中,潘先生常常以哲学家善于思辨的穿透力,以文学家颇具功底的语言驾驭力,以爱国者深厚的民族情感,以借喻、明喻、暗喻等多种辛辣手法,从心理学家的角度出发,说人谈事论理,以表明自己鲜明的立场、观点,许多文章极具影响力和号召力!其风格犹如鲁迅先生的杂文,直指要害,直指社会上的形形色色,如同一把利剑,穿心透肺,扣人心弦。

他在《替心理学辩护》一文中这样写道:"无论从哪一方面去看,我们都不能否认心理学的价值和重要。它有的唯一罪过是年龄还幼。它在中国所有的唯一罪过是中国现在这种社会还不适宜它的发展和繁荣。""心理学是将来的社会所需要的一种最重要的科学,所以说心理学的前途是十分远大的。"[①] 实践已经充分证明,潘先生早在七十多年前发出的铿锵预言,足以展现出他非同凡响的远见卓识和前瞻力,对当时的心理学工作者及立志在心理学领域有所作为的青年学子们是极好的鼓舞,也对中国心理学学科的健康发展起到了强有力的推动作用。

---

① 参见人民教育出版社 2007 年 7 月出版的《潘菽全集》第二卷第 195、197 页。

关于他的文章在学生心目中的印象，我们可以从李令节提供给笔者的一段访谈节录中得到佐证。那是潘先生在中央大学的另外一位学生在晚年的回忆。他叫李春辉[①]，1938年在重庆时，他是中大地下党的负责人之一。1981年，64岁的李春辉先生这样说：

潘先生写文章是中大出了名的。虽然他平时不善言语，看上去非常谦恭、温良，但他写的文章都十分流畅、有激情，也常常很幽默。当时中大办了一个刊物，要他写文章，有一篇叫《林语堂先生救国》，当局想抓他的辫子，但抓不到。他还给《读书月报》（胡绳主编）写文章，如《学术中国化问题发端》[②]大家都特别爱看。当时党组织在中大很活跃，特别是三七、三八年，他参加了党组织发动的左派学者组织"学术研究会"，是由

[①] 李春辉（1917—1994）别名若明，湖南邵阳人，清史研究所教授，拉丁美洲史研究专家。1938年加入中国共产党。1943年西南联大毕业，1947年留学美国科罗拉多师范学院，次年在旧金山从事华桥社会工作。1950年回国，任教育部留学生管理部副处长，1956年起任中国人民大学历史学系，清史研究所教授，是中国拉美研究会第一至三届理事长，名誉理事长等。

[②]《学术中国化问题的发端》一文于1987年收入由江苏教育出版社出版的《潘菽心理学文选》时，由潘菽本人改为《学术中国化问题刍议》，并对文字稍作修改。文中提出"学术中国化"的正确主张，直到晚年，潘菽一直坚持这种主张，在我国学术界，尤其是心理学界，有深远的影响。

博古负责的。他参加教育组,有陶行知、戴伯滔等,我也参加了。党有个外围组织"抗日救亡工作团",参加的全是学生,搞宣传时没有经费,就找几个进步教授支持,潘先生是主要的一个,还有梁希、龙勋、金善宝,秘密支持我们的经费。我和陈元晖、石山等发起成立了"文学研究会",请社会进步名流做报告,还请来了周恩来做报告,当时总理是军事委员会政治部副部长,张治中是部长,总理报告了四个小时,邓颖超也去了,听报告的人山人海。1940年,我奉命撤退时,当时情况很紧急,是潘先生给我50块钱走的。我到了西南联大以后,与潘先生通了信,他给我介绍认识了管日昌。"中国科协"成立时,他介绍我参加了"中国科协",那时我已经毕业参加工作了。我在湖南被捕出狱后要去美国学习,1947年,我到南京去看望了潘先生。潘先生是全心全意站在党和人民一边的进步教授,毫无私心,很纯,我们对他也百分之百的信任,对他无话不谈,十分可靠,他对学生十分关心和爱护。

潘菽先生强烈的爱国之心,我们还可以从1938年12月5日发表在《新华日报》上的《悼四弟美年》[①]一

---

① 参见人民教育出版社2007年7月出版的《潘菽全集》第十卷第84页。

第四章 十年探路

文中由衷感受到。他的四弟潘美年自幼正义聪颖、侠骨柔肠,是儿时玩伴们争相依赖的对象。他先后就读于南京东南大学附属中学和江苏南通中学,并以学习成绩优异而跳级考入清华大学物理系。正是抗日烽火的燃烧,让这个风华正茂之躯热血沸腾,尤其是长兄

潘美年遗照。(由潘望远提供)

潘梓年为国家兴亡、为民族大业临危不惧、视死如归的浩然正气深深感染着他。于是,他放弃了像哥那样出国深造的想法,毅然从家乡宜兴出发,转辗来到武汉,寻找长兄梓年,加入了《新华日报》的行列。进入《新华日报》后,他既是翻译,又当资料员。他的干练忠诚、任劳任怨深得同志们喜爱,就连潘梓年这位身为社长的长兄,也对他赏识有加。然而就是这样一位一心追求真理、一心跟着党走的年轻人,却倒在了日机的炸弹下面。1938年10月23日,他随《新华日报》撤往重庆途中,"新升隆"号被炸沉,潘美年献出了他仅仅27岁的年轻生命!

潘菽在文中写道:"的确,外患不除,国仇不去,一切都无从说起。""一个人寿命的修短与整个民族生命

的悠长绵延相比较，是不足道的。一个人生命的有无价值，要看他是否有贡献于整个民族的生命，至于贡献的大小则无关轻重。""弟也如一般青年，爱国之心热于炽炭。他日抗日胜利，国运中兴，弟也必雀跃欢笑于九泉之下……"①

当天于磁器口街重庆社交会堂召开的"《新华日报》保卫大武汉殉难同志追悼会"庄严而隆重，可容纳2000人的会堂座无虚席，还有2000多人站着。会堂大门口四根高大圆柱上一幅大型红色横幅"新华日报保卫大武汉殉难同志追悼会"的白色大字格外醒目，门厅门楣正中一个大型花圈上方的黑色幕幔上有四个白色大字"烈士荣光"，300多副挽联覆盖了会堂整个墙壁和窗户，百多个花圈摆满了会场每一个角落。其中最为引人注目的有中共方面的毛泽东、周恩来、朱德、彭德怀等领导送的花圈和挽联，还有国民党副总裁、国民参政会议长汪精卫、国民政府主席林森、国民政府行政院院长孔祥熙、国民政府委员兼监察院院长于右任、国民党中央组织部部长陈立夫、立法院院长孙科、国民党中央政治会议秘书长、行政院副院长张群、同盟会会员、国民党中

---

① 参见人民教育出版社2007年7月出版的《潘菽全集》第十卷第84、85页。

央宣传部部长邵力子等敬献的花圈、挽辞。吴玉章代表党中央向烈士致敬、默哀并讲了话。追悼会上，数千人同仇敌忾，声讨之声如暴风骤雨般激烈、愤怒！"打倒日本帝国主义！中华民族解放万岁！"等口号如排山倒海，此起彼伏。目睹如此场面，潘菽的心无比激动，国仇、家恨的复杂心情，如同眼前的声浪一齐涌上心头。此时此刻，更让他认清了日本强盗的狰狞面目，看到了国人的抗战决心。当天与长兄梓年的见面，美年的殉国已不在他们谈话的主题，他们更多的是讨论"如何发扬殉难烈士不朽的精神，踏着烈士的血迹前进"这样的大问题。那晚回到松林坡简陋的教授宿舍，驻足虚掩的窗前，一股寒意袭来，潘菽睡意全无。忽然，夜幕中传来清晰的脚步声，接着便敲门欲进。潘菽早已习惯了这种深夜里的脚步和敲门声，因为他们是志同道合的朋友，他的众多学生都喜欢到这里来，有些是为学术而来，但更多的是来寻觅《新华日报》。虽然来者并不多问，但大家都心照不宣；谈话的内容虽然并不都是讨论时局国事，但却都能从对方心灵中窥探到一种忧国忧民的正义情怀。久而久之，潘教授这间十多平方米的陋室，竟也常常你来我往地热闹起来。潘菽是位走笔如神却不善言辞的学者，凡是来访者，都以对方叙述、提问为主，潘菽多半是洗耳恭听，每每关键处，答复对方的多为中恳之言、关爱之句，常常令对方在混沌之中大有忽然开朗之欢愉，也许这正是这位布衣教授的独到之处，也是他人格魅力之所在。

此刻敲门进来的不是别人，正是中大西迁时在下关码头上船后碰到的那位学生陈元晖。

"潘老师，这么晚来打扰，影响您休息吧。"陈元晖边进门边这样歉意地打招呼。

"没关系，没关系，来，这边坐。"说着把陈元晖让到办公桌边的条凳上。随即用搪瓷缸从桌上竹壳热水瓶里倒了杯开水递过去："喏，喝点热水暖暖。"

"谢谢潘老师。"

"不客气，这么晚来找我，有什么急事吗？"

"没有。"陈元晖的回答虽然简短但神情却似乎有些诡秘，他喝了口热水后接着对潘老师说："我今天去参加《新华日报》社的追悼会了，还看了《新华日报》的社论，看到了您的文章，知道了您和潘社长的关系，您和潘美年烈士的关系。所以，不知为什么，就是想来看看您。其实，我早有感觉，您是位与众不同的老师。"

"我有何不同？不就是每天教室、宿舍、食堂三点一线吗。"潘菽用一副若无其事的口吻答道。

"不是的，前几天周恩来先生在大礼堂做的关于

《第二期抗战形势》的演讲很精彩。通过今天在磁器口街社交会堂召开的《新华日报》保卫大武汉殉难同志追悼会，我终于知道，您是中大少数几位订阅《新华日报》的教授之一。潘老师，我很喜欢这份报纸，只有在这里面才能了解到更多的抗战真实消息。"

"你怎么肯定《新华日报》的消息就是真实的？"潘菽近乎试探地问道。

"因为是共产党办的报纸。"陈元晖回答得十分干脆。

"你对共产党如此信任，莫非你是……"

"只是观点相近而已，不过我认为他们的主张更为民主、更为现实，抗日决心更为坚定！挽救民族危亡更有希望！不像国民政府，说的一套，做的却是另一套。"

潘菽面对自己的这位观点鲜明、态度直接的学生，似乎察觉到了他绝非等闲之辈，这不禁让他想起了当年在南京警备司令部保释出的季钟朴来。面对如此有志的热血青年，一种抗日有望的爱才、惜才之情油然而生。尽管他表面并不流露，而内心却颇有些激动。他很想当面给予鼓励却又碍于身份或是由于他的性格，因而仍旧不动声色地低语："你的见地的确不无道理，但目前时局尚不明朗，校内外各种思潮鱼龙混杂，师生员工各色人等菽麦难辨，或许还有欺世盗名的走卒鼠辈，一旦失足，后果不堪设想，我认为你还是应该尽量把握心态，专心致志，攻于学业才是。"

"可校园已非世外桃源，难道先生您的心态真的能够保持平静吗？"陈元晖似乎有些激动地抢白道。

"尽量吧。"潘菽依旧平静地答道。

……

让潘菽没有想到的是，次日一大早，便有《新华日报》报童捎来长兄梓年的口信，令他当晚7点务必去通远门内天官府11号"星临轩"牛肉馆吃饭，说有客人要来。

潘菽虽觉蹊跷，但有一点可以断定，老兄一定有重要事情商议。

冬日的重庆，天暗得早，加上此地特有的气候环境，冬季难得一日晴天。天空总是阴沉沉、灰蒙蒙的，很像战时国民的心情。潘菽匆匆赶往沙坪镇公共汽车站的时候，心绪也是郁郁闷闷的，就像远处仿佛全都淹没在凝重的灰暗中的街市。一路走去，灰色的山峦，灰色的砂石路，灰色的房屋，还有许多秋风扫落叶后光秃秃的树枝丫在灰色天幕中摇曳，此情此景，实在令他提不起精神来。

车到通远门时，天色渐渐黑了下来，城门向北坡势平缓的街道上已亮起了高矮无序的路灯，两旁店铺厅堂做夜生意的老板、伙计开始忙碌起来。高低错落的楼宇，各式霓虹的百货，畸形兴隆的拍卖行、典当行，人头遍往的餐馆、银行等等不一而足,眼下之景,一派物流繁华的商贾属地,给时下因抗战时局吃紧带来的悲凉、阴惨的心灵多少增添了些许表面上的生机与慰藉。

通远门正街不远处的巷口有一醒目标牌名曰"天官府"。据说明朝习称太师、吏部尚书等为"天官",又因名臣蹇义历事明代五朝(洪武、建文、永乐、洪熙、宣德)六帝(太祖、惠帝、成祖、仁宗、宣宗、英宗),官至宰相,其政绩卓著,乃明代重臣,皇帝按王府规格赐造府第于此,并御笔亲书中堂匾额及门楣楹联,因此便有了"天官府"的地名。如今虽已世事变迁,昔日显赫风光不再,可这背街小巷里不乏各式小吃,每到夜晚,此地香气缭绕,划拳行令、吟词唱曲声不绝于耳,倒也有些热闹。

潘菽很顺利地找到了天官府11号。小小牛肉馆香气四溢,门楣一块崭新玻璃牌匾上"星临轩"三个行书大字苍劲有力,透射出一种令人神往的文人书卷气(后来才知道原来是著名进步文化领袖式人物郭沫若的手书),在路灯的照射下格外抢眼,堪称意韵天成之作。潘菽自幼喜爱书法,如今看了牌匾题字,心情顿觉开朗了许多。

"星临轩"老板娘马肖碧热情地将潘菽迎进前堂,只见堂内五六张八仙桌早已座无虚席。正疑惑时,陈元晖从里间走出来:"潘先生,后堂请。""怎么你也在这儿?"此时潘菽虽然一头雾水,却也来不及多问,便跟随陈元晖直奔后堂。进得里间,但见一张圆桌已围了五六位。众人见潘菽前来,纷纷站立起来表示欢迎之意。此时不料梓年犹如从天而降,来到桌前,笑着拉起潘菽的手:"来,有弟,我来为你介绍,这位是我在上海的同行钱俊瑞小老弟,这位是《中苏文化》杂志的主编侯外庐先生,也是老弟,这位孙克定先生,既是数学家,又是生活书店编审。这位……噢,他是你的学生,我就不用介绍了。对了,这位是我的胞弟潘菽,在中央大学心理系当教授,请大家不要见外……"

这是长兄潘梓年引导他参与"中国学术研究会"活动的开始,参加活动的大部分为中共地下党员,不少人如张申府、葛名中、廖庶谦等还是地下工作党在某方面的负责人。这一天,他真正了解了他的学生陈元晖的特殊身份,内心不免对这位朝夕相处的弟子颇有些肃然起敬。虽然这样的相聚有过多次,但彼此从不透露真实身份。而每次的相聚都令潘菽感到别开生面,让他越来越多地听到了正义的声音,党的声音,延安的声音。渐渐地,他对延安更加信赖,甚至觉得是一种内心的依靠和精神寄托。尽管这个"中国学术研究会"不久因几位主要发起人相继离开重庆而停止了活动,但是这种犹如黑夜里遇到光明的激动却让潘菽这颗彷徨了许久的心澎湃不已，让他判断出，光明就在前头！

第四节　探访松林坡

2011年4月30日，笔者专程前往重庆，去寻访梦中昔日的中央大学，试图搜寻潘菽先生当年在重庆九年的蛛丝马迹。据说，当年借用重庆大学松林坡建校的旧址在1946年中大复员南京时即物归原主，于是便让出租车司机直奔沙坪坝正街170号。

当年松林坡中大旧址上的房屋校舍早已悉数拆除，然而松林坡正中仍旧保留的石阶却让人深感亲切。目睹长满青苔和杂草的石阶，仿佛让人看到了当年那些整日在此上上下下的莘莘学子。眼帘中稀疏挺拔的青松，似乎仍然透着当年中大师生们不畏战火、艰难研学的风骨。虽然岁月匆匆早已时过境迁，但一座有8层台阶8根圆柱象征着迁渝8年抗战8年极具历史意义的旧址纪念亭却记录着中央大学在抗战时期的辉煌。抬头仰望，一块由著名农学家、教育家金善宝先生书写的"中央大学迁渝纪念亭"匾额赫然醒目，引起了我的极大兴趣。金善宝先生是潘先生的至交。可以说，在那山河破碎、民族危亡的白色岁月里，潘菽与梁希、金善宝、涂长望、干铎等一批中央大学、重庆大学的著名进步教授们始终手挽手、肩并肩地共同战斗。他们肝胆相照、荣辱与共,共同演绎出许多可歌可泣的感人故事,结下了永不忘怀的革命友谊。

1997年7月13日,是潘菽先生100周年诞辰。时年已102岁的金善宝老先生,以无比深情的笔触,撰写了3000多字题为《深切怀念我的挚友潘菽同志》的回忆文章。在此,不妨摘录其中的几个片断以飨读者。

他在《山城友谊》一节中这样写道:

1937年抗日战争爆发,中央大学西迁重庆,国难当头,中国的前途如何?中国向何处去?全国人民忧心忡忡。当时,中央大学一些思想观点相近的教授们经常聚在一起,打听前线的消息,交换对时局的看法。也就从这个时候开始,我和潘菽、梁希、涂长望等人结下了深厚的友谊……。

那时潘菽的长兄潘梓年是重庆《新华日报》社的社长,潘菽经常从他那里得到有关解放区的消息。由于潘菽的消息比较灵通,学校里一些关心时局的人士经常去找他,了解全国的抗日形势和共产党的路线、政策、主张。时间长了,我们这些观点相近、抱着一颗抗日救国之心的朋友们便自发地组织起来,因为都是搞自然科学的，所以起名为"自然科学座谈会"。

同时，潘菽还通过他长兄潘梓年与《新华日报》社联系，经常邀请去化龙桥虎头岩《新华日报》社听抗战时局报告，参加座谈会，周恩来同志还多次利用喝茶等方式接见我们，对我们进行各种鼓励和帮助……

共同的思想，共同的追求，使我和潘菽、梁希等人成为最亲密的挚友，相互间做到无话不谈，在那乌云压城城欲摧的日子里，有什么比这种友谊更珍贵呢？由于我和潘菽接触多了，自然而然地，我的妻子姚璧辉和潘夫人也成了好朋友，几十年来我们两家保持着亲密的友谊。

金老先生的回忆，让人看到了两位挚友一起在松林坡度过的艰苦岁月。他二人抗战胜利后一起回南京，一道支持"五二〇"爱国学生运动，同时分别担任南京大学校长和南京农学院院长。1956年两人双双加入中国共产党，然后相继调入北京任中科院心理研究所所长、中国农业科学院副院长、院长，同年成为中科院学部委员，又先后担任九三学社中央副主席等。

"文革"期间，两位挚友一个被打成"反动学术权威"，一个被勒令"靠边站"，两家同住一城却不得不中断联系。"四人帮"被粉碎后，两人都迈入80高龄，为了弥补失去的时间，他们在各自的工作岗位上加倍努力、无暇联络。

1988年春节，时年92岁高龄的金老先生在女儿的陪同下一起去拜望潘老，结果正巧潘先生外出了。潘夫人在他临别前歉意地说，过几天一定让潘老去看他。金老回去后一直等待着挚友的来访，想不到多天之后居然等来了潘老逝世的讣告。潘老的先他而去令金老悲痛不已。

令人遗憾的是，当他的这篇追忆文章于1997年7月正式刊发于中国科学院心理研究所出版的《心理学动态》上时，这位世纪老人，已经于6月26日仙逝了。

凝望着金老的题字，让人联想起潘菽先生与中央大学的不解情缘，驻足在重庆大学唯一保留下来的当年中央大学的"七七抗战大礼堂"，仿佛看到了潘菽与梁希、金善宝、涂长望及其他进步教授在此聆听周恩来、邓颖超、夏寅初、郭沫若、老舍、曹禺、冯玉祥等社会名流们演讲时的音容笑貌。仿佛看到了他身穿灰白色粗布长袍、足蹬黑色布鞋、怀揣讲稿来去匆匆的身影。正是这座礼堂里发出的铿锵之声，让潘菽了解了抗战形势、辨明了是非、坚定了信念，并渐渐对中国共产党产生了信任和依赖之情。尤其是1938年12月下旬的一天，周恩来同志在邓颖超的陪同下，来到了当年这座中央大学大礼堂，发表了题为《第二期抗战形势》的精彩演讲，给潘菽留下了终生难忘的印象。

那时正值日寇相继占领了武汉、广州，侵略者的铁蹄很快从东北、华北、华东践踏到西北、西南，大片国土和民众惨遭涂炭。陪都重庆的莘莘学子和民众的内心，如同压着千斤重石，面对日寇来势汹汹，人们疑虑重重，中国的前景到底如何？正在这样的时刻，周恩来同志的演讲犹如拨开了迷雾，让人们顿感艳阳的温暖。他在演讲中深入浅出地分析了抗战局势、敌我力量的变化与对比，指出抗战第一期是敌进我退，第二期是相持阶段、准备进攻，第三期是我进敌退的反攻阶段。他痛斥了国民党破坏团结抗战的投降逆流，生动翔实地阐述了毛泽东于当年6月刚刚写成的著作《持论之战》的思想，实事求是地分析了我们战胜日寇的困难和有利条件，严厉批判了"亡国论"和"速胜论"的错误观点。他说："一切对中国抗战之亡国论或速胜论均已从事实上宣告破产，因为亡国论只看到了中日军事的强弱悬殊，没有看到其他政治、经济自然因素及国际条件等不利于日本。""速胜论者存在着另一种心理，或者错误的过低的估计敌人的力量，过高的夸大自己的力量，而忽视自己的弱点，以为一战再战就会使日本筋疲力尽、承认失败。或希望外援，依靠国际的变化，来替中国打退日本。这是一种侥幸心理。"他明确指出："中国抗战是长期的，不是短期的，持久战的方针是确实的！"

周恩来同志的演讲，分析透彻，事实客观，令人信服。他的精辟阐述彻底澄清了包括潘菽在内的诸多师生、民众对抗战时局和前途的模糊认识，让大家看到了胜利的前程与光明！

目睹这座黄墙灰瓦且与现代建筑格格不入的"七七抗战大礼堂"，迎着不时与我擦肩而过却投来毫不经意的淡漠眼神的路人，我想，也许这栋年已古稀的礼堂再也不具有任何吸引力了，或许当前时代的匆匆步履，已无暇顾及这段早已被尘封的历史，然而正是这段艰苦卓绝的非凡岁月，才承载了重庆特有的红岩文化、抗日文化、陪都文化。如今，抗战的硝烟早已随风散尽，但中央大学的名字和老一辈师生们所付出的艰辛，却早已同神圣的抗战事业联系在了一起，牢牢刻进了中国人民的记忆之中……

第五节　恩师如父

在绝大多数学生们的眼里，潘菽是位可亲可敬的老师，更是位可以倾诉、值得依赖的慈父，尤其是对那些来自沦陷区的穷困学生，潘菽更是呵护有加、关怀备至。

第四章 十年探路

潘先生的可亲可敬首先源于他平时的穿着仪态。在学生心中,他已是位资历颇高的教授了。在当时,许多有名望的教授,不是这个"官"、就是那个"长"的,常常以西装革履示人,官场应酬频繁。而潘菽则完全与之相悖,他是纯粹的"布衣百姓",无论冬夏,总是一身中式长袍,一双布鞋,毫无一"长"一"官"可言,更无一丝"长官"之态。在他的脸上,既找不到一丝趋炎附势之气,也看不到半点愁眉苦脸之容。他对学生身教重于言教,影响学生常常在潜移默化之中。一个赞许的微笑、一个不以为然的表情,都会给人以如何明辨是非、如何对待人生的启示。据他的学生蔡绮宽回忆:"当日本无条件投降的消息传到当时在重庆的中央大学时,整个中央大学都沸腾起来了。我们迅速跑到潘老师的宿舍去报喜讯,满以为他也会和我们一样欣喜若狂。可是他老人家的表情是既高兴而又严肃,他说,不能只顾着高兴,往后还会有问题的……。他的意思我们后来才知道,他指的是国民党反动派将会夺取胜利的果实,发动内战,事实证明,事态的发展果然不出潘先生所料。"

潘菽对待学生从来不分地域、不论亲疏,凡为人正直、力求上进者,他都一概双手欢迎、热情接纳,许多学生与他成为忘年交,以至达到无话不说、无事不谈的程度。据他的学生黄乃松 1981 年 6 月（时任苏州大学心理学教授、硕士研究生导师）回忆："我在重庆前中大，原已学完了两年多的航空工程系（1939—1941 年）课程，虽并不讨厌它，但总感到'制造飞机'在那时的我国只能是纸上谈兵。当我旁听了一些心理系的课程后，我便产生了'研究人的科学可能比研究物品的科学更重要一些'的想法。当时生物系主任欧阳翥（1898 年生于湖南望城，1924 年毕业于东南大学生物系，1929 年赴欧留学，1933 年获博士学位，1934 年回国任中央大学生物系教授兼主任、理学院代理院长等。1949 年后仍担任南京大学生物系主任）老师了解到我这种心情后，马上指点我去找潘先生谈谈，经潘先生勉励教导后，我便决心转入心理系了。

"转入心理系之后，我常常到他那间寝室兼书房的'陋室'里去谈心。有时每周要去两三次，一谈就是两三个小时，他从来没有表示过半点厌烦，有时潘师一边洗着衣服，一边微笑地倾听着，及时地给我点出问题，指出努力方向与治学方法，让我在不知不觉中，受到许多教导。

"潘师的性格内向而温和，动作并不十分灵活，但那时却经常参加同学们的文娱活动，甚至还跟着大家跳令人笑痛肚皮的集体舞与做团体游戏，与学生打成一片。学生不仅把他当老师，也把他当父亲、当朋友、当玩伴。潘师平易近人，爱护学生如子女，所以到他那间'陋室'里去谈心的学生总是川流不息。

"有一次，当我与潘师谈到，由于来往于重庆城区与沙坪坝之间的公共汽车购票时争先恐后太挤太乱，后来各车站改变了方法，按乘客到站次序先发给号码，车到站时再按号码售票上车，结果，同样那么多的乘客，售票和乘车秩序顿然改观，再也不争先恐后了。潘师听完后立即指出：'这就是唯物主义的做法，若不想出具体办法，专门空喊注意遵守公共秩序，那是唯心主义，说完又借机教导说，其实某些安邦治国之道亦同此理！'

"有一次，我谈到国民党的高级军官们去看相算命的人很多。潘师说：'足见这个政权不行啊，他们不可能相信自己，只能相信命运啦！'

"当时的心理学界，存在着一股滥用智力测验并在社会上广泛推行以作敲门砖的不正之风。

"潘师不便直言指责，但是在理论心理学课中谈到心理学的应用时却隐约指出：'各种东西有各种东西的用处，像钢笔这件文具（他用手举起钢笔），用来写字是大有用处的，我们在生活中少不了它，但如果把它作为枪来用，却不但无用，反成笑柄。'话虽说着含蓄幽默，却很能切中时弊要害。"

黄乃松教授在他的回忆中一再声称潘老师不但在生

活中关心学生，更在政治上严格把关。他讲了一段自己的切身经历，他说："解放前，由于当时中大心理系有些老师推行军事心理学，我曾被派在伪空军总部担任智力测验工作，淮海战役以后，伪空军总部逃往台湾时曾要我携带家眷随同前往，要不是潘师忠言教导，也许我将一失足成千古恨。南京解放前夕，我因生活无着，欲偕老人妻女到北方解放区谋生，但当时反动派已封锁了长江，偷渡长江要冒很大的风险，心里非常焦急，去向潘师求教。潘师劝我不必匆忙扶老带小冒险奔波，并指出南京解放指日可待，劝我留南京等待工作。不久，我由潘师介绍到前中大任教，免受了失业饥寒之苦！"

关于黄乃松教授提到的"解放前中央大学心理系有些老师推行军事心理学"一事，这里有一段被誉为"我国工业心理学创始人"陈立教授（1902年7月22日生于湖南省平江县，1928年毕业于上海沪江大学，1930年留学英国，1933年获心理学博士学位，1935年回国后任中央研究院和清华大学合聘的工业心理研究员，后任浙江大学心理学系教授、文学院院长。新中国成立后，历任浙江大学教育系主任、杭州大学校长、中国心理学会副理事长、浙江省教育厅副厅长、浙江省政协副主席等职，2004年3月18日逝世）的回忆，足以佐证潘菽先生当时对此事的立场与态度。

第四章 十年探路

他在回忆中这样写道:"在'文革'期间,有人来调查潘老的历史,我即对他们说,有一事我是记得很清楚,印象很深的。就是在1948年,肖孝嵘(1897年生于湖南省衡阳县,1919年毕业于上海圣约翰大学,1926年赴美留学,1927年6月获硕士学位,1936年6月获哲学博士学位。1931年回国任中央大学教授、心理系主任。1949年任上海复旦大学教授、教育系主任。后任上海华东师范大学教授。先后担任中国心理学会、中国测验学会、中国心理卫生协会、中国教育学会等理事、上海市心理学会副理事长,1963年逝世)给我来信,邀我到南京参加'国防心理学会会议',我冒昧前去。在中央大学心理系外面,我碰到潘老,我问他为什么不参加这次会议,他说:'我对这些不内行。'事后,我也是懊悔冒昧竟去参加了这样一个会,回来后也只是说,心理学也不能撒豆成兵,我后来也就没有参加任何活动。我感到他当时即已看穿了肖孝嵘等人的政治面目,而我却从来未在这方面看问题,只是觉得他们拿着心理学去招摇撞骗!后来我听说肖孝嵘到徐州去为蒋帮军兵打气,我才觉悟到他们的反动行径,即此一事,就使我十分佩服潘老在政治上的洞见和立场……"

潘菽对学生的关心爱护,尤其是对进步学生的关心和支持,在许多回忆文章中随处可见。2005年才去世的原中央大学心理系学生,曾任安徽省歙县第一中学校长的程极平在1981年的回忆文章中写道:"从我参加学生运动的过程中,我深深感到潘老师的心是和我们一起跳动的,他的立场是和我们一致的。1947年'五二〇'运动(是指1947年5月从南京始发而后扩展到全国60多个大中城市的青年学生反饥饿、反内战、反迫害的爱国民主运动)前后,我经常到潘师处谈起我们搞反内战、反饥饿、反迫害活动的情况,他总是深表同情和支持,并且嘱咐我们要注意安全,1947年暑假以后,我们理学院进步同学筹备成立自然科学研究会,以加强同学间的团结战斗力量。潘师知道后,也积极表示赞成。在学生运动中,多数时间我在心理系担任常务,潘师当时在心理系是主要教授,要没有他的支持是办不到的。潘老师对我极为信任和爱护,我想,如果仅仅认为他是对待某一个学生,恐怕是不符合当时情况的,因为我当时在心理系学习的成绩并不算好,也不突出。我相信当时他主要是对学生运动的支持与关怀。当时科学馆心理实验室的钥匙是我掌握着的,在不少紧张的夜晚,我往往是从其他宿舍转移到心理实验室里来过夜。在淮海战役紧张进行时,我们曾数次到心理实验室来秘密收听解放区的新华社广播,记得那时是收到的邯郸台,使同学们听到了一个又一个令人鼓舞的消息!

"1948年下半年，中大里的情况是很紧张的。少数反动学生猖獗一时，致使学生自治会也不能通过竞选产生了，后来终于由各系科先选出代表，组成全校系科代表大会。心理系是选举我参加的，我清楚记得这也是潘老师赞成和支持下实现的。当时我们作为学生并不详知潘老师的经历，理学院地下组织开会时，大家一致认为理学院心理系的潘菽教授、气象系的涂长望教授，还有物理系的吴有训教授和森林系的梁希教授都是积极支持革命学生运动的，组织上认为要积极地多做这些老教授的工作。"

正如程极平回忆的那样，当时学生们对潘菽、梁希、涂长望、金善宝、丁瓒的"底细"并不了解，尤其是潘菽教授，也许是他的性格使然，犹如他另外一位学生吴祯回忆那样："潘老对人的深厚感情不是外露的、浮泛的，而是深邃的、含蓄的。与潘老接触，他的话虽不多，但对你的讲话，却总是注意倾听，因而你不会感到冷漠。相反，却觉得他总是在鼓励你，让你无拘无束地畅所欲言。与他交谈如入芝兰之室，久而久之，不知不觉地受到感染，受到熏陶，为之潜移默化……"

第六节　辨明是非

由于中国学术研究会的实际主要负责人钱俊瑞等人

因工作需要相继离渝,因此学术会活动几乎陷于停顿。位于民族路冉家巷13号的生活书店是潘菽最常去的地方之一。在那种动荡不安的岁月里,他远离家人,只身孤影,最大的嗜好就是在教课之余,到各方面编辑出版机构走走看看,看看有什么新近出版的刊物,以期了解各方面不同阶层的人在国家危难之中的思想态度。尤其是《生活书店》的出版物,许多刊物都是积极宣传先进思想文化和鼓励抗日救亡的,甚至还出版过许多马克思主义经典著作(如《共产党宣言》、《国家与革命》等),虽然一些书刊不便带回中大宿舍,只能寄放在老兄潘梓年在《新华日报》的家中,但他的心却潜移默化地被这些书中阐述的道理、观点、目标所震动、所俘虏了……

一次,他在《新华日报》社老兄潘梓年家中谈起最近一段时间中国学术研究会不大活动的话题时,梓年十分高兴地笑着说:"看来真的和我们在一条战线上了!"

"你说的战线是指什么?是统一战线吗?如果是,我一定赞成,也愿身在其中,如果不是或另有所指,那恐怕我还达不到呢。"

"你能这么说,我很高兴,目前延安方面一再强调,团结一切可以团结的力量,民族利益是当前压倒一切的利益,民族矛盾是中国目前最主要的矛盾。统一战线对抗战能否成功至关重要。这样吧,你回去再联络一些朋

第四章 十年探路

友谈谈,这个星期天我会选好会面的地点,到时想办法通知你,我也去和大家一起谈谈,其实,周先生(恩来)也有这个打算。"

"周先生大家是十分敬慕的,什么时候能见见他,去年在中大礼堂关于《第二期抗战形势》的演讲非常精彩!"

"机会很多,他也非常想和大家谈谈,只是他的公务太忙、时间太少罢了。"

"那好,我一定把你的意思带到,我想大家一定会很高兴的,随时听你的通知……"

1938年10月以来,日机轰炸重庆的次数越来越多。每次来的飞机也越来越多,重庆市民为躲避空袭常常被搞得焦头烂额。房屋街道破损严重,民众伤亡惨重,生活苦不堪言。这让从来没见过飞机的山城人民真正感受到了现代战争的恐惧,加之当时的陪都重庆,军、警、特、宪机构多如牛毛,因此,对于潘菽他们来说,警惕人身和活动地点的安全是头等大事。

1939年3月19日这天,一个乍暖还寒的星期日。连续几天的阴雨浓雾,让日机无法辨别方向、难以起飞,山城终于获得了短时的平静。没有日机轰炸的日子让人的心顿觉开朗、放松。

那天晚上,为了避人耳目,潘菽的两位好友,中大农学院的金善宝、林学系教授梁希一前一后，分别来到松林坡教授宿舍潘菽那简陋的房间。他们都是热切拥护抗日、关心时事战局的忠义之士，时时都想知道和了解延安的声音。

这年1月21日—30日，国民党在重庆召开了五届五中全体会议。尽管蒋介石在这次会议上谈到了现在是第二期抗战开始，要把抗战进行到底，不能半途而废等等，但是在随后发表的《第五届中央执行委员会第五次全体会议宣言》中，抛出了一个所谓的"郑重声明"说："吾人绝不愿见领导革命之本党发生二种党籍之事实，更不忍中国实行三民主义、完成革命建国一贯之志业，因信仰不笃与意识不坚，致生顿挫。"尤其是会议通过的《关于党务报告之决议案》中，更是把矛头直接指向中国共产党，指向延安和解放区。强调所谓"今后，本党应力求革命理论之领导"，"而使违反主义之思想无从流布于社会，而于战区及敌人后方，尤应特别注意"。[①]

就国民党的这些言论和行动苗头，潘菽、梁希、金善宝他们早有所闻，并且也常常为此而担忧，为此而

[①] 参见中央文献出版社1996年8月出版、金冲及主编的《毛泽东传1893—1949》（下）第533页。

不解，摸不透抗战形势和国共合作之前途到底走向何处……

潘梓年的到来，为他们解开了疑惑已久的心结。他说，延安方面党的领导层，一直在密切关注着国民党蒋介石的一言一行，特别是毛泽东同志及时洞察到国民党内妥协摩擦倾向的危险正在加剧和蔓延的动向，提出了"人不犯我，我不犯人""人若犯我，我必犯人"的两条对付国民党试图搞摩擦的重要战略原则。

"对了，3月12日总理孙中山逝世十四周年纪念会上，老蒋（蒋介石）发表的告全国同胞书，宣布实施所谓的国民精神总动员，其中提到国家至上、民族至上、军事第一、胜利第一，意志集中、力量集中等等等等，梓年兄如何看？"梁希教授冲着潘梓年提问。表情十分诚恳而严肃。

"若让我看，我觉得好像正是一个党、一个领袖、一个主义的变相提法，是想方设法地寻找依据，孤立共产党，视共产党为非法，视党和延安根据地为非法，视八路军、新四军为非法。总之，是为对付共产党找借口，种种迹象表明，老蒋的"攘外必先安内"的面目更加清晰了，今后我们面临的形势将会更加复杂，一切爱国的力量都应该更加团结起来，首要的是要识破和戳穿国民党蒋介石消极抗战、积极反共的真面目，在这方面，我们《新华日报》会按照延安方向和周先生（恩来）的指示，尽我们的最大努力，让广大人民群众了解真相、认清抗战形势……"

没等潘梓年说完，金善宝激动得站起身来，双手紧紧抓住潘梓年的手说："哎呀，真可谓听君一席话，胜读十年书啊！经你这么分析，的确入情入理，让人豁然开朗啊！"

"不管怎么样，我们要始终树立打日本、救中国的信心！"潘菽捏紧拳头，低声对梁希和金善宝说。

"我看我们还可以找更多的人谈谈这些问题，让更多的人明白这些道理，认清形势、明辨是非。"

"对！但是一定要慎重，要看准对象，识别良莠，注意方法，既要争取团结更多的抗日爱国力量，又不能轻易让一些反面势力抓住把柄，更不能带来不必要的损失。还有一点非常重要，要让更多的青年学生们及时觉醒起来，而你们的行动一定要保持高度警惕，不可过多的张扬、外露，特别是梁老（梁希生于1883年，比潘梓年大10岁，因而尊称为梁老）、笑衍兄（金善宝字笑衍），你们将来都是国家的宝贝、社会的栋梁，万万不可有什么闪失啊……"

潘梓年语重心长的一番话，让三位教授和挚友十分感慨，连连点头称是。

"我们都是从事自然科学教学研究的,那么我们为什么不可以借用'自然科学'之名在一起座谈、进行探讨呢?这样既符合我们的身份,也较少与政治瓜葛,让一些人无话可说,我看还是这样比较稳妥些。"

梁希的一席话极有见地,大家十分赞同!

"很好!今后你们的座谈就叫它'自然科学'座谈会,我会把梁老的提议向周先生汇报。"潘梓年也十分兴奋,面对眼前几位信仰一致、观点相同的知名学者的满腔热忱,他仿佛看到了党的抗日民族统一战线的光明前途和希望。

"哎,水叔兄,有件事差点忘了问你,你对面的那位是你们理学院什么系的?"金善宝突然一本正经地问潘菽。

"他呀,姓耿,生物系的一名讲师。"

"我和梁希老进来时正巧碰到他。觉得他有点神秘兮兮的样子,看着不怎么地道。"金善宝再一次补充。

"算你厉害,此人的确不怎么地道,平时见到院系头头们一副卑躬屈膝的样子,与一些倾向国民党、三青团的骨干分子们打得火热,着实让人讨厌。"

"这倒是个值得注意、警惕的问题,学生们你来他往地倒也无所谓,先生们常来聚会便不由人生疑。我看这样,这里今后还是尽量少聚,还是多到梁老、笑衍兄那里走走,他们两位同住一室,可能更方便些,你们看如何?"潘梓年郑重地提出。

"好吧,就按你说的。"潘菽、梁希、金善宝等几乎异口同声。

事毕,梁希、金善宝分别回宿舍,潘梓年又嘱咐潘菽道:"下次有事,我还是让那小报童转告,很可靠的……"

第七节　山城悲鸣

1939年5月3日,重庆的天气格外晴朗。雾都终于一改多日模糊的容颜,高低错落的街巷、码头真真切切地展现在暮春的阳光下,远远看去,沙坪坝松林坡上的中央大学校园一片金灿灿的,煞为壮观。驻足松林坡顶东眺,远处山城尽收眼底,就连四周数十里的层层山峦、田野村寨、江上篷帆,都清清楚楚历历在目。暮春的朝阳暖暖的已没有丝毫的凉意,人们纷纷走上街头,享受这难得的大好时光。

潘菽的心情也像头顶高深而湛蓝的天空,灿烂而舒畅。他刚刚给学生们讲完一堂《心理学通论》,这是他近期花了数月时间精雕细琢的教案,同学们似乎十分受用,尤其是对其中"心理学的方法"、"心理学的门类"、

"心理学的领域"、"心理学的定义"、"心理学的问题。"以及"心理学与其他科学的关系"等诸多方面的分析、阐述、观点、归类、探索都表现出极高的热情。课堂上同学们不断地发问，提出不同的看法、疑问等，更是显现出前所未有的兴趣和求知欲，这是每一位教师都喜欢看到的场景。

离开教室不远处便是校门至坡顶的中央大学主干道。潘菽夹着用一块蓝布包裹的教案顺大道的台阶拾级而上，走向坡顶左侧的教授宿舍区。松树在暮春的和风中发出沙沙的响声，啾啾的小鸟在松林间飞来飞去，犹如天籁之音频频敲击着潘菽的耳鼓，大好的春光仿佛令他的脚下更为轻盈、快捷起来，此时的他，几乎要被身旁的景致陶醉了……

突然，身后一阵急促有力的啪啪声传来，潘菽不由自主地回头张望，原来是他的学生陈元晖追了上来。

"潘师，我想请教您一些问题。"陈元晖气咻未停地问道。

"好啊，有什么问题你尽管提出来好了。"这是潘菽教授的一贯作风，凡有学生求教，无论何时何地，有否困难，他都一概热情诚恳、从不推辞。

"是这样的，我准备把毕业论文的题目选定为《知觉单元形成之条件》，不知道是否妥当，还望潘师指点。"

潘菽听后略假思索后点头道："嗯,有点意思。这样吧,我看你就先按照这个题目做起来,其中遇到什么难点我们再一块儿讨论,你看怎么样?"

"我还是想先听听您的意见、建议,免得走弯路。"陈元晖恳切地说,眼里充满了期待。

潘菽思索片刻后说道："首先我认为,通过内省来研究知觉经验是心理学的重要内容之一,而美国著名心理学家坚持的行为主义却否定了主观内省法和主观经验,给知觉研究带来了很大损失。我认为,知觉正是人的认识活动的重要组成部分,知觉经验应该是心理学研究的基本内容之一。我们应该可以找到合乎科学的方法,来分析他人的知觉经验,并从中探究出知觉经验的现象和规律,甚至还有可能总结并上升到理论高度。我认为你提出了一个很有价值、很有研究前途的命题。在这方面,我可以再提供给你一些参考资料……"

陈元晖提出的毕业论文命题得到了潘师的首肯与赞同,内心自然十分惬意。师生二人边走边聊,很快到了潘菽那间简陋的单身宿舍。将进房门,突然门旁篱笆墙上贴着的一张显然是潘师笔迹的白色纸条颇为醒目,陈元晖颇感蹊跷地问道："何曰'污秽远行'?"

二人刚进屋,潘菽便掩上了房门,冲着对面斜了一眼,轻声道:"对面这位耿先生不但灵魂污秽,生活也污秽,每次都把夜里排出的污物倒进靠我这边阴沟里,弄得臭气熏天,我多次提醒无效,无奈只好先君子后小人,请他'远行'了!"

听潘师一番言语,陈元晖几乎笑出声来,他说道:"这可不是您的风格,如此一来,您岂不是要公开得罪他了吗?"

"那又能怎样?难道他还有权利解聘我不成?对他这种小人,让他碰个不软不硬的钉子未必不是好事,你说呢?"

"有道理,有道理,不过对这种人,您一定要适可而止、稍加谨慎为妙,免得小不忍则乱大谋。"陈元晖边说着边俏皮地挤眉弄眼。

此时,潘菽也从书箱里翻出两本杂志来。一本是1929年第三卷第七号《北新》杂志,另一册是《教育杂志》1931年第二十三卷第三、四号。潘菽递给陈元晖并嘱咐道:"这两本杂志里有我两篇文章,一为《心理学的主体》,一为《"意识"的研究》,两篇都与你提出的'知觉'命题密切相关,你可细读,也许会有帮助,有什么心得、见解、疑惑,到时候我们可以再探究。"

这一天,师生二人饶有兴致地谈学问、谈人生、谈当前抗战形势、谈国家前途未来……

正是这一天,山城重庆天崩地裂,惨烈场景空前绝后!

那是下午1时17分,日寇的两批36架飞机扑向重庆,侵略者正是利用了山城晴朗、能见度极高的契机,把恶毒的魔掌伸向毫无戒备的炎黄子孙。日机酷似黄蜂般低空呼啸,炸弹犹如暴风骤雨般倾泻山城。顿时,陪都重庆一片火海,爆炸声、哀号声此起彼伏,呼救声、叫骂声混成一片。日机沿长江北岸施暴肆虐,大梁子、左营街、苍平街、都邮街、储奇门、太平门、商业场、神仙口、陕西路、西四街、朝天门、玛瑙溪等城中精华地段均成为轰炸目标,主城区的27条主要街道19条被炸,原本商业繁华的市区顷刻陷入冲天烈焰、滚滚烟尘之中,突遭凶险的市民们哭天抢地、呼号奔跑,随着无数房屋的倒塌和燃烧,大量无辜平民在炸弹和烟火中丧生,数不清的男女老幼被吓得魂飞魄散,不顾一切地涌向城外,一时间,硝烟弥漫,血流成河!

正在撰写教案的潘菽被这轰隆隆巨响惊得不知所措,他分明感到,脚下的大地在颤抖,他的第一感觉告诉他,可能又是日机空袭重庆了。他迅速放下笔,奔出门外,只见数架敌机俯冲而至,低得连飞行人员的面目都可以看得清楚。也许这里属于郊区,距主城区十多公里,并非此次轰炸的主要目标,只见几架敌机迅速侧身

第四章 十年探路

拔高转弯，直奔市区而去。

教授宿舍建于松林坡高处，市区方向的冲天烟雾、爆炸场景看得一清二楚、真真切切，虽中大校园此次并未遭劫，但远处市区的惨状，让整个中大沸腾了！

最令人措不及防的是，5月4日，27架日机再次轰炸重庆市区，这使重伤未愈的山城更是雪上加霜。一时间，小梁子、夫子池、七星岗等处均遭轰炸，市区再度成为一片火海，就连英、法使馆、美国教堂也未能幸免，整个市区几乎毁于一旦。大轰炸过后，遍地死尸枕藉，身躯、头颅、手脚、腹脏四分五裂者比比皆是，残肢断臂、鞋帽血衣飞挂电线、树枝上的随处可见，其场景令人触目惊心，惨不忍睹。

接连两次的大轰炸，周公馆、八路军办事处、新华日报馆等都遭到了劫难，燃起了熊熊大火。

据相关史料记载，自1938年2月18日起至1943年8月23日，日本对战时中国陪都重庆进行了长达5年半的战略轰炸。据不完全统计，5年间，总共进行了218次轰炸，出动飞机9000多架次，投弹11500枚以上。

又据《扬子晚报》2011年9月5日（星期一）A2要闻版援引新华社电讯称：经过6年搜寻和统计，重庆抗战调研课题组首次对外公布重庆抗战期间确切伤亡人数和财产损失：重庆抗战期间直接伤亡 32829 人，间接伤亡 6651 人，灾民人数达到了 172786 人，财产损失价值法币 100 亿元。

重庆抗战调研课题组由重庆市委抗战工程办公室、重庆市委党史研究室组织，其发布的《重庆市抗战时期人口伤亡和财产损失》报告显示，抗战期间，"陪都"重庆遭到了日军飞机持续 6 年 10 个月的狂轰滥炸，32 个区县遭受直接轰炸，除交通要道、军事基地外，平民居住区、学校、医院、外国使馆等非军事区也成为轰炸目标。仅学校一项，就有中央大学、复旦大学、重庆大学等多所内迁及本地院校遭到轰炸。

重庆大轰炸，是世界战争史上第一次有目的、有计划、有步骤的国家战事性质的战略轰炸，也是第一次大规模地取消前线与后方、交战人员与和平平民之界限的无差别轰炸，是继南京大屠杀之后，侵华日军对中国犯下的又一滔天罪行！是重庆 3000 年历史上最悲壮、最惨烈的重大事件！

重庆抗战调研课题组成员代表、重庆市委宣传部副部长周勇说，这次披露是对历史和世界的一个交代，是对重庆这座英雄城市和人民的交代，我们不该忘记那段历史，不能因为时间的流逝而失去那些宝贵的记忆和精神财富！

第四章 十年探路

第八节 敌忾同仇

日本侵略者惨无人道的狂轰滥炸，不仅激怒了陪都重庆，也分明在全中国人民心中埋下了血债要用血来还的复仇火种。人们在掩埋亲人、擦干泪水之后，更加坚定了坚持抗战、誓把东洋鬼子赶出中国去的信心和决心。

两天来，整个重庆城区笼罩在前所未有的阴霾中。随处可闻的悲咽，让人撕心裂肺。空气中飘浮着肉体被烧焦的刺鼻气味儿以及房屋焚毁后升腾起的竹木草灰，数以千计的家庭从此流离失所，数不清的山城街巷的石阶上流淌的鲜血，昭示着无数骨肉亲人的生离死别！所有这一切，都源于侵略者的罪恶之手，如此血海深仇，岂有不报之理！

两天的连续轰炸令潘菽心绪紧缩、愤怒到了极点！据悉城区几乎一片瓦砾，想必老兄潘梓年主持的新华日报馆也难以幸免，他恨不能拥有孙悟空的本领，一个筋斗翻到老兄面前。无奈，沙坪坝至市区的公共汽车也因炸停开，许多人力车夫也因炸后乱象且世事难料而歇业避难，更有些人力车夫就在这两天里已死于炸弹之下。一时间的交通瘫痪，令潘菽陷入无限的彷徨与焦虑中。

焦灼不安的心绪不知缘何让他突然想起了昨日正是

5月4日，是"五四运动"二十周年纪念日。二十年前，他风华正茂，血气方刚，与许多爱国同学走上北京街头，反对巴黎和会无视中国要求，把战败国德国在中国山东攫取的利益全部交给日本。如今，二十年过去了，北洋军阀换成了国民政府，可日本帝国却变本加厉，大肆践踏中国大好河山，宰割中华民族子孙的头颅。面对日寇的如此凶残，而国民政府几乎束手无策，处处挨打却无多大招架之力，国民政府的软弱无力与北洋军政权的卖国行为虽然性质差异，其结果却如异曲同工。

两三天来，潘菽的心情久久不能平静。目睹重庆被炸之惨状，触景生情，让他不由自主地思念起数千里之外宜兴沦陷区的妻儿老小，国民政府的陪都所在地尚且遭受如此劫难，何况直接在日寇统治下的家乡呢？年迈的母亲怎样了？寄居在姑妈家的妻儿如何？一切都在念念之中。由于近年来邮路时通时断，家乡的境况、妻儿的安危无法及时知晓，这几乎成了他在重庆最大的不安和牵挂。潘菽的思绪飞回了故乡，飞到了离别前与妻儿朝夕相伴其乐融融的甜蜜回忆之中……

正当他沉浸于浓浓思乡之情难以自拔的时候，身边突然传来了一个稚嫩而熟悉的声音："卖报啦！卖报啦！特大新闻，重庆各报联合版！卖报啦！卖报啦！重庆各报联合版！……"

第四章 十年探路

潘菽顺着没有安装玻璃的木格窗张望后不禁心头一惊，这不是常来递送《新华日报》、《群众周刊》的报童牟小宝嘛，几天不见其面，他居然在大轰炸中大难不死。看到小宝，他一阵激动，竟冲着窗外喊出声来："小宝！小宝！"

其实，牟小宝此次前来，确有重任在身。他听见潘菽唤他的名字，机灵地左右警视后闪进了屋内，并且很是礼貌地说了声"潘先生您好"。紧接着便说道："今天没能给您带来《新华日报》，因为苍平街编辑部和西三街印刷所都被日本飞机炸了，可能一时半会儿的弄不起来。对了，我这里有潘老总写给您的字条。"说着从他那件补丁摞补丁的青灰色长裤腰间的夹层里，剥出了一张叠得很紧的字条来。潘菽接过字条细心地打开，只见上头只有很简单的几句话："有年弟见字如面：两天的轰炸，报馆及印刷部等均遭劫，暂不能出版，我与家小及同仁幸无恙，现正在加紧出版事宜。勿念。"

这是炸后潘菽得到老兄潘梓年及《新华日报》同仁情况最确切的消息，这使得他几天来一直悬着的心平静了许多。他撕碎了字条又用火柴点燃成灰，然后对牟小宝说："谢谢你小宝！现在该轮到我问你啦。怎么样？这两天的轰炸，你家怎么样？"

不料，他的话音刚落，牟小宝"哇"的一声哭出声来，泪水如断了线的珍珠，涌了下来。潘菽的心猛地一沉，扶着这个似有天大委屈的可怜孩童，把他揽在怀中，他的胸口强烈感受到了小宝在伤心地抽泣，口中喃喃地倾诉："爸爸没有了，妈妈和爷爷奶奶没有了……姐姐也没有了……什么都没有了，家被炸成了平地，要不是我在街上卖报……躲进了防空洞里……可能我也没有了……现在我什么都没有了……呜呜呜呜……"牟小宝像是在亲人的怀里，呜呜地哭个不停。

"哭吧，哭吧，记住！这都是日本东洋鬼子造的孽，早晚一天要跟他们算这笔账！"潘菽一面安慰着小宝，一面轻轻拍打着小宝的肩头，这让牟小宝感到从未有过的亲人般温暖，他猛地用力，紧紧地抱住潘菽原本不算魁伟的身躯，似乎有了坚强靠山似的。在近两年的时间里，牟小宝一直为他递送《新华日报》，他认定了潘菽是个好人，他知道《新华日报》登载的都是抗日的消息，他在警察、特务想方设法堵截《新华日报》、刁难报童的行为中悟出了一个道理，那就是，愿意订阅《新华日报》的人一定是好人！于是他在潘先生怀里大声说道："我要参加队伍，我要去打东洋鬼子！我要为爸爸妈妈、爷爷奶奶还有姐姐报仇！"

"好孩子，有志气！可是你现在还小，还不能到前方去打仗，你连枪都扛不动呢。等你再大一些，成了大

第四章 十年探路

小伙子,你就可以上战场打东洋鬼子啦!"潘菽边说边把小宝引导坐在一张木椅上,又说道:"等你长大点儿,东洋鬼子有得你打,现在说你眼下该怎么办,住在哪儿?怎么生活?家里还有其他亲戚吗?"

"外公、外婆还有舅舅。"牟小宝回答。

"他们在哪里住?你找到他们了吗?"潘菽急切问道。

"在朝天门那边,外婆眼睛瞎了,舅舅是个呆子,啥子都不会做,就靠外公在码头做棒棒军挣几个钱过生活。大前天我去找外公,他和我一起来家,寻找爸爸妈妈还有姐姐的尸首,哪里还寻得么,狗日的鬼子扔下的都是燃烧弹,把人都烧焦了,根本看不出哪个是哪个,我们就在那个地方找了几个焦人,胳膊腿也不全,就算是爸爸妈妈和姐姐,外公又请了人帮忙埋了。外公说,今后我就住他家。"小宝如同爆炒豆一般说了这番话。

"外公家没有炸?"

"幸好没有被炸到,就是下雨的时候漏得很。"

听闻牟小宝还有外公外婆等亲人可以依靠,潘菽一直揪着的心总算轻松了些。尽管也是清贫人家,且都老弱病残,但毕竟有个地方可以栖身,起码不至流落漂泊了。

想到此,反倒觉得对自己也是一种安慰。原本想为这个可敬可怜的报童做点什么,却似乎已成为多余。于是，他从床边的一只旧藤条箱中拿出了十块钱塞到牟小宝手上轻声道："小宝，这十块钱你拿着，记得交给外公，虽然不算多，却也能买些柴米油盐暂渡难关，以后若遇到难处一定记着告诉我。"

牟小宝着实一惊，接着便一百个不肯收。嘴里还一个劲儿地"要不得、要不得"地喊着。潘菽一面制止一面又压低了声音几乎用命令的口吻道："听话小宝，如果不听话，以后就不叫你送《新华日报》了！"

这话果然灵验，牟小宝听后望着潘菽迟疑了片刻，乖乖收了钱，十分熟练地打开裤腰的夹层，把钱塞了进去。接着"扑通"一声，跪在了潘菽面前，眼里噙满泪水道："谢谢潘先生！"说着"当"的一下把头磕在地上。

潘菽立即把牟小宝扶了起来，正言厉色道："谁叫你下跪的？男儿膝下有黄金知道吗？以后不管发生什么事，不能轻易给人下跪知道吗？"

牟小宝终于忍不住，眼泪唰地一下流了下来，向潘菽深深鞠了一躬，扭头出屋，很快消失在潘菽的视线中……

这天是星期六，是他们约定座谈的日子。毫无疑问，几天来人们议论的中心话题都是"五三、五四"大轰炸。这对中国人的伤害实在太深了，日寇的非人道行径，几乎使整个重庆变为废墟。数以万计的市民顷刻沦为难民，自始颠沛流离、四处逃散。

当晚7点左右，天已大黑了。潘菽有意避开对面耿姓先生的外出时间，轻轻锁上自己的房门，来到森林系梁希和金善宝两位教授同住的宿舍。进门后，除两位主人外，在场的还有他的学生陈元晖，另一位三十出头的年轻人却不熟悉。正疑惑时，学生陈元晖向他介绍："潘先生，这位是重庆大学数学系讲师谢立惠先生，绝对的自己人。"听他的口气，对方八成是党方面的人。于是潘菽上前与谢立惠先生握手致意，表示欢迎！

当晚的座谈，话题自然是前两天的日机大轰炸，座谈成了对日寇野蛮与罪恶的控诉会，成员们个个义愤填膺、情绪激动，再一次认清了日本帝国主义的侵略本性！大家纷纷发表个人看法，多方面认真分析、判断今日之局面，如此被动挨打、如此惨痛伤亡及财产损失，主要原因是国民政府长期以来抗战不力，成为抗战中说话的巨人、行动的矮子。大家纷纷表示誓与日寇共存亡的决心！

陈元晖更是一针见血地说："国民党不仅消极抗战，还有意钳制共产党方面的抗日有生力量，蒋委员长表面上说要抗战到底，不能半途而废，但是，二十多天前，他们却秘密颁布《防制异党活动办法》。防止异党活动，说穿了就是限制共产党领导的抗日民族统一战线,什么叫防止?防止就是不让共产党发展!抗战形势如此严峻,国民政府不把全部精力放在国共合作、一致对外上,而是想方设法地限制共产党、八路军、新四军等抗日力量,我们必须认清他们的企图、目的,揭露他们的险恶用心,站在人民大众的立场上,把日本侵略者赶出中国!"

陈元晖的一席话,很具有四两拨千斤的号召力,他的一些鲜为人知的"内部消息"令在场所有人耳目一新。

第九节　心明眼亮

1939年"五三、五四"大轰炸的恐惧阴影,无论如何都无法在短期内从每一个生活在重庆的人心中抹去。人们在血与火的悲愤中警醒,认识到国民政府军的积极防空火力严重不足,而消极防空设施就显得尤为重要!

在国民政府的号召下,更为了保存自己的生命财产之安全,广大重庆市民在擦干眼泪、掩埋亲人的同时,迅速投入到了一场规模空前的全城民众自建防空洞的运动当中。所有政府机关、厂矿企业、医院学校、银行商埠等,几乎全民动员。有钱的出钱,有力的出力,利用山城特殊的地理优势开挖各类防空设施。一时间,永久的、临时的、坚固的、简易的等等各类防空场所建设风起云涌。自此,重庆战时的防空能力大大加强。人们的一个共同目标是:日寇如若再次来袭,尽量减少伤亡损失,甚至让它们无功而返!

潘菽所在的中央大学也不例外,虽然当时日机较少骚扰,,但校方未雨绸缪,积极组织人力物力迅速行动,在沿嘉陵江的岩石上开凿出一排可容纳5000人以上的极为坚固的防空洞,全校师生在课余时间也到工地参加业余劳动。一时间,丁丁当当的敲凿声、轰轰隆隆的爆破声响彻云霄,常常盖过敌机侵犯的轰鸣!

据2011年时任重庆市档案局(馆)编研处副处长唐润明说:"据不完全统计,从1937年12月重庆修筑防空洞打隧道起,加上众多的私人防空设备,到1942年2月,重庆市所有防空避难设备总容量可达28万余人。而当时留在重庆市区的常住人口是42万,防空避难设备的容量已占全市总人口的三分之二。"

重庆的战时防空工程,被后人称为"当时世界各国最伟大的都市防空工程"和"人类战争史上的一大奇观!"

但是,对真正关心抗战大局的潘菽他们来说,绝不仅仅限于构筑防空工事这样的消极应对措施,更重要的是关心寻求更好的办法,尽早把气焰嚣张的日本侵略者打回老家去!关心的是延安方面是否又有新的战略构想以及目前对日战场上是否又有新的收获等等。连日来，《新华日报》被迫加入了《重庆各报联合版》，很难从正面看到或听到延安方面的声音，这让潘菽、梁希、金善宝等座谈会成员们都为此焦虑不安。

一天下午3点多钟，潘菽和往常一样，上完课回到宿舍修改他的教案。伏案中，忽听窗外传来熟悉清脆的卖报声："卖报啦！《重庆各报联合版》！声讨汪精卫卖国贼再掀高潮！卖报啦！《重庆各报联合版》！声讨卖国贼汪精卫再掀高潮……"

他断定是牟小宝来了，每次对于他的到来，潘菽都似乎具有某种兴奋感。也许一是缘于为他送来十分钟爱的《新华日报》，二来很可能又为他带来老兄潘梓年的音讯。总之几天不见他，还真有点儿莫名的失落呢。

牟小宝今日活跃得像只山雀似的，一蹦一跳的。当他出现在潘菽面前，还没等潘先生开口，便迫不及待地报喜道："潘先生，我妈妈还活着！"

"是吗？"潘菽显然十分震惊而兴奋，因问道："快说说看，到底怎么回事？"

"那天妈妈根本没在家，她是在去外婆家的路上遇到飞机来轰炸的，当时她正在通远门外，那里不远处正好有个防空隧道进口，她立即跑过去，可是还没跑进洞，一个炸弹就在她的旁边炸开了，还好，弹片只是飞出来

第四章 十年探路

刺伤了大腿，没伤着筋骨。幸好又遇到个好心的私人诊所老板收留了她，为她缝了十几针，还留在那里养伤。真没想到，昨晚我回到外婆家，一进屋，妈妈居然在那里，我真不敢相信，怕是遇到了鬼，我让妈妈抱抱我，才相信这是真的！潘先生，我真的好高兴好高兴噢……"

潘菽深深地被发生在牟小宝身上的悲喜剧感染了。他十分感慨地拍了拍牟小宝的肩头风趣地说："真是特大新闻、专版号外，可喜可贺！好了，你的喜事说完了，有没有关于我的呀？"潘菽试探道。

"当然有啦，今天我是专程来向你报喜的么。"说着从裤腰的夹层里翻出一张小字条，"给，这是潘老总让我带来的。"牟小宝像是完成了一项神圣使命似的，神情中有些自傲，也有些如释重负的超然。

那是老兄潘梓年写来的，字面很简单："有年弟见字如面，望明日晚与诸兄前来一叙，一切面谈，宰木（潘梓年又名）即日。"

"潘先生，我先走了。"牟小宝说完正待转身出屋，潘菽叫住了他，从书柜旁的一只陶罐拿出半斤红糖来交给牟小宝，说这是补血的好东西，让其带回给母亲。牟小宝没再推三阻四，仍旧是深深鞠一躬，说了声"谢谢潘先生"，转身走了。

次日下午，潘菽、梁希、金善宝等都没有多少课，按照约定,各自分别搭乘公共汽车进城,到了化龙桥虎头岩下,为防止特务盯梢,他们相继进入附近茶馆品茶,然后待机进入报馆。

这是自"五三、五四"大轰炸以来的首次兄弟相见,大嫂吴祖芳拉着侄儿固伯热情接待他们,这让潘菽感到了久违的亲情。

不多时,报馆的华岗总编,还有党方面分管报馆的吴克坚先生等人悉数到达。说话间,已到了晚饭时分。梓年夫妇早有准备,留大家吃饭,又特地买了鸡杂、一包猪头肉、一包花生米,还拿出一瓶太白酒。梓年饶有兴趣地介绍说:"这可是地道的宝鸡眉县的金渠太白酒,还是汉年去年到汉口时送我的。那是他从西安特地为我买的,我一直没舍得享用,让它随我辗转来渝。今天我把它献给各位李白式的高人,不需大家作诗,只要发表各自对时局的高见!"

其实,在场所有人都没有如李白那样的酒量,只是抿杯品味而已,梓年夫人吴祖芳为大家端上了一大盆鸡汤面,这让众人胃口大开,倍加赞赏,吃了个干干净净。

饭毕,梓年夫人又为各位沏了茶,梓年从里间拿出了一张《新中华报》让大家阅览。他说:"这是周先生(周恩来)从延安带回来的,其中刊登了毛泽东主席的重要讲话!3月12日,蒋委员长借孙中山逝世十四

第四章 十年探路

周年纪念日发表告全国同胞书,宣布实施国民精神总动员。毛泽东主席于今年5月1日,在延安各界举行的国民精神总动员及纪念五一劳动节大会上,做了题为《国民精神总动员政治方向》的演讲。请大家注意,毛泽东主席在国民精神总动员中强调了它的'政治方向'。蒋委员长在他的'国民精神总动员'规定的共同目标是'国家至上、民族至上、军事第一、胜利第一、意志集中、力量集中'。这听起来似乎也没什么错,但究其实质,仍旧是'一个党、一个领袖、一个主义'的翻版,并无新意,是用来对付和限制共产党的。在这次大会上,毛泽东主席还与在场的上万名干部群众一起宣誓,主要内容就是'反对汉奸,拥护抗战,集中力量,集中意志,干什么呢?打倒日本帝国主义,要把我们中国在危难中挽救过来、改造过来,变成一个新中国。"[①]

人家听得入神,生怕丢掉每一个字,觉得梓年传达的每一句话都特别新鲜、特别生动。听到要"变成一个新中国"的时候,更是十分亲切、无比激动!

此时,潘菽早已按捺不住了,他突然打断梓年的话问道:"老兄,你快讲讲延安方面的'国民精神总动员'

---

① 参见中央文献出版社1996年8月出版、金冲及主编的《毛泽东传1893—1949》(下)第536、537页。

的政治方向到底是什么呢？"

"这报纸上都有，那就是要收复一切失地！不达目的，绝不停止。"目的是"一定要打倒我们的敌人，一定要建设我们的新中国！"接着，潘梓年又说："毛泽东主席还强调指出，汪精卫要把力量集中到他的汉奸阵线上去，集中到降日阵线上去，行不行呢？万万不行的！有些捣乱分子、摩擦专家，不是把力量集中，而是把力量分散，对不对呢？完全不对的。所以，一切意志要完全集中在最后胜利一点，一切力量是要完全集中在抗日民族统一战线一处，绝不能够违反。有违反就要反对，就要打倒！"①

听到这里，大家情不自禁地鼓起掌来。潘菽激动地说："毛先生真乃是'以子之矛，攻子之盾'的高手啊！"

"这叫以牙还牙，在策略上真是无懈可击，十分的高明啊！"梁希禁不住赞叹道。

"我认为，毛泽东先生说的'一切意志都要集中在最后胜利的一点，一切力量要完全集中在抗日民族统一战线一处'这两句话是十分重要的，这是延安方面坚持抗

---

① 参见中央文献出版社1996年8月出版、金冲及主编的《毛泽东传1893—1949》（下）第536、537页。

战的大原则，是纲领性的战略思想！"金善宝补充道。

"另外，蒋委员长在国民党五届五中全会上所说的要抗战到底，只是把抗战到底解释为恢复到七七事变以前的状态。而毛泽东主席在这次大会上是怎么说的呢？他说：'我们要打到什么程度呢？要打到鸭绿江边！要收复一切失地！不达目的，绝不停止。'这是一个彻彻底底、完完全全的胜利！要想实现这样的完全彻底的胜利，就必须坚持抗日统一战线，团结一切可以团结的力量，也包括国民党、国民政府当中以及党、政、军、民，等等各阶层当中的抗战拥护者、同情者的力量！① 当然更包括大家！"吴克坚的话音刚落，又赢得了在场所有人的一片掌声。

潘菽接着问道："现在仅能看到《重庆各报联合版》，根本看不到我们想要知道的东西，《新华日报》什么时候能独立出版呢？"

"老弟啊，不只是你急呀，我们其实比你更急啊！虽然我们报馆遭到了轰炸，但我们的损失并不大，印刷设备只是被炸坏的房屋暂时掩埋，设备并未实质性损坏。如今的所谓'联合版'实际是由《中央日报》操纵

---

① 参见中央文献出版社1996年8月出版、金冲及主编的《毛泽东传1893—1949》(下) 第536、537页。

着主持编辑发言，对我们的稿件审之又审、严上加严，我们当然不能坐以待毙！目前我们正在积极寻找新的印刷地点，在没有选好新址之前，我们已经商量了，暂时出版油印报，不过油印报的数量不会太多，但还是公开出版，可以让报童们把报纸贴到城内外墙上去，让民众多了解目前抗战局势，多了解共产党八路军、新四军方面的情况和延安方面的政治主张等。"潘梓年回答道。

"太好了！太好了！"

大家听后倍受鼓舞，纷纷拍手叫好。都说今天不枉此行，感觉到心更明、眼更亮了！

临行前，潘梓年、吴克坚一再叮嘱陈元晖，请他照应好几位先生，注意"尾巴"，保护他们的安全。

第十节　国在心中

在国家与民族灾难深重的岁月里，潘菽远离了故乡，远离了朝夕相伴的妻儿老母，这常常让他在夜深人静时百感交集、心神难安，这是他在重庆度过的九年时间里最纠结的一件事。然而在与长兄潘梓年的紧密交往中，在与《新华日报》其他负责人熊瑾玎、华岗、吴克坚、章汉夫诸位先生的多次接触中，特别是由于梓年兄的关系，结识了周恩来、邓颖超、董必武等领导同志并在与他们多次交谈中,他对国家与民族的前途命运有了更清晰的认识,对抗战到底、建设一个崭新的中国更坚定了必胜的信心!于是,潘菽的心中便有了大爱,这个"大爱"不仅使他脱离了儿女情长的羁绊,并且逐渐冲破了知识分子思想浅显、行为寡断通病的藩篱,而逐步成为一名思想趋于成熟、行为趋于勇者的睿智之士。

在他生前与家人、与同事、与朋友、与学生甚至与所有与之交往人的谈吐中,在他为数不多的回忆文章中,他对在重庆期间的教学工作基本上是简而言之,几笔带过。但有一点却要时时表明的,那就是"我所热爱的业务在苦难的日子里仍旧时时在心"。

从一些资料上不难看出,他不仅业务时时在心,而且与国家的前途、命运紧紧联系在了一起。这一点,我们可以从他1939年发表在《读书月报》第一卷第三期的一篇题为《学术中国化问题刍议》的文章中得到佐证。更为难能可贵的是,这篇发表于20世纪30年代的文章,对学术为什么要中国化、如何中国化、对于旧学术怎样办等诸多方面观点鲜明、分析透彻、阐述全面,通篇字里行间,无不充溢着马克思列宁主义的辩证唯物主义的观点,让人今天读来仍深感振聋发聩、铿然有声!

他在回答"学术为什么要中国化"时这样写道:

"学术为什么要中国化呢？这理由是很明显。分析起来，有下列诸方面。

"第一，因为要使学术容易了解。第二，因为要使学术不变成超然的东西。第三，因为要使学术适合于中国的需要。第四，因为要使学术成为中国整个文化的有机部分。第五，因为要使中国的学术成为世界学术积极的一部分。"①

更值得钦佩的是，他在阐述学术为什么要中国化的第三点时提出并着重强调要适合中国国情。他在文中这样写道："学术是为了解决社会需要的……中国要从一个旧国家变成一个新国家，在政治、经济、国防、文化等方面都有很多需要。这种需要有待近代学术帮助解决，但外国的学术，因外国的需要而产生而前进，未必适合中国的需要。比如教育，中国在教育上的一个最大的问题是，如何能使义务教育迅速而普遍地推行。要解决这个问题，外国现有的教育理论或方法是不能直接帮我们忙的。在这里，我们就要吸取外国教育的精粹，同时参考我们社会实际的情况和过去的经验，找寻出一种理论和方法，以解决这个问题。"他在学术为什么要

---

① 参见人民教育出版社 2007 年 7 月出版的《潘菽全集》第八卷第 71 页《学术中国化问题刍议》一文。

第四章 十年探路

中国化的第五点更是观点鲜明而新颖，他这样写道："我们要把中国改造成世界上最先进、最自由幸福的国家，因此，我们就必须把中国学术提高到世界学术最高的水平。我们要使中国在学术上也成为世界上的一等国。""总之，我们要建设新中国，就必须有我们自己的学术，以解决建设上的种种特殊问题。同时，也必须建立中国自己的学术，因为新的学术是新中国的一个重要组成部分。但这种新学术的建立，必须用有机的吸收方法和同化方法，而不是用机械的搬取方法。"①

从以上文字中，让我们欣喜地看到，潘菽先生早在七十多年前，就旗帜鲜明地强调要把国外的先进学术与中国的社会实践相结合，要适合中国国情及社会发展的需要，绝不能照搬照抄，不分良莠地一味吸收。可以想见，1939年时，抗战还远未胜利，他却为建设新中国而呼喊了，可见他对抗战必胜的信心是如何的坚定！当时的历史阶段与改革开放初期邓小平同志提出"建设具有中国特色社会主义"理论相距近半个世纪，他却已经提出"必须建立中国自己的学术"了。也许，如此的远见卓识恰好与唯物辩证法的总特征"联系的观点和发展的

---

① 参见人民教育出版社2007年7月出版的《潘菽全集》第八卷第71页《学术中国化问题刍议》一文。

观点"不谋而合,与"矛盾的普遍性和矛盾的特殊性"观点有异曲同工之妙吧!

我不是一名理论工作者,更不是一个哲学家,但我却被潘先生七十多年前具备的伟大思想深深折服!他在分析学术怎样叫作中国化时写了这样的话:"我们认为西方的学术文化凡是好的,有益于人类的,我们都应该虚怀若谷地尽量吸收,不可存着自我的偏见。""我们要用吸收学术以及其他文化的方法来建设一个崭新的中国,这个中国应该是世界历史上所未曾有的。它也许超乎西方各国之上,但无论如何也将具有许多优秀的特点,为西方各国所无的。这样的建国事业是创造而不是模仿,是有机地发展而不是机械地堆砌。""归纳起来,所谓学术中国化的意义就是要把一切学术加以吸收、加以消化、加以提炼、加以改进,以帮助解决新中国建设中所有的种种问题,而同时也就使这种学术构成了新中国将有的最进步、最高水平的生活和文化的有机部分,而成为中国自己的。因为如此,也必将对于世界学术开始有宝贵的贡献,而同样是属于世界的了。"[①]

1939年,潘菽先生无论如何也无法想象中华人民共

[①] 参考人民教育出版社2007年7月出版的《潘菽全集》第八卷第71页《学术中国化问题刍议》一文。

和国的建立和成长过程中何时拥有自己的原子弹、载人飞船、高速公路、高速铁路，更不可能预想到何时会有航空母舰、国产大飞机等等等等，然而他敏锐地感到，新中国要有自己的学术，而这种学术将构成新中国最进步、最高水平生活和文化的有机部分。先生在1988年3月就永远离开了我们，他无法预知新世纪以来中国日新月异的巨大变化和进步。他却在七十多年前能够展望"这个中国应该是世界历史上所未曾有的。它也许超乎西方各国之上，但无论如何也将具有许多优秀的特点，为西方各国所无的。"①

潘菽先生对学术中国化的论述掷地有声、精辟透彻。他的文章不仅立意深刻、逻辑严密，行文也凝练犀利，极具吸引力、感召力！并且早已超出了纯学术的范畴，而承载起"国家兴亡、匹夫有责"的使命。

也许，潘先生的睿智与文采来自于他的天赋，而他的胆略，他的观点，却源自一位知识分子在国家与民族危亡时所具有的良心、爱国心、责任感与使命感！其中他的许多论述具有浓重的唯物主义的哲学色彩，闪烁着马克思主义的思想光辉！这与他常常参加各种对抗战时

---

① 参考人民教育出版社2007年7月出版的《潘菽全集》第八卷第71页《学术中国化问题刍议》一文。

局的讨论,对延安方面的仰慕,对新知识的渴求以及接受马列主义进步思想的诸多座谈会不无关系,当然,更重要的是他真正确立了正确人生观的缘故。

说到正确的人生观,我们不妨再来欣赏一篇潘菽先生用许之慈这个笔名发表在 1940 年 8 月 20 日《新华日报》上的文章——《自然科学者的人生观》。①

潘菽与梁希、金善宝等在与潘梓年及《新华日报》馆、八路军办事处等诸多党方面的同志的接触与交谈中受到极大鼓舞,政治觉悟和判断是非能力空前提高。

1940 年 8 月初,中共中央在延安召开了 5 天的工作会议,听取并讨论了周恩来关于抗日统一战线工作的报告和南方局工作的报告。会议最后一天,毛泽东做了长篇发言,充分肯定周恩来领导下的南方局工作,特别是统一战线工作有了很大发展,注意了中间势力。中间势力是一个中心问题。他强调:"中央今后的注意力,第一是国民党统战区域;第二是敌后城市;第三是我们的战区。"中共中央把国民党统治区的工作放在如此重要的地位,在以前很长时间内还没有过。②

---

① 参见人民教育出版社 2007 年 7 月出版的《潘菽全集》第八卷第 98 页。

② 参见中央文献出版社 1996 年 8 月出版、金冲及主编的《毛泽东传 1983—1949》(下)第 583 页。

第四章 十年探路

会议结束后,周恩来立即回到重庆,向南方局及《新华日报》社党内同志传达了会议精神。由于潘梓年的关系,潘菽很快便了解到了这方面的情况,在一次兄弟俩的交谈中,潘菽向梓年说到现在自然科学界比较消沉,许多学者、教授看不清方向,真正埋头研究和工作的实属少数,忘记了社会和时代的责任。一些人的工作似乎就是为了养家糊口,一些人似乎无所事事,每天玩玩牌、谈谈天或吃吃馆子。有的又被环境的困难所完全压倒,虽然也想做点工作,但认为客观条件太不利了,除了坐以待时外就毫无办法。也有一部分自然科学者虽很埋头努力,但他们只知道外国的那一套,他们所研究的问题是外国的先生们提示或暗示给他们的,并且他们研究的结果也非送到外国去发表不可!又有一部分自然科学者也可以说是十分努力,但可惜他们似乎有一点钻牛角尖的样子。他们似乎"为科学而科学",似乎以为凡是在显微镜底下看的或在试管中试验的或套上一件科学外衣的就都是宝贵的科学。自然科学在这一类学者的手里将要变成超然的东西、猥琐的东西,和社会的现实生活,也就是大众生活脱离关系的东西,总之不免有洋八股倾向。如此种种,他们一到了抗战建国这种大课题面前就显得很微弱无力!对抗战的前途和建设一个崭新的中国缺乏认识和信心。

梓年听了他老弟的一番颇有见地的话语后十分感慨,并说这是一个十分严重而绝对不应该忽视的问题,要争取想尽一切办法来调动他们的积极性,要为他们指明方向,提出目标和建议,唤起他们的觉悟,并使之成为抗日建国的力量!于是,他建议老弟撰写文章在《新华日报》上刊登。

潘菽认为,要解决这些问题,必须从思想觉悟尤其是人生观上下手,只有确立一个正确的人生观,才能由消极为积极,才能由斜路归正途。为此,他奋笔疾书,写出了约3000字的《自然科学者的人生观》一文,很快便在《新华日报》上发表了。他在文中呼吁:"我们要知道:处在现时代的一个中国科学者要像在前几年的欧美资本主义国家的黄金时代的科学者那样不负责任而清闲优游,那是不可能的了。一个中国的科学者不参加中华民族的解放斗争和建国大业以及伟大的文化革新运动,而要能产生多少有意义有价值的成绩,那是不可想象的。"[①]

他指出:"一个自然科学者所以也必须要建立一个正确的人生观!就因为科学研究也是一种社会行动……

---

① 参见人民教育出版社2007年7月出版的《潘菽全集》第八卷第100—102页。

第四章 十年探路

从事这种行动而要能产生一些积极的效果就必须正确地了解社会,正确地了解个人在社会中的意义,并正确地了解个人对社会所负的具体任务。""我们绝不能把我们自己的工作和大社会的进展运动隔离起来,我们也绝不能把我们自己与大社会隔离起来。""世界和社会都是在不绝地进展中,所以我们的人生观也应该是不绝地进展的。换句话说,我们必须有一个能随时进步的人生观。因此我们要经常地学习,经常地自强不息。"①

潘先生的字里行间,无不流露出他对当时自然科学工作者现状的焦虑,他不仅呼吁所有自然科学工作者,也呼吁每一个中国人,他说:"在抗战建国时代的中国人就应该有适合于从事抗战建国的一个中国人的正确人生观。"②

他在文章的最后以极具号召、鼓动的口吻写道:"中国的自然科学工作者们,我们应该了解到自己的任务的艰巨远大,不要像一个井蛙那样自限而把自己看得太渺小了!"③

由此可见,此时的潘菽先生,自然也让自己的人生

---

① 参见人民教育出版社 2007 年 7 月出版的《潘菽全集》第八卷第 100—102 页。
② 同上。
③ 同上。

观紧紧地与国家和民族联系在一起了!

也许连他自己也不曾想到,他已经从一个政治、学术分工论者转变成政治、学术统一论者了。

众所周知,发表如此观点鲜明的文章,在当时的国统区,尤其是在国民政府的陪都,简直是一种公开的煽动,是很忌讳的。因而,他只能用"许之慈"的笔名发表——我们不妨来了解"许之慈"这个笔名的由来。

潘菽先生的母亲姓许名棣棠,从他记事那天起,母亲始终是一位充满慈爱的女性。在他心目中,自从读四书五经那天开始,直至出国留学,母亲一直都是给予他最多牵挂、最大支持和最无私奉献的人。如今,日寇的侵略让他与老母相距数千里,恍如隔世。于是,他为自己取了许之慈的笔名,以示对远方慈母的思念和对伟大母爱的感恩。况且,用笔名在《新华日报》上发表文章,也可避免一些不必要的麻烦。

第十一节 苦涩亲情

生于1900年的潘菽先生的二妹妹潘锡文,是位名副其实的独身主义者。由于当年潘家家道中落、子女众多(潘菽兄弟姐妹共9人),加之受传统男尊女卑思想影响,潘家兄弟五人(潘梓年、潘菽、潘渭年、潘美

第四章 十年探路

年、潘卜年）均为大学毕业，而四姐妹（潘文睢、潘锡文、潘静文、潘文希）却没有这般幸运，连高中的大门都未曾进得。

潘锡文从小性格刚烈，对男尊女卑颇具反抗精神。因父亲将她许配给宜兴丁山的一个大窑户的儿子，这位公子年纪轻轻却有抽大烟（鸦片）的嗜好。锡文坚决不从，为了抗婚，1916年夏，倔强的潘锡文瞒着父母，借了一张他人的小学毕业证，只身前往上海，考进了一所教会办的助产士学校。在众兄弟及伯父的多方劝说下，潘锡文终于获得父亲的同意后如愿以偿。

1919年夏，潘锡文以优异的成绩从助产学校毕业。她原本想回到家乡，在宜兴城里的诊所谋个事做，因为当时除潘梓年外，其余如有年、渭年、美年、卜年等所有哥哥们都在读书，她想一来可挣些钱补贴家用，更主要的离父母亲近些，方便照应他们。后经一位同学的父亲牵线，她有幸被聘到当时上海有相当知名度的西医院——仁济医院当了一名妇产科护士。

从此，锡文成了潘家兄弟姐妹中的"功臣"。因为助产士学校类似现在的中专学历，所以她毕业早，参加工作早，包括潘菽这位二哥在内，依次是渭年（企之）、美年、卜年等，在求学过程中，都有锡文的心血和无私奉献。然而岁月不饶人，当这些兄长们学业有成、成家立业并相继离开家乡时,猛回首,她才发现作为女人,早已过了婚姻的黄金期。俗话说:"人过三十天过午。"对于男女之事,锡文似乎没有了激情。加之父亲过世后,年迈母亲的心绪从此一蹶不振,自抗战爆发、宜兴沦陷以后,百姓苦不堪言,年已古稀的母亲更是每况愈下,而潘家的男丁又都个个不在身边,如此一来,锡文的婚事便一拖再拖,最后干脆被放弃,渐渐产生了强烈的独身生活念头。

起初,锡文把母亲接到了上海,租了房与她同住,可母亲很难适应上海的生活,耳朵又不便,轻易不敢出门,因而总闹着要回宜兴乡下去。后来听朋友介绍说,苏州女蚕校(江苏省立蚕丝专科学校)欲聘请一位懂妇科的女校医。锡文虽是助产士出身,但她博学广览、聪明伶俐,在学校时就选学内科与外科课程,加上十几年的实践和自学,如今的锡文几乎可称得上一位全科医生了。因而没费许多周折便应聘成功。

当然,锡文从大上海转至苏州,而且女蚕校还在吴县的浒墅关,各方面环境自然无法与上海同日而语。只是迫于无奈,一来母亲不习惯都市生活,二来苏州离宜兴较近,母亲一旦想回老家也可方便些,同时还有个更重要的诱因是母亲极力赞同的,那就是学校可提供食宿。母女俩不仅生活方便,还可节省不少开销。

第四章 十年探路

没想到的是，随着苏州的沦陷，女蚕校停办。幸而不久，学校转辗前往四川乐山，虽缩减了专业，招生也较先前少，但校方还是力邀锡文前往乐山。不料，母亲突患疟疾，险些丧了命，幸亏锡文懂医，经她悉心照料，母亲才转危为安，但错过了内迁乐山时机。不过，校方仍同意锡文日后再去乐山的请求。

1938年7月，宜兴的多所中学遭日寇骚扰而停办、搬迁，欢伯被迫中断学业。危难之时，一鸣成了潘家最坚定的守护者。锡文建议大家一起逃难，而一鸣则要坚决留下来。她说她要守住潘家的祖屋、田产，有朝一日，潘家的老老少少返乡，好歹有个栖身之处。她说，你们能把欢儿带走，我就是吃再多的苦都无所为。无奈，锡文只得带着年近70岁且大病初愈的老母和17岁的侄儿欢伯开始了长途跋涉。想不到这一别，婆媳间竟成了永别，她和欢伯近十年才得相见。锡文、欢伯一行或车或船，昼夜兼程。经皖中入河南，再入湖北。一路颠沛露宿，沿路自称是孤寡无助的难民，才使得她们能够巧妙与敌伪周旋，虽历尽艰辛却一路较为顺畅。历时一月余，终于抵达武汉。

祖孙三人抵达武汉时，恰巧《新华日报》社刚从原来的民意一路大陆里4—9号搬迁至府东路150号办公，于是，三人打听清楚后叫了黄包车迅速前往。

潘梓年时任《新华日报》社社长，美年也先行到达这里，既当记者，又当编辑，同时负责收集相关情报资料等。

国难当头的非常时期，居然能够母子团聚、叔侄相亲，实属难能可贵。尤其是梓年、美年，见欢伯已长大成人，万分欣喜。又逢国民政府当局正在招收流亡学生入学，可欢伯因离家仓促，竟未携带任何学历证件。紧急关头，《新华日报》社总经理熊瑾玎先生，鼎力相助，帮他弄到一张常州中学的学籍证明。幸亏当局相关部门审核不严，只要有张证明即可，就这样，欢伯进入四川江津白沙镇由国民政府特设的第一中山中学班就读。该校于1941年并入国立第九中学。①

锡文母女已在武汉一月有余。此时的武汉，日寇步步逼近，形势已万分紧张。《新华日报》社已开始做撤退重庆的准备，欢伯已先行随入学新生启程。为安全起见，梓年、美年立即护送锡文与母亲搭上了"民勤"轮辗转前往乐山。

轮船上虽没有铺位，但每人一张藤椅式的座位还算舒适。一连几日，江上雾气较重，因而一路上并未有日机前来骚扰。经过一个多星期的航行，10月底，"民勤"

---

① 参见潘欢伯2012年12月写的回忆文字，由潘望远提供。

轮终于靠上了朝天门码头的驳岸。

码头上足有数十米宽的300多级石梯蔚为壮观，也令人生畏。锡文虽自水乡长大，但如此山城的景致还是第一回看到。母女俩小心翼翼地下得船来，驻足水边向上仰望，目睹母亲如同"金莲"般娇小双足，锡文脸上顿时堆满畏难之色。踌躇间，一位衣衫褴褛但还算强壮的年轻脚夫迅速上前搭讪："小姐，没得啥子好为难的嚒！我们这里有的就是滑竿，要不了几个钱，就可以把老夫人抬上去！"

锡文见那脚夫一脸憨直，于是与他讲好价钱，那脚夫满脸兴奋，立即招呼过他的搭档，支好滑竿，扶上潘母，并把所有随身行李也一并装进滑竿座椅内，只听得他们轻轻一声号子，似乎没费多大力气，便走完了300多个石阶。

"卖报啦，卖报，《新华日报》、《扫荡》、《中央日报》！卖报啦，卖报，《新华日报》、《扫荡》、《中央日报》！"

清脆响亮的报童吆喝声一阵阵传来。潘锡文听着，深感这一声声吆喝颇具诙谐滑稽的讥讽味道。《扫荡报》的报字被省略，一连串儿的吆喝便成了"新华日报扫荡中央日报！"锡文觉得十分好奇，于是付过滑竿资费后，便唤过那位报童。那报童破衣烂衫的以为她要买报，便一蹦一跳地奔了过来："小姐买份啥子报？"

"今天我不想买报，只想问你，这《新华日报》是在哪里拿来的？"锡文礼貌地问道。

"当然是在报馆营业部嘛。"

"重庆也有《新华日报》吗？"锡文又问道。

"刚从武汉搬过十多天嘛。"

"你说的是真的吗？"锡文惊奇地追问道。

"难道我还骗你不成！你买不买？不买我要走啰。"

"我买我买，那你告诉我新华日报营业部在哪。"

"西三街12号嘛。"那报童递过报纸回答完后上下打量一番潘锡文反问道："你打听这么清楚有啥子事么？营业部的人我认得好几个，我们还交了朋友。"报童觉得锡文母女和蔼可亲，于是一连串地说出了实情，脸上写满了自豪与得意。

"那好，我问你，你可知道报馆有位姓潘的先生？"

"你说的是潘老总，我怎么认不得？第一天送报就给我们讲了话，咦，你打听这么多做啥子么？"报童似乎有些警惕地反问道。

……

经过一番口舌之后，报童确信了潘锡文说的话，于是十分热情地为她们找来人力三轮车，并为她们一路指引，抄近路直奔西三街12号。

第四章 十年探路

梓年虽到重庆不过半月,兄弟俩却已见过多次了。

翌日中午时分,报童牟小宝为潘菽带来了"潘老总"的口信,说家里有特别重要的事情商议,请他今天务必前往化龙桥,而且还强调一个人去就可以了。

恰好这天下午并没什么重要课程安排,于是潘菽在饭后稍事歇息,便徒步至沙坪坝公共汽车站,顺便买了包侄儿固伯最喜欢吃的磁器口小麻花儿。

当他踏进梓年兄嫂那间餐厅兼会客室的堂屋时,眼前的一幕着实让他惊得目瞪口呆!44岁的他真的以为到了该眼花的年龄。眼前分明是久违的母亲半合着眼坐在梓年兄平时写作用的那把旧的已经发了黑的藤椅上,妹妹锡文正在为她轻轻地边按摩边捶着背。面对突如其来的一切,手中拎着的那包磁器口小麻花儿差点掉在地上。他的确不敢相信,可一切又真真实实。大嫂张萍卿迎上来平静地说:"真的是姆妈来了。"

"姆妈……姆妈!"从懵懵懂懂中顿悟的潘菽一个箭步冲到了母亲面前,双膝扑通一声跪扑进了母亲的怀中:"姆妈,姆妈,您是天上掉下来的么?"

此时的母亲早已泣不成声,成了个泪人。她一边扶起儿子一边嗔怪道:"快起来,快起来,都这么大年纪了还下跪,你不总说男儿膝下有黄金吗?快起来,快!快!"

潘菽仍然跪着不肯起来,并说道:"给姆妈下跪是天经地义的事,说着又把头埋进了母亲的胸膛。那情景,如同儿时扑在母亲怀里一样的娇憨、亲切。

锡文赶紧过来,搀起潘菽道:"有哥,快快起来,坐着说话,别惹得姆妈伤心不过。"

母亲破涕为笑道:"我哪里是什么伤心啊,我高兴还来不及呢!"说着拉着潘菽的手不肯松开,示意儿子坐在她的身旁。

一晃五六年时间母子不曾相见,彼此有说不完的话。想着这些年的难处,日本兵闹得处处不得安宁,老百姓背井离乡、妻离子散,潘家更是如此,八九个儿女各奔东西,尤其是美年更是惨死于日本飞机的炸弹之下。说到美年,母亲又禁不住悲从中来,涕泪滂沱。锡文、萍卿极力相劝后方渐渐止住。接着母亲又提起渭年(潘企之)来,说在上海时问过汉年,不料后来连汉年也不知道他的去向。一说是去了广西,一说又去了云南,还说他绝对不会做对不起国家的事,更不会对不起祖宗和家人。可如今一直没个信息,常年地与鑑莹(渭年之妻,当时在宜兴精一中学教书)聚少离多,三十出头也没个一男半女,怎能不叫人操心呢!说到这里,母亲突然话锋一转指着锡文又唠叨:"还有这个讨债鬼,三十七八了,还是个女光棍,你们说愁不愁人!"

第四章 十年探路

"锡文可是我们潘家的有功之臣呐！姆妈您说说，这些兄弟姐妹，哪一个念书不是她接济？就说姆妈您自己，要不是锡文，您能到这么远的地方来看儿子孙子？她有她的想法，您就随他吧。"萍卿及时出来帮锡文解围。听萍卿这么说，母亲也只好作罢，接着卿萍的话说道："也只好随她啰，不定哪天我两脚一直、两眼一闭，就什么都不晓得了，随她吧。"

在那个特殊的抗日岁月，在这个积极为抗战做出贡献与牺牲的家庭，相聚总是短暂的，亲情显得异乎寻常的珍贵与苦涩。

梓年与潘菽多么想把母亲留在重庆啊。可是他们个个心有余而力不足。不仅乏力，而是根本不具备孝敬母亲的条件。梓年这边，《新华日报》时常无辜遭到国民党军政机关与特务组织的无理干涉和阻挠，情势复杂而危险。潘菽那边，更是一个人住着非常简陋的单身宿舍，根本无法接纳侍奉老人。议来议去，只有锡文带着母亲去乐山最为妥帖。一来锡文懂医，照顾老人更胜一筹。二来乐山远离重庆，客观上更安全些。于是，短短五天的相聚过后，梓年与潘菽兄弟俩为母亲和锡文买好了重庆至乐山的船票。母子间再次依依惜别。

乐山德兴隆商号的"嘉华"轮，拖着长长的黑烟，驶离混沌繁杂的朝天门码头。锡文与母亲探出窗外，注视着梓年兄弟俩不停挥舞着臂膀,直至彻底模糊不清后才恋恋不舍地关窗作罢。船舱内同样不设铺位,乘客们自行方便,或坐木椅,或坐长条凳。那年月虽苦虽难,可人们都相互谦让、相互扶持,所有乘客之间都十分融洽。从船长到服务生都十分周到,因锡文母女是长途旅客,且又有上了年纪的老人,于是专门为她们安排了两张临窗的木椅。

重庆到乐山,轮船逆水而上。中途先泊沪县(今泸州市),后又停靠叙州(今宜宾市),七天七夜之后,"嘉华"轮终于到达了当时国民政府第五行政督察区专员公署所在地乐山县。从此,潘锡文与母亲,开始在四川乐山的长达四年的校医生涯。可是让潘家所有人都料想不到的是,母子间重庆一别竟成永诀。六年后,锡文再次来到重庆时,这位母亲已与她日思夜想的儿女们阴阳两隔了。

第十二节 看到希望

应该说,在重庆长达九年的岁月中,正是由于《新华日报》的关系,让潘菽先生在国家、民族的大灾难时期得到了迫切需要的光明和鼓舞,才使他增加了对党的认识和向往。因为《新华日报》的关系,他才有幸结识了周恩来、董必武、邓颖超及章汉夫、吴克坚、石西民、乔冠华、于刚、熊谨玎等多位党方面的人和进步人士。尤其是在周恩来、董必武等亲自授意和鼓励下，1939年初有了"自然科学座谈会"并使人员不断增多，"队伍"不断壮大。座谈会由开始交换所听到的时局消息、议论抗战局势，渐渐延伸为了解延安方面的政治主张、政策言论，后来进而学习马列主义的代表著作。例如学习由陈望道先生译注的《共产党宣言》，由杜畏之先生翻译的恩格斯《自然辩证法》，以及列宁的经典哲学著作《唯物主义和经验批判主义》等。

  通过深入学习和讨论，潘菽及其好友们反复揣摩其中的要点、节点，《共产党宣言》中极具震撼力、感召力的"全世界无产者联合起来"的口号给他们以极大的鞭策与鼓舞！他们从中理解了什么是科学社会主义，对"共产主义运动已成为不可阻挡的历史潮流"有了深刻认识。他们从恩格斯的《自然辩证法》中学会了用马克思主义的自然观和自然科学观看待和审视周围发生的一切。他们对马克思主义哲学的世界观、认识论、方法论推崇备至，开始利用这一理论体系于各自不同的研究领域和教学实践中，并使这一理论自觉成为各自提高业务研究和教学水平的步骤和依据。在20世纪40年代初的陪都重庆，国民党CC派、军统等特务星罗棋布，校内还有反动教授及三青团势力的各种眼线，在如此恶劣的政治环境中，他们居然能够定期学习马列主义学说，实在称得上难能可贵！他们的学习态度是十分认真的。据潘菽先生晚年回忆，梁老（梁希）学习得最认真，他还结合森林学写了一篇《用唯物辩证法观察森林》的论文在座谈会上宣读，博得了大家的高度评价，后来，这篇论文发表在1941年《群众》杂志第五卷第六期上。

另据著名高分子化学和高分子物理学家、中科院院士（1980年）、当时只有25岁的重庆动力油料厂研究生、助理工程师钱保功回忆："1941年，我是由一名地下党员（张申府）的介绍认识了潘菽，参加当时的'自然辩证法读书会'（即后来所说的'自然科学座谈会'）学习自然辩证法、高级科普、时事等内容的。记得当时重点学了两本书，一本是英国海尔顿的《马克思主义与自然科学》，一本是贝纳尔的《科学的社会功能》。最令人难忘的是1942年的旧历年，通过潘先生的联络，八路军驻重庆办事处请我们去吃饭。章汉夫、吴玉章、徐冰等接待了我们，大家谈得很多，畅所欲言，十分尽兴。经大家提议，当晚还向延安的自然科学者发了电报，以向他们发表新年的致贺，那晚，大家非常激动，守着那台从未见过的发报机，好像延安就在我们身边一样的热血沸腾。不知不觉，时间已经很晚了，为了避开特务的盯梢，大家约定分散而去……"①

最初的座谈仅限于潘菽、梁希、金善宝、谢立惠、李世豪等五六人。自1941、1942年前后，分别又有中大森林系教授干铎、气象系教授涂长望及附近工厂的钱保功陆继加入进来并坚持参加活动。他们的座谈每星期约定一天的晚上进行，既不张扬也并不十分保密，大家情趣相投、志向一致、心照不宣，况且是用自然科学的名义。当然，他们常把《新华日报》当作政治学习的课本。潘菽先生曾回忆："其实这个座谈活动原来是没有什么名称的，也没有想到要有一个什么名称。但后来对外有了一些联系，在谈到它时，就姑且名之为'自然科学座谈会'。这个座谈会和刚来重庆不久参加的'中国学术研究会'的自然科学组的会有交叉，如谢立惠和我两方面都参加，和吴藻溪同志有时也有联系但又不是一回事。这个会内部是很和好的，可以说没有什么意见分歧，更没有什么争吵。这个会成立后党就知道的。此后，《新华日报》馆有什么纪念会之类不仅邀请我去参加，也邀请这个会的一些人去参加，但不一定是全体。"②

---

① 参见由李令节提供的钱保功先生于1981年撰写的回忆文字信件影印件。

② 参见人民教育出版社2007年7月出版的《潘菽全集》第十卷第278—279页。

由于潘梓年的关系，加之潘菽当时在重庆是个众所周知的"单身"，因而，到化龙桥看望兄嫂顺理成章地成为他有机会堂而皇之地进入《新华日报》馆的最好理由。这也水到渠成地成了许多进步教授与党方面更多接触的桥梁和纽带。

1943年12月27日，报童牟小宝照例带来了潘梓年的字条，叮嘱他与梁希、金善宝、谢立惠等几位务必于次日晚饭前赶到《新华日报》馆，说周先生、董老（董必武）等有重要事情与大家座谈商讨，其中还特别强调梁希先生务必前来。牟小宝走后，潘菽无论怎样猜度都不知其所以然，就连梁希、金善宝等也都个个一头雾水。

次日，潘菽、梁希、金善宝、谢立惠等相继于晚饭前到达《新华日报》馆。此时周恩来、董必武等已经在那等候了。彼此间早已熟悉，气氛宽松自然而亲切，谈笑间，潘梓年请大家进入餐厅。约三十平方米的餐厅里摆了两张圆桌，门口的圆桌上还铺上了洁净的白色桌布，十二张旧木椅围列整齐，桌上已摆了满满一桌菜肴。虽非山珍海味，但一些重庆特色尽列其中，色香味自然十分诱人。

见此情景，潘菽、梁希一干人等十分愕然，均感有些不知所措。正窘促间，只听潘梓年高声招呼道："诸位先生请坐，不必拘礼，今天是周先生、董老请大家一聚，题目嘛……还是有请周先生点题吧。"

在宽松友好的气氛中大家已团团围坐，听梓年如此说，大家不由自主地热烈鼓掌。周恩来笑着说道："梓年兄还卖了个关子，把球抛到我这边来了。好吧，那我就不客气了。"他边说边笑容可掬地看着大家，紧接着又说："今年1月11日，我们在曾家岩（八路军办事处）庆祝梓年兄的50岁生日，今天我们在这里用薄酒素菜，请大家来一同庆祝梁老的六十大寿！"

经周先生一说，大家这才如梦初醒、恍然大悟！令大家无论如何都想不到的是，在共产党内如此位高权重的领导人，居然能在百忙中想到一位教授的60岁生日，还能亲自为他祝寿！正当大家议论纷纷、激动不已时，只听周恩来提议道："让我们大家举起杯来，为梁老的六十大寿、为梁老的身体健康干杯！"说完，大家兴奋地纷纷举起酒杯，向梁希表示道贺。

如此亲切友善的氛围，如此热烈隆重的场面，不仅令大家出乎预料，更是让梁先生意想不到，尤其让他深感受之有愧和内心不安的是，周先生一口一个"梁老"（梁希比周恩来大15岁）的称呼。于是他站起身来无比深情地说："谢谢周先生、董先生，谢谢在座的各位先生、同仁，我在重庆无家无室，有了这样一个大家庭，真使我温暖之至！"

接着，周恩来又再次为大家祝酒，并说：'中国需要科学家，新中国更需要科学家，不管道路如何曲折，新中国总要到来。现在是举步维艰，到那时就大有用武之地了！'"①

席间，周恩来又谈起仔细拜读过梁希先生的那篇《用唯物辩证法观察森林》的论文，他说尤其对文中写到的"依照自然界规律，正在腐朽的旧枝叶，早晚要消灭的，它不过是一时苟延残喘，作最后挣扎罢了，所以，林学家要认识树木本身的内在矛盾，把它揭露出来，应该留的留、应该剪的剪，此中没有调和妥协之可能"②一段十分欣赏，并称那是自然科学和实际相联系的良好开端，并说自己也从中学到了不少林业方面的知识。大家对周先生惊人的记忆力和博学才识十分钦佩，唏嘘不已。

虽然是为梁希祝寿，但参与的如潘菽、金善宝、李士豪、干铎、涂长望、谢之惠等个个激情满怀、心潮澎湃，好像有一股无比巨大的力量鞭策着他们要更加辛勤努力地工作、学习，准备去迎接新中国的建设任务！也让他们更加清楚地看到了中国的希望，这一希望就在延

---

① 参见南京林业大学 2009 年 11 月 11 日由"廉政文化网站"《林苑清风》栏目发布的《廉政文化景观说明》。

② 参见中国林业出版社 1983 年出版的《梁希文集》第 94 页。

安，就是中国共产党。谁能拯救这个国家？只有中国共产党，马克思列宁主义，别无他途！这种认识上的大转折，不仅仅是潘菽，也包括在座的诸位专家教授。

第十三节　呼唤民主

自1939年9月9日在重庆召开第一届国民参政会四次会议起，中国共产党和各民主党派的参政员就强烈要求国民党结束党治、实施宪政。中共参政员毛泽东、秦邦宪等7人在《我们对于过去参政工作和目前时局的意见》中提出要实现战时民主、严惩对民众和青年的非法压迫行为，切实保障人民有言论、出版、集会、结社及武装抗战之权利，加强抗战党派之精诚团结。章伯钧等36人向大会提出《请结束党治实施宪政以安定人心发扬民主而利抗战》案，救国会参政员王造时等37人提出《为加紧精诚团结以增强抗战力量而保证最后胜利》案，也提出了开放民主、实施宪政等要求。9月16日，经过激烈争论，大会终于审议通过了《请政府明令定期召开国民大会、制定宪法、实施宪政》案。同年11月，国民党召开五届三中全会，表示接受国民参政会的决议，决定于1940年11月12日召开国民大会，制定宪法。

然而，1940年9月18日，国民党中常委却以"各地交通受战事影响，颇为不便"为借口，宣布国民大会不能按期召开，会期另定。这一决定充分暴露了国民党热衷于一党专政、假民主、真独裁的真实面目。

其实，早在1940年2月，毛泽东在延安各界宪政促进会成立大会上，就已揭露过国民党蒋介石所谓实行宪政的欺骗宣传。指出国民党顽固派历来就是反对宪政的人，现在却口谈宪政。"他们是嘴里一套，手上又是一套。""他们一面谈宪政，一面却不给人民丝毫的自由。""他们是在挂宪政的羊头，卖一党专政的狗肉。"

1944年春，抗战已进入关键阶段。摆在全中国人民面前的首要任务是夺取抗日战争的最后胜利。而要实现这个目标，唯有实行民主与增强团结而别无他途！

在党的抗日民族统一战线的积极影响下，各方面争取民主宪政的团体又纷纷行动起来。

1月3日，沈钧儒等各民主党派人士26人发起宪政问题座谈会。董必武在会上指出，民主是讨论宪政的先决条件，民生更是动员人民参加抗战、加强团结的先决条件。没有民主，没有言论、出版、集会、结社的自由，就不能实现人民总动员，也不能认真地由人民研究"宪草"，"宪草"也就不可能实现。

1月5日，由黄炎培、张志让等民主人士创办的《宪政月刊》社召集了宪政座谈会，与会人员纷纷要求实行民主。

3月1日，中共中央给各中央分局并各区党委发出《关于宪政问题的指示》，决定共产党参加此种宪政运动，以期吸引一切可能的民主分子于自己周围，达到战胜日本与建立民主国家之目的。

3月12日，周恩来根据中共中央指示精神，在延安各界纪念孙中山逝世19周年大会上发表《关于宪政与团结问题》的演讲，他指出："我们要主张实行宪政必须保障人民的民主自由，开放党禁，实行地方自治，这是最主要的先决条件。当前各地人民的宪政运动，一致要求实施宪政，要先给人民以民主自由，只有有了民主自由，抗战力量才能源源不绝地从人民中涌现出来，反攻准备才有坚实的基础。"①

延安方面的这些言论、方针、政策，通过《新华日报》潘梓年等同志的传达，在潘菽、梁希、金善宝、谢立惠、涂长望、李士豪、干铎等"自然科学座谈会"成员中引起了强烈反响与共鸣。这些进步高级知识分子们纷纷表示，一定要尽最大努力，为争取民主、反对党治、加强全民团结、夺取抗日战争的最后胜利而奔走呼号。

---

① 参见华龙网2009年3月25日发布的"坚持抗战争取民主的旗帜——《新华时报》和《群众》周刊"一文，编辑：刘莎。

《新华日报》创刊四周年前后，周恩来根据中央的决定，指示潘梓年等在该报开辟《友声》专栏，以便让更多的民主人士有说话的地方。据《新华日报》有关史料记载，当时经常为《友声》专栏写文章或发表访问记的有郭沫若、沈钧儒、陶行知、沈雁冰、邓初民、黄炎培、马寅初、许德珩、舒舍予（老舍）、翦伯赞、侯外庐、张申府、张西曼、潘菽、梁希等人。

《新华日报》始终奉行"为人民讲话，让人民自己讲话，讲人民自己的话"的办报方针，一向大力宣传全国团结抗战的重要性，揭露日本帝国主义在中国犯下的罪行，全面报道中国军队（当然也包括国民党正面部队及爱国将领的重大战役）在各个战场的作战形势与战况，不像国民党办的《扫荡报》、《中央日报》那样，造谣、说假话。"自然科学座谈会"成员们一致认为，在《新华日报》上发表文章最有分量，最能引起各界群众的注意和共鸣。

为此，潘菽以饱满的热情投入到了宪政运动当中，他以笔为武器，连续以"许之慈"、"许庶"为笔名，分别在《新华日报》上发表了《宪政的基石是实现民主》[①]

---

① 原载《新华日报》1944年3月17日。本人参阅《潘菽全集》第八卷第169页。

和《民主需要科学》①两篇文章。

潘先生在他的《宪政的基石是实现民主》一文的开头便旗帜鲜明地写道:"我们现在大家从事研究宪法、促进宪政的时候,似乎须要弄清楚我们的宪法和宪政的任务。明白了中国的宪法和宪政的任务以后我们才能清楚知道我们的努力所应采取的步骤。我们需要知道什么事情是先,什么事情是后,什么事情是首要,什么事情是次要。假如因为没有把步骤弄清楚,以致我们步伐不一致,步伐不一致则力量变成散漫而不能齐一,那对宪政的推动是颇为不利的。"

他在强调推动宪政运动中必须认清形势和团结一致的重要性的同时,又针对"五五宪草"(国民党立法院于1936年5月5日通过的《中华民国宪法草案》)中维护国民党一党专政、维护蒋介石个人独裁的反民主、反人民的实质,从中国宪法和宪政的任务、民权和宪法宪政的关系、政治自由和道德自由的意义、妇女的权利地位、人民的选举权与政权等诸多方面与现实进行对照剖析并加以批评。他强调:"所谓政治上的自由,扼要言之,就是不容许人民的自由受到欺凌或压制或剥夺,如

---

① 原载《新华日报》1944年8月31日,本人参阅《潘菽全集》第八卷第174页。

此而已。法律的基本目的是保护人民的自由，而不是限制人民的自由！"

在文章的结尾他说："归根结底说，应该是先有了民权，给予人民民主权利，才能实现宪政，宪政才不会落空。要实现宪政，要有一部比较完满的宪法，还得从立即实现民主做起！"

潘先生在《民主需要科学》一文中，从一位自然科学工作者的立场出发，以科学为命题，用辩证唯物论观点，呼唤和阐述科学需要民主、民主需要科学的重要关系，强调"民主是一切的前提"。他在文中又写道："但问题是现在的中国还没有实现民主，还正在努力之中，人民的力量还没有发动起来，而反民主的潮流却在许多地方显示出'道高一尺魔高一丈'的形势。在这个时候，我们最需要清醒、最需要明是非辨黑白。换句话说，我们最需要科学的知识以发展我们的力量，使我们渐渐地把自己国家的命运掌握到手中来。"

在当时那个国民党独裁、特务当道的艰难时代，潘菽却在报上公开表达自己呼唤民主的鲜明立场，并用尖锐辛辣、极具战斗力的笔触抨击时弊、直抒胸臆，如此犀利的文笔似乎与潘先生一生固有的沉静内倾不符，甚至形成了强烈反差，由此可见，此时的潘先生，已经在思想上日趋成熟、政治上更加坚定，且已成为一名积极

第四章 十年探路

的马克思主义的信仰者、共产党和延安方面的追随者、抗战必胜的拥护者、民主建国的宣传者。

锡文和母亲赴乐山，转眼便是两年有余，期间也曾经历日机的轰炸。所幸的是从锡文偶有的来信中得知，她们母女还算安好，只是母亲的身体似乎大不如从前。随着战事的吃紧，物资愈发匮乏，物价飞涨，好在锡文的薪水还能勉强维持母女生计，而不必再由潘菽兄弟们接济。

1944年秋，尽管抗战时局仍可用艰苦卓绝来形容，但从《新华日报》馆和八路军办事处传过来的诸多令人振奋的消息看，延安方面迅速开辟的河南、苏浙皖等敌后根据地准确而有效，并且收复了大片大片的失地，战略大反攻形势日趋明朗。由此可见，抗日战争最后胜利的到来已为期不远了，中国有救了，中国的四万万五千万同胞有救了，百姓们终于要有出头之日了！

与国家前途命运息息相关的每个中华儿女都将苦尽甘来，潘先生的长子欢伯无疑是其中之一，1941年仲夏，潘欢伯从当时国民政府教育部特设在重庆市江津县白沙镇的第一中山中学（后并入国立第九中学）毕业后，即考取了国立中央大学工学院土木工程系。位于重庆西南长江要津的江津县距重庆70多公里。在那里读高中的近三年里，欢伯从未去重庆看过父亲。作为一名完全依靠政府贷金勉强维持读书、生活的穷学生，他没能力也根本没条件去重庆。在那全民抗战的艰难岁月里，物资匮乏，米珠薪桂。当时的学校又几乎都是难民学校，师生生活艰苦卓绝。学生每日三餐，两稀一干，霉米蒸出的"八宝饭"，鼠粪、砂石一应俱全。即便如此，也只能维持半饱而已。这样的环境，欢伯已经很知足了。

岁月匆匆，转眼之间，潘菽与一鸣离婚已有十年。欢伯已从当年一个不懂事的孩子渐渐理解了父母之间所发生的事，十年间，欢伯虽从未见过父亲，但他却本能地尽最大努力通过各种渠道了解和关注父亲的境况。冥冥之中似乎有一种无形的动力，让他义无反顾地去投考父亲任教的中央大学。

潘菽长子潘欢伯中央大学毕业照。（照片由潘望远提供）

1941年秋，当一个虎虎生风的大学新生，敲开松林坡坡顶潘菽教授宿舍的房门，并声称他是潘欢伯时，潘菽一双顿时湿润了的眼睛紧紧盯着他上下打量并赞许道："好啊，好。我们潘家都学的文科，你却考取了工科，好，很好。"

虽然父子俩同在中大，但是，懂事的欢伯却从不轻易去打搅父亲，因为他深知，父亲需要安静的工作、学习环境。只是到了1943年，欢伯恋爱了：那是一次与女性颇有些戏剧性的邂逅……

1943年秋新学年开学时，历史系新生、一位宜兴同乡潘挺芝，带着她的校友、考取地理系气象专业的陈光烜（浙江绍兴人）一起来校报到，由于不熟悉一些手续，于是拜托欢伯予以协助。作为学长，又是同乡，欢伯毫不犹豫地伸出援手，帮助她们一一办理入学手续。真可谓"有心栽花花不开，无心插柳柳成行"。欢伯的热情、友善在陈光烜心目中留下了极深印象。久而久之，逐渐产生爱慕之情，两年后便到了谈婚论嫁的程度。欢伯这才不得已禀告父亲。他把光烜带到父亲面前以请示下，潘菽得见他们自由恋爱，且光烜又是亭亭玉立、知书达理，心中甚是欢喜。欢伯永远不会忘记1945年2月24日（民国三十四年二月二十四日），在那个条件十分艰苦的岁月里，迎着抗战即将胜利的曙光，潘菽破天荒地在沙坪坝松鹤楼饭庄专设一席，为欢伯、光烜完婚，还为他们在当时的《大公报》上刊登了结婚启事。那天还特地邀请了梓年兄嫂、金善宝教授及光烜的几位亲属等共同为他们庆贺。父亲亲自主婚并操办婚宴，如此父爱和关怀给欢伯的一生留下了难以磨灭的印象，直至2014年，时年94岁高龄的欢伯仍旧念念不忘。

然而，正当潘菽与他的挚友们为抗战胜利指日可待的消息欢欣鼓舞，也为欢伯成婚而欣喜的时候，一个噩耗无情地传来。这噩耗给潘菽当头一棒，几乎将他击倒！这噩耗来自妹妹锡文从乐山寄来的一封短信，她在信中写道：

大哥、有哥见字如面：

今特手书哀告两位兄长，妹德不修，未尽忠孝。东洋恶魔，害我母女颠沛流离，乱世不灭我身，却灾及慈母。前日雷雨倾盆之夜，母大故。最令悲切者，见母奄奄中仍念及所下九子女，嘤嘤呼唤其名。可叹，任凭她老多有不甘，眼前只有妹孤身只影服侍左右。呜呼！哀也！

母已火化，见信后不日吾将至渝，然捧母还乡，叶落归根！万望两位兄长节哀顺变，一切面谈。顺致安康！

妹：锡文谨启

潘菽手捧信笺，百感交集。回想前年，锡文与母亲突然来渝时那短暂的团聚，古稀老母还亲手为儿缝制了一双布鞋，如今就穿在脚上，睹物思人，母亲却永远地走了。想到此，一向宠辱不惊、遇事淡定的潘菽忍不住悲从中来，泪水模糊了视线……

第十四节 捧母还乡

由于岷江枯水，乐山至叙州（宜宾）航运时断时续，耽搁数日，潘菽兄弟数次到轮船码头迎候未果。这日，锡文手捧着母亲的骨灰抵渝，终得兄妹相见，自是一番伤感。

作为长兄，梓年捧过母亲骨灰，顿时泪如雨下，潘菽在侧亦是泪水涟涟，反倒是锡文不断安慰两位兄长。一时间，潘菽叫过挑夫，将锡文行囊悉数运抵街口，兄妹分乘两辆人力车，直奔虎头岩潘梓年住处。

锡文执意要只身带母魂归故里。潘菽、梓年则认为目前国统区、沦陷区犬牙交错、战事频频，关卡重重、多有凶险。锡文却说："我一个40多岁的'黄脸婆'又不是什么'花姑娘'，难道怕遭劫不成？再说上次来渝，我已有了经验，加之如今东洋鬼子大势将去，想必大多龟缩堡内，我可稍加装饰，扮成农妇灾民模样，绝无大碍的。"

兄弟俩拗她不过，又胸无良策，更苦于没条件护送，于是只好千叮咛万嘱咐地让锡文一路加倍小心罢了。

宜兴，自古鱼米之乡，在沦陷后的八年抗战中，这里始终是日伪采购军粮的重要地区。1944年秋，正是新米上市之际，驻守丁山的日寇每天由伪军和汉奸领路，分乘一艘汽艇和几条木船，奔赴各村各户抢购。一天，一艘挂着"太阳丸"旗的小汽艇带着两只木船在双庙头村的河埠靠了岸。听到汽艇声的时候，绝大部分老百姓就料定鬼子又来抢粮了。六七年来，日伪军抢购成风，说是购实则抢。那年头，绝大多数田亩都在地主手中。佃户每年交的租粮要占到五六成。可当时一季秋稻每亩顶多能收二三百公斤，除了交租，各家各户自家生计都难以保障，哪还有多余的粮给鬼子吃？再说，日伪横行乡里，烧杀抢掠、无恶不作，百姓个个恨之入骨，因此每到夏秋两季收获时，家家户户都想方设法地藏粮、埋粮，尽量减少损失。

靠岸的汽艇跳下来七八个鬼子，叽里呱啦地指挥着几个伪军和民夫进村。更可气的是为了不让民夫逃跑，每个民夫的脸上都画上了大大的红圈作为标记，让人看了十分气愤！

这天，双庙头村上，除了少数几个老太婆之外，几乎空无一人。鬼子和伪军们犹如一群疯狗，他们荷枪实弹，挨家挨户地砸门。一时间，爬阁楼、搜柴房、捅鸡窝、钻猪圈，酷似饿狼扑食，有米拿米，见鸡捉鸡。每次下乡扫荡，总是弄得各村鸡飞狗跳，烟火连天。

双庙头是个有着一百几十户人家的大村，十几个日伪兵分散开来，威慑力大大降低，就连一些不识字的老太婆也敢顶他们一句两句。

临近中午时分，在丁蜀镇上东坡中学教体育的潘菽夫人庄炳松从学校回村，刚踏上家门前的石场，便遇上一个鬼子用刺刀抵在邻居70多岁老奶奶的腰间要鸡蛋。老奶奶回答没有，那鬼子的刺刀尖就使劲往腰里捅，疼得老奶奶哎哟哎哟地喊！鬼子仍旧逼问："鸡蛋的有？不拿鸡蛋撕拉撕拉地！"吼叫的同时，那刺刀尖又进了一步！在这千钧一发之际，庄炳松一个箭步冲上去，一手抢住鬼子的刺刀朝天托起，并对鬼子说："有话好好说，你要什么冲我来，不要对老人家这个样！"

鬼子见她如此举动吓了一跳，立即吼道："你的什么的干活！撕拉撕拉地！我要鸡蛋的有？"

"鸡都让你们抢光了，哪还有什么蛋呀！"庄炳松镇静地答道。说完她从夹袄衣袋里摸出一块银元塞给鬼子兵："我这儿有块银元，能买几十个鸡蛋呢，给你，蜀山街上有的卖，你自己去买吧。"

鬼子接过银元吹了一下放在耳边细听，确信是真的，于是立即收起枪，伸出大拇指，得意地大笑着道："幺西、幺……西，大大的良民！幺……西。"

庄炳松这一幕,躲在大门里的姐姐庄炳金看得一清二楚,早已吓出了一身冷汗。鬼子走后,邻居老奶奶千恩万谢地朝着她作揖,庄炳金顾不了许多,拉起炳松进屋插上门栓道:"你快把人吓死啦,你吃了豹子胆啦?你在哪里变出来的银洋钱呀?"

"那还是五年前姑妈给的呢。原本想用它捉一只小猪来养养的,后来一想,养大了也免不了被东洋兵抢去,还是算了吧,想不到还是给了东洋鬼子!"

"阿弥陀佛,只要我们平平安安。等到宁堡爸爸回来就好了。对了,今天早上吕四爷(双庙头村的一名地主)又派人来要债,讲的话很难听的……"

庄炳松着实尝够了地主逼债的滋味儿,加上做"亡国奴"的胆战心惊,她心里恨透了这个时代,恨透了无恶不作的日伪军和汉奸翻译。可是恨归恨,日子还得熬下去,剩下的三个孩子、三个大人不能再有什么闪失。若不是实在被逼无奈,一般她是不会向吕四爷借钱的。可恼的是,国统区和沦陷区之间有层层障碍,经常邮路不通,潘菽不能及时接济,这使庄炳松带着孩子们的日子更是几度濒临绝境,几天揭不开锅是常有的事。姐妹俩议起当下的难处,不禁又一次潸然泪下。

庄炳松一家客居此地,自然没有田地可种,一切家用开销全靠她一个人的微薄薪水和潘菽的接济。炳松的

第四章 十年探路

薪酬是一年十担稻谷,碾成糙米,也只有七担多点,这对她们这样六口之家来说只能是半年糠菜半年粮地苦撑着,而潘菽却是常常几个月寄不来一文钱。因而,举债度日实是无法避免的事了。

这天晚上,吕四爷听说庄炳松从学校回来了,又差了阿六(吕家二管家)前来要债。炳松央求阿六再宽限几天,说先生这就快寄钱来了。

听了这话,那阿六叼着洋烟斜着三角眼一脸看不起的样子嘀咕道:"寄个球啊,你昨天说寄,今天说寄,明天还说寄,寄了几个月了,寄来了吗?怕不是你那教书先生又有了新欢,早就把你忘了吧……嘻嘻……"

"滚!你给我滚!"庄炳松受到如此人格侮辱,实在忍耐不住了。骂完阿六,她自己也嘤嘤地抽泣起来。

正在这时,宁堡高小同学周年生的母亲顾凤大走了过来,听到阿六说出如此下作的话语,随口骂道:"你放这种屁不怕天雷劈死你呀,你个二狗腿子,积点德吧,当心哪天东洋鬼子一倒台,你连钻地洞都来不及!"

顾凤大是村上有名的火炮筒、将军脾气,而且还专爱打抱不平什么的。

阿六听了顾凤大的挖苦很不是滋味儿,觉得在庄先生面前丢了面子,于是冲着年生娘白了一眼嘟囔道:"要你来狗捉老鼠瞎管什么闲事!"

顾凤大一听阿六在顶她,火药捻子一下子着了,伸手点着阿六嚷起来:"你个臭阿六,老子今天这桩闲事就是管定了!放个屁!庄先生欠你家吕老四多少钱?"

"干什么!你替她还呀?"阿六故意装腔作势挤兑她。

"不行呀,你个狗眼看人低的东西,我就替她还了!"顾凤大斩钉截铁。

"你这不是吃饱了饭撑的吗?"

"少废话,立个字据,跟我到家拿钱,多少?"

"本金10元法币,利息5元。"

"多少天呀?这么多利!"

"一个月啦!"阿六答道。

"你们也太贪心狠了吧?这跟抢钱有什么两样啊?你们是东洋鬼子一个娘胎里滚出来的呀,早晚有一天遭报应!"

"我又说了不算,我来也不过是照规矩办事罢了。"阿六不想再让顾凤大挖苦下去,立即改了口气,软了下来。

"好好好,我也不高兴同你咬口舌,写个字据吧!名你娘格十件①!"

"那怎么行呢?怎么好给您添这么大的麻烦呢?"

---

① 宜兴方言,意为好大的显摆。

第四章 十年探路

庄炳松急忙拉住往家走的顾凤大央求道。

"庄先生，我也可以叫你一声舅母（顾家与吕家也是表亲），你要是看得起我，这事就这么办！什么时候你家潘先生寄钱来，你什么时候还我就是了，我绝不会要利息的。"顾凤大快人快语，说完就领着阿六往家走。

如此热心肠的年生娘在那种非常时期雪中送炭的事，直至几十年过后，庄炳松九十高龄时还念念不忘，包括她的儿女们，至今都心存感激！

锡文按照两位兄长的嘱咐，离开重庆后绕道贵阳、昆明、过桂林，历尽艰辛，终于到达香港。再由潘汉年的关系，帮她乘上了一艘外籍商船，经过五天五夜的海上颠簸，总算回到了阔别近七年的上海滩。在上海，锡文通过昔日仁济医院同事父亲的相助，找到了回宜兴的木船。同船的大约有六七个人，每人交 10 元法币后上船。上船后，船主一再交代各项注意事项，让大家随时做好准备，一旦被日本兵查问，一定要编好充足理由，尽量做到对答如流、不要慌张。乘客们被船主的一番提醒弄得颇有些心惊肉跳，幸亏锡文已有诸多阅历，心情似乎比其他人平和些。事情果真不出船主所料，自北新泾附近上船不久，便见一艘日本汽油船尾随追来。五六个日本鬼子荷枪实弹，站在船头哇哇乱叫、杀气腾腾，说是逃走了支那兵。多亏了船上六七人均为上了年纪的女眷,且一个个面黄肌瘦、邋里邋遢、毫无姿色可言。日本兵上得船来,用刺刀挑挑各自随身物件,均未发现有何实质性东西,觉得讨了个没趣儿,于是顺手拿走了一位女客篮中的几枚熟鸡蛋后,便咿哩哇啦地离船而去。

被鬼子这么一通折腾,锡文的心也被吊到了喉咙口,幸而没出什么大事,总算又逃过了一劫。

苏州河上的一场惊心动魄,船舱里的女客们个个被吓得魂飞魄散。但接下来的航程还算安稳。船主为保险起见,建议大家改走小河小汊,尽量避开与日军汽艇交会。虽然如此要多走一日两日,但众女客还是接受了。

进入宜兴界,众人的情绪开始逐渐高涨起来。大家纷纷向外张望,锡文尤为迫不及待。然而,眼前的一切着实令人酸楚,映入眼帘的不再是昔日的锦绣江南,船两旁掠过的是一片片焦土与瓦砾,周边村庄集镇几乎处处鸦雀无声、毫无生气,满目的残垣断壁让人心碎。那些分明是飞机投弹被炸过的房屋突兀地矗立着,眼前的一切令人刻骨铭心!

就在年生娘为庄炳松还债不到半个月光景,11月初,突然陆平老家差人来把两封书信交到炳松手上。一封是锡文写的,请炳松全家速去陆平为婆母奔丧。一封是锡文从重庆带回的潘菽的亲笔信,信内说明让锡文带

第四章 十年探路

回三百元，并嘱拿出一百元办理母亲丧事，另二百元补贴家用。锡文也在信中说明，有哥带回的款项，见面后会如数交还。接到两信后，虽然婆母的归天令她惊诧与伤感，但丈夫能托人带回讯息和款项，却实又让她的心情顿时轻松了许多。当下，炳松速到大姑妈处，此时大姑妈也早有人报了丧信，无奈她已年事已高，不便过劳走动，于是从怀里摸出五枚银元道："我已令梅生的儿子备船去了，看来我是去不了了，你代我向他们打个招呼，这五块银元钱是我的白份①，抓紧点，现在起程，到家也要黑了，去吧……"

庄炳松带着宁堡、宁珊、宁思三个儿女乘船到达潘菽的老家陆平村时，已接近黄昏。这是她第一次踏上丈夫的故土，于是惹来了诸多村民争相围观。虽然当时的宜兴民众仍旧在日寇的欺压下苦熬着，但炳松毕竟是个文化人，无论仪表仪容、穿着打扮，甚至举手投足都让人觉得与当时乡民颇有不同。她们刚一上岸，就见得一些村民交头接耳、窃窃私语地询问来者为何方人氏。当前来迎接的锡文称她为二嫂时，众人更是惊诧不已。此时，突然有村民喊道："噢……晓得了……晓得了，是有年的小孅孅（宜兴方言指小老婆）！"他这一声高

---

① 给办丧事送的份子钱。

喊,犹如晴天霹雳,立刻在乡亲们中间炸开了锅!与此同时,几十双眼睛唰地一下投向缓步上岸的庄炳松。

炳松是上海嘉定人,同属吴语系,加上她已在宜兴生活了七八年,对宜兴方言早已了如指掌。那位村民的喊声她听得真真切切,乡亲们议论纷纷、窃窃私语的诡秘神情令她刻骨铭心!她无论如何也无法理解,她这位明媒正娶的堂堂教授夫人,在乡亲们心目中竟然成了一名毫无地位、名分低下的"小老婆"。这究竟从何说起,缘何而论?此时此刻,无数个问号在她脑海中盘旋,许多个假设在心中涌现,她百思不得其解。面对众多表情怪异的陌生面孔,她深感莫名其妙、无地自容,像个做错了事的孩子一般,企图尽快摆脱这种令人尴尬的窘境。于是立即加快脚步,在锡文的引导下,逃也似的直奔潘家大门……

正是这次"小嬷嬷"事件,在庄炳松心中打下了深深烙印,她强压怒火,决心有朝一日与丈夫见面时一问究竟,还她以公道,洗涮这一"奇耻大辱"。她哪里知道,是丈夫对前妻离婚时提出的两个条件的承诺,埋下了"小嬷嬷"事件的祸根呢。

虽是在日伪统治下的非常时期,潘家的丧事不可能像从前那样排场,但苏南地方的一般民俗程序还是要照例进行的。只是潘家昔日门庭鼎盛、人丁兴旺的景象不再,尤其令人伤感的是,除了请来的"举重"①和一些远房亲戚外,潘家几乎没什么男丁在场。多亏潘菽的儿子宁堡当时已有十二三岁,是个半大的小伙子了,于是凡需孝子出面的风俗礼仪如"讨七姓"②"跨火盆"③"哭竹棒"④"坐夜"⑤等等都在司仪的指导下由宁堡完成。整整忙了三天,潘母许棣棠与丈夫潘菉华合葬,终于落叶归根、入土为安!

第十五节　志同道合

1944年4月起,日军向国民党战场的平汉、粤汉和湖桂铁路沿线发起了打通大陆交通线的所谓"一号作战"计划的战略性进攻。桂林、柳州、南宁相继沦陷,日军又随之打到贵州独山,对云贵形成了严重威胁。由于何应钦等人的指挥失当,加上士气低落,日军所到之处,国民党军队大多不堪一击,甚至不战而溃。如此败

---

① 抬棺木的人。

② 葬礼之一,由孝子引领送葬人和吹鼓手,讨取七家不同姓氏的五谷用作入殓的随葬品。

③ 葬礼之一,送葬后回到家门口由孝子带领跨越火盆,取个家道兴旺、子孙发达的兆头。

④ 用竹制成,出殡时由孝子拄棒痛哭。

⑤ 由孝子带头通宵守灵。

局，令全国上下为之震惊！

此时重庆的政府官员们犹如热锅上的蚂蚁，惶惶不可终日。在世界反法西斯战争节节胜利的大好形势下，而国民党战场却出现如此骇人听闻的大溃退，充分暴露了国民党统治的腐败无能，从而激起了广大人民的强烈不满。人们对国民党政府在统治上的专制独裁、特务横行，经济上的横行暴敛、物价飞涨、民生凋敝等状况早已忍无可忍、深恶痛绝！而此时的八路军、新四军在战场上却呈现出局部反攻、步步为营的良好态势，解放区更是一派生机勃勃的景象，这与国民党形成鲜明对照。于是，长期积郁在人们心中的愤怒终于迸发出来，要求国民党当局改弦更张、立即放弃一党专政、实行宪政以挽救抗战危局的呼声一浪高过一浪。①

面对如此情势，毛泽东抓住契机，及时向全党、全国人民发出了改组抗战不力、腐败无能的国民党政府及统帅部，组成联合政府的号召。要求结束国民党的独裁统治，实行民主，保障言论自由。这一号召正是国民党统治区广大人民群众的普遍愿望！

随着民主运动的不断高涨，抗日民族统一战线日益

---

① 参见中央文献出版社1996年8月出版、金冲及主编的《毛泽东传 1893—1949》（下）第677、678页

第四章 十年探路

扩大，周恩来指示潘梓年，要他向"自然科学座谈会"的同志们传达他的意见，希望他们团结更多的科技工作者，组织公开进步的科技团体。

1944年已接近尾声，这年冬天，重庆的天气格外阴冷。可在中央大学水利系教授李士豪的单人宿舍，尽管窗外寒风习习，而室内"自然科学座谈会"的成员们却一个个精神抖擞、热火朝天地在谈论如何按照周恩来的指示，迅速行动起来。为了认真传达落实好周恩来的指示精神，潘梓年亲自来到沙坪坝。他的到来，又一次带来了延安方面党中央的声音，带来了周恩来同志的殷切希望与嘱托。大家把这种希望与嘱托看作是共产党方面对自己的最大信任。

潘梓年还向大家报告了最近毛泽东做出的派八路军一部南下进军湘粤赣这一重大决策，并已决定派遣以王震为司令员、王首道为政治委员的八路军一二〇师第三五九旅主力南下，赴湖南湘水和资水之间以衡山为中心建立根据地。与此同时，八路军冀鲁豫军区的各部队相互配合，经过半年时间的艰苦努力，取得了可喜局面——不仅收复了被日军侵占的大片土地，还将华北、华中的两大解放区连接在一起。毛泽东运筹帷幄，又要求粟裕、谭震林迅速建立苏南和浙东根据地，亲自指挥开展游击战，要把上海、杭州两城及沪杭沿线完全处在我们游击战争的紧紧包围之中。

在座谈会上,潘梓年还特别报告了一段毛泽东在南下部队出发前说的一段话:"国民党一点希望都没有了。中国人民要解放,中国要得救,只有共产党才有办法,全国老百姓都仰望着我们。所以,我们要尽量发展自己,要百分之百地发展自己的力量!"①

潘梓年报告的消息,犹如黑夜里的一盏明灯,照亮了每个人的心。毛泽东和延安党中央的决策,酷似战斗的号角,鼓舞和激励着潘菽及其好友们团结一心、为国为民的士气。

大家纷纷表示绝不辜负周先生的期望,一定要像毛先生说的那样,尽一切力量发展自己,要百分之百地发展自己的力量,团结更多的科技工作者到抗战胜利的旗帜下,用各种方式为抗日民族统一战线做出自己的贡献!

如何团结更多的科技工作者到争取抗战胜利的旗帜下来,如何用各自领域不同的科学知识为抗战胜利贡献力量,是这次座谈会讨论的焦点。围绕这一主题,大家畅所欲言、各抒己见、建言献策。潘菽道:"国际上有

---

① 参见中央文献出版社1996年8月出版、金冲及主编的《毛泽东传1893—1949》(下)第700页。

一个'国际科学工作者协会',在英国的分会是'英国科学工作者协会,'在法国的分支是'法国科学工作者协会'……"梁希抢白道:"那我们就组织个中国科学工作者协会不是很好吗?"

梁老的提议立即得到大家的赞同,认为是个切实可行的好主意。此时,潘菽突然想到一件事,于是冲着涂长望问道:"涂先生不是很熟悉正在负责'中英文化馆'的李约瑟吗?他可是英国科学工作者协会的负责人之一呢,如果有可能的话,您可以找他谈谈,这对我们的组织发起也许是很有帮助的。"

涂长望很愉快地接受了潘菽的建议,答应用最快的速度与李约瑟联络。

座谈的主题越来越明确,大家一致同意借用这个有一定进步倾向的国际组织的名义建立一个"中国科学工作者协会,以宣传科学的社会性和应起的社会进步作用,并用来团结科学界更多有一定进步要求的人士,以做好抗战胜利后所需要进行的大量复兴建设工作的准备。大家又一致认为,一定要起草一份发起建立这个组织的缘起和会章草案,征求发起人。

潘菽是"自然科学座谈会"成员中有名的写作高手,于是大家又一致推举他执笔起草这个"缘起"和"会章草案"。潘菽欣然受命。

潘菽怀着只争朝夕的使命感和责任感，在最短的时间内查阅英、美、澳大利亚等国科学工作者协会的相关资料，借鉴其中有益经验，结合分析和研判我国抗战形势和科学工作者现状，以饱满的热情、战斗的笔触，写出了长达四千多字的《中国科学工作者协会缘起》[①]（以下简称《缘起》）。文章从缘何发起和组织建立中国科学工作者协会谈到建立这个协会的意义、作用、目标等等。草稿写好后又经"自然科学座谈会"成员们反复斟酌、反复推敲，再加以补充修改和完善，成文后印寄至所有能够联络到的较有知名度的科学工作者的手中。

《缘起》一文多处用极具感染力和亲和力的语调肯定了科学家和科学工作在现在和将来的重要作用："我们相信在新中国和新世界的建造中，科学工作者所需要负起的任务一定是很巨大的。""科学家和技术专家是我们所需要的建国工作的中心干部。中国的科学工作者必须充分明了自己这个当前的巨大任务而准备负担起来。为了这个目的，中国的科学工作者更需要组织。因为唯有集体的合作的方式才能发挥出巨大无比的力量。"

《缘起》还以极其鲜明的观点，阐明了科学工作者

---

① 参见人民教育出版社2007年7月出版的《潘菽全集》第八卷《中国科学工作者协会缘起》一文。

应持有的政治态度。文中写道:"中国目前的一个急切的基本课题是全盘民主化。这是一切的先决条件。在推进民主化和发扬民主的运动中,科学工作者必然是一支中坚的队伍。因为科学本质上是民主的,科学的研究是为了寻求真理。科学的知识就是最真确的真理!"

《缘起》犹如战鼓,催人奋进。它似乎在告诉人们,冬天即将过去,春天还会远吗!

《缘起》犹如号角,让人警醒。它提醒忧国忧民的科学工作者丢掉苦闷,振奋精神!因为在即将到来的建国大业中,人人都会大有用武之地。

《缘起》又犹如家书,令人感怀。它让绝大多数科学工作者体恤家的温暖,相信只有组建起这个大家庭,才会形成不可抗拒的力量,才能干出一番惊天动地的伟大壮举!

让我们再来感受《缘起》一文的结尾段落的力量吧:"由于上面所说的种种迫切的理由,我们发起中国科学工作者协会的组织,目的在于群策群力,互相合作,发挥我们的最大力量,遵循最有效最适当的途径,以服务于我们的国家民族。""国内科学技术各部门的同行们,让我们携起手来,联步起来,为了我们对于自己的中国而同时也就是为了对于世界的责任！"①

周恩来同志非常关心"中国科学工作者协会"的组建工作，并亲自向知名科学家们做动员工作，希望他们能够团结起来，组织起来为民主和科学做出贡献。《缘起》发出后，特别缘于周恩来同志的号召力，于是很快得到了著名科学家竺可桢、李四光、任鸿隽、丁燮林、严济慈及其他科学家和 100 多名科学工作者的响应，并且发起成立了中国科学工作者协会筹备会。

1945 年 7 月 1 日，在中国共产党成立 24 周年的纪念日，松林坡上中央大学大礼堂内 100 多位科学工作者响应党的号召，济济一堂，"中国科学工作者协会"在此隆重召开成立大会。大会选举竺可桢为理事长，李四光任监事长，涂长望任总干事，潘菽当选为常务理事并兼任协会会刊《科学新闻》主编。

潘菽在任《科学新闻》和《科学工作者》②主编的四年多时间里，除完成他正常的教学工作外，尽心竭力地为开辟好这两个科学工作者自己的阵地辛勤耕耘。他以笔为武器，所撰写并发表的约六七万字的数十篇文章（社论、专论、消息等）以极强的战斗力、号召力，呼

---

① 参见人民教育出版社 2007 年 7 月出版的《潘菽全集》第八卷《中国科学工作者协会缘起》一文。

② 1948 年 11 月 1 日原《科学新闻》改称为《科学工作者》。

呼广大科学工作者团结起来，同人民群众一起奋斗：对外彻底打倒帝国主义侵略，对内改革贪污腐败，同不民主状况进行斗争，为争取早日建立独立、民主、自由的现代化新中国而加倍努力！

第十六节　心系九三

在重庆的近九年时间里，潘菽先生不仅是位深受学生、特别是进步学生爱戴的著名心理学教授，更是一位积极追寻真理、寻求民族尊严，一心投身抗日救国，为争取民主自由、反对国民党一党专政而奔走呼号的社会活动家。

在发起组织成立"中国科学工作者协会"的同时，潘先生还在周恩来及兄长潘梓年授意下协同当年一起参加五四运动的许德珩等，发起组织了主要由科技义教进步人士参加的"民主科学座谈会"，主张团结民主，抗战到底。

参加发动组织这个"座谈会"还缘于他的一位老友黄国璋先生的介绍。黄国璋在美国芝加哥大学地理系硕士毕业后，于 1928 年回国并于当年 10 月被聘为中央大学地理系教授。直至 1936 年 7 月被聘到北京师范大学的 8 年多时间里，潘、黄这两位年龄仅相差 1 岁的年轻教授（黄国璋年长）由于各自都有既不抽烟、也不喝酒，不下棋、不打牌，更不进出任何娱乐场所的脾气秉性而非常投缘，彼此间情同手足。黄国璋一生六子女中唯一的儿子黄立民出生不久，便认潘菽为"干爸"，可见他们之间的感情绝非一般能比。

自黄国璋被聘北师大以后不久，抗战爆发，他又相继辗转"西安临大"、"西北联合大学"、"西北大学"，后又转任西北师范学院院长。1940年8月份应聘筹建并担任设在重庆北碚的中国地理研究所所长。潘菽才有机会再与好友会面。到了1943年，黄国璋被聘任为国民政府建设委员会中央设计局委员兼区域设计组组长，离开北碚到重庆市区后，两人见面的机会才又多了起来。

到市区不久的1944年秋，一日黄国璋托人带信，约潘菽到枣子岚垭正街的怡和茶馆喝茶。那天正是星期天，于是，早饭过后，潘菽便搭乘沙坪坝开往曾家岩的公共汽车，从曾家岩下车步行至枣子岚垭正街也就是半个钟头光景。

当他来到悦和茶馆时，黄国璋已经要了壶正宗的"峨眉绿茶"在等他了。二人寒暄落座后，潘菽风趣地试探道："让我长途劳顿就为了品尝你这峨眉茶呀？"

"我们不是一向都是君子之交淡如水的吗。这峨眉茶可比白开水有滋味儿多了。看来，你我兄弟之间也要再进一步才行哟！"

"果然是醉翁之意不在酒呀，说吧，有什么重要任务让我完成？"

"我能有什么重要任务劳驾你呀，我又没有第二个儿再给你做义子……今天我想带你去见个人，而且保证你愿意见他。"黄国璋一边为潘菽斟茶一边颇有些诡秘地说道。

"看来你这关子还卖得很深邃么，到底是哪位大人物呀？你就这么自信，我一定愿意见他？"

"许德珩先生。"黄国璋压低了嗓门告诉他。

"许德珩先生？"潘菽瞪大眼睛反问道。

"对呀！"

对于许德珩先生，他是了解的，只是一晃就是二十五年，并没有接触。当年大家都在北大读书，又都是五四运动被捕的三十二名学生之一。但许德珩比潘菽高一届，是著名的学生领袖之一，《北京学生界宣言》就是他起草的。二人当年虽同在北大，却并不熟悉，是那场震惊中外的五四运动，让他们彼此认识，并留下了较为深刻的印象。后来据说他到法国留学，还到过黄埔军校，如今是国民参政会参政员，是位抗日救亡的积极支持者和参与者。对于他的近况确有所闻……潘菽一边品着香茗，一边追忆对许德珩先生的印象。

"怎么样？如果同意的话，我现在就带你过去，而且还要揩他一顿中饭的油！"黄国璋问道。

"唉，我倒有些不明白了，你怎么和许先生这么熟啊，颇有些常客的味道。"

"你说对了，虽然我未与他同学，可我与许先生夫人劳君展先生的哥哥劳启强是同学，而且还是好友。正因为这层关系，我才与许先生熟悉交往，常常在一起谈谈抗战的事、延安的事，还有共产党的事。"说到此，黄国璋再次压低声音，机敏地扫了一下四周接着道："他与周先生（周恩来）毛先生（毛泽东）包括你的老兄潘梓年都有联系，而且关系很不一般。所以他在我面前也不止一次地提到过你，并表示欢迎你到他那里去谈谈。怎么样？去不去？"

"他府上离这里远吗？"

"就在附近'枣子岚垭'的'雅园'。"

"好吧。"

十几分钟后，潘菽与黄国璋被许德珩、劳君展夫妇十分热情地让进了客厅，彼此相见并未过多客套，犹如老友重逢，毫无半点拘束。

这是潘菽第一次结识劳君展，见她不愧出身名门，穿着得体，举止大方，笑容可掬，一眼便知是位极有学识修养的女性。当他得知劳君展居然是世界著名科学家

第四章 十年探路

居里夫人一生中为数不多的学生中唯一的中国女弟子时,钦佩之情不由更深一层。

他们开始是谈些各自这二十多年的别后情形,然后便直指主题,谈起了抗战的时局,谈蒋介石的一党专制、独裁统治,谈到共产党提出的"联合政府"主张等等。不知不觉,一个多钟头过去,早已到了午饭时间。劳君展特让厨房临时加菜,留他们吃饭,从那天起,潘菽也成了许家的常客。没过多久,潘菽又把曾担任重庆大学工学院院长的税西恒也介绍来一起谈,每次来谈都在许先生家里吃饭。当时税西恒还担任重庆自来水厂总工程师,后来就把座谈的地点改在自来水公司的打枪坝职工宿舍。那里有厨房、有厨师,用餐也方便,因此仍旧是每次聚会都一起吃饭。这时,经常一起座谈的不再限于五六人,潘菽又把梁希、金善宝、涂长望等也介绍进来,并增加了王克诚夫妇和褚辅成、卢于道等。后来,税西恒搬迁至两路口新村五号,因他那里较为方便,因此座谈会的地点也随之转移于此。①

1945年9月3日是日本无条件投降签字生效的日子,这天上午,座谈会的人相约去康川兴业公司聚会庆

---

① 参见九三学社中央委员会《社史研究》2010年8月5日刊发原九三学社贵州省委员孙恭顺《税西恒老师二三事》一文。

祝，到会共十一人。中午，税西恒在黄家垭口中苏文化协会（今中山一路162号）餐厅招待大家。席间大家纷纷表示，我们这个座谈会总应该有个名字吧（之前，有许德珩提议称之为"民主与科学座谈会"，大家既没有提出不同意见，也没有将名称向外公开）。

抗战胜利后，争取民主的斗争逐渐升温，座谈会的许多同志都感觉到有必要扩大组织，正式建立公开的组织，代表文教科技界一部分，参加到争取民主的斗争行列中去，以增强斗争力量。于是这次座谈会又提起了要解决建立这个组织的名称的问题。此时，潘菽提议说："今天是九月三日，是日本投降签字生效的日子，为了纪念这个日子，我们是否就用这个重大的世界性纪念日，作为我们这个座谈会的名称，姑且称它为'九三座谈会。'"

潘菽话音刚落，大家频频点头赞同，认为这个名称既有特殊意义，又没有太多政治色彩，很符合民主与科学的宗旨。大家一致认为，即便成立一个组织，这个组织的性质也应该确定为是一个学术性的政治团体而不是寻常意义上的一个政党，以便可以使更多的既要求进步又不太愿意沾政治这个边的文教科技界人士参加。

"民主与科学座谈会"主张继承和发扬"五四运动"反帝反封建的民主、科学精神，倡导"团结、民主、抗

第四章 十年探路

战到底",反对国民党一党独裁统治。为了开宗明义,与一般政党有所区别,大家一致同意称作"九三座谈会"。

也许是历史的巧合,也许是"九三学社"的性质所决定,经过4个多月的紧张筹备后,在1946年5月4日这个具有历史意义的日子,"九三学社"成立大会在重庆青年大厦(现为渝中区人民公园附近)正式召开。5月6日的《新华日报》以《九三学社召开成立大会》为题做了专门报道,大意是:"本市消息:九三学社于1946年'五四'纪念日下午三至七时举行成立大会……通过社章缘起、成立宣言、基本主张、对时局主张等,最后选举潘菽、张雪岩、褚辅成、许德珩、税西恒、吴藻溪、黄国璋、彭饬三、王卓然、孟宪章、张西曼、涂长望、李士豪、笪移今、张迦陵、严希纯等16人为理事,卢于道、詹熊来、刘及辰、何鲁、侯外庐、黎锦熙、梁希、陈剑鞘等8人为监事,选举后散会聚餐……"[1]

《九三学社》成立大会上的理事排名中,潘菽被排在第一位,由此我们可以推断,潘先生当时的威望及重要程度。这一排名,我们也可以从1950年出版的《九三学社简史》修订本第46、47页查阅。但是,随

---

[1] 参见学苑出版社2005年出版的《九三学社简史(2005年修订版)》第46、47页。

着时间的推移,个别后辈在一些文章中涉及这一历史事件时,竟把潘菽的名字排在后面,甚至放在最后,如此表述显然很可能会给今天的青年读者造成潘菽或许不是《九三学社》主要创始人之一的错觉。为尊重历史的本来面目,更为了尊重已故的潘先生本人,笔者在此恳请后来者如再引用时最好注意这一细节。

以科技界高级知识分子为主体的高举"民主与科学"大旗的九三学社,从它诞生的那天起,就一致赞同中国共产党的各项政治主张。在解放战争时期,它与中国共产党团结合作,积极参加反对独裁统治的民主运动,为争取新民主主义革命的胜利而斗争。1949年1月,九三学社发表宣言,响应1948年4月30日中共中央发布纪念"五一"国际劳动节口号中关于"各民主党派、各人民团体、各社会贤达迅速召开政治协商会议,讨论并实现召集人民代表大会、成立民主联合政府"的号召和毛主席提出的"惩办战争罪犯;废除伪宪法;废除伪法院;依据民主原则改编一切反动军队;没收官僚资本;改革土地制度;废除卖国条约;召开没有反动分子参加的政治协商会议,成立联合政府,接收南京国民党反动政府及其所属各级政府的一切权力"的八项和平主张,拥护召开新的政治协商会议。1949年9月7日,潘菽作为九三学社的六名正式代表之一,在北京饭店政协报到处签名报到并领到了一个243号的政协会徽。但此时恰又接到周恩来总理的指示,让他率团赴苏联参加巴甫洛夫百年诞辰纪念活动,因而只领了报到证而没有参加新政协会议。新中国成立后,潘菽一直担任江苏省九三学社主委,自1958年起,潘菽先生连续20年担任九三学社中央副主席。

第十七节　会见毛泽东

雾都重庆,名副其实。一年四季,绝大多数天气雾霭蒙蒙。

然而,1945年8月28日却出奇得好,可谓难得的秋高气爽、天高云淡。这天,它将迎来国共两党极具历史意义的时刻,四万万同胞都在关注这一时刻的到来!

下午3时45分,一架草绿色双引擎飞机稳稳地停在重庆九龙坡机场。飞机刚一停稳,前来迎接的300多名国民党军政人员、各民主党派人士、社会贤达、文化界、新闻界、各国通讯社记者及八路军驻渝办事处和《新华日报》馆工作人员等如潮水般涌向停机坪。

机舱门缓缓开启后,首先与大家照面的是人们熟识的周恩来。他看了看大家后立即闪身,紧接着便是专程前往延安迎接的国民党政府军事委员会政治部部长张治中和美国驻华大使赫尔利与毛泽东一齐出现在舱门口。此时，热烈的掌声和欢笑声此起彼伏，久久难以平静。

毛泽东身穿灰蓝色中山装，头戴一顶灰色盔式帽，脚穿黑色布鞋，质朴，凝重，容光焕发。

他摘下帽子高高举起，一边笑容可掬地向人们挥动着致意，一边由张治中、赫尔利伴随着稳步走下舷梯，踏上了天府之国这片饱经沧桑的土地。

这天到机场迎接毛泽东一行的有蒋介石的私人代表周至柔，国民党参政会秘书长、国民党谈判代表之一的邵力子，副秘书长雷震。还有国民党民主派代表人物、人称跛脚将军的陈铭枢。最引人注目的当数中国民主同盟主席张澜、副主席沈钧儒、中央常委章伯钧，还有国民参政员、中国民主建国会发起人黄炎培、中国青年党中央委员左舜生以及郭沫若、李德全等。①

正是这天晚上8时左右，也许正是毛泽东、周恩来、王若飞由张治中、邵力子等陪同驱车前往山洞林园官邸赴蒋介石晚宴的时刻，中央大学松林坡顶教授宿舍区的空地上，潘菽、梁希、金善宝几位好友一边乘着凉，一边聊着天，突然报童牟小宝匆匆跑过来，气喘吁吁地说："潘先生、诸位先生，号外……号外……"

---

① 参见张治中秘书余湛邦先生的回忆文章《毛泽东到重庆》。

第四章 十年探路

"什么号外?"大家几乎异口同声地追问。

"《新华日报》号外,特大新闻、重要消息……共产党一号人物毛泽东今天下午飞来重庆!"

牟小宝这陆陆续续的一番话着实把大家吓了一跳,尤其是梁希教授,紧张得几乎说不出话来。潘菽迅速接过"号外",忽然又想起询问牟小宝是否吃过晚饭,不等小宝回答,他便从中袋摸出一元钱塞给小宝,示意他去买点吃的。

"走!到你们宿舍去。"潘菽立即提议,三人心领神会,很快消失在昏暗之中……

潘菽虽然先前听老兄梓年提起过蒋介石欲邀请毛泽东来渝谈判,但大家都知道这是一场假和平、真阴谋的假戏,想不到毛泽东真的来了,而且来得这么快,岂不是在老虎嘴里拔牙,险之又险吗?

在梁希和金善宝的房间里,三人你一言我一语地着实为毛泽东的安危忧心忡忡。

梁希说:"这是明摆着蒋介石设的一场鸿门宴,他毛先生居然真的这样单刀赴会,实在是太危险了,再说蒋介石岂是肯讲信义的人?就是谈出什么结果他也会赖账的。"

潘菽指着手中的《新华日报》号外道:"这报上明明说蒋介石半个月内连续三次电报邀请毛泽东,也许是真的有诚意呢?如果真的是一出假戏,那也可以让四万万同胞看出他的真面目了。"

"水叔兄（潘菽字水叔，此为年长的金善宝对其尊称）言之有理，再说如今共产党解放区也有一万万同胞、一百万军队和二百万民兵，也是绝不可小觑的，我看蒋介石弄不好也许偷鸡不成反而蚀把米呢……"

……

重庆谈判期间，毛泽东的安危成为潘菽、梁希等"座谈会"成员们的主要话题。他们无时不在关注谈判进程，每天从《新华日报》上了解毛泽东、周恩来等在百忙之中会见各界人士的消息。

让潘菽、梁希他们始料不及的是，9月6日下午，校园里突然沸腾起来，原来是毛泽东利用谈判间隙，到中央大学来看望他在长沙第一师范的老同学熊子容教授（中大教育系主任，进步教授）。两辆吉普车在中央大学校门口停了下来，为了不至于过分唐突，先由毛泽东秘书王炳南独自到教授宿舍找到了熊教授家，这也是熊子容万万没有想到的。王炳南与熊教授简要说明来意后即向大门口奔去。当车子经过松林坡路过大食堂的时候，路两旁挤满了前来吃晚饭的学生。此时早已有同学眼尖，突然跟在车后喊起来："毛泽东来了！"这喊声，立即引起更多同学奔跑起来，围观的同学越来越多。同学们不住地高喊："欢迎毛先生，欢迎毛泽东先生！"

听见同学们的欢呼声，毛泽东便从车里探出身子来，伸出手臂连声说："中央大学的同学们好！中央大学的同学们好！"

许多同学干脆放弃了晚饭，与一些已吃过晚饭的同学又跟随着吉普车跑向教授宿舍，等着看毛泽东的风采。毛泽东同志从熊子容教授家告别出来时，看到这里仍有许多学生围在门口向他微笑，向他鼓掌，他连忙摘下帽子向大家挥舞致意。周恩来同志急步走向前来，请大家让出条路来，同学们马上礼貌地分列两旁，闪出一条路来，等毛泽东、周恩来一行走过以后，仍旧依依不舍地尾随至中大校门之外。这些同学当中，即便是地下党员，也只能把自己的爱戴敬仰之情，深深埋在心里，倾注在友善的目光之中，大家一直目送着毛泽东、周恩来一行一一上车，消失在暮色之中⋯⋯

共产党的领袖，来中央大学看望他的老同学，这虽然是件十分平常的事，但却给当时在场的所有人留下了异乎寻常的好感。当时的进步同学，一般也只是在《西行漫记》一类的报道中看到过对毛泽东的描述，今天居然能够亲眼得见，实在是件极幸运的事。

这件事对潘菽、梁希等"自然科学座谈会"的成员们震动很大。大家也急切地渴望能够见到毛泽东这位传奇式人物的风采，能够近距离聆听这位共产党领袖对国家前途命运的高论。一次，潘菽把大家的想法吐露给他的老兄潘梓年。因为他知道，毛泽东在重庆谈判期间，已有好几次会见或宴请等重要活动都邀请他的老兄潘梓年作陪，他完全有机会向毛泽东反映大家的意愿。

周恩来同志了解到这一情况后，立即向毛泽东主席反映，并很快得到了他的赞同。

令潘菽他们意想不到的是，短短两天时间，便得到了《新华日报》方面带来的口信。请"自然科学座谈会"的主要成员潘菽、梁希、金善宝、干铎、李士豪、谢立惠、涂长望和熊子容等8位教授于9月23日下午3时，分别前往市内中山四路107号（现中四路65号）张治中将军公馆"桂园"拜会毛泽东先生。潘菽把这个口头通知以最快的速度，传达到了其中的每一个人。

桂园是重庆谈判期间张治中将军专门让给毛泽东白天休息和会客的地方。中山四路国民党军政机关密集，特务活动频繁，为了避免不必要的麻烦，大家约好分头行动，按时到达。

别看桂园面积不大，但自从张治中将军入住后，亦成为名流汇集之地。两楼两底的底楼左侧是一个约二十多平方米的客厅。四周摆放了一圈朴素的沙发，能坐十来个人。东、南两面临窗。外层为百叶窗，里层镶嵌玻璃。南墙悬挂着孙中山先生手书"天下为公"的横幅，字体雄浑,笔力遒劲。东墙悬挂的是蒋介石手书的戚继光语录"若谓战之必胜,固属欺人之谈,然劲敌从来未尝不败……"

王炳南同志把大家一一让进客厅。此时,周恩来引导毛泽东走进客厅。毛泽东与大家一一握手,并在周恩来为他一一介绍时,又像见到了老熟人似的插话。当介绍到金善宝时,毛泽东立即说起"是重庆的农业专家们支援了延安的良种和农业技术"。当介绍到涂长望时,主席立即提起"多亏了重庆的科学家朋友提供了气象资料,这次果然就派上了用场"。

寒暄落座之后,毛泽东像拉家常似的和大家攀谈起来,先是说重庆的气候不好,太热不习惯,又说到飞抵重庆时的一路见闻。还感谢国统区各界人士对延安精神上、物资上的支援和帮助。毛泽东点燃一支烟,深深地吸了一口,然后说道:"大家说说吧,你们有什么意见?"

重庆张治中公馆桂园客厅旧址。(作者摄于2011年3月)

梁希首先发言说:"我们感到很苦闷。"毛泽东正等梁希继续说下去时,梁希却没有了下文了。毛泽东频频点头,似乎自言自语地重复梁希的话:"噢,苦闷……苦闷……苦闷……。"连续重复了三遍。

接着大家就抗日战争胜利后的中国时局、国共和谈、中国的前途和命运等方面感到苦闷的问题,向毛泽东提出,毛泽东一一作答,解释中国共产党在抗战胜利后的路线、方针和政策。潘菽问道:"为什么把已经解放的一些地方让给国民党?(指9月19日周恩来在重庆谈判中提出的'我军将从广东、浙江、苏南、皖南、皖中、湖南、湖北、河南一些省区的根据地撤退,到陇海路以北及苏北及皖北集中'。)"

听了潘菽的提问,毛泽东站起身来,在沙发旁退了两步后说:"退一步是可以的,退两步也可以。"然后他做了个还击的手势说:"退三步就不可以了!"毛泽东说完,大家都会意地笑了。

座谈将要结束时,毛泽东注意到坐在靠后的金善宝教授还没有发言,当时金善宝虽然只有49岁,但由于长期患胃病,加上工作上的劳累、生活上的艰辛,已是满头白发了。毛泽东亲切地问道:"后面那位白发先生有什么意见?"

金善宝早就准备了一张名片,想送给毛泽东,一直没有合适的机会,于是迅步向前,把名片递给毛泽东。毛泽东看了名片后高兴地问:"金先生今年高寿喽?""我今年50整。"金善宝不忍日理万机的毛泽东分心,故意说了个整数。"噢,想不到我还长你3岁哩!"毛泽东爽朗地笑着说。毛泽东请金善宝发表意见,金善宝考虑到抗战胜利后蒋介石有发动内战的迹象,担心毛泽东在重庆的安全,他说:"今天我们都很高兴,从历史上来看,人民总是要革命的,而革命又总是要流血的,不流血的革命是不会成功的。"他又接着话题一转:"毛先生是吃惯了小米的,到这里来吃大米是不习惯的。"他暗示希望毛泽东早作归计。大家非常担心毛泽东在重庆的安全,都希望他早日离开重庆。毛泽东非常理解大家的心情,频频点头,表示会意。①

会见结束时,毛泽东满怀深情地说:"我十分感谢诸位教授先生们,在爱国、民主、和平方面,我们的心是相通的。"

第十八节　复员南京

企盼中央大学以及其他所有从沦陷区迁渝高校能够

---

① 参见胡甫臣、余湛邦两位先生的相关回忆文章。

复员的唯一条件,就是要完全彻底地把日本侵略者赶出中国。这一天终于到来了!

1945年8月9日,位于沙坪镇的重庆中央电台突然传来一则令人震惊的消息,日本可能无条件投降!这消息让播音室的气氛骤然紧张起来,全台上下即刻忙碌起来,播音员靳迈、潘启元被告知彻夜待命,等待确切消息。可是等了一夜也未有确切消息传来。

次日下午4点多钟,睡梦中的靳迈、潘启元被人吵醒,外面有人高呼:"我们胜利了,日本无条件投降了!"靳迈听后一骨碌从床上跳下来冲出房门,直奔播音室。电台里早已人声鼎沸,全国人民期待了八年之久的消息传来了,日本内阁通过瑞士政府向中国政府转达无条件投降的请求!见靳迈、潘启元冲进来,播放股股长和传音科科长都激动万分地说:"我们终于盼来这一天了,今晚就由你们俩来播送这条好消息!"

一股巨大的情感冲击波冲袭得他们全身颤栗。经过短时间的准备,新闻稿形成了,这一重大新闻的播送任务历史地落在了靳迈和潘启元二人身上。中央电台的所有工作人员都静候在播音室外,许多人默默地流着泪,强压着胸中狂涛的翻滚与撞击,屏住呼吸,鸦雀无声。播音室的红灯亮了,大家用眼神交换着各自的期待。

两位播音员庄严地坐在麦克风前,心潮涌动、涕泪

第四章 十年探路

纵横。他们一再强迫自己尽快平静下来，几次用手帕抹去难以抑制的泪水，终于，那无法控制的激情，都随着那高亢的、微微颤抖的声音一齐喷涌而出！

"各位听众，现在播送重大新闻……日本无条件投降了……"

这声音一经传出，守候在门口的电台工作人员首先掌声雷动，相互拥抱着，跳跃着，欢笑着，哭泣着……

这声音以每秒30万公里的速度从沙坪镇发出，传遍整个中华大地。

瞬间，沙坪镇沸腾了，整个重庆沸腾了。

中央大学的学生们发疯似的冲出教室、冲出宿舍、冲出图书馆、冲上了大街，欢呼之声响遍了沙坪镇的每一个角落。

潘菽、梁希、金善宝他们都在第一时间内获知了这个让人振奋的好消息，迫不及待地相互转告，情不自禁地和前来报告的学生们一道欢呼："我们胜利啦！日本投降啦！中华民族万岁！抗战胜利万岁！……"

一时间，在渝的多所高校学生们上街欢呼、跳跃，"鬼子投降了！我们胜利了！"的呐喊声伴随着防空警报的"呜咽"声在山城回响。城防部队官兵用探照灯在夜空划出象征胜利的V形光柱。沙坪镇，这个往日平静的文化区刹那间欢声震天，爆竹四起，坝上的人几乎都上了街，打烊的店铺又重新开了门。整个山城犹如一片欢乐的海洋……

11日一大早，已经出落成半大小伙子的报童牟小宝满脸喜气地为潘菽送来了《新华日报》。头版刊登的一篇题为《八年来从未有过的兴奋》的评述十分醒目，令潘菽读来兴奋不已。评述大意如下："此刻接到旧金山广播，日本法西斯侵略者已经接受了中、苏、美、英四大同盟强国共同参加的波茨坦公告，接受了无条件投降。飞扬跋扈、无所不为，压迫了我们半个世纪的日本帝国主义者，由于中国军民、特别是敌后广大人民的英勇抗战，由于英美盟军的协助作战，由于苏联的参加战争，而终于在正义面前屈膝了，同时得到了应有的惩罚和清算。全世界展开了眉头，天露出了微笑，中华民族翻身了，终于胜利了！这是四万万五千万人民五十年来流血流汗等着的一个唯一目的——打倒日本帝国主义，争取最后胜利终于如愿了。今天是一个如何光荣、如何兴奋的日子呀！谁说我们不该喜得发疯，谁说我们不该高兴得流泪呢？全中国人都喜得发疯了，这是一点也不值得奇怪的。胜利终于属于我们了。中华民族万岁！抗战胜利万岁！①

---

① 参见由润梅工作室于2006年4月23日上传的《8·15日本投降60周年特别报道》。

第四章 十年探路

抗战胜利了，中大复员南京的期盼指日可待，潘菽与家人长达九年的分离也行将结束了，一想到这些，潘菽心中总会泛起不小的情感涟漪。

抗战胜利后仅一个多月，又传来吴有训到中央大学任校长的喜讯，这使潘菽不胜欣慰，因为吴有训不仅是他在美留学时的好友，曾在一起患难与共，更主要的他是位学识渊博、正直、爱国、积极支持抗日救亡运动的科学家。

吴有训的到来，受到了中央大学广大师生，特别是进步师生的热烈欢迎。他刚一到校，就把中大复员南京的工作摆上重要日程。9月底，中央大学复员委员会成立，吴有训校长任主任，中大师范学院体育系主任江良规、教育系教授胡家健为副主任，并明确由江良规负责重庆方面的复员事宜，胡家健负责南京方面校产的接受和修缮。

然而，事情并没有想象中的那么简单顺畅。八年多的岁月沧桑，中大校舍早已今非昔比。因为自南京沦陷后，中央大学即被日寇征作军队医院。尽管校舍基本上保存完好，但校内所有办公、教学设施、用具等早已荡然无存。抗战胜利后，又被国防部抢先接收改作陆军医院，此时仍有300多名伤兵正在治疗养伤。

更为可气可悲的是，虽然教育部原定中央大学为

1945年底首批复员高校,但是,国民党政府在美国的支持下,各部门争先恐后地赶往南京、上海及东北各地去争夺地盘,接收财物,为实现他们的"劫收"计划动用一切特权,霸占几乎所有可用之交通工具,致使中大首批复员计划如同画饼充饥、纸上谈兵。

由于缺乏运输设备,中大复员不得不推迟到1946年初进行。为此,吴有训校长于1945年11月亲赴南京,办理接收手续。经与国防部交涉,四牌楼校舍定于1946年2月接收,原丁家桥校产被国防部改作仓库,后经在国防部任职的中大校友协助下,不仅同意学校接收,还意外地将南洋劝业会旧址100余间房屋一并拨交中央大学,这批房屋,成为第一批复员师生暂时的"宿营地"。

八年抗战,中央大学始终秉承"诚、朴、雄、伟"之学风,在饱经磨难中发展壮大,被誉为"民国最高学府"。此时的在校学生已近4000,是学校迁渝时的三倍多,因此,战前的四牌楼原址校舍已不敷使用。于是,吴有训多方奔走,先后在附近的兰园、成贤街、九华山等处又购买了一些土地以扩充校舍之用。并专门成立了工程组负责校舍的修整与建筑,聘工学院院长刘敦桢为主任。由于修建工程项目繁多,地点分散,时间紧迫,工程组特函请各地土木、建筑工程系校友无偿为母校服务。经过多方艰苦努力,终于建起了文昌桥7幢可容纳

3000人的二层学生宿舍楼,九华山教师住宅以及丁家桥、三牌楼两地的教学楼、图书馆、餐厅及运动场、学生宿舍等,校舍规模已是战前的三四倍。

1946年5月,全校师生分8批,分乘水陆空各种交通工具返回南京,最后一批于7月到达,图书仪器设备等于10月中旬陆续到达,11月1日,中央大学复员就绪,正式开课。此时,入学学生除随校回迁的学生外,还有沦陷区中央大学(汪伪政府于1940年举办、1945年停办)的插班生,以及来自印度、巴基斯坦、土耳其、朝鲜的留学生共4719人。

在图书仪器装运时,"新青社"的一批红色图书的转运成了大问题。为使读者更好地了解历史,笔者在此简略介绍"新青社"之由来。

"新青社"乃"新民主主义青年社"之简称。1941年1月,"皖南事变"发生后,国内政治形势突变。党领导下的爱国青年运动遭到了严重破坏,青年组织中的共产党员、进步分子被迫害。周恩来领导的中共中央南方局审时度势,认真分析了当时情况,又根据中央"隐蔽、精干、长期、埋伏、积蓄力量、以待时机"的十六字方针,把进步青年(包括失去组织关系的党员)组织起来,并亲自为之取名"据点"。至1944年初,这样的"据点"在重庆地区就发展到48个,成员近千人,仅中央大学"据点"就有近百人之多。

1944年底,随着国民党政府军队在豫、湘、桂等地的溃退,激起了广大人民群众和青年学生的严重不满。与此同时,在中共领导下,各民主党派参加民主运动之风日益高涨,热切呼吁团结抗战、成立民主联合政府,挽救民族危亡!在这种情况下,进步力量如果没有统一的组织,行动步调不能一致,就不可能再适应形势的发展和斗争的需要。

1945年春,经南方局青年组同意,在中大原"据点"基础上建立了"新青社"(党的秘密外围组织),进一步团结进步青年和学生,通过发行进步学生刊物、组织学生活动等形式,积蓄革命力量,开展党的工作。

"新青社"成立以后,接管了原"据点"一批进步书刊,后来又从《新华日报》营业部拨过来一部分书籍,"新青社"还将同学们手中的好书也聚集起来,进行统一管理,创办了地下"红色书箱"。并把它秘密存放在校外,分派专人负责管理借阅。在那山河破碎、民族危亡的艰难岁月,"红色书箱",犹如黑夜里的一颗火种,对引导一代进步青年走向光明起到了极大作用,使其成为"新青社"开展群众工作的重要方式之一。

复员时,"红色书箱"的长途运输十分危险,分散不行,集中目标又太大。据当时中央大学"新青社"核心领导成员之一的穆广仁（1948年毕业于中大外文系，历任南京市团委宣传部副部长，新华通讯社翻译部翻译、国际新闻编辑部编辑、开罗分社首席记者、新华社总编室副总编辑、中东总分社社长等）在回忆潘菽时说："在中大期间，他始终掩护和支持地下党和新青社（党的秘密外围组织）的革命活动，在抗日战争初期，他就保释过以'危害民国'罪被捕的中大学生，他更是新青社和地下党的掩护人。1946年夏，中大复校返回南京的过程中，新青社在重庆收集的'红色书箱'（供社员和进步同学阅读的进步书籍和党的文件等）要搬运到南京，是一个难题。最后是写上'潘菽书箱'的标签，放在心理系的书籍箱子里秘密运到南京的。1947年'五二〇'运动后，中共南京地下市委决定在中大新青年的基础上重建党支部，这个党支部也是在潘菽家里成立的……"[①]

第十九节　归心似箭

潘菽与心理系师生作为中央大学最后一批离开重庆顺江而下复员南京时，已是1946年7月底了。

---

① 参见《心理学动态》1997年第五卷第三期第10页穆广仁《潘菽教授在中央大学的二三事》一文。

6月26日，已在武汉江汉水利工程局工作的欢伯、光烜夫妻迎来了第一个女儿的诞生。按照宜兴方言读音，二十六为"稔落"。为纪念自己的故乡，欢伯夫妇商议后决定为女儿起名为"稔落"。欢伯将长女出生及名字由来即刻写信禀告父亲。潘先生有了长孙女自然十分欣喜，于是立即复信叮嘱道："所取名字'稔落'似乎太过怪僻，不如改为'彦珞'，正好也与她出生地附近的珞珈山相吻……"欢伯夫妇接信后即按照父亲示下，为女儿更名为"彦珞"并一直沿用至今。

当时的轮船吨位小、客人多，行至武汉必须整修及补充给养。潘菽正好趁机上岸直奔欢伯家中，去看望他还未满月的长孙女。也许，他自己也不曾想到，这是他第一次亲近也是他此生唯一一次怀抱过正在襁褓中的长孙女。几十年后，彦珞成为天津医科大学教授、硕士生导师，但由于历史和家庭等种种难以理清的原因，祖孙间再未谋面，真乃可悲可叹！

2014年9月，时年94岁高龄的潘欢伯回忆说，那次父亲的心情是很高兴的，话也比平时多……

离开武汉，潘菽终于回到了阔别了近九年的南京。

从下关码头乘车至四牌楼，一路上荒冢遍地，满目焦土，被日寇蹂躏了整整八年的昔日都城辉煌全无。尽管已经休养生息将近年余，但终因惨祸深重、锐气大伤，短时实难复元。大街小巷，残垣断壁多如牛毛，郊野路旁，乞哀告怜者随处可见。只有时而在那些国民政府机关楼宇上高高飘扬的中华民国"青天白日满地红"国旗，似乎才让人真正感觉到，中华民族真的又可以扬眉吐气了，中国人民终于又可以放开手脚干自己的事了。

潘菽长子潘欢伯（2012年摄，时年92岁）。

作为在美国留学时同住一室的好友，吴有训校长见到潘菽的第一句话便是："哎呀，水叔兄，你总算到了！这几天你什么都别做，赶快回宜兴去探望嫂夫人，随即把她们统统接到南京来，一切由我来安排……"

吴有训这一番好意，使原本因离妻别子九年而思乡之心甚切的潘菽顿生归心似箭之感，令他当晚翻覆难眠，似乎从来没有像当下这样有时间静静追忆这九年来的离别心绪，许多情感纠结涌上心头，一幕一幕如同幻灯片一般,但他无论如何也无法想象,九年来故乡的世事变迁是个何等模样。

此时,他的表兄吕菡生仍在云南个旧没有返回。日寇占领南京期间,作为从法国留学回来的锡业专家,吕菡生随国民政府资源委员会西迁重庆后便被派往个旧,专门从事有色金属锡矿的开采冶炼等。因而,潘菽初回南京时几乎无处可去。

翌日清晨,趁着天气凉爽,潘菽草草洗漱,叫了部黄包车,直奔下关车站。

九年了,下关车站容貌依旧。熙熙攘攘的人群夹裹着各色小贩的高声吆喝,为这个仲夏时节的"火炉"之城更添了几分烦躁与焦灼,那氛围犹如眼下国民政府加紧策动反共内战,百姓们个个忧心如焚一样,让人很难安宁。

目睹眼前这个庞然大物,更让他不由得想起一个多月前,国民政府热热闹闹地举行还都大典后不久,就在这座混凝土建筑物内,发生了令人发指的"下关惨案"。上海各界推选出的以马叙伦、胡厥文、阎宝航、雷洁琼、盛丕华、包达三、张絧伯、吴耀宗、黄延芳、陈震中、陈立复等11人为代表组成的进京和平请愿团,就在这里被时任津浦铁路调统室主任的中统特务头子陈叔平纠集的一伙暴徒们围困了整整5个多小时,还遭到了惨无人道的殴打与辱骂。他们的目的是向政府当局呼吁停止内战,实现全面永久的和平,难道这也有错吗?一想到这些,潘菽的内心便无法平静。由此他深深感到,争取建设一个和平、民主的新中国不可能一帆风顺,也许,更为激烈的较量还在后头呢。

日寇侵宜期间,途经宜兴的京杭国道(今104国道)路面、桥梁遭到严重破坏。民国三十五年(1946年)1月开始修复,至6月5日恢复通车,遗憾的是,当时还没有公路客运业务。于是,从南京到宜兴,还必须先乘火车到常州,再由常州搭乘宜兴利达轮船公司客船回宜兴。所幸的是,自日寇投降后,航运业迅速复兴并有较快发展。如今的水上客运再不像潘菽少年求学时那样乘坐耗时两天的客货混装木质班船,眼下的新式柴油机铁质快船,每天都可往返于宜兴、常州之间。潘菽下了火车,正赶上即将开往宜兴的"宜章"轮,他马不停蹄,用最快的速度买票登船,上了轮船,故乡便近在咫尺了。

早在重庆动身前,潘菽已有家信寄出,告知大约可于本月底前后抵达宜兴。抗战胜利后,邮路已恢复畅通,夫人庄炳松及时收到了丈夫的手书,这喜讯着实让盼望已久的庄炳松及其子女们激动万分。一连多日,孩子们欢声笑语不断,尤其是刚上初中的宁堡,无论在家做作业还是去田埂割草，嘴里总是哼哼呀呀地唱个不停。

这消息自然也让年过六旬的大姑妈精神大振，且口中念念有词："阿弥陀佛，阿弥陀佛，总算等到这一天了……"

潘先生要来的消息不胫而走，令整个双庙头村都为之沸腾。几天来，乡邻们场上田头最为津津乐道的话题便是潘先生将回来与离别九年的妻儿团聚，村民们似乎很在意上演如此一幕悲喜剧的时刻早日来临……

头一天，潘菽乘坐的轮船到达宜兴城时已是黄昏，无法再去双庙头村，他不得不在城里住下，第二天一早，他便迫不及待去长桥河码头，租了条木船。

然而，团聚时的情景并未如大家期待的那样激动人心、肝肠寸断。次日上午，当潘菽头顶烈日，身穿中式短衫，脚蹬一双黑色旧布鞋，拎着一只旧藤条箱从临时租来的木船登上岸的时候，很显然，他对眼前众多围观的陌生面孔始料不及，这让这位原本就不善言辞的大学者难掩窘态。但无论怎样，这是乡亲们对自己的关心，于是一边走一边不断地"你好……大家好"地打躬作揖，以表他的感激。

其实，船未停靠时，早有眼尖的向潘家报了信，说是潘先生真的来了。正说着，村东头河埠果然热闹起来，想必定是潘先生到了。

然而，此时的庄炳松却出奇地淡定。当乡邻们簇拥着潘菽出现在大门口的时候，只有宁堡第一个冲了出去，欣喜却有些羞涩地叫了声"阿爸"。庄炳松也随后走出大门冲着丈夫低声说了句"老了……"，顺手接过他手中的藤箱转身进屋。就在这一刹那，潘菽分明看到了妻子眼里饱含着泪花，回道："你也有白头发了……"

此刻的庄炳松心中，被诸多的酸、甜、苦、辣胀得满满的，似乎不知道对突然出现的丈夫该说些什么，从何说起。正迟滞间，突见宁珊、宁思小姊妹俩正傻愣愣地睁大眼睛盯着父亲一声不吭地发呆，于是急忙示意道："快叫阿爸，宁珊、宁思，叫阿爸呀！"宁珊和宁思就像没听见似的，仍然毫无反应似的怯怯地立在那儿。潘菽闻声立即走过来伏下身揽过两个女儿，摩挲着她们的短发轻声道："我走的时候，宁珊虚岁才3岁，宁思还只有几个月，现在都这么大了，真是辛苦了妈妈和姨娘。"刚一说完，他又似乎想起了什么，于是左右环顾地呼唤道："唉？怎么没见宁仪？宁仪呢？……炳松，宁仪呢？"

说话间，炳松和大她11岁的姐姐庄炳金早已泣不成声了，潘菽自感不妙，低声问道："宁仪到底出了什么事？"

这时，长子宁堡拉了拉父亲的衣角告诉父亲："宁仪5岁那年夏天，好像是1939年，也是日本兵正当疯狂的时候，她突然生了病，几天几夜高烧不退，呕吐、昏迷，妈妈请丁山的周勤博医生来家为她诊治，他说是得了脑炎。周医生为她针灸，开了方子却没有用场，不到一个礼拜，宁仪就……姨妈怕你在外面担心牵挂，所以就一直没敢告诉你。"

正悲咽时，一个响亮的声音打破了屋内的沉痛气氛。"有年伢！来，让伯伯（宜兴方言称姑妈为伯伯）好好看看！"那声音比那双三寸金莲快得多，抢先飘了进来。

"大姑妈，我这就要去拜望您老的，反倒劳烦您这么大年纪先跑来看我……"潘菽惶恐着忙不迭地搀扶大姑母落座。大姑母瞥见炳松姐妹正拭着泪，因笑道："怎么啦？还哭哭啼啼的！大家都能大难不死，活到今朝，那就是福份，是菩萨保佑！就要开开心心！"说完这才顾得上上下下仔细打量了潘菽一番，点头道："嗯，有点大先生的派头……"接着又对潘菽道："宁仪的病啊，炳松姐妹着实尽力了，这种恶毛病，神仙来瞧也没有用，谁也不怪，只怪那丫头命薄，天生跟我们潘家没缘分！"

别看大姑母年逾古稀，可说话办事还像年轻时那样风风火火、当仁不让。于是又高声宣布道："有年家的，今朝中饭你就不要动锅铲了，这些年让东洋人害得大家天天冷锅冷灶的，今朝总算大团圆，梅笙（吕梅笙，吕菡生堂弟，大姑母的侄儿，宜兴精一中学，即现江苏省宜兴中学的创始人之一）他们又放暑假在家，大家好好庆祝庆祝叙叙旧……"

跟随大姑母回家，其实与炳松她们的住屋（先前是吕家堆放农具家什的处所）之间只隔了六七户人家。只有在这时，潘菽才有时间仔细环视这个昔日他曾多次来过的村庄，想不到九年未见，村里的草木、房舍不仅未增添任何新的景象，反而越发的颓败了。

大姑母迈着那双令她骄傲了一辈子的小脚，边走边咬牙切齿地骂着那帮该死的东洋人，絮絮叨叨地告诉在身旁一直搀扶着她的有年侄儿。说村西的那棵长了几百年的大白果树是日本人锯掉的，村里有十来户人家的房子被日本人烧个精光，自家前院的大门楼和门廊也被日本人的飞机炸塌了，直到那帮畜生滚出去半年以后才又重新修起来，可是再也没有以往那等气势了……

一连几日，潘菽一直沉浸在与妻儿、族人团聚的甜蜜亲情之中，期间，尤其做出了一个令所有人都始料未及的惊人之举。为了答谢双庙村全体村民（双庙村基本只有周、吕两大姓氏，周姓均为平民，吕姓基本上为地主及小康人家）九年来对炳松及子女们的关照，他与大姑母及炳松商议，决定举办一场盛大的告别晚宴，并由他亲自制订菜谱。于是，一时间全村人奔走相告、欢欣鼓舞。次日傍晚，村东吕姓家族一连几面石场上气灯犹如白昼，二三十张八仙桌摆满了平时难得一见的鸡鸭鱼肉及各种美味佳肴，周、吕两姓不分长幼、不论贫富尊卑，一时间全村人兴高采烈、前呼后拥地团团围坐，其气氛之热烈，是抗战八年间前所未有的。就连鬼子投降那天也没这么开心过。近七十年前的这一场面，潘老当时只有9岁的小女儿宁思至今仍记忆犹新。[①]

表兄弟们还专门择了吉日，陪同潘菽前往老家陆平，去父母双亲的墓前祭拜添土。一个星期后，潘菽便携带家小奔赴南京……

第二十节　浊浪暗礁

吴有训校长说到做到，在他的关心下，潘菽全家被安置在成贤街文昌桥附近的一幢灰色二层楼里，宁堡也进了进香河保泰街的一所青年教会中学读书。一家人从此其乐融融，也算安逸。

[①] 摘录自潘宁思2007年11月1日写给作者的亲笔信件。

第四章 十年探路

复员后的中央大学有了较大发展,全校已有7个学院43个系和26个研究所,在校学生多达4719人,成了全国国立大学中学科设置最全、学生人数最多的大学。

然而,空前繁荣的中央大学绝非能在真空中生存,并且不久便在极其危险的浊浪暗礁中到了难以生存的地步……

八年抗战的胜利并没给渴望和平的中国人民带来更多的希望,更未给受尽苦难的四亿五千万同胞带来更多休养生息的空间。

因为,蒋介石控制下的国民党的反共政策没有变,独裁专政制度没有变。人们的善良愿望最终只能落空。《民国日报》在《庆祝国府还都》的社论中,极力诽谤"共产党别有用心,称兵作乱,攻城略地、割据称雄",并气势汹汹地威胁共产党"悬崖勒马",言下之意,如果共产党"不听话",国民党就要不客气了。

1946年6月26日,国民党军队出动八个整编师、两个特别旅共三十万兵力,在西安、武汉两地空军的支援下,向中原解放区李先念、郑位三率领的部队发动大规模进攻,揭开了蒋介石蓄谋已久的以消灭共产党为目的全面内战序幕。同年11月15日,国民党一手包办的"国民大会"正式召开。从此,国共两党的和谈大门被蒋介石彻底关闭!

蒋介石以为，凭着他的四百三十万军队，凭着他的美式、日式装备，飞机大炮，消灭共产党、解放区小米加步枪的区区一百二十七万人（其中正规部队只有六十一万）简直易如反掌。可令他做梦都想不到的是，仅仅不到一年，就在宿北战役、鲁南战役、莱芜战役等地，国民党部队节节败退，损兵折将达十多万人。

尤其是在1947年5月4日到16日的鲁中孟良崮战斗中，人民解放军华东野战军主力一举全歼了骄横不可一世、被誉为国民党军"五大主力之一"的整编第七十四师，击毙了中将师长张灵甫。此战在国民党集团内部引起了极大震动和混乱，为中国人民解放军从战略防御转向战略进攻阶段奠定了坚实基础。①

国民党军队在战场上的处处失利，进一步加重了巨额的军费负担，由于财政的入不敷出，导致恶性的通货膨胀，物价飞涨、朝不保夕、民不聊生。公教人员、青年学生的生活待遇急剧下降，均处于饥饿状态。中央大学公费生一天的伙食费只够买两根半油条或一块豆腐。

1947年上半年，国民政府货币发行额比战前增加了一万多倍，物价上升了六万倍，职员的生活指数仅比

---

① 参见中央文献出版社1996年8月出版、金冲及主编的《毛泽东传1938—1949》（下）第789页。

第四章 十年探路

战前增加六七千倍。国民党政府把财政预算的百分之八十用于内战，教育经费不及百分之五，其中相当大的一部分还要作为三青团的活动费。教育事业遇到了严重危机，师生们食不果腹，挣扎在饥饿线上。4、5月间，上海、南京的学生喊出了"抢救教育危机"、"向炮口要饭吃"的呼声。①

1947年5月6日，中央大学教授会召开全校教授大会，通过《要求提高教育经费、改善教员待遇宣言》，向国民党政府郑重提出："请政府决定并施行全国教育经费最低不得少于国家总预算的百分之十五；各党派及青年团训练费用不得在国家教育文化项目内开支；请政府直接指拨充足外汇交各学校订购图书仪器及科学器材，并简化向国外订购之各种手续；教员薪金应依照物价指数支付；教授最高薪额应由600元提高到800元等五项决议。"

学校为解燃眉之急，决定5月份学生副食标准由行政院规定2.4万的标准提高到4万元。不料，行政院却重申公费副食费仍维持原数。5月10日，学生伙食团决定召开桌长会共商办法，会上提出了三点建议：1.要求教育部增加副食费为每月10万元，并按月就米价上涨

---

① 参见北京出版社2003年6月出版、许进主编的《百年风云许德珩（1890—1990）》第162页。

情况予以调整；2. 系科代表大会应授权伙食团，即动用本学期尚存之全部膳费，恢复2月份蔬菜素质，至吃光之日为止；3. 待全部膳费吃光后，开始实行绝食，并做饥饿大游行，列队赴有关部院请愿。

在如此形势面前，中共领导下的中大青年组织新民主主义青年社（简称"新青社"）与民盟中大支部等群众组织密切配合，广泛地发动青年学生求生存的斗争，从而点燃了中央大学反饥饿斗争的火炬。

5月20日，正当第四届国民参政会第三次会议在南京林森路国民大会堂开幕的时候，来自京、沪、苏、杭各地大中学生六千余人，以孙中山先生的大幅画像及"抢救教育危机，反饥饿、反内战联合大游行"巨幅大标语为主导，向国民参政会请愿。游行队伍在中山路、珠江路口与军警发生冲突。多处军警用水龙头向游行学生喷射自来水，纷纷挥舞木棍、铁棒、皮鞭等殴打学生，致重伤学生19名，轻伤104名，28名学生被捕，许多受伤学生血肉模糊，鲜血混着自来水在大街上汩汩流淌，国民党政府在自己的首都制造了震惊全国的"五二〇"惨案。①

---

① 参见许荏华执笔的《五二〇运动在南京》一文（许荏华本人于2006年2月提供）。

第四章 十年探路

"五二〇"运动并没因遭到镇压而终止。相反,正是这种镇压,使运动迅速扩散到国统区的60多个大中城市。上海、重庆、广州等地的学生纷纷联合起来罢课、游行、声援和抗议"五二〇"惨案,迅速汇成了一股巨大的爱国民主运动洪流,进而成为一场反蒋爱国的人民运动。

潘菽坚定地站在民主运动一边,以各种方式支持学生的斗争。为了配合学生的斗争,潘菽和梁希、金善宝、涂长望、干铎等原来参加"自然科学座谈会"的中大一批进步教授经常秘密聚会,统一思想,统一行动,并积极在教师中做工作,使不少人透过黎明前的黑暗看到了胜利的曙光。

他的挚友,原中国农业科学院院长金善宝于1997年这样回忆道:"1948年5月20日,正值国民参政会开会之际,南京、上海、苏州、杭州四地区16所大专院校学生5000余人在南京示威游行,向国民参政会请愿,反对内战,拥护张澜、黄炎培的和平提案,当请愿队伍行入珠江路时,受到国民党军警的围攻,造成震惊全国的'五二〇'血案。潘菽、梁希和我等人自始至终全力支持这场爱国的学生运动,去医院慰问受伤的学生,在教授会上发起联名上书营救被捕学生,潘菽还代表我们在报上写文章揭露、谴责国民党当局假和平、真内战、迫害爱国学生的丑恶行径，为支持'五二〇'爱国学生运动，做了许多有益的工作。"

"五二〇"惨案后的第二天，上海大中学校学生为了声援南京"五二〇"惨案举行罢课。当时在中华工商学院执教的马寅初毅然贴出一张声明："本教授遵照上海市学联罢教一天。"接着又准备到南京中央大学演讲，揭露国民党发动内战、出卖民族利益等罪行。据悉有人威胁道："马寅初敢去演讲，就干掉他！"然而，马老并未因此而被吓倒，在面对随时都有可能被国民党特务暗害的危险时，他大义凛然，不顾个人安危，毅然只身前往南京，甚至临行前还给家属留下了遗嘱……

潘菽十分敬佩马老这位既是前辈师长（马寅初1917年就在北大任教授、1919年任教务长）又是老朋友（抗战时期在重庆马寅初执教中央大学和重庆大学商学院期间常有来往）的不畏强暴、敢怒敢言的大无畏精神，于是冒着特务盯梢的种种危险，热情接待马寅初的到来。

1947年5月24日，就在马老到南京的第二天，梁希、潘菽、金善宝、干铎、涂长望、丁瓒、张楚宝、汪季琦等中大进步教授在城南颜料坊63号张楚室家里座谈。潘菽与马寅初居然同乘一辆三轮车赴会。大家都为这两位长者不避艰难险阻的戏剧性举动倍感振奋！大家十分兴奋地欢迎马老的到来。会上，马老对当前的政治、经济、军事等各方面的形势做了精辟深刻的剖析。使到会的所有同志非常钦佩。散会后,潘菽仍旧和马老同乘一辆三轮车回寓所,大家担心他们的安全,认为这样太危险了,而潘菽却风趣地说:"往往认为最危险的也许才是最安全的呀。"①

此后不久,潘菽又利用担任"中国科学工作者协会会刊《科学新闻》主编的便利,向全国的科学工作者响亮地呐喊:"中国今日必须全国团结、实现民主、停止内战、恢复和平!""目前一切问题的主要关键,在于能否建立货真价实的民主!""民主是产生近代科学的基本条件,没有民主,绝不会有近代科学。故中国一日无民主,中国的科学即一日无发展希望。"②"如今,时代推动了科学工作者,战争教训了科学工作者,饥寒交迫鞭策了科学工作者,我们以为科学工作者应该从研究所、学校、工厂、医院和每个角落里探出头来,张开眼睛,打听那些门内门外和国内国外的大势,再不受人愚弄,听人摆布了,一句话,科学工作都应该觉醒!"③

有时,他也会用隐晦的语言提振人们的信心:"今天的阴云密布,风狂雨骤,未必不就是明天天朗气清的

---

① 摘录自张楚宝回忆文章(由李令节先生提供)。
② 1947年《科学新闻》第五期,参见《潘菽全集》第八卷288页。
③ 1947年《科学新闻》第四期,参见《潘菽全集》第八卷267页。

前奏。""冬天已到了冰封雪锁的时候,春天的到来也应该不会太久了"。

看上去十分温良恭让的潘菽常常会出其不意地做出令人心悸、令人钦佩之事。1946年下半年,国民党政府发动全面内战,疯狂进攻并包围湖北宣化店一带的李先念五师队伍。时任鄂东军分区代理司令员的张体学奉命率鄂东独立第二旅在敌强我弱的严峻形势下为五师解围,虽胜利完成了掩护突围任务,但他所率领的队伍遭到重创,主力俱损。他仍艰难带领余部突出重围后坚持在大别山打游击战,但与党组织大部队失去了联系。几个月后,张体学一路艰难跋涉,于年底腊月初十秘密到达南京。他通过中大教授干铎找潘菽帮助。潘菽得知详情后毫不犹豫地应承下来,并迅速引导其去梅园新村中共代表团所在地找到周恩来同志,后在周恩来、董必武的周密安排下,使张体学由上海至北平,最后安全抵达延安,以使他在日后的渡江作战中做出了重要贡献。

作为民主斗士,潘菽先生对有利于民主建立、全民团结、国家振兴的事向来满腔热忱、义不容辞,反之他便针锋相对、坚决抵制,绝不参与。

经过两年的作战,人民解放军在各个战场都取得了重大胜利。解放军总兵力由原来的127万发展到了280

多万人。而国民党军队的总兵力却由原来的 430 万下降为了 365 万人。两军总兵力对比由原来的 1∶37 变为 1∶1.3，连蒋介石自己也不得不承认已到了"危急存亡的关头"。在人民解放军捷报频传、步步为营，而国民党军队却处处受制、着着失败，人民对国民党的信任几乎丧失殆尽的时候，蒋介石的谋士们转而也乞灵于心理学。政工局局长邓文仪与当时心理学界的头面人物相互勾结，成立了所谓的"官兵心理委员会"，并于 1948 年春在南京召开会议，邓文仪亲自到会，要心理学家为反动军队"鼓舞士气"、"振作精神"，妄图以此做垂死挣扎。京、沪、杭一带的心理学家，绝大多数参加了这个会议，但是潘菽先生早已看穿了反动当局的这一阴谋，以"外行"为由断然拒绝参加会议，也拒绝为《国防月刊》的"国防心理专辑"写文章。他的这一行动使许多当时的同行们颇感惊讶。而后，人们对他所表现出来的高度的政治觉悟、鲜明的态度和坚定的立场又甚为钦佩。

1949 年 1 月，淮海战役胜利结束，国民党当局为了负隅顽抗，通知各部门、单位成立应变委员会，并特制订"国立院校应变计划"，决定将中大迁往台湾，中大当局已派人在台湾选好了校址，并已着手装运物资。人们心急如焚，不知所措。在中大地下党组织的积极鼓动下，潘菽同梁希等人为护校与反动当局进行了坚决的斗争。他们在教授会中做了许多人的工作，最后教授会以多数人反对迁校使反动派迁校的企图未能得逞。关于护校斗争，时任中大农学院森林系助教并兼任"中国科学工作者协会"组织干事的陈建红1981年回忆道："淮海战役结束后，南京国民党反动派准备潜逃台湾，并设法将中大迁台，如不愿随从，勒令遣散回家，每人发三个月工资。中大内部，以各学院的进步教授为中心，召开小型座谈会，商讨'迁台问题'。当时的科协会员在进步教授梁希、潘菽、涂长生等领导下，团结一切可以团结的力量，分别举行小型座谈会，指出迁台无出路，最好留守在南京维持下去，并以各院为单位，形成全校性的'校务维持委员会'，与体育系主任江良规作争锋相对的斗争。同时组织纠察队、准备好消防安全用物，以防反动派破坏，这就使中大终于留在了南京，为人民的南京大学打下了基础。"在此期间，潘菽还劝阻在反动政府机关工作的学生和亲友数人随迁台湾，并设法帮助他们摆脱了国民党反动派的监控。

艰苦卓绝的护校斗争取得了积极成果，学校初步摆脱了国民党的控制，当时被人们称为"小解放区"，为日后中央大学的新生打下了坚实基础。

第四章 十年探路

第二十一节 暂别金陵

中央大学复员南京后的三年多时间,正是中国展开两种前途命运决战的岁月。潘菽的政治倾向更加鲜明。他以中央大学教授的身份,掩护中共地下党及其外围组织"新青社"的活动。"新青社"的"红色书箱"运抵南京后又由潘菽先生帮助部分存放在自己家里,部分安放在科学馆楼上。他还专门在科学馆自己管辖的范围内腾出一间屋子,把钥匙交给了当时中大地下党支部联系人、生物系助教蒋祖瑜同志。从此,这间屋子便成了"新青社"经常组织开会的地方,讨论"五二〇"学生运动等就是在那间小屋子里决定的。

1947年,中央大学中共党支部的组建会议,就是在潘菽家中召开的。[①]

据曾任中央大学地下党总支书记的李慕唐(1945年考入中大艺术系)1987年7月4日回忆:"1946年复员南京后,我任'新青社'总负责人之一时,穆广仁介绍我与潘菽教授认识,主要是我们有时开秘密会议,在潘菽教授家里,并由潘师母掩护。有些书、材料也存放在潘菽家,我们开会去他家,他总是愉快微笑而热情地接

---

① 参见辽海出版社2000年2月出版,龚放、王运来、袁李来合著《南大逸事》第53、54页。(作者:包仁娟、龚放)

待我们这些年轻人。他并不爱说话,但从他的眼神和表情里我们得到的是他的鼓励和支持。他从容不迫,给我们倒茶,在潘师母热情的协助下,我们安然地开着会,散会后,我们鞠躬告辞,一个一个地悄悄离开。他从来都是始终如一地关心照顾我们这些青年人,连他们的儿子都同样欢迎我们。解放后,他们的儿子长大了,看见我们还是默然笑着和我们招呼。潘教授、潘师母和他们儿子的那种革命深情的微笑面容,几十年来总是在我的脑海中浮现着,我永远不能忘掉他们的坚定革命信念的笑容……"

由于潘菽鲜明的政治态度,人们把他看作"红色教授",国民党特务机构则将他列入黑名单,日夜严密监视他的活动。1949年解放军渡江作战前夕,党组织为了潘菽、梁希、涂长望三位中大进步教授的安全,防止国民党败退前对他们下毒手,通过秘密通道将他们送往上海,又转赴香港,再转赴北平。①

南京"四一"惨案发生后,潘菽、梁希、涂长望三人的处境更加危险,地下党决定立即掩护他们迅速离开南京。关于这段经历,潘菽的儿子潘宁堡至今印象非

---

① 参见辽海出版社2000年2月出版,龚放、王运来、袁李来合著《南大逸事》第53、54页。

常深刻。当时他17岁。他回忆说:"其实在1948年寒假时,局势已经很紧张了。国民党政府可能已经预料到南京很有可能保不住了,不少国民党政府官员及工作人员开始疏散,撤离家眷等等,弄得人心惶惶的。那年冬天,我们全家已住在成贤街76号中央大学的宿舍楼内,一共三幢三层楼,我们住其中一幢一楼的东头,50平方米左右,没有任何卫生设施。记得那是4月初的一个晚上,记得是中大航空系学生饶展湘(地下党员)到我家来,送给父亲一根金条,并通知父亲立即撤离以及如何撤离等等事项。一道撤离南京的还有中大教授涂长望、梁希。

"饶展湘走后,我们立即做准备工作,母亲要求父亲把我带走,说我是潘家的一条根,一定要带走!第二天一早,我们全家轻装出发,先坐火车去上海,然后立即折返嘉定外婆家,把母亲和妹妹们暂时安顿在外婆家中。

"两天以后,我与父亲到达上海淮海西路的匹卡迪公寓涂长望先生的叔叔家中,到达时,梁希先生和涂先生夫妇及儿子已经在那儿了。可能是因为手续、证件等原因吧,我们又在上海住了两夜,我们同行的6人又都去打了防疫针,然后便去了虹口码头,上了一艘外国籍轮船(记不起是哪个国家的了),大约三四天后便到了香港。

"当时的香港与上海真的没法比,没有上海繁华,没有上海的高楼多,简直没有一点吸引人的地方,但有一点,我在这里才知道了什么叫作'的士'。香港人把出租车叫'的士',这里的'的士'车很多。到了香港,居然由同是中央大学的沈其益教授接待我们住了下来。在我的记忆中,在香港住了三四天,也没去哪儿,堂叔潘汉年到我们住处来过两次,请我们大家一起去饭馆吃过一餐饭。有一次还特地领着我和父亲去婶婶董慧父亲董仲维开设的道亨银行去参观,回来的路上花了5元港币买了一只藤箱,另外还买了一只美国产的小闹钟(到底是父亲买的还是汉年叔父送的我也记不得了)。

"四天以后,我们上了一条挪威籍轮船,是从香港直达天津的,上船时,我们发现又多了好几个人。他们是《新民报》老板娘与她的儿子(叫什么名字记不得了),还有一位较年轻的叔叔,身体微胖,西装革履,很洋派,很健谈,还会跳舞,知识面很广,讲什么都很新鲜,后来到了北平居然看到他穿上了解放军军装,那时才恍然大悟,原来他就是张执一,解放后任中央统战部副部长。还有陈铭枢将军的夫人邓季惺母子和特地从美国归来为新中国水利建设出力的褚应璜夫妇。

"我们乘坐的挪威籍轮船,经过七天七夜的航行,

第四章 十年探路

终于到达了天津。一路上，都是张执一照顾我们，到了天津后，照例有人接待我们住进了据说是当时天津最好的'旅顺德'饭店。那天正是1949年4月23日，刚进饭店，就听到了南京解放的消息，父亲和梁希、涂长望先生高兴得差点跳起来，大家相互握手，相互道贺，心情久久不能平静。

"第二天一早，也就是4月24日，我们坐火车很顺利地到达了北平。是李维汉、齐燕铭等专门接待我们，并住进了'北京饭店'（听说张执一入住了六国饭店）。就在去北京饭店的小路上，我们买到了南京解放的'号外'。

"4月28日，李维汉引导周恩来来到了我和父亲住的房间，周恩来与父亲谈了许多，具体什么内容，当时的我并不十份留意，只是有几句话印象至今都是十分深刻的。

"父亲说：'新中国就要成立了，对民主与科学，共产党会做得更好。再也用不着我们去做那些团结高级知识分子的工作了，因为那时是秘密的，现在都是公开的了。我们九三学社的历史使命也就完成了，是不是就可以解散了呢？'

"周恩来说：'哎呀，这个事情可太大了，我没办法回答你，我得向主席汇报，同上面商量了以后再说吧。'

"又过了个把星期，大概是5月6日，周总理又来找父亲，他对父亲说：'中央研究决定，九三学社非但不能解散，而且要作为一个民主党派继续存在下去，继续高举民主与科学的大旗，参加新政协！'

"此后，李维汉又来过几次，5月11日，伯父潘梓年、叔父潘汉年都来到北京饭店看望父亲，兄弟三人侃侃而谈，笑声不断。"

其实，在5月26日，也就是潘、梁、涂三教授到北京后的第三天，潘菽和梁希就迫不及待地给中央大学教授会发了"庆祝南京解放、并祝学校平安"的电报。27日，他们收到了由中央大学教授会、维持会发出的"亟盼就近催促、派员接收，并恳请速驾返校、共策前途"的复电。①

原中国农业大学副校长沈其益在纪念潘菽教授百年诞辰的回忆文章中这样写道："我于1949年到达北平，由中央统战部齐燕铭同志接待我，住在北京饭店，得见潘菽、涂长望、梁希教授。并受到周总理和陈云同志接见，要我们筹备召开全国第一届科学代表大会。这次大会由中国科学社、中华自然科学社、中国科技工作者协

---

① 参见南京大学报2007年1月10日出版总第940期、冀强、郑晓芳、李颖《1949从中央大学到南京大学》一文。

会等四个全国性自然科技团体发起召开的,我与潘菽、丁瓒、涂长望教授等都为此而积极工作,完成这这一历史重任。"①

由于新政协筹备会议和全国第一届科学代表大会召开前的诸多事务,潘菽与梁希教授在北京饭店住了一月有余,于6月初动身返回南京。

由于战争原因,北京至南京的铁路多处毁坏,不能通车,潘菽父子与梁希乘火车至济南时,不得不下来改乘汽车。黄河铁路桥在战争中被炸毁,他们乘坐的汽车也只能由一只只木船并联组成的浮桥承载着缓缓而行、渡过黄河。宁堡至今还清楚记得,进入市区后,他们父子还与梁希伯伯一同游览了著名的大明湖。

次日,三人继续乘火车南行,第三天上午,终于回到了离别两个多月但形势却宛若隔世的南京。潘菽心里有说不出的兴奋,他知道,新的战斗正在等着他,也许这种战斗不再需要抛头颅洒热血,但绝不会是一帆风顺的。为此,他做好了充分的思想准备,准备为建设新中国而努力!

---

① 参见《心理学动态》1997年第五卷第16页。

第五章 坎坷中自强

第一节 吐气扬眉

就在潘菽、梁希二教授赶赴南京参与接收中央大学事务的同时,新政治协商会议的筹备工作也在北平中南海紧锣密鼓地进行着。

作为"九三学社"主要负责人的许德珩先生被指定为正式代表参与新政治协商会议的筹备工作。

8月上旬,筹备会进入到了参加新政治协商会议代表推选阶段。以许德珩为首的在京"九三学社"中央常务理事、监事们经过反复酝酿、磋商,并由许德珩起草致函于新政协筹备会:

依据新政治协商会议关于参加单位及代表名额的规定,九三学社应推正式代表五名,候补代表一名出席会议。现经协商完毕,推出许德珩、潘菽、黎锦熙、袁翰青、吴藻溪五同志为正式代表，叶丁易同志为候补代表。另单附上，即希查照为荷。

此致

新政治协商会议筹备会秘书处①

8月31日，新政治协商会议筹备会以"急件"方式将批复速送至府学胡同北大宿舍许德珩先生家中，批复全文如下：

代电

九三学社许德珩先生：

贵社参加中国人民政治协商会议代表名单，业经本会常务委员会第四次会议协商通过。名单如下：

（一）正式代表：许德珩、潘菽、黎锦熙、袁翰青、吴藻溪；

（二）候补代表：叶丁易。

上列名单尚在外埠代表已另行组织按期来平。特此通知。

新政治协商会议筹备会②

---

① 参见北京出版社2003年6月出版、许进主编的《百年风云许德珩1890—1990》第187页。

② 参见北京出版社2003年6月出版、许进主编的《百年风云许德珩1890—1990》第187页。

从 1927 年算起，潘菽已在中央大学（起初是由东南大学等九校合并而成的南京第四中山大学，后改为江苏大学，继而又改为中央大学）执教二十三个年头了。像他这样从一而终地在一所大学里执教的并不多见，这固然与中央大学有他钟爱一生且其他院校无法与之抗衡的心理学系科及中央大学多年来集聚的国内心理学执教精英团队的吸引力有关，更是由于他多年来的辛勤耕耘，从而沉淀了极其浓厚的治学情感使然。

自从 1949 年 4 月 23 日人民解放军解放南京后，5 月 7 日，即由南京军管会主任刘伯承、副主任宋任穷委派赵卓前往接管中央大学。同年 8 月 8 日，南京市军管会文教会决定原国立中央大学改名为国立南京大学，并由著名林学家梁希教授担任校务委员主席、潘菽担任校务委员会常务委员兼教务长。从此，两位历经风雨、意志相同且亲如手足的挚友，真正以主人翁的姿态，携手并肩，掌管这座终于回到人民怀抱的中国著名高等学府。

新学年刚刚开学不久，潘菽便接到了赴北平参加新政治协商会议的通知。9 月 7 日半夜 12 点 40 分，在南京下关车站开往北平的列车上的同一节软席车厢里，有几位刚刚上车的长者按捺不住激动喜悦之情。尽管大家早已熟知，但终因任职各处，并不常见，如今相会酷似久别重逢，又得知均应邀赴京参加新政治协商会议，于是便更为感慨万千。这次同行的除了有潘菽和梁希先生外，还有时任中央研究院院务委员会主任委员的陶孟和，著名化学家、"侯氏制碱法"创始人侯德榜，时任南京中央医院院长的著名医学家姚克方，还有时任国立南京大学师范学院院长的陈鹤琴教授等。就在当日下午，准备行装的潘菽便接到了他1935年时的心理系学生、如今已就职于"中苏友协"筹备处的丁瓒打来的电报，大意是周恩来副主席决定让潘菽到北平后立即准备去苏联访问。[①]因为9月26日是俄国著名生理学家、心理学家、条件反射理论建构者、高级神经活动生理学奠基人、诺贝尔奖得主巴甫洛夫的百年诞辰纪念日。

9月9日下午2点20分，列车开进了北平车站。潘菽被安排住进了他已熟悉的北京饭店436房间。虽经两天两夜的长途跋涉，但他顾不得休息，放下行装，便急忙赶往中苏友协筹备处所在地南河沿翠明庄（这里原是中共代表团驻地）去找丁瓒，征询赴苏事宜，并委托丁瓒为他办理赴苏的一切手续。他心里十分清楚，欲赴苏联，就必须放弃参加新政协会议，如此具有划时代历史

[①] 参见人民教育出版社2007年7月出版的《潘菽全集》第九卷第7页。

意义的大会的重要性是显而易见的,放弃将会给他留下终身遗憾,而巴甫洛夫诞辰纪念活动也是百年一遇,何况还是周恩来同志亲自点的将。再说,考察探究苏联心理学的发展轨迹和发展现状也是自己的多年夙愿啊。俗话说,鱼和熊掌不可兼得,世上哪有那么多两全其美的好事都让一个人占了呢?

此时的潘菽,虽然早已年过半百,但精力十分充沛。他非常愿意接受赴苏访问这一任务,于是他马不停蹄,去找好友黄国璋,并住在黄国璋家与他长谈。第二天一早,又由黄国璋、叶丁易陪同,一道拜访许德珩、袁翰青两位故知,欲征求他们赴苏访问的意见建议。虽两位先生均未在家,但见到了他们的夫人,彼此畅谈近况、互致问候,深感慰藉。

9月10日,潘菽以新政协会议正式代表的身份,向北京饭店内人民政治协商会议报到处报到,领取了一枚标有243号的新政协会议纪念章。这天下午,许德珩、黄国璋、袁翰青、涂长望等九三学社主要负责人先后来到北京饭店潘菽处,共同商量因他赴苏访问不能参加新政协会议引起的问题。那天,大家并没有形成一致结果,都觉得有必要再扩大些范围征求下意见。于是,次日上午,大家又一起借着到箭厂胡同2号看望刚从美国回来不久的张雪岩先生的由头,并在那里召集了个小型

第五章 坎坷中自强

会议，大家一致推选薛愚先生替补潘菽不能出席新政协会议所留下的正式代表空缺。

最令潘菽兴奋的是此次派出的访苏三人代表团中，其他两位都是他熟悉的。一位是从心理学转入生理学而且已在神经肌肉生理学研究领域颇有成就的生理学家冯德培。而另一位竟然是十二年前由他保释出狱后奔赴延安的心理系学生季钟朴，他现在已担任哈尔滨医科大学校长了。

虽然，北平和平解放至今也不过短短的半年时间，城内诸多街巷、各式民居仍然显得古旧而缺乏生机，但人的精神面貌却今非昔比。走在街上的人们，虽无法辨别职业行当的高低贵贱，但每个人的脸上却不乏笑容，行动中充满着轻松。人们从来没有像今天这样能在即将建立的崭新国度里扬眉吐气！

凡接触过潘菽的人都知道，蔬食布衣是他的一贯传统。穿西装已是二十几年前年轻时在美国留学的记忆了。而此次前往苏联，他特地到王府井老字号的陈森泰裁缝店定做了一套西装和一件大衣，并要求他们在两天之内完成。可见，潘菽对此番赴苏访问是何等重视。

在丁瓒与刘宁一同志的积极运筹下，赴苏护照果真不到两天就办理妥当。

此时，冯德培也到了北平。行前，黄国璋还专门准备了白干儿与蒸饺为他们饯行。

9月14日上午,潘菽与冯德培赴北平火车站,准备搭乘9点10分开往沈阳的列车。正在站台等候时,却正巧上了萧三。他与萧三还是通过大哥潘梓年的介绍认识的。多年不见却能在车站巧遇,大家都很高兴。这位著名诗人是毛泽东在湖南长沙第一师范的同学,并与其兄萧瑜、蔡和森、毛泽东共同创建了"新民学会"。尤其是他曾于二三十年代到莫斯科东方劳动者共产大学学习,并在那里生活、写作长达10年时间,因而对那里的情况十分熟悉。于是潘菽向他请教了一些此次访苏的注意事项及其他外交礼仪常识等后即登上列车,开始了他人生中第一次乘火车出关北上的旅程。

整整一夜的颠簸,次日早晨8点20分,列车到达沈阳。他与冯德培教授按照预定计划,雇了辆马车赶往文化宾馆。不料,此处招待人员却说没有接到上级通知,不予接洽。无奈,他们只得转赴沈阳市外事局,经外事局联络,终于告知于当晚7点附乘张爱萍司令员的专车赴哈尔滨。

只有39岁的张爱萍司令员是参加过渡江战役的,听说赴苏访问的两位教授分别来自南京、上海,于是很快把话题转到了那里。他兴致勃勃地向他们描述当时解放军渡江的情形,说国民党军队的沿江工事如何如何差,

第五章 坎坷中自强

布防的兵力如何薄弱而不堪一击！就连国民党炫耀的江阴要塞也没有什么新鲜玩意儿。他又说到芜湖地带和在江阴地带渡江的两支队伍以长兴为汇合点面对南京做大包围之势，这是国民党没有料到的。他还说，如此的不堪一击也足以证明国民党军队已腐败到了何等程度。据悉，张爱萍司令员此次是因为胃病获准去苏联疗养的。

1949年的哈尔滨已经是一个拥有百万人口规模的城市了。9月的哈尔滨已是凉风习习，清晨下车时大有江南初冬的感觉。哈尔滨市政府秘书长张观前来迎接，在他的热情照料下，潘菽和冯德培二人被引导住进了市政府招待所。不多时，得知潘先生已到的季钟朴风尘仆仆地赶了过来，这对具有特殊情谊的师生紧紧相拥，各自眼里都闪动着泪花，紧紧握着的手长时间不肯松开。他们的经历和故事感动了在场的每一个人，并一时成为佳话，让人印象极深、久久不能忘却。尤其是在场的张观，他曾在日伪的监狱里坐过七年牢，他深有感触地说："我最能体会身在敌人牢笼中那种渴望自由的心情，我也最懂得人在生死存亡的关键时刻得到援手的可贵！"

在这座极具俄罗斯风情的城市里，由于等待出境签证，在张观秘书长和季钟朴以及哈尔滨市外事处同志的陪同下，大家参观了市里最大的秋林百货商店，沿江公园（现为斯大林公园），兆麟公园，观看了米丘林影片，同时参加了哈尔滨医科大学俄语系的演讲比赛晚会。9月19日清晨7时40分，潘菽一行终于踏上了去满洲里的列车。①

然而，此次莫斯科之行并未取得预期效果。他原以为此次前往一定要多接触苏联的心理学者，参观苏联心理学设施，多带几本心理学书回来，但由于交通、通讯不畅等等原因，待他们到达时大会已开幕两天了，他们无法提出个人的要求，连要去看看都不能够。加上语言不通，会上的论文报告内容大多听不懂，潘菽原有的希望几乎完全落空，颇感怅然，唯一剩下的只是有一种光荣感而已。②

第二节　重任在肩

潘菽是在从莫斯科回国的火车上从苏联朋友口中得知新中国已宣告成立这个特大喜讯的。尽管此次访苏并没有获得预想成果，只带回来一套《巴甫洛夫文集》（6

---

① 参见人民教育出版社 2007 年 7 月出版的《潘菽全集》第九卷第 9—15 页。

② 参见人民教育出版社 2007 年 7 月出版的《潘菽全集》第一卷第 37 页。

卷）和他的《星期三》，还有两卷本英文的马克思、恩格斯选集和一本米丘林文选，但他仍旧坚定地认为，新中国的建立将会是中国心理学发展的最大动力和希望。马克思列宁主义理论和苏联心理学的影响将成为促使中国心理学发展壮大的最主要的外因。虽然这次访问似乎有些事与愿违，但他仍旧隐隐约约地感到，心理学的科学出路也许只有在马列主义的理论里才能找到。而苏联心理学是以马列主义的辩证唯物理论为理论指导的，因而从苏联的心理学发展实践中有可能寻找到怎样把马列主义理论和中国心理学结合起来这样一条发展之路。有了这样的信念，首次访苏带来的遗憾似乎被淡化了许多。

结束中国科学工作者代表团访苏使命回南京不久，11月初，国立南京大学校务委员会主席梁希便被调至北京，出任中华人民共和国第一任林垦部部长，潘菽接任校务委员会主席的重任。

1950年10月，国立南京大学去"国立"二字，改称南京大学。1951年7月，中央人民政府教育部决定南京大学改为校长负责制，潘菽被任命为中华人民共和国建立后南京大学的首任校长。

重任在肩的潘菽以极大的热情投入到了学校管理和教学改革的各项工作之中，据时任校务委员会常委、自1951年7月起担任校长办公室主任的管致中先生在纪念潘菽教授百年诞辰的回忆文章中写道:"他不善辞令,平日讲话不多,做全校报告亦简明扼要。但他办事,心中自有主见,自有准则,在关键问题上不随便附和,不马虎迁就。解放初期,百废待举。一所大学,经过接管到开学上课,亦是由乱到治,有一系列的头绪纷繁的工作。这些工作,主要是在以他为校长的校务委员会领导下进行的。作为新中国的大学,废除了旧大学的训导制,取消了国民党的党义一类的课程而代之以社会发展史、中国革命问题和政治经济学等马列主义课程。从1950年起的一年多时间里,除了开设新政治课外,对于业务课程,按照理论联系实际、学以致用的原则进行讨论审查,保留主要课程和内容,删减芜杂散乱的课程和内容,然后制定了教学计划和教学大纲,按此执行。对于任课教师,为改变过去各自任教互不通气的情况,按照课程组织了一批教学小组,以利开展教学活动和培养青年教师。在这次改革中,潘先生是作为校委会主席,后来作为校长,始终亲自掌握整个改革过程,最后还在各系书面小结的基础上,亲自撰写了全校课程改革的总结,工作非常深入细致。"[①]

作为新旧交替时的一校之长,潘菽的工作自然是

---

① 参见《心理学动态》1997年第五卷第三期第20页。

十分繁忙的,然而他并没身陷校务的纷繁复杂而不能自拔,也丝毫没有放弃或削弱自己钟爱的心理学事业。他的学生、中国科学院心理研究所副研究员陈大柔回忆当年的情况时这样写道:"解放初期,大学开始课程改革。潘师任校长兼心理系主任,每次都亲自参加系里的课改讨论(我以学生代表列席)。他主张课程内容可以精简,但不能缺门,应尽量开全。并以身作则,在百忙之中为我们班(48班)主讲实验心理学。该课100多个实验,我们都按要求逐个做完,并交了实验报告。他还为我们开设了多年未开的理论心理学。由于他的主张,据说,我们这一班学的课程是较齐全的。专业课包括有当时已犯忌的测验与统计、心理卫生、工业心理学。外系课有动物学、比较解剖、大脑解剖。留校任助教时,我还加修生物系的组织学、人体解剖、实验胚胎学。"[①]

也许,正直的中国知识分子都有个"通病",那就是遇事不肯委曲求全,更不愿意阿谀奉承、随波逐流违背自己的良心。

在新中国成立后的十年里,一切都向苏联老大哥学习,心理学也是如此,一切照搬苏联。其实,向苏联心理学学习,潘菽并不反感。但学过了头,他便很难合辙。

---

① 参见《心理学动态》1997年第五卷第三期第20页。

如清华大学原有的心理学系,院系调整时合并到了北京大学,还依照苏联莫斯科大学的模式归入哲学系,成为哲学系的一个专业。南京大学心理系也改为了专业,并附属于生物系,还有一些院校干脆取消了心理学专业。而作为校长,他却没有权力也没能力保护心理学,这使他十分苦闷而无可奈何,并且一度令他十分反感。

但是,有一点可以十分肯定,那就是他坚信社会主义新中国,坚信共产党的政策主张,坚信心理学的重要作用,更坚信心理学在新中国一定会得到更好的发展!眼下的挫折一定是新开辟道路中遇到了一小丛荆棘,不足以阻挡历史前进的步伐……于是,他决心冲破这种阻力,去寻求心理学更多的发展空间!

早在1937年1月24日,中国心理学会就在南京国立编译馆礼堂宣告成立。然而由于七七事变,抗日战争爆发,这个刚刚出生半年的婴儿便被扼杀在摇篮里。从此,中国的一切心理学活动几乎全部停止。

中华人民共和国成立后,随着社会主义建设和科学事业的发展,我国心理学会的重建很快被提上议程,并从1949年底即开始筹备。

1955年8月1日至12日,是新中国心理学学科发展史上新的里程碑起始日。在这个日子里。新中国的中国心理学会在北京宣告成立并召开了第一届会员代表大会，来自全国各地的 70 位代表参加会议，大会重点讨论了关于心理学的对象问题、心理活动与高级神经活动的关系问题。同时还讨论确定了心理学教学大纲，交换了关于中国心理学发展远景的意见。讨论并通过了中国心理学会章程。并推选出第一届理事会成员 17 人，潘菽当选为理事长，曹日昌为副理事长，丁瓒为秘书长。此时全国会员登记人数为 585 人。[①]

又一副重担落在潘菽的肩上。在他看来，这副担子似乎比南京大学校长的担子更沉得、更艰难、更具有使命感！

新中国成立之初，潘菽对苏联心理学在新的方向上的发展颇为向往，因此，他用了很多时间与精力积极学习和取法于苏联心理学。这种学习在当时确实是必要的，也是有效的。但是从长远看，这种盲目照搬式的学习，某种程度上却也限制了我国心理学的发展。

1952、1953 年，教育部按照苏联模式对我国高等学校院系调整，将全国 211 所大专院校调整为 182 所，许多大学的院系被分拆、合并，心理学专业大大压缩，全国只有潘菽所在的南京大学保留了心理学系。除此之

[①] 参见人民出版社 2001 年 10 月出版的《中国心理学会 80 年》第 48 页。

外,北京大学按照苏联的模式,在哲学系内设了一个心理学专业。但主管领导部门仍嫌太多,要把两处合并。由于潘菽坚持认为不妥,才一时未做决定。1955年,南京大学遵从高教部的意图,以便于领导为由,决定将心理学系并入生物学系,变为心理学专业。继而又决定南大停办心理学专业,将其划归中国科学院。这样,偌大一个中国也就只有北京大学一个心理学专业了,这对新中国心理科学的发展显然是十分不利的。潘菽对这种缺乏远见的错误决定很有意见,却又无能为力。此时,1951年就在北京成立的中国科学院心理研究所(简称"中科院心理所"),因条件欠缺于1953年改为心理学研究室,正积极创造条件恢复研究所制,得知南京大学的调整方案后,很希望将南京大学心理学系并入。潘菽对南京大学特别是南大心理学系是有极深感情的,眼睁睁地看着它被不屑,心中真是五味杂陈。在此情况下,潘菽着眼于我国心理学的发展大局,明确表示不再当脱离专业的南京大学校长,而要同心理系在一起。于是,中国科学院与南大便达成将南大原心理学系与中科院心理研究室合并的协议。①

---

① 参见北京大学出版社2011年9月出版,荆其诚、傅小兰主编的《心·坐标——当代心理学大家》潘菽一章(作者李令节)。

第五章 坎坷中自强

1955年12月10日，中国科学院第53次院务常务会议通过的《中国科学院1956年事业计划说明》中提出，1956年将南京大学心理学方面力量并入中国科学院，心理研究室扩建为心理研究所。①

1956年3月20日，第10次院务常务会议决议：将南京大学心理学部分的工作人员和图书仪器迁京与本院心理研究室合并，调潘菽为该所所长。②

5月18日，中国科学院院党组备函呈报"仲勋同志并报恩来同志报中央"，函中说："……经中国科学院与高等教育部协商同意，在1956年内将中国科学院心理室和南京大学心理系合并，扩建为中国科学院心理研究所（所址设在北京），拟请南京大学潘菽校长为所长。"③

6月19日，中宣部报小平同志并书记处称："我们同意中国科学院建立心理研究所，心理学对象、任务与研究方法是世界科学未能取得一致意见的问题，因此心理研究所成立后的任务，应该由心理学家讨论，科学院

---

① 参见科学出版社2009年11月出版的《中国科学院心理研究所所史》。
② 同上。
③ 同上。

党组可以不必先对此做出决定"。①

7月8日,周恩来总理批示同意中宣部意见。此件并经陆定一、邓小平、陈毅、习仲勋、杨尚昆阅。②

8月4日,中国科学院院党组将周总理和中宣部对中科院党组成立心理研究所的报告批示转告心理研究所筹备工作的党员负责同志。③

8月18日,国务院批准成立心理学研究所。④

至此,潘菽毅然离开了工作了近三十年的南京大学,携南大原心理系全体人员,连同全部图书、仪器举家迁到北京,担任中国科学院心理研究所所长。潘菽此举促成了中国科学院心理研究所的重生,从而为心理学在我国的生存和发展开辟了后来一直是我国心理学研究中心的新基地,同时也找到了自己的归宿。

平心而论,潘先生放弃南京大学校长职位赴中科院担任心理研究所所长并非心安理得,更非心驰神往,而是迫于无奈而为之,大有被"逼上梁山"的味道。身为一校之长,许多大事要是没有决策权,一切似乎都要听

---

① 参见科学出版社2009年11月出版的《中国科学院心理研究所所史》。
② 同上。
③ 同上。
④ 同上。

第五章 坎坷中自强

苏联专家的,而且那些苏联专家常常飞扬跋扈、蛮横而霸道。加之两个教育部在许多类似问题上视而不见,少有作为,甚至起到了推波助澜的作用。正如他在批评两个教育部的文章中指出的那样,是教育部和高教部把他和南京大学心理系的全体同仁们半推半就像甩包袱一样送给中科院的,关于这一点,我们可以从新中国第一届全国人大第四次会议的背景说起。

一届全国人民代表大会第四次会议于1957年6月26日—7月15日在北京召开。

作为本届全国人大代表的中科院心理研究所所长潘菽,在大会开幕前突然接到出访任务,命他率中国科学院心理学考察团于6月27日赴德意志民主共和国参观、考察。

正如1949年错过参加新的政治协商会一样,他面临着再一次缺席新中国成立以后的首届全国人大第四次全体会议。他毫不犹豫地接受组织安排,去完成一项国际心理学交流的重要使命。

作为全国人大代表,他深知肩上的责任。对党的事业、对人员负责的话,该说的他一定要说,尽管他不能与会现场发言,但他绝不会放弃人大代表发言的机会和权利。于是,他针对教育部、高教部自1952年院系调整以来存在的问题,特别是对心理学的不恰当合并、取消提出了严肃批评！他一连几晚奋笔疾书，直抒胸臆，整理出一篇近三千字的书面发言稿，题目为《对两个教育部的几点批评》。他一针见血地指出了两个教育部不重视自己的专家，大大妨害了自己的专家们积极性的发挥。他批评两个教育部关于师范教育的领导思想实质上是一种培养"教书匠"的思想。他指出，高教部的学习苏联有许多地方变成了机械地、盲目地学习。硬是把心理学专业摆在哲学系里，结果使心理学专业在工作上遭遇到种种困难，使这门科学的教学工作的改进和研究工作的开展受到许多障碍。他批评教育部和高教部对自己系统里的许多科学专家不知珍惜，不去好好发挥他们宝贵的力量，是捧着"金饭碗"只用来吃饭甚至是用来讨饭。他在这份批评意见中着重提到了两个教育部对心理学的一些不当做法。他这样写道："单就心理学这门科学说，高教部和教育部过去的许多措施是不妥当的，甚至是十分错误的。所以有这种现象，基本上还是由于两个教育部对这门学科的认识不够，态度很不端正。我们恳切地希望两个教育部今后对这门学科的认识能正确起来，态度能端正起来。"[①]

[①] 参见人民教育出版社 2007 年 7 月出版的《潘菽全集》第八卷第 504—508 页。

1957年，中宣部出了个"教授治校"的题目，请统战部邀请一些知名教授、专家们进行座谈，潘菽也被邀请参加，九三学社也于当年5月10日和15日召开两次关于"教授治校"和学校党委制等问题座谈会。潘菽发言后来刊登在当年《九三社讯》第10期上。参加座谈的教授们措辞激烈，被视为右派言论，当时幸亏被中宣部揽了下来，中宣部认为，题目是我们出的，是我们叫他们畅所欲言、出谋划策的，怎么可以视为右派言论呢？

第三节 在依傍中感悟

正如潘菽先生自己总结的那样，自新中国建立之日到60年代初，他本人也包括中国心理学都处在十年依傍时期。当时的中国心理学界可谓势单力薄、人员分散，许多中国人甚至主管部门的一些领导同志，也对心理学的重要性缺乏了解，造成心理学教研机构一缩再缩、不宁唯是。尽管如此，潘菽已不再彷徨，他像一名颇具睿智的勇士，在新中国心理学这条并不平坦的发展道路上挣扎前行。

1955年在中国心理学会第一届会员代表大会上，时任南京大学校长的潘菽当选为中国心理学会理事长，同年被聘为中科院刚成立的学部中生物学部委员（即现在的中科院院士），成为学部委员中唯一的心理学家。

时代把他推到了中国心理学研究发展的前沿，历史赋予了他必将担当起率领中国心理学队伍披荆斩棘、克难求进的重任。作为新中国心理学工作的组织者和领军人物，他决心勇挑重担，尽快把心理学搞上去，以适应社会主义建设的需要。

在党提出的学习苏联的号召下，他带领中国的绝大多数心理学工作者立即掀起了学习苏联的热潮，投身到积极学习苏联心理学、巴甫洛夫学说以及有关的自然科学当中。试图通过这些学习"明确有关建立马克思主义心理学的基本原则，学习马克思主义的心理学家对心理现象的辩证唯物主义的理解及其客观的研究方法"。①

其实，早在抗战时期，潘菽已经十分重视马克思主义哲学观点对心理学前进的指导意义了。

1999年秋，笔者曾前往北京采访过中国科学院心理研究所副研究员、潘菽的学生李沂先生。他非常肯定地告诉我："潘老一直把马克思主义当作他研究心理学的命根子！"我对这话十分惊讶，于是问他如何看待潘

---

① 参见人民教育出版社2007年7月出版的《潘菽全集》第三卷第145页。

老的"命根子"。他答道:"潘老从解放前三四十年代就开始认识这个问题了,当时的心理学不同于别的科学,学派很多。什么机能主义学派呀,构造主义学派呀,行为主义学派呀等等十来种,可谓学派林立、莫衷一是。潘老就认为这里面有个很重要的问题,就是缺乏一个正确的科学指导思想,他说过这样一段话,大意是'任何科学都不能摆脱哲学的手掌,就好像孙悟空翻不过如来佛的手掌一样。不是你要不要哲学的问题,而是你选择一个怎样的哲学。他说在他看来,现存的哲学流派,最科学的就是马克思主义哲学。心理学要想发展,只有这一条,必须建立在马克思主义哲学的基础上。为什么学派这么多?那就是大家都不能把心理学的本质搞清楚,心理学的一些基本理论都没有很好地建立,看问题根本的观点不对,就是缺这个……'。当年他在重庆、在大后方,在他们自发组织的'自然科学座谈会'上,他和一些进步科学家们就在一起学习马列主义著作、毛泽东著作,并从中看到了心理学的希望。从那时他就认为心理学只有建立在马克思主义哲学基础之上才有发展前途。从那个时候,他就认定了这一条。当时就开始了理论性的学术研究。最先开的理论心理学(据陈大柔回忆是1948年为他们班首开的)就是在他自学了马克思主义后,自觉地以马克思主义的辩证唯物理论做指导,来看待心理学各方面问题。解放以后,他更加自觉地在马克思主义的指引下来研究心理学,他提出来,中国心理学的发展不能总是跟在外国心理学的后面跑,必须走我们自己的路!我们自己的路是什么呢?就是建立中国特色的心理学。这个也是跟小平理论不谋而合的,而且提出的比较早,当时邓小平理论还没有明确地说'中国特色',但是他已经有这个思想了。"

为了证实李沂先生的说法,为了寻觅最为有力的佐证,我再一次徜徉在潘先生留下的浩如海洋的文字资料中。

早在1953年的《心理学通讯》中,潘先生在他撰写的发刊词中强调的第一点便是"提倡心理学在马克思列宁主义和巴甫洛夫学说的基础上并在密切联系实际的方针之下进行改造"。[①]

1955年,潘菽身为南京大学校长,仍旧为心理系学生授课,他在他撰写的《心理学概论》的讲义中多处强调:"一切科学研究都必顺从辩证唯物的观点出发并采用辩证唯物的方法,是一切科学研究唯一可以信赖的

[①] 参见人民教育出版社2007年7月出版的《潘菽全集》第三卷第4页。

理论武器。"① "辩证唯物主义的基本观点和方法是一切科学研究必顺遵循的基本观点和方法,因此也是心理学所遵循的基本观点和方法。"②

1955年8月,潘菽在中国心理学会第一届会员代表大会上致开幕词中说:"以马克思列宁主义为指导的中国人民革命的胜利给中国的心理学工作者带来了他们所迫切需要的辩证唯物主义和历史唯物主义的理论。现在我们可以公开学习这种理论,并把心理科学放在这种唯一正确的理论基础之上进行改造。"③ "要在中国发展辩证唯物主义与历史唯物主义的科学心理学,以求为伟大的社会主义建设服务。"④

1956年7月2日,他在《我国心理学的现状和发展方向》一文中指出:"我国心理科学的发展方向必须紧紧地遵循马克思列宁主义理论和巴甫洛夫学说所指出的道路,我们的目标是要建立辩证唯物主义的科学心理

---

① 参见人民教育出版社2007年7月出版的《潘菽全集》第三卷第17页。

② 参见人民教育出版社2007年7月出版的《潘菽全集》第三卷第19页。

③ 参见人民教育出版社2007年7月出版的《潘菽全集》第三卷第62页、71页、85页。

④ 参见人民教育出版社2007年7月出版的《潘菽全集》第三卷第62页、71页、85页。

学，我们的目的是要能胜任地为社会主义建设和将来的共产主义建设服务。"①

他在1960年第3期《心理学报》上发表的一篇题为《学习毛泽东思想、提高心理学的科学水平》的文章中强调："心理学工作者必须好好掌握马克思列宁主义的思想武器，才能正确处理自己的研究问题，才能希望获得正确的研究成果。""心理学要成为科学，必须牢固地建立在马克思列宁主义理论基础之上，必须全面接受辩证唯物主义与历史唯物主义的指导。""在心理学中，必须以最完整有力的唯物主义——辩证唯物主义和历史唯物主义——来和各式各样的唯心主义思想进行斗争。"②

然而，科学界从来都不只是一种声音。当潘菽在奋力疾呼心理科学要建立在马克思列宁主义理论基础之上的同时，心理学界从来就没有平静过。

尤其是在1958年8月，心理学界的某些人发动了"批判心理学的资产阶级方向"运动，很快波及全国。这股极"左"思潮把心理学打成"资产阶级伪科学"，用行政命令的方法，支持"心理学是社会科学、有阶级

---

① 参见人民教育出版社2007年7月出版的《潘菽全集》第三卷第62页、71页、85页。

② 参见人民教育出版社2007年7月出版的《潘菽全集》第三卷第203页。

性"的看法,批判心理学"是中间科学或自然科学"的观点,认为这是反把人的心理"抽象化""生物化""不要人的阶级性"。他们认为心理学研究的唯一对象是人的阶级性、阶级意识,完全否定了人类心理的共同规律,试图把心理学界有影响、有贡献的心理学家当作"白旗"拔掉。

面对这种咄咄逼人的"批判",潘菽不慌不忙、胸有成竹,积极参加并作为中国心理学会理事长热情组织领导了"批判运动",对所涉及的心理学对象、任务、方法、学科性质等问题进行了为期十个月的大讨论。讨论中,他对心理活动与高级神经活动的关系问题、心理学的学科性质问题等都发表了自己的见解。一些看法逐渐被全国大多数心理学者所接受。

1959年5月11日,潘菽在首都心理学界科学讨论的发言中明确指出,心理学是既有自然科学性质又有社会科学性质的中间科学。这篇发言稿发表在1959年第三期的《心理学报》上,题目是《关于心理学的性质的意见——和郭一岑先生商榷》。虽然他的观点坚定而明确,但他绝不排斥或贬低其他声音和不同观点的存在。他说:"心理学还是比较年轻的科学,有很多问题,有很多争论是合乎规律的。因此,有不同意见是应该欢迎的。在马列主义指导下,有了不同的意见,展开争辩可以推动科学发展，不一定要急于求得一致，可以暂时存异。我个人体会，党对科学发展提出'百花齐放、百家争鸣'的方针，就是这个意思。"①

第四节 与时俱进

1956年3月8日是潘菽终生难忘的日子！这一天，他与在南京大学的金善宝、高济宇6位高级知识分子一道，加入了中国共产党。他在入党申请书中这样写道："回顾我一生走过的路，虽然也曾迷失过方向，但可欣慰的是，很快找准了北斗，拨正了航向，并且终于找到了归宿。"②

年近六十的潘菽终于实现了他多年的夙愿，他终于从一位政治上的统战对象变成了一个坚定的马克思主义者，从一个曾经是党的朋友成为党的光荣一员。当他站在党旗下举起右手握紧拳头宣誓的时候，胸中有诸多说不出的感慨。他深知，今后作为党员知识分子，新的人生旅程将从此刻开始，他决心把自己所学所长，毫无保

---

① 参见人民教育出版社2007年7月出版的《潘菽全集》第三卷第133页。

② 参见辽海出版社2000年2月出版，龚放、王运来、袁李来合著《南大逸事》第54页（作者：包仁娟、龚放）。

留地作用于新中国的各项建设中去，为党为国家挑更多的担子，尽更多的责任！

20世纪五六十年代，潘菽这位只有几年党龄的"新党员"，以最朴素的感情、平和的心态对待党领导下的各项方针、政策及历次政治运动。即使是1958年在全国学术界开展得轰轰烈烈的"对资产阶级学术思想的批判运动"，他也能正确对待、诚恳接受，并带头响应、做出自己的判断。总之，他对党的领导和党所号召的一切深信不疑、纯朴拥护。在他看来，从旧社会走过来的知识分子，身上或多或少都会带着一些与新社会格格不入的旧思想、旧观念，会与党的方针政策以及所处时代的步伐和发展形势产生一定距离，这是很自然的事情。他对学术界开展的"对资产阶级学术思想的批判"所持的态度是十分善意的、是从维护学术发展这个大局出发的。他认为，"百家争鸣"是科学发展生命力的一个重要来源，认为科学的一个基本特性就是它的社会性和群众性。"百家争鸣"可以使一门科学建立在坚强的社会基础或群众基础之上，使科学能吸取广泛的群众力量以壮大起来。

心理学是一门既古老而又年轻的科学，它正在成长之中。在他看来，各抒己见，畅所欲言，正是贯彻了"百家争鸣"的方针和精神，这样的争鸣对于心理学的发展无疑是极为有益的。

为了进一步阐明自己的立场、表明自己的态度，更为把心理学界的学术讨论或争论引向正途，潘先生从当时学术氛围的实际出发，深思熟虑，在1960年前后，相继在《光明日报》、《文汇报》、《心理学报》上发表许多文章，特别是1961年6月9日刊登在《光明日报》上的一篇题为《心理学更需要百花齐放、百家争鸣》的文章中，态度尤为诚恳、观点十分鲜明。他说："心理学也同样需要进一步贯彻'百花齐放、百家争鸣'的方针，这是没有疑义的。并且心理科学需要进一步贯彻'百花齐放、百家争鸣'的方针是显得更为迫切的。

"为什么？这是因为心理学是一门对象很复杂的科学，同时又因为心理学是一门虽然历时已久但还没有达到成熟的科学。"

他在文中说："科学心理学成长有待于辩证唯物主义发展，这是由于心理学的对象高度复杂情和它的属于高级发展水平的本质多决定的。假如没有辩证唯物主义这个最锐利的思想武器，就很难希望对心理现象进行剖解而能得到怎样令人满意的结果。"[①]

[①] 参见人民教育出版社2007年7月出版的《潘菽全集》第三卷第213—216页。

当时心理学界部分人思想上存在的种种顾虑，不敢说出自己的真实想法，甚至怕秋后算账，因而在讨论中勉为其难、口是心非，会上说的是一种意见，而会后却又是一种意见等等不正常现象。于是在他的文章中循循善诱地写道："心理科学还在建立中，这就更加需要大家来出主意、献计策，提出多种多样的设想，从各方面来积极工作……只要工作的方向是对头的，对社会主义建设科学发展是有积极意义的，我们就要解放思想、消除顾虑，敢于提出自己对许多心理学问题的独立看法，不管对自己的看法的把握是小还是大，也不管这种看法是属于多数派还是属于少数派，甚至是独立的看法……"[1]

在他的循循善诱之下，中国的心理学界开始活跃起来。心理学家们几乎把所有的"争鸣"集中到了心理学的性质问题上。其中最具代表性的意见有两种。一种意见认为心理是研究人的，应属于社会科学。另一种意见则认为，心理学离不开实验研究，当属于自然科学。两种意见各持己见，争论不休，僵持不下。人们都期待着作为心理所所长的潘菽能站在自己的学术立场上，以形

---

[1] 参见人民教育出版社2007年7月出版的《潘菽全集》第三卷第213—216页。

成权威性论点。

作为新中国心理学研究的组织者和领导者,潘菽站在客观的立场上,以辩证的思维理念,毫不掩饰地提出了自己的观点。他的观点是任何一方都始料未及的。他称心理学是一种具有双重性质的中间科学,或者可称跨界科学,兼有自然科学和社会科学的性质。

其实,早在1955年潘菽先生在南京大学为心理学学生讲授《心理学概论》是已明确指出:"心理学是研究人的一种科学,""心理学既是自然科学也是社会科学,或者说心理学是介于自然科学和社会科学之间的一种科学。"他说:"心理学是从个体的角度研究人的心理活动的。这就是说,它把人看成是世界发展的最高产物来研究,研究他所特有的种种活动的规律,心理学要进行这样的研究,就必须依靠于自然科学,特别是生物学和心理学,使自己和自然科学密切联系起来,把自己的理论建立在巩固的自然科学基础之上。这就是说,心理学所要解答的问题很多属于自然科学性质的。但是,心理学所研究的人无论如何都是属于社会的人,并且是属于特定社会的人。人离开了社会,他所特有的种种活动就不可能发展起来,我们是无法到社会之外去找到人的。所以假如不从人和他的社会环境的复杂关系中去了解人的种种心理活动,也不能得到正确的完全的了解。

这就是说,心理学所要解答的问题也有很多是属于社会科学性质的。因此,我们说,心理学既属于自然科学,也属于社会科学。"①

他在1959年5月11日首都心理学界科学讨论会上发言时指出:"我长期以来倾向于认为心理学是中间科学,听了大家的意见后,更坚定地认为心理学是中间科学,既有自然科学的性质,也有社会科学性质,偏重于哪方面呢?我站在正中。"②

潘菽的观点鲜明而独特,他不偏不倚,没站在任何人一边。人们为潘菽的论点所震惊,质疑、反驳的文章如雪片般飘来。但是,潘菽胸有成竹,因为他有充分的科学依据来证明自己观点的正确性。在这期间,他写了大量文章和信件与学者们讨论和商榷,态度十分诚恳而谦虚,立场鲜明而坚定。仅在1959年8月至12月,他就连续在《心理学报》、《光明日报》、《文汇报》等报刊上发表了《十年来中国心理学的发展》、《关于心理学的性质的意见》、《谈心理学的对象问题》、《心理学走上了正确的发展道路》、《心理学必须为我国社会主义

---

① 参见人民教育出版社2007年7月出版的《潘菽全集》第三卷第13—14页。

② 参见人民教育出版社2007年7月出版的《潘菽全集》第三卷第134页。

建设服务》等六篇论文。深入探讨有关心理学的基本理论问题。

渐渐地，心理学界有关这一问题的争论平息下来，在具体实践中，人们感到潘菽的论点科学、客观、具有很强的说服力，越来越多的心学家和心理学工作者接受了心理学是中间科学这一论点。从此，在中国心理学界，心理学的性质问题，再也不成为一个争论不休的问题了。

在传统的心理学中，对心理活动基本范畴的区分是"知、情、意"三分法。而潘菽却截然不同，他把人们的心理活动（或简称心理）归结为只有两个方面或者说由两大部分构成的"两分法"。

他把他的这一结论收进他的主要代表作《心理学简札》分卷一中，他这样表述："人们的心理活动（或简称心理）显然具有两方面或者说有两大部分构成。一部分是意向活动（可简称意向），另一部分是认识活动（可简称认识）。长期以来的传统心理学的传统区分是知、情、意三分法。这种三分法是不恰当的，是不合辩证法的。这种三分法必然不符合客观实际，长期阻碍了我们对人们的心理活动的如实的科学理解，因为也就是有不利作用的。三分法的'知'因此就相当于认识活动，'意'固然就相当于意向活动。但'情'是什么呢？其实'情'也就是一种'意'，是一种意向活动。

现在一般心理学者抱着三分法不放,这是因为受了一种不正确的观点和旧框框的束缚而没有多加思考之故。这种不符合实际的旧观点的框框必须打破。……"[1]

潘菽提出,正确的对心理活动基本范畴的划分应该是"知"和"意"的两分法。这一论点的提出,在心理学界再次引起颇大争议。这一观点引导了相当部分心理学家在研究中打破了长期遗留在他们脑海中的旧框框的束缚,对形成具有中国特色的心理学理论体系起到了极大的推动作用。

此后,尽管有疾病的侵扰、"文革"的浩劫、暮年的力不从心,但是,他对心理学中诸多难题的探索与破解矢志不移。身心问题、意识问题、个性问题、心理学的对象和方法论问题等等,潘菽一个接着一个地选择了这些在心理学基本理论中均具有高深难度的课题。他提出了对意识问题的独到见解。意识问题是心理学中带有根本性而又一直未得到正确解决的问题之一。弄清这个问题有助于心理学领域的界定和科学体系问题的解决。潘菽毕生一直密切关注并始终坚持这一科学难题,形成了自己的意识观。他认为:(1)意识是人在生活实践中对

---

[1] 参见人民教育出版社2007年7月出版的《潘菽全集》第五卷第19、20页。

客观世界的综合的认识活动,思维是意识的核心成分;(2)意识并不包括心理活动的全部,而只代表"知"的一方面;(3)自我意识就是对自己的状况和活动(包括自己的心理活动)的认识;(4)无意识就是没有意识,即在某种情况下没有对特定对象产生意识作用;(5)人类的意识是物质世界长期演出的结束,意识的起源,其实质就是思维的起渡问题。①

他对个性问题也有自己的独到看法。他认为,人的心理活动有动态和静态两种表现形态。心理活动的动态表现就是常说的心理过程,而心理活动的静态或较稳定的状态就是个性。他还继承并发展了我国古代"习与性成"的科学论断,进而提出人的性有生性(生成的性)和习性(习得的性)的新见解,从而为我国心理学的个性和人性理论充实了新的科学内容。②

潘菽数十年如一日辛勤耕耘,用尽一生的精力孜孜探索,即使是八九十岁的高龄,他仍与时俱进地带领中国心理学者在心理活动的广博海洋中遨游,形成他自己的研究理论体系和研究方法,实践了他在青年时代下的誓言——为心理学的完善与发展贡献自己的毕生精力!

---

① 参见北京大学出版社 2011 年 9 月出版,荆其诚、傅小兰主编的《心·坐标——当代心理学大家》潘菽一章(作者李令节)。

② 同上。

第五章 坎坷中自强

第五节 噩梦来袭

潘菽先生不事张扬,喜怒哀乐皆少动声色的品性是出了名的。即使在家,平时也很少与人交流,除了一日三餐与睡眠之外,伏案于书房几乎是他在家的全部内容。在他儿子潘宁堡的记忆里,父亲的一生从来没有节假日一说。几乎每天都要工作到深夜,一个放大镜和一支笔从不离手。80岁以后,儿女家人每每劝他适当休息、注意保重身体,他的回答既简单又坚定:"我的时间不多了,我承认,我对自己的生活很马虎,这是事实。但要我休息,除非放弃工作,那是不可能的!"宁堡还对笔者说,父亲一生在工作上付出的时间,几乎是常人的三倍!繁忙而无休止的工作状态正应和了潘先生寡言少语的秉性。1960年11月1日,刚刚出生一个星期的孙子垚天从北京平安医院回到家中,他却表露出异乎寻常地好奇与喜爱,这种少有的情感流露是他一生中自己五个儿女出生时从未见过的。回来的当天晚上,他几乎一夜未眠,几次起来观看孙儿的睡姿,查看被子是否盖严,每每听到啼哭声,他都毫不犹豫地起来问长问短,生怕有一丁点儿闪失。儿媳56天产假期满后,他索性让夫人庄炳松每晚把孙子的小摇篮床搬到他们的房间,再后来干脆让孙子睡在他和夫人的中间,连喂奶粉换尿布的事儿都是他和夫人一齐动手。他的这些变化，令儿子宁堡和儿媳陈绍英百思不得其解，在他们的记忆里，那段时间，父亲对垚天的关爱几乎到了无微不至的程度。就连垚天每天的大便是什么颜色，他都要夫人留在尿布上等他下班回来过目，否则他便放心不下。那时，他已是64岁的老人了，且工作学习十分繁忙。尽管如此，他仍旧不忘挤出部分时间来哄孙子，逗垚天开心。还亲自为他拍照，为了让孙子儿时的影像丰富多彩，他居然时而跪着、时而蹲下地百般劳苦也在所不辞。一次，他破天荒地亲自从外面买回来一个二十多斤重的大西瓜，这让全家人惊奇不已。潘夫人十分不解地问道："老头儿，今天你唱的是哪一出啊？太阳从西边出来了吗？这么大的西瓜，万一不好吃怎么办？"潘菽冲着夫人诡秘地淡淡一笑道："好吃不好吃是次要的。"潘夫人更是不解："那你这是……""你来看啊！"潘菽边说边把西瓜抱进了房间。

此时，只见潘先生用抹布把西瓜擦干净放在床上，又抱过体重还不抵西瓜的孙子垚天，帮其做抱西瓜的姿势，上下左右地为他拍照，大家这才恍然大悟起来……在全家人心目中，这是他一生沉默寡言性格中最不寻常的一段情感经历。

潘菽先生当年拍摄孙儿潘垚天怀抱西瓜的组图。

1963年3月5日,《人民日报》头版头条发表了毛泽东主席"向雷锋同志学习"的题词。这天晚上下班,潘菽特地把《人民日报》带回家中,他对雷锋同志立志"把有限的生命投入到无限的为人民服务当中去"的精神十分钦佩和赞赏。这天,他特别兴奋,心情格外好。晚饭过后不久,他便开始教仅仅只有1周岁半的垚天识字。他用三张小纸片分别写上了"天"、"人"、"大"三个字,逐个地教他念。这是三个形体十分相近的字,为了让孙子能够准确辨别,潘先生着实费了一番功夫而收效甚微。正是由于他的兴奋,于是似乎忘记了小垚天才仅仅1岁半,实在是太难为他了……

就在此时,噩梦向他袭来,他突然感觉胸口一阵闷痛,这种感觉是前所未有的,并伴有恶心呕吐感。他自知不妙,立即大呼夫人庄炳松的名字!所幸的是,当时还在北京门头沟煤矿总医院上班的儿媳陈绍英下班回来了。陈绍英是上海第一医学院的本科毕业生，虽不是学心脑方向的专业，但毕竟可触类旁通。她让全家人不要慌乱，估计很有可能是突发心肌梗死。于是，她一面与婆婆、姨妈等小心翼翼地扶潘先生平卧床上，一面急忙拨打北京医院的急救电话。由于是晚上七八点钟光景，街上的汽车行人相当稀少，及时赶来的救护车从育幼胡同出发拐上平安里西大街后，直奔西直门南大街，一路上笛声长鸣，经阜成门北大街、复兴门内大街、东、西长安街，很顺利地到达北京医院。由于发病时陈绍英及家人处置得当，又有救护车内医护人员的果断应对，潘先生的病情得到了有效控制和缓解。可是进了医院，潘夫人对这里的医护人员却十分反感。原因很简单，潘先生被推进急救室后，所有的病人家属统统被赶了出来，而且对潘夫人的态度尤其生硬。

众所周知，北京医院是卫生部直属医院，是一所以高干医疗保健为主要任务的综合性医院。来这里就医皆为中央和地方的高级干部，用医生护士的话说，来这里看病的部级领导就像锅里头下饺子随便捞捞的。再说，潘夫人身穿一件深灰色带大襟夹袄，脚上是一双黑色旧布鞋，也许医护人员压根儿就视她为保姆，因而不给潘夫人一点面子也是情理之中的事。

正当潘夫人和儿媳及两个女儿宁珊、宁思等在急救室外焦急得不知所措时,一位"救星"居然出现在她面前。她就是时任中华人民共和国卫生部部长李德全(冯玉祥将军的第二任夫人)。"咦?这不是庄老师么?您怎么会在这儿?""哎哟,这不是德全部长么?这可真是救星来了,我就长话短说,这不,老潘突发心肌梗死,正在里边抢救呢!""那您怎么还在外头站着呢?还不快进去!"庄炳松刚要张嘴解释什么,李德全部长早已不容分说地拉起庄炳松的手冲了进去。正在抢救潘先生的医护人员突然发现有人闯进来,十分惊疑反感,正待发作时,李德全部长先开口了:"这是潘老的夫人庄炳松先生,我都要称呼她老师,你们可倒好……"话音未落,只见医护人员们个个面面相觑、一脸的尴尬。

久负盛名的北京医院,自1905年由德国人创办以来,就不乏国内顶尖的各类医学专家。加上又有卫生部部长的亲自关照,潘菽先生与死神擦肩而过,而且病情的医疗效果也十分理想。但毕竟他已67岁了,而且发病时情况也比较严重,为此,中科院领导多次来医院探望并一再嘱咐他安心养病、一切听从医嘱等。

得知父亲突发心肌梗死的消息,正在南京紫金山天文台工作的宁堡心急如焚,于是立即向台领导请假火速前往北京探视。转眼间,半个月过去了,眼看着父亲的病情趋缓并逐步好转，宁堡便向父亲提出欲回南京。这天，就在宁堡辞别转身离去的一刹那，潘先生再也控制不住自己的情感，从不轻易流泪的他毫无声息地哭了……

这一幕恰好被前来探视的中央统战部副部长张执一看在眼里。作为老相识、老朋友，更因为他这位副部长分管党派工作，潘先生从1958年起就一直担任九三学社中央副主席，于公于私，他来探视的理由都十分充分。刚刚看到的一幕令张执一深为惊讶，因此稍作寒暄便直奔主题、探究缘由。无奈，在一旁照料的潘夫人解释道："说来惭愧，我们都调到北京8年了，儿子现在远在南京工作，从五九年到现在一直和我儿媳两个人两地分居，始终没有办法调过来。这不，知道父亲得病的消息，请了半个月假，您进来的时候儿子刚出门，去火车站了。他这个人，从来都不这样，今天不知怎么搞的……"

"那就想办法调过来吧。"张执一直截了当地说。

"现在北京的户口都冻结着呢，这事儿我们连想也没敢想过呀。老潘他更是，他是万事不求人，更不想给任何领导添麻烦。"潘夫人一股脑儿地倒出了自己憋了多年的心里话。

"具体情况具体对待嘛，潘老的身体状况摆在这儿，身边的确该有个人的。好了,这事儿我知道了,你们也别着急,我来试试看。"张执一副部长的自告奋勇令潘菽夫妇十分感动。

由中央统战部出面向有关部门经过一年多的申请运作,有关部门根据实际情况,经公安部门特批,本着特事特办原则,终于在1964年11月为潘宁堡解决了落户问题,使他顺利地调入北京天文台。

虽然经过了一年多周折,还惊动了公安部,但儿子终于调进了北京,积郁在潘先生身上多年的一块心病终于烟消云散。精神舒畅病情自然跟着好转,就在儿子即将进京时,潘先生出院回到了端王府夹道7号院11幢家中休养。

潘菽先生永远是个闲不住的人。即使在重病卧床时,他也没有停止过对一些基本问题的思考。在他的生命字典里,永远都是"气息尚存、工作不止"。虽然离开了医院,但他的体质还十分虚弱,然而他的头脑却一刻都停不下来。这场大病之后,他更是深感日暮之际的紧迫,必须抓紧一切时间思考和探究心理学中的一些紧迫的根本问题。在心理学的种种问题中,他千百次地反复琢磨的是意向和认识(即行和知)的相互关系问题。并且认为最为确切的结论是:"意向是在认识指引之下的意向,认识总是在意向主导之下的认识。没有一定的认识活动指引的意向活动是没有的。"① 也就是说,在意向和认识的矛盾统一中,意向是主要的方面。如此种种的思考和认识,在病榻上,他实在无能为力,无法用纸笔记录,只能默记于心。

回到家中虽可以活动,但不可久坐,很难执笔。尽管如此,他仍旧克服障碍,不能系统写作,他就采用作札记的办法,把思考较为成熟的心得体会、观点结论分条逐段地记录下来并略加阐明,每条几百字上千字不等,且定名为《心理学简札》。如此今天一条、明天一条地积沙成塔,至1966年的两年多时间里,居然已写出了240条近17万字的文稿,抄在32开纸上足有一寸多厚。就在他身体逐渐复原、"简札"的写作步步深入得一发不可收拾的时候,又一个更为沉重的致命噩梦向他袭来。上次的病魔是肉体上的,而这一次则是精神与肉体的双重围剿。

1966年2月起,中华人民共和国上空,一片巨大的政治乌云,在人们毫无思想准备之时,犹如飓风,以摧枯拉朽之势,压向神州大地。先是以中央书记处书记、北京市委书记彭真为组长的"文化革命"五人小组向

---

① 参见人民教育出版社2007年7月出版的《潘菽全集》第五卷第29页。

中央提出的《关于当前学术讨论的汇报提纲》(即《二月提纲》)在3月底遭到了毛泽东的尖锐批评。他指责《二月提纲》混淆阶级界线、不分是非,是错误的;中宣部是阎王殿,"要打倒阎王、解放小鬼"。如"中央出修正主义,地方要造反"。几乎就在同时,江青在林彪的怂恿提议下,在上海主持召开了"部队文艺工作座谈会"。紧接着毛泽东在杭州三次同康生、江青谈话,严厉指责北京市委、中央宣传部包庇坏人、不支持左派。4月10日,中央批准并转发《林彪同志委托江青同志召开的部队文艺工作座谈会纪要》。

5月4日,刘少奇主持中央政治局扩大会议,在毛泽东的主导下,会议对彭真、罗瑞卿、陆定一、杨尚昆进行了批评。5月16日,中共中央政治局扩大会议通过了由毛泽东主持制定的《中国共产党中央委员会通知》,简称"五一六通知"。6月1日,《人民日报》发表社论《横扫一切牛鬼蛇神》,把"五一六通知"内容捅向全国。从此,一场席卷全国且历时10年的"文化大革命"迅猛发展。

在1966年8月1日—12日召开的中共八届扩大的十一中全会上,毛泽东于8月5日写了《炮打司令部——我的一张大字报》,提出中央有一个资产阶级司令部,矛头直指刘少奇等。8月7日,会议转为集中揭发批判刘少奇、邓小平。8月8日，全会通过了关于"文化大革命"的十六条。对运动的对象、依靠的力量、方法等根本性问题都做了具有严重错误的规定。尤其是在会议的最后一天，根据毛泽东提议，对中央政治局进行了改组，林彪成为中央委员会副主席，从而使林彪、陈伯达、康生等在党内的地位得以提升。与此同时，全会决定撤销了彭真、罗瑞卿、陆定一中共中央书记处书记及杨尚昆中共中央书记处候补书记职务。

八届十一中全会以后，全国掀起了批判"资产阶级反动路线"的狂潮，矛头直指刘少奇、邓小平。名目繁多的"红卫兵"在一夜之间异军突起，并在全国范围内"大串联"。8月23日，《人民日报》发表"好得很"的社论，进一步推波助澜。社论一开头就极具火药味儿："毛主席说：马克思主义的道理千头万绪，归根结底，就是一句话：'造反有理'。'金猴奋起千钧棒，玉宇澄清万里埃'。'红卫兵'小将们以毛泽东思想为武器，正在横扫一切剥削阶级的旧思想、旧文化、旧风俗、旧习惯的灰尘。"

正是在这种狂热的舆论鼓噪下，各地造反派先是纷纷夺取文化领域中的领导权，继而向党、政、军、文、科技界的"资产阶级代表人物"猛然开火！10月5日，中共中央转发中央军委、总政治部的紧急指示，宣布取消"军队院校的文化大革命运动在撤出工作组后由院校党委领导的规定"。从此,全国掀起了"踢开党委闹革命"的浪潮。毛泽东在天安门9次接见来自全国各地的约1300万红卫兵,成为社会大动乱的严重步骤。在江青、康生、张春桥等把持的中央文革小组煽起的所谓捍卫毛主席和毛泽东思想的狂热风潮下,各地大批红卫兵打着"革命无罪、造反有理"的旗号,冲向文化教育界、党政机关和社会,对他们认定的所谓"封、资、修"的事物进行肆无忌惮的大破坏;许多人被当作"黑帮分子"、"资产阶级代表人物"、"反动学术权威"、"反革命修正主义分子"受到批斗、抄家侮辱、殴打和迫害。

中科院心理研究所同样逃避不了这一厄运。潘菽的病还没有彻底痊愈,作为心理研究所所长的他和另外三位所领导丁瓒与曹日昌、尚山羽,分别以"反动学术权威、叛徒、间谍"等莫须有的罪名被心理所的造反派揪出来批斗、抄家。那种极具中国特色的"触皮肉"和"触灵魂"的侮辱和折磨从此揭开了百般疯狂的序幕!

第六节　夏雪冬雷

你见过夏日里下雪和冬天打雷吗?眼前的一切真的

就像夏日里大雪和寒冬里响雷那样地让人难以理解、不可思议。中科院心理研究所在一夜之间面目皆非。

当年的心理所在端王府夹道7号院内11幢。潘菽从家里出来,只需经过一条二十多米长的走廊便可进入办公楼。那天,他像往常一样,早餐过后稍事歇息便出门上班。不料,刚出家门便听到心理所门口闹哄哄乱成一片。于是,他加快脚步,可还没等踏进办公楼大门,令他意想不到的一幕发生了。霎时,楼内冲出十来个似熟非熟且带着印有红卫兵袖章的年轻人与门前的十几人汇合,其中的一位居然是他非常熟悉并教导过的学生,不知为什么,这位平时很尊敬自己的学生如今似乎完全变成了另外一个人,他对潘菽的出现不仅熟视无睹,而且一副得意地轻慢、无视。那种平时面对导师、面对领导的敬畏、尊崇完全被眼下的狂野、粗暴所替代。潘菽被眼前突如其来的情况惊得不知所措,像一根木桩似的钉在了那里。没等他反应过来,只听"啪"的一声,那位领头的学生在众人的鼓噪和簇拥下,摘下中国科学院心理研究所的木牌,重重摔在地上,紧接着一群"红卫兵"蜂拥似的呼喊着踩踏上去,更有人还从院子的假山上撬下一块石头,对着牌子砸了又砸!顷刻,这块象征着中国心理科学最高权威研究机构的庄严牌匾被砸得粉碎。与此同时,相继赶来的丁瓒、曹日昌两位副所长试图上前阻止这一切,但,他们的努力显然十分徒劳而无奈。几近疯狂的年轻造反派们根本容不得他们开口讲话,耳边传来的只有他们的振臂高呼!一时间,"革命无罪、造反有理"、"横扫一切牛鬼蛇神"、"打倒臭老九"、"打倒走资本主义道路的当权派"、"舍得一身剐,敢把皇帝拉下马"、"宁长社会主义草、不要资本主义苗"等口号声,在中国心理研究所门前此起彼伏、振聋发聩!

由于红色造反的步步深入,心理所的一切研究工作陷入全面停顿。以潘菽为所长的整个所领导主要成员统统被打倒,不久,潘先生目睹了他的第一次被抄家。

那是1968年的一个夏日,潘先生与全家人刚刚吃过早饭,突然所里的六七名"造反派"从天而降!潘先生一看个个都是自己的下属、学生,于是有些不解地轻声问道:"你们有事?"话音刚落,其中一位平时潘先生一向很是器重、爱护且常给予辅导、关照的下属十分不客气地回道:"咋地?不欢迎啊!告诉你,我们无事不登三宝殿,今天我们专门到你这个地主出身的反动学术权威、中国资产阶级心理学祖师爷、走资本主义道路当权派家来破四旧!"这位头头的咄咄逼人之势显然助长了其他人的嚣张气焰,于是众人随即高呼:"千万不要忘记阶级斗争!""把无产阶级文化大革命进行到底！""不获全胜绝不收兵！"

潘家老小被这突如其来的阵势着实吓得不轻，只有潘先生似乎一副若无其事的样子。一阵口号过后，他不慌不忙地坐在他坐了十几年的旧藤椅上平静地反问："你们有抄家的证件吗？谁给你们的权力？……"

潘先生不紧不慢的反问显然激怒了其中的那位头头。没等潘先生把话说完，他便歇斯底里地吼道："是伟大领袖毛主席给我们的权力！这就是我们的证件！"说着他把胳膊上的"红卫兵"袖章摘下来在潘菽面前不断地摇晃，并且以命令的口吻斥责道："你们！还有你们！统统到一个房间里待着，不准乱动！把所有的橱柜、箱子、房门钥匙都交出来！"

当时潘菽全家所住的端王府夹道7号院11幢是一栋刀字形平房，因潘家人多，住房面积达到100多平方，有六七个屋。在造反派的威逼下，潘家人不得不交出所有钥匙。一时间，七八个红卫兵翻箱倒柜，那情形酷似当年日本鬼子进村扫荡。造反派们把潘家上上下下、里里外外翻了个遍，把所有带花的被褥、衣物（其中有一件皮袄），还有没来得及织的毛线、没来得及做衣服的布料，特别是一条宁珊1958年结婚时的金项链、一枚蓝宝石戒指等都翻了出来，为了找出更多的"金银财宝"，两名红卫兵把厨房里的灯罩都卸了下来，以防

第五章 坎坷中自强

有"漏网之鱼"。

红卫兵们把抄出来的东西摆在院子里,又呼唤来几十名邻居,当众展示所谓的资产阶级生活方式。这次抄家之后,潘家发现家里的几十张"工业券"、多年积攒的2000多元人民币,还有一些潘先生多年收藏的字画都被洗劫一空,而且直至今日都没有下文。

幸亏这次的抄家目的是为"破四旧"而来,潘菽所写的《心理学简札》初稿压在书橱的最底层,因而躲过了一劫。但是宁堡却坚持认为,留着这些初稿,早晚也要出事,因为父亲的一些观点、感想、看法、提法显然与"文革"的社会潮流和价值取向相悖。于是他建议父亲把它烧掉以防后患。可潘先生怎么能够舍得自毁多年付出的心血呢?面对一寸多厚的《简札》手稿,潘菽十分无奈。可是儿子的话也不无道理,万一被红卫兵抄出来,拿着文章恣意发挥、断章取义,再加上毫无原则地上纲上线,到了那时,真的是有口难辩、有冤无处申了。于是他心一横,令宁堡立即烧毁。宁堡在焚烧前安慰父亲道:"爸爸,现在是非常时期,这都是不得已而为之,好在这些东西都在您的心里,谁也拿不去,日后有机会,您再重写吧……"

事实证明,潘菽儿子焚毁《心理学简札》手稿实乃明智之举。从此以后,抄家成了红卫兵们的家常便饭,甚至对潘菽一家的生活也肆无忌惮地变本加厉地横加限制和凌辱。

红卫兵们把写有"打倒反动学术权威、中国资产阶级心理学的祖师爷潘菽"的大字报贴在了潘菽家的大门口。勒令潘菽辞掉了原有的两个保姆,理由是资产阶级生活方式的好逸恶劳。并且必须按照造反派规定的每人加发给三个月的遣散工资。为了彻底捣毁潘家的资产阶级生活方式,红卫兵们强行封了他家的卫生间,拆除了卫生间里所有的卫生洁具,并勒令他们将卫生间作为卧室居住。从此,潘家老小八九口人只得到 10 幢旁边的一个公用水池边用水,上公共厕所。

没过几天,所里的造反派再次来到潘家。命令他们压缩住房,潘家老小被逼着改住六十多平方米,其中还包括原来的卫生间。潘先生的八只书柜没有地方放,几千册书堆在卧室,连走路都困难。无奈之下,潘先生忍痛命儿媳陈绍英把他多年积累下的资料当废纸去卖掉。一次,陈绍英用推孩子的小推车推一车书出去卖时,迎面恰巧碰上那位多次前来非礼的造反派头头,那头头劈头吼道:"你干什么?出去干什么?这是什么书?""都是封资修那一套。"陈绍英毫无表情地答道。"那你就别卖了,都给我吧。"那头头显然看到了有用的书籍了。"不行啊,我们家的东西都是封资修,你不能要的,别把您连累了,我还是去废品收购站吧,还能卖几个钱呢……""我给你钱还不行吗?"说着那头头掏出皮夹子拿出五元钱递了过来。陈绍英无奈,只得把小车里的书籍全部给了他。在那个知识贬值的年代,这对视书如命的潘先生来说,简直是一种灵魂践踏!他平时辛辛苦苦东觅西寻来的最爱,就这样被一张五元的钞票劫走了……

为了从精神上、肉体上摧毁这位当时中国心理学界最大的"反动学术权威"的意志,造反派毫无理由地停发了潘菽原本每月360元的工资,改为只发17元生活费。夫人庄炳松和姐姐庄炳金每月发18元,三位老人加在一起只有53元。为了保持好潘先生的体力,全家人齐心协力、暗下决心、节衣缩食,在最艰难的环境里,必保潘先生每天能喝上一杯牛奶,吃上一个鸡蛋。

至今让人难以忘怀的一次批斗会是在1968年夏季的某一天。这天,北京的天气格外晴朗。然而,湛蓝如洗的天空却不能给人以任何快意。上午8时许,中关村大操场上人声鼎沸、鼓声震天。数以千计的红卫兵、围观者从四面八方涌向这里。高音喇叭里不时传来著名红色音乐家、作曲家劫夫(李劫夫)谱曲的毛主席语录歌:"革命,不是请客吃饭,不是做文章,不是绘画绣花,不能那样雅致,那样从容不迫、文质彬彬,那样温良恭俭让。革命是暴动，是一个阶级推翻一个阶级的暴力的行动……"歌曲反复地播送，操场北面临时搭建的舞台上，"中国科学院批斗大会"的横幅醒目而刺眼。

潘菽一大早就被通知到所里集合，据说是到中科院所在地的中关村大操场参加大会。幸亏宁堡作为中科院下属北京天文台的一员，也被通知参加大会。潘夫人十分不放心，叮嘱宁堡加倍小心，一定要设法"照应"好父亲。

宁堡陪同父亲徒步至西直门，乘上32路公交车，至中关村下车后，宁堡轻声嘱咐父亲道："爸爸，您在前面走，我在您的身后……"潘菽心中明白，因为红卫兵要求儿子与自己划清界线，于是，他加快脚步，到所里造反派指定地点报到。

大操场的人越聚越多，因为中科院所有单位的工作人员都被通知前来开会，加上涌进许多看热闹的群众，此时的大操场上足足集聚了三四千人。突然，高音喇叭的毛主席语录歌曲戛然而止，接着便是刺耳的高叫："各位革命群众！全体红卫兵战友们！批判大会现在开始！把中科院死不改悔的走资派们、反动学术权威们押上台来！"

偌大个操场顿时一片寂静。宁堡挤到离台的不远处，只见一群所谓的"牛鬼蛇神"在一群身穿绿军装、臂戴红袖章的红卫兵押解下，一个个被倒背着双手（被称为"坐喷气式飞机"）推搡着上台。他们是中国科学院副院长、党组书记张劲夫，曾担任过山西省省长、省委书记、时任中科院副院长的裴丽生，接着便是中科院党组成员、新技术委员会副主任秦力生，然后就是中科院语言研究所所长吕叔湘、心理研究所所长潘菽以及其他各研究所所长等等，都是原中科院重量级人物，十来位（有的已记不清名字）被批斗者站成长长的一排。他们每人脖子上都挂有一块大大的牌子吊在胸前，上面用毛笔字写着各自的罪名，自然无非是些"走资派、阶级异己分子、反动学术权威、历史反革命分子、叛徒、内奸"等不一而足，潘菽胸前的"资产阶级反动学术权威"牌子十分醒目而刺眼。

先是有人在高音喇叭里情绪激愤地一一宣布他们的"罪状"，然后便是事先安排好了的争先恐后地对他们进行是可忍孰不可忍的声讨！在措辞激烈的批判声中，他们俨然个个都是中国科学界十恶不赦的千古罪人，似乎他们人人都是正在把中国科学引向封、资、修邪路上去的罪魁祸首。大批判的洪流一浪高过一浪，批斗的形式也由开始时的文明变为野蛮。一时间，这些当代中国科学界的精英、泰斗们被一个个踢翻跪倒在地，宁堡眼睁睁地看着乳臭未干的红卫兵揪着父亲的耳朵逼迫他下跪的情景……

十来个六七十岁的老人在一群红卫兵小将的淫威下，用一种姿势跪了近三个小时，别说他们，就连年轻人也受不了啊！这些肉体上的摧残，他们忍受了，而对他们的事业和心灵上的玷污，才是他们最痛心的！

11点多钟，红卫兵们大概也觉得疲惫了，于是宣布"今天的批判大会到此结束！"台下的红卫兵小将们一哄而散，而台上的老人们却再也起不来了。他们一个个瘫倒在地，然后又坚持相互搀扶着、鼓励着站起身来、迈开脚步……

潘菽痛苦而迟缓地离开大操场，他没有去寻找自己的儿子，因为他深信，儿子就在他身旁。

是的，三个多小时，五味杂陈的宁堡的视线，一刻也没有离开他心目中的伟大父亲。他心中的痛无法表露，他眼里的泪只能流向心底。父亲离开时，宁堡紧盯着他的背影，生怕再有什么闪失。路过白颐路（今中关村南大街）时，宁堡赶紧跑过来扶着他，牵着父亲的手走向32路公交站台扶他上车。父亲一直不回头，不说话，在外人眼里，如同年轻人在学雷锋做好事。因为，他真的不想连累儿子……

一路无语，身心疲惫的潘菽与儿子从西直门下车走回端王府夹道。看见丈夫和儿子一道回家，潘夫人一

第五章 坎坷中自强

直悬着的心终于放了下来,她急切地上前询问并立即发现了丈夫衣领上的血迹,原来,潘先生的右耳被撕开了近一厘米的口子,血肉模糊的耳垂肿胀得跟个小核桃似的。潘夫人十分惊骇地要为他处置,而潘先生却只是无声无息地摆了摆手……

全家人鸦雀无声地吃了午饭,每个人的心情都十分沉重。午餐过后,潘先生径直走进卧室(以往总是先进书房的),不一会儿,他把儿子、儿媳叫到床前。看得出,他的情绪比较激动,他说:"我很高兴,你们两个人一直在我身边,照顾我、关心我,我十分欣慰。放心,我过去从来未做过,也绝对不会做对不起国家、对不起党、对不起人民的事,也不会对不起你们,请你们一定要相信,总有一天会还我一个清白的。心理所的牌子被砸了,机构也可能被撤销,但心理学作为一门科学是砸不烂的,也是撤销不了的,前景是光明的……"说到此时,他泪如雨下,情不自禁地搂住了儿子……

宁堡再也控制不住自己的情绪,放声地大哭起来,呜咽着对父亲说:"我们一直都相信您说的……总有一天会澄清的……您讲的都是实实在在的话,您一定要好好保重自己的身体……您放心好了,您现在什么也别想,只要好好睡一觉……"

这一幕,潘夫人看得真真切切,她抽泣着轻轻掩上房门……

几分钟后，极不放心的潘夫人和儿子儿媳再次轻轻推开房时，潘先生居然呼呼大睡进入梦乡了。潘夫人当即对儿子和儿媳说："看你们的父亲，心胸多么宽广，襟怀有多坦荡，真可以称得上是位宠辱不惊的楷模了！"

在潘菽一家屡遭劫难的同时，也许他从未想到过，他与前妻蒋一鸣所生的长子潘欢伯一家也同样未能幸免。尽管从1953年起，父子间就较少来往，通信也不多，只是潘菽时任南京大学校长期间，1953年，欢伯自浙江金华出差路经南京时，去南大专程拜见父亲。父亲破天荒地领他到在南京的家中，这是欢伯第一次也是终身唯一一次踏进父亲后组建的家门。父子间几乎没有说什么话便匆匆辞别。潘先生调至北京任中科院心理研究所所长后，欢伯亦利用出差机会去心理所他的办公室与之短暂会面，也是父子间在北京相见的仅此一次。然而，在那个"老子英雄儿好汉，老子反动儿混蛋"的疯狂岁月，极"左"的政治魔爪把欢伯两代人蹂躏得体无完肤。

先是欢伯本人。由于家庭出身不好，尤其受其父亲潘菽、叔父潘汉年的双重影响，时任铁道部第三勘测设计院（天津）工程师的他似乎成了单位里的另类。'文

第五章 坎坷中自强

革'一开始,他首当其冲地被"重用"远派至黑龙江省齐齐哈尔市,负责主持设计齐齐哈尔铁路枢纽,包括齐齐哈尔铁路新客站及三间房铁路编组站的改扩建和新建齐南编组站等。其间在儿女们纷纷上山下乡、各奔东西,年迈老母及妻子相继患病等许多家庭变故,欢伯几次试图要求调回天津,都被单位相关领导以各种理由拒绝,使他与妻儿们长期分居达十二年之久,更别说孝敬守寡终身的老母亲了。

欢伯的长女彦珞,是天津铁路一中出了名的学习尖子,按她的成绩,清华大学十拿九稳,班主任老师和她本人都立志进清华工科。清华也是彦珞的第一志愿。可是,当时正处于1964至1965年社教运动中"清理阶级队伍"的高潮期,尽管她的高考成绩超过了清华录取分数线,但是鼎鼎大名的以"内奸、特务、反革命"三项罪名于一身的潘汉年是她的堂叔,其结果可想而知,能够录取天津医科大学已经是不幸中之万幸了。

"文革"期间,欢伯的儿女们自然必须积极响应上山下乡的号召。1967年3月,欢伯长子、未满18岁的潘望远首当其冲,被下放到河北省张家口市赤城县城关公社浩门岺大队务农。犁地、下种、锄草、收割、赶大车等所有农活都干过,还当过代课教师。1971年起,同去的十一名天津知青陆续"选调",有的进了工矿,有的当了正式教师,还有的回了天津。至1973年夏,所有的知青全都"选调"了,只剩下他,连大队书记都想不通,于是主动让他到县里"安置办"去打探。在支书的鼓励下,潘望远大着胆子到县里去找"安置办"主任。恰巧那位赵姓主任不在办公室而门却开着。想不到,就在这位主任办公桌的台玻璃下面压着一张知青安置名单,潘望远的名字也赫然在目。与其他知青不同的是,他的名字后面加上了一行特别的注解文字,那就是"潘汉年,内奸、特务、反革命。潘菽,资产阶级反动学术权威"。此时此刻,他才恍然大悟,这就是他迟迟不能"选调"的全部理由!2014年10月23日,已经退了休的潘望远向笔者感慨道:"做梦也没有想到能走到今天,成了一名教授,能成为一个大学的副校长(退休前任天津职业技术师范大学党委常委、副校长)。"

望远的二姐潘明远1949年生于江苏宜兴陆平村。这是潘菽第三代中唯一出生在故乡的孙辈后人。其原因是解放前夕由于欢伯调至位于浙江金华的浙赣铁路局(解放后改名为上海铁路局杭州分局),当时妻子光烜因专业不对口暂未安排合适工作,加之彦珞年幼,而光烜又怀了第二胎,于是欢伯便将妻子、长女留在陆平老家由生母蒋一鸣照应,他只身一人前往金华赴任。

作者（右）在天津拜访潘菽长孙潘望远。

1969年，高中二年级的潘明远也由天津市铁路一中下乡至哈尔滨近郊王岗公社接受贫下中农再教育。她说她就是知青电视剧《今夜有暴风雪》、《雪城》中的一员，那里有许多她的影子。因为她同样背负着潘汉年、潘菽的沉重包袱，她们姐弟都被划入了"可教育好子女"的那一类。1974年上半年，与她一同下乡的二十多名天津知青全都离开了，只有她孤零零地一个人留在生产队劳动。她深感无助，心灵很受伤，好像是个罪人似的……。直至1974年10月，她终于有机会返回天津，因为那时天津正在招收老高中生，经过8个月的速成班学习，然后分配担任小学教师。"文革"结束后，她先是考入了位于浙江省建德县的浙江冶金工业学校读中专，两年后又考入黑龙江省商学院计划统计专业，最终在国家统计局天津调查总队副处级调研员岗位上退休。

"文革"开始时，欢伯最小的儿子潘致远刚上初中，从此便失去了学习环境，成为"文革"中真正意义上牺牲的一代。全家人至今都为此十分痛心和愧疚。如今，致远是一名退了休的电力工人。

值得庆幸的是，欢伯的第三代都十分出息，个个都是重点院校的本科、硕士、博士，有的已在国内外崭露头角。

在"文革"初期的大批判恶浪中，中科院心理研究所的另两位副所长丁瓒、曹日昌以及副所长且曾担任过党委书记的尚山羽的命运要比潘菽的处境糟糕得多。1910年出生的丁瓒和1911年出生的曹日昌都比潘菽年轻十几岁，因而他们被斗的次数与被折磨的程度比潘菽更为惨烈。

副所长丁瓒是潘先生的学生。1935年，丁瓒毕业于中央大学心理学系。1942年，身为中央卫生实验院心理卫生室主任的丁瓒，已经是在周恩来同志直接领导下的南方局内一位干练的地下工作者了。1947年，丁瓒赴美国芝加哥大学心理学系和麦克理斯医院深造。在此期间，又受周恩来的委托，负责海外华人科学家的联络工作，成为"留美中国科学工作者协会"的组织

第五章 坎坷中自强

者、领导者。

1949年6月,年仅39岁却有着22年党龄的他,再次接受党中央和周恩来同志的委托,协助陆定一同志筹建中国科学院并担任中科院党组副书记。在心理科学上,他早年于1938年前后在北平协和医学院研究生毕业留校任教时,就率先开设了临床心理学课程,开了中国心理学临床心理研究之先河。

就是这样一位党的优秀儿女,被冠以"叛徒"的帽子,一次次批斗、惨遭毒打,打得无法行走,只能一点一点地爬回自己的家。那次,是儿子丁宗一最先发现艰难爬行的父亲的身影的,待夫人舒维清与一双儿女千方百计把已经不省人事的丁瓒送到医院时,换来的却是非人道的冰冷拒绝!理由是,他们没有义务也不可能为"走资派、叛徒"治病。就这样,这位中国科学事业的创业者之一、久经考验的革命战士、对中国心理学有着卓越贡献的一代精英倒下了,而且倒在了"救死扶伤"、"为人民服务"的属于人民的医院里!他的生命里程,永远定格在1968年5月15日深夜……

潘菽的另一位好搭档、副所长曹日昌的命运同样被扼杀在"造反派"的手里。由于他的夫人吴秀明(原名色尔玛)是荷兰人,担任荷兰驻华记者,因而被冠以"间谍"的罪名,在无休止的批斗、挨打过程中,先是夫人割腕自杀，然后是曹日昌在痛苦的折磨中积郁成疾，身患肝癌的他根本得不到应有的治疗。1969 年 3 月 14 日，这位最早应用辩证唯物主义于心理学研究的倡导者之一，对中国心理科学的兴建和发展做出重要贡献的一代骄子，忍受着极大的冤屈与愤慨，结束了他五十八年的生命路程。一时间，他们的一双儿女曹增义、曹荷丽成了孤儿。消息传到了荷兰，他们的外公匆匆赶来，造反派们居然残忍地剥夺他们亲人相见的权利，并谎称曹日昌家的儿女也死了。无奈之下的荷兰老人空手而归。后来，得知此事的曹增义想尽一切办法，通过他的同学在香港发出了一封给外祖父的信。可惜，老人家已经病重无法成行，于是，他们的舅舅很快买了机票，并通过荷兰与中国的外交途径，费尽周折，终于把他们接到了荷兰。

除丁瓒、曹日昌外，还有一位曾经担任过党委书记的副所长尚山羽，重病在身，仍被批斗、被折磨直至结束生命。

令人欣慰的是，2004 年 8 月 8 日—13 日，第二十八届国际心理学大会在北京亚运村国际会议中心隆重举行，这是国际心理学一百多年来首次真正在发展中国家举办的国际心理学的"奥林匹克"。这对中国心理学家来说，是件意义非同寻常的盛事、喜事。在百年难遇的喜庆日子就要来临之际，尽管十年浩劫早已过去了三十几年，在中国心理学的国际地位越来越高的当今，后辈心理学家和心理学界的领导们始终不忘前辈们的呕心沥血，更没有忘记他们为心理学今天的发展所付出的努力甚至生命！因此，时任中科院心理所的领导们，一些老领导的学生、后辈们积极建议借此东风，邀请中科院心理研究所建所初期的四位老领导的子女们来北京相聚。早已事业有成的曹增义、曹荷丽，还有丁瓒的女儿、现任职于美国某古脊髓所的丁素因博士等愉快地接受邀请，飞回祖国。尽管过去的苦难历历在目，然而，面对今天祖国的蓬勃发展、面对东方巨龙的日益昌盛，他们笑逐颜开、原谅了历史，心中更多的已是感激……

第七节 心如止水

2008年11月初，笔者在潘先生之子潘宁堡和儿媳陈绍英的陪同下，专程前往西城区三不老胡同一号院，拜访许德珩先生当年的秘书、曾担任九三学社中央委员的牟小东先生。他深知许老、潘老这两位九三学社的主要创始人之间几十年如一日的深厚友谊和患难之情，也深知潘先生的为人秉性。提起潘先生在"文革"时期挨批的事，牟小东先生的情绪似乎颇有些激动，他毫不掩饰自己的观点说:"在我的印象中,我们九三学社挨批挨斗的老领导、老专家中,有两位最让人佩服,他们的心境外柔内刚,遭遇再大的委屈也能心如止水、行若无事。这两位老专家一位是潘菽,一位就是与潘老同龄的中科院古脊椎动物研究所所长杨钟健。尽管挨批挨斗,批完斗完就像没事儿似的,照样抽时间写他们的专著。当时,潘先生是九三学社中央副主席,杨先生是九三学社中央常务委员。虽然当时九三学社基本上已停止了所有活动,但是大家在私下里也都在打听、关心同仁们的各自处境、遭遇。在九三学社的老一辈领导人当中,潘老的修养有目共睹。大家一致公认他有佛学家的修养,是我们学习的楷模。在我的记忆中,从来没看到他动过什么肝火,他的这种涵养,真是达到了炉火纯青的地步。无论什么风浪、坎坷,他都酷似闲庭信步、镇定自若,但他绝不属于逆来顺受、形同枯槁的那种,而是处之坦然、有所作为。这从某种意义上讲,也说明了他的心理学底蕴已达到了相当高深的程度。'文革'期间,他吃了不少苦头,但是'文革'结束后,大家也会偶尔提起那段经历,但我们从来没从潘先生嘴里听到过半个苦字,尤其对他个人的遭遇从没有过半句埋怨,他把全部精力都放在他的心理学研究上。我记得好像是九三学社浙江省主委、曾经担任过九三学社第七届中央常委、第八、第九届参议委员会副主任的陈立先生说过,十一届三中全会以后首次召开全国科学大会时,当时心理学界拿不出什么像样的东西出来献礼。只有潘先生还能拿出他在'牛棚'里写的东西……如此儒者风范绝非常人能够达到的境界。真可谓,'众里寻他千百度,蓦然回首,那人却在灯火阑珊处!'反正,我对潘先生的评价应该是这样八个字:正派、纯朴、谦和、诚恳……"

牟小东先生提及的陈立先生所说潘老在"牛棚"里写的东西其实就是著名的《心理学简札》,那是他在被批斗、被检查、被交代、被监视期间,而且是在造反派们的眼皮底下瞒天过海,利用一切可以利用的时间,以写检查、写交代为名,静心思考,重撰由"文革"初期被迫焚毁的《心理学简札》初稿。有道是"十年磨一剑"。可他用了整整二十年,终于完成了长达六十万字的鸿篇巨作。在常人眼里,这是一件不可思议、难以理解的事情。

但据潘先生之子潘宁堡回忆说:"平心而论,整个'文革'期间,心理所的'造反派'对父亲还算是比较客气的,从来没有真正隔离审查,没有蹲过真正的'牛棚'。虽然心理所解散了,所里绝大多数人都下放到河南省确山县的干校劳动,但却没有让他去。他每天都到自己原来的所长办公室里,就像平时上班一样,只是上班的内容由过去的搞研究变成了写检查而已。在此期间，造反派们常常增加一些以往从未做过的体力劳动，如打扫卫生、清洁厕所等。总的来说，对他这位老所长还算是比较宽容的。当然，造反派们并不是没有底线，常常会冷不防地到他的办公室询问'检查材料'的进展情况。"令造反派们没有想到的是，这位正在经受人生苦难和屈辱的'臭老九'在如此恶劣的环境下，仍旧在心理学这条充满泥泞、充满险峻的崎岖山路上披荆斩棘、艰难前行。居然就在他们的眼皮底下仍旧执着地悄悄地干着他自己的事，能够在看似孤独的精神压迫面前挺起学术良心的腰杆，以写"检查"和"交代"作幌子，用学毛主席著作作掩护，苦心思索，以滴水穿石、积小流成江海的惊人毅力，进行着中国心理学发展史上前所未有的鸿篇巨作《心理学简札》的写作。我想，这样的创作背景，也许在现代的中国知识分子中凤毛麟角、难以寻觅吧。

"文革"初期，心理所的造反派当中，W是最积极最激进的一个。他多次领着"红卫兵"们到潘菽家抄家，多次对潘菽及其家人恶语相向。他曾当着潘菽的面，砸烂了心理所的牌子，并且点火烧掉！在心理所的老一代知识分子眼中，W激进至极，多次向潘菽和所里其他所谓的"反动学术权威"心窝上捅过刀子！对于这样一个人，1977年6月中科院心理研究所正式恢复后仍旧担任所长的潘菽，丝毫没有将他视为另类，没有以牙还牙。相反，他不仅多次勉励他要卸掉包袱、轻装上阵、努力工作，并且一再叮嘱他无论在工作上还是在生活上，如有什么困难都可以随时找他。

一天，W果然登门拜访，开门的是潘菽儿媳陈绍英。W的形象，绍英最熟不过了。尽管不在一个单位，而且多年未曾碰面，可W当年的嚣张和不可一世，在她心中留下了挥之不去的阴影。今日突然在自家门口碰面，心中多年来的积怨与怒火恨不得立刻喷发出来。但是，事情已经过去这么多年，"文化大革命"也被否定了，于是，绍英强压住自己的情绪，冷冷地问道："你走错门了吧。"W自感对潘家有许多愧疚，一时语塞，但还是强打精神，谦恭地回应："我和潘老约好的。"

"你现在知道来找他啦？当年你怎么不是这个态度啊？你别以为我会忘记……"绍英显然有些耐不住了。

"谁啊？是W吗？"潘菽似乎觉察到W来了，他立即从书房里出来，对绍英的言语表示不快并对绍英说："不要这样，W是我请来的，让他进来。"

事后，潘菽多次说："以后再不要这样怪他啦，他只是个执行者，不要把所有的账都算到他头上，这是群众运动中免不了的……"

从此，再也没人听他提起过在"十年动乱"期间的任何遭遇。好像在他身上什么都没发生过。

有一次，小女儿宁思大着胆子问父亲："爸爸，你在'文化大革命'中遭到如此不公正的待遇，难道你就真的没有一点想法吗？"令宁思无论如何都无法想到的是，父亲瞧着她，非常平静地回答她三个字"我忘了"。① 不知哪位哲人说过"健忘是一种病态，善忘是一种境界"，而潘老一生都生活在善忘的境界之中。

1973年3月10日，中共中央做出了《关于恢复邓小平同志的党的组织生活和国务院副总理职务的决定》，这令党内外许多老同志为之振奋、看到了光明。作为老校友、老上级，且在"文革"中从未受到过冲击的九三学社中央主席的许德珩，多么想在第一时间里把这个好消息告知曾与他携手参加"五四运动"、又携手发起创建"九三学社"并担任中央副主席而如今正处于人生最低谷的老友潘菽啊！

尽管当时的政治空气还不允许他们之间有过多的接触和来往，然而，那种真挚的毫无杂念的友谊已让许德珩顾不了许多。

3月18日，一场连冬天都少见的美丽春雪，覆盖了

---

① 摘录自潘宁思2007年11月1日写给作者的亲笔信。

第五章 坎坷中自强

整个北京城。这为乍暖还寒的时节带来了不少的喜庆。这天正是星期天,孙儿许进不必上学。于是,早餐刚过,他便拉着14岁的孙儿出发。

离开景山后街慈慧胡同7号,红旗轿车很快驶入地安门西大街。街道两旁银装素裹,许德珩无半点观雪赏景的兴致,目光虽望着窗外,心中却反复揣测着老友目前的境遇。

令许德珩深感意外的是,这次多年未见的短暂相聚,在他心中平添了更多的忧虑和不安。他亲眼见到老友全家八口人挤在友谊宾馆北馆一幢老楼的一楼只有五十多平方米的房子里,昔日堂堂学部委员、一级教授的360元月薪被革除多年至今未有恢复,每月只发给17元生活费。老友重逢,潘夫人拿出了珍藏已久的上好宜兴红茶招待贵客。潘菽除了深表谢意外,只字不提家中的困难、自己的待遇。对于许老的询问,他也只是慢声慢语地避重就轻,"还可以"、"还不错"、"没啥大碍"、"尽可放心"等轻描淡写地一带而过。相反,他倒是十分关心这位比他年长7岁的老友的身体状况、工作状况,强调身体是革命的本钱。

临别时,两位老友握着的手迟迟不舍得松开。潘菽真诚地对老友道:"放心吧,我才76岁,还有好多事情没做呢,我会坚持,不可能轻易倒下的。"

红旗轿车驶在白雪皑皑的白石桥路上,许德珩心中又多了一层牵挂,一个坚守信仰、心如止水的老友形象在他脑海中清晰可见、挥之不去……

第八节　外弱内刚

20世纪70年代初,正是"十年浩劫"最为疯狂的阶段。尤其是在文教科技界,什么"知识越多越反动"、"卫星上天、红旗落地"、"科技系统知识分子中的特务不像果树上的苹果一个一个的,而是像香蕉一样一串一串的"、"科技界有六多,知识分子多、统战对象多、进口货多、特务多、集团案多、现行反革命多"等五花八门的谬论,一时间作为"红卫兵"们的至理名言铺天盖地、甚嚣尘上。中科院仅在北京的171位高级科研人员中,就有131位先后被列为打倒和审查的对象,全国科技界长期处在一片混乱瘫痪之中。

中科院心理研究所早在"文革"初期就被勒令撤销,原有的四位所领导三位被迫害致死,唯独年迈体弱的老所长潘菽顽强地幸存下来。

当时的潘菽,因心肌梗死留下的隐患一直未曾痊愈。加上频繁被游街、批斗等身心和肉体的摧残,原本身材就不魁梧的他,久而久之,在人们眼里俨然是个病

第五章 坎坷中自强

病怏怏、身单力薄,连清洁厕所、扫扫院子都难以胜任的小老头儿。

殊不知,这位表面看似文弱的老人,骨子里却有一颗无比顽强的心!他坚信心理所压不垮、砸不烂,他坚信心理学会有光明的前景。他暗下决心,要用生命中所有的时间与能量,去做他认定了一定要完成的事。

据中科院心理研究所赵莉如研究员在1997年7月13日"潘菽教授百年诞辰纪念会"上发言时回忆:"那是在1969年8月心理所全体人员下放干校前,当时由'工宣队'和'军宣队'主持制定了心理所'体改方案'。这时潘老还是处于被'批判对象'的逆境下,他看到了这个方案后,由于没有发言的机会,只好连夜写出书面意见。这个意见是我在几年前搜集和整理中国心理学史资料时偶尔发现的。潘老在1969年8月22日晚写的两页'关于体改方案的意见',主要陈述坚持自己对心理学的性质由自然科学性质和社会科学性质两个方面的看法,如他说:'我仍认为心理学有两方面的性质,但社会方面较多,是主要的。不过,如对自然方面估计不足,那也不好。''我也认为意识起源问题是应该研究的,但先要弄清楚什么是意识,一种意见认为意识起源的研究是自然科学的性质,我对此有怀疑。关于儿童心理发生发展的研究也是意识研究的一方面。这方面的研究显然不能说只是自然科学的性质。''关于人脑和感觉的研究不一定就是生理学的研究。'他强调说：'我最怀疑把心理学一分为二的意见。心理学有两方面性质，是心理学的一个本质特点，这两方面是不能分割开来的，互相孤立起来的。'潘老这一种坚持己见、科学实事求是的精神是令人缅怀的！"[①]

赵莉如研究员的这段回忆给我们提供了诸多联想。从时间上看，1968年8月正是"文革"狂潮犹如掘墓鞭尸般残忍得令人窒息的时候。四位领导中的三位在一年之内相继被迫害致死，潘菽也因"地主家庭"出身叠加"反动学术权威"的重压，多次被游街、批斗、抄家。在如此险恶的政治环境里，根本没有他讲话的资格，当然更不可能拥有参与"决策"的权利。按照常理，对"文革"上层派来的"工宣队"、"军宣队"，凡是已靠边站的单位领导都唯恐避之不及，谁还能不识时务地主动站出来直抒己见呢？然而，潘菽这位"不知悔改"的"反动学术权威"却反其道而行之，且白纸黑字、言之凿凿，既不怕暴露自己的观点，也不怕留下再次被"清算"的证据，真是在黑云压城城欲摧的关头上，仍顽强

[①] 参见《心理学动态》1997年第五卷第三期第18、19页赵莉如署名文章《忆潘老在"文革"中的两件事》。

捍卫着心理学这块科学阵地，坚持真理，不屈不移，这种精神实在难能可贵！

在赵莉如研究员的回忆中还提到，在潘老的书面意见中，还提出一个"附带"意见："现在心理所的图书仪器设备要慎重处理。仪器等过一个时候可能就变为陈旧了，并且还可买到和自制。图书则有很多是很难或者不可能再买到的，如有散失，真是无法补偿。为了批判就用得着这些图书。"[①]

"这一个'附带'意见，今天看来是多么可贵！他的保存图书的理由，又提得多么'巧妙'！心理所的心理学书籍在国内是最多最全的。心理所图书馆建于1952年，根据所内科研工作的需求订购中外书刊，再连同接收中央研究院心理所留用书和1956年随潘老一起来的南京大学心理系并入心理所的书刊，60年代已有馆藏四万余册……当时已是具有一定规模的专业图书馆。潘老十分重视和关心这些心理学图书的存放，如今每当我走进这座图书馆，就会使我想起潘老的'附带'意见这件事。"赵莉如如是说。[②]

[①] 参见《心理学动态》1997年第五卷第三期第18、19页赵莉如署名文章《忆潘老在"文革"中的两件事》。

[②] 参见《心理学动态》1997年第五卷第三期第18、19页赵莉如署名文章《忆潘老在"文革"中的两件事》。

毫无疑问，当时的"工宣队"、"军宣队"头头们不可能把一个被打倒的"反动学术权威"的意见视为"工作指南"或"重要参考依据"，但毕竟没有当成"耳旁风"。从那时起，心理所所有图书资料、仪器设备再也未曾遭受更多的人为损坏，连同潘菽的那份"意见"也被奇迹般地保存下来并终于重见了天日。

在这里，让我从内心深处强烈感受到一位正直的知识分子对中国心理学那种襟怀坦白的无私胸怀。那种老一代知识分子特有的精神风骨分明已经穿越了历史时空，穿过了当下许多"知识分子"一副副世俗的脆弱的胸膛。

"文革"期间，这位体质瘦弱、疾病缠身的老人以非凡的毅力，抵制和克服着常人难以承受的来自精神上的巨大压迫和孤独感。那段时间，昔日的许多因师生关系、朋友关系、工作关系等过往甚密的同行、同事们都在不同程度上受到牵连。有的甚至遭受比自己更为惨烈的批斗、侮辱。再也没人敢来往，也不可能来往。即使偶尔相遇，彼此间也犹如送瘟神般的形同陌路，躲躲闪闪。要么故意绕道而行，佯装不知。胆子大一点的，大家远远地相互看上一眼，用眼神表达相互间的牵挂和无奈。

这种累心耗志的日子，一熬就是十年。一个人在

第五章 坎坷中自强

内心苦闷、委屈无奈却无处倾诉的时候，是多么渴望得到朋友、同事尤其是知己的关心和宽慰啊！由此可见，1973年3月，许德珩老先生的那次踏雪拜访是何等的难能可贵！对内心苦闷、孤独的潘菽来说，无疑是一次极为珍贵的雪中送炭，是对潘菽心灵深处最大的鼓励与鞭策，为他增添更大的面对逆境的勇气！

1975年1月5日，中共中央发出一号文件，任命邓小平同志为中央军委副主席兼中国人民解放军总参谋长。在1月8日至10日召开的中共十二届二中全会上，邓小平又当选为中共中央副主席、中央政治局常委。在此后不久的1月13日至18日召开的第四届全国人民代表大会上，邓小平当选为国务院副总理，此后，因为周恩来总理病重住院，即由他主持党政日常工作。

邓小平的第二次复出，立即着力开展了对"文革"烂摊子的全面整顿。他明确提出，要建设四个现代化，关键是科学技术的现代化。在这一指导思想指导下，胡耀邦同志于当年7月18日受命，7月22日赴中科院，对这一"文革"重灾区雷厉风行地进行拨乱反正，主持制定了科学工作《汇报提纲》，提出了一系列将科学工作引入正轨的措施。在短短四个月时间里，胡耀邦同志首先主持和重组了中科院领导班子，在此基础上，大力扶持业务干部的威信，支持他们大胆放手地抓业务工作，着手恢复所长制，特别是迅速开展复查在"文化大革命"中对受审查者所做的结论，并为他们认真落实各项政策，让他们尽快出来为党工作。

潘菽就是在这次整顿中被解放的。虽然在不久的1975年年底，邓小平再一次被打倒，但这次整顿，已在中科院产生了深远影响。于是，像潘菽一样在1975年被解放的一批干部基本上再没有受到大的冲击。恢复自由的潘菽，对前途充满信心，对心理学的振兴和发展充满了希望。他可以更加放开胆子写他的《心理学简札》。其实，在1973年5月，在邓小平第一次复出期间，中科院党组织就曾做过决定，恢复潘菽的组织生活，只是心理所党支部要求他履行"斗私批修"手续后才能正式恢复。直至1973年年底，组织生活仍旧未能恢复，但这些都不曾影响和阻止他搞心理学研究工作的步伐，他要用实际行动证明，在全国心理学一片寂静的严冬中，他不仅没有休眠，而且有尊严、有信心地醒着！因而自1973年8月起，潘菽便写信给他曾经的学生唐自杰（四川江津人。1946年毕业于中央大学心理系，新中国建立后历任重庆师范学院讲师、副教授、教授，中国心理学会基本理论专业委员会第一、二届委员。中国民主同盟会盟员。著有《自学心理学》、《基础心理学新编》等），把他正在写作《心理学简札》的事除家人以外第一个告诉了他。并把书稿分期分批地寄往重庆，倾听这位学生的意见，征求他对所写内容的看法。来自恩师的信任和重托，令唐自杰十分感动，并自告奋勇地承担起刻字、校注、油印等一切事宜。唐自杰，也成为潘菽《心理学简札》的第一读者，并潜移默化地深受潘菽心理学思想的影响，成为潘菽心理学思想最忠诚的追随者和拥护者。

自1973年8月至1979年年底左右的六年时间里，潘菽与唐自杰师生二人为探讨《心理学简札》初稿内容所写的信件彼此多达八十六封。唐自杰不仅承担了《简札》初稿的全部刻字、油印，更重要的是，遵照潘菽的嘱托，对《简札》内容的每一个条目，都要逐字逐句认真的阅读、思考，写出自己的阅读心得、体会，连同在自己能力范围内提出的与恩师不相同的看法、意见及时反馈给恩师，供恩师在修改时参考。

对潘菽来说，他对来自唐自杰的阅读笔记从不懈怠、认真拜读。对学生提出的他认为是正确的意见和建议一概虚心接受，审慎地加以吸收、修正。正如潘菽在《心理学简札》自序中提到的："心理学界知道我在写《心理学简札》的第一人是唐自杰。最初我的家里人也不知道我在写什么，每次我写完一册札记都要寄给唐自杰同志看看，提提意见。他的意见回来后，我总要逐条答复，说明我对他的意见的意见，并给他解答一些问题。《心理学简札》的最初的刻写、油印就是由他倡议，并在克服困难的条件下办理的。后来又从头到尾地一次次整理和修改（包括麻烦的校注整理）都得到他的帮助和建议。他花了很大工夫给《心理学简札》编成了论题索引。他确实为《心理学简札》的写成和交付、出版付出了大量的劳动。"①

当然，他还对他的助手兼秘书李令节关怀备至。李令节1962年毕业于北京大学哲学系心理学专业。当时，中科院决定为各所老专家配备助手，李令节因此分配到心理研究所，担任潘菽的助手。按理说，助手的职责应该是专业方面的。但是在具体的工作中，无论业务上，还是社会活动方面，甚至生活方面，作为刚刚走出校门的年轻人，李令节都事无巨细地积极完成，他认真负责的工作态度在潘菽的脑海中留下了深刻印象。

史无前例的"文革"开始后，被当作中国资产阶级心理学祖师爷的潘菽首当其冲，屡遭批斗，李令节自然也难免承受不小的压力，与心理所所有人一样，于1969年9月他被下放到湖北潜江的"五七"干

---

① 参见人民教育出版社2007年7月出版的《潘菽全集》第五卷第13、14页。

校。1972年又转至确山,1975年被转至河北省文安县"五七"干校。1975年8月,潘菽在中科院整顿中得到了解放。他可以再不必向"文革"初期那样偷偷摸摸地写《简札》了。他急需要有个得力助手帮忙。于是,他提笔写信给时任国务院副总理兼中科院院长的方毅同志,要求调李令节回京。然而,在当时"文革"还未结束的情况下,调人进京谈何容易。幸蒙方毅亲自批准,李令节终于于1978年秋,先以借调的名义回京,回到了刚刚恢复的心理研究所,仍旧给潘菽当助手和秘书。据李令节事后回忆,1979年,他的爱人和孩子连同户口都能一同进京,都是在潘老的多方努力和关爱下实现的。从回到心理所那天起,帮助整理《心理学简札》成了李令节的重要任务之一。对此潘先生在他的《心理学简札》自序中也有提及:"还有中国科学院心理研究所心理学基本理论研究室的李令节同志和乐国安同志都对全部简札后来的校对、修改、提意见等付出了很多劳动,做出了值得铭记的贡献。心理研究所基本理论研究室的其他同志也都对此分别尽了力量。对这些同志我都表示由衷的感谢。"[①]

[①] 参见人民教育出版社2007年7月出版的《潘菽全集》第五卷第13、14页。

逆境中，潘菽——这位外表病弱身材矮小的老知识分子，凭着他永远不变的信念支撑着。他以非凡的精神毅力，弥补肉体逐渐走向老迈的不足。俗话说十年磨一剑，而潘老是二十年如一日，靠着绝不言弃的刚强，终于为中国心理学知识宝库中留下了一笔价值连城的财富！《心理学简札》被认为是心理学的百科全书，是中国心理学工作者必读之书。该书于1991年获光明杯优秀哲学社会科学学术著作荣誉奖，1992年获国家教委颁发的高等学校出版社优秀学术专著特等奖之后，又于2009年6月5日被收录进《中国文库》（哲学社会科学类）。笔者以为，这部著作的写作过程本身就是一部关于励志和治学的教科书。

第九节　沐浴春风

严冬过去是新春，噩梦醒来是清晨。

1977年7月17日，党的十届三中全会通过了《关于恢复邓小平同志职务的决议》，决定恢复邓小平中共中央委员、中央政治局委员、常委、中共中央副主席、中共中央军委副主席、国务院副总理、中国人民解放军总参谋长职务。

小平同志三次复出后，便自告奋勇地要求分管科学和教育工作。二十多天后,他便主持召开了中央教育科学会议。来自全国的 30 多名知名科学家济济一堂,庆幸劫后余生,满怀喜悦地畅谈振兴科技大计,并做出了召开全国科学大会的决定。

1978 年 3 月 18 日,中共中央在北京人民大会堂召开新中国成立以来的首届全国科学大会。这是中国共产党在粉碎"四人帮"之后,国家百废待兴的严峻形势下召开的一次重要会议。在近 5700 人参加的开幕式上,邓小平同志提出了"科学技术是生产力"、"科学技术是实现四个现代化的关键"、"知识分子是工人阶级的一部分"等重要理论。邓小平同志的讲话,澄清了长期束缚科学机构发展的重要理论问题,打开了"文化大革命"以来禁锢知识分子的种种桎梏,迎来了科学的春天!

当小平同志讲到"今天能够举行这样一个在我国科学史上空前的盛会,就清楚地说明,王洪文、张春桥、江青、姚文元四人帮肆意摧残科学事业、迫害知识分子的那种情景一去不复返了!"的时候,人民大会堂上空回荡起经久不息的雷鸣般掌声。许多科学家激动得站立起来热泪盈眶,多少老知识分子紧紧拥抱、老泪纵横。潘菽当之无愧地参加了这次盛会并在主席台就座。更为有趣的是,本次大会在主席台就座的竟有四位宜兴籍科学家。除潘菽外,他们分别是被誉为科学巨匠的著名物理学家周培源、中国理论化学奠基人唐敖庆、著名内燃机专家史绍熙。这一戏剧性场景尽管是历史的巧合，但在素有"教授之乡"美称的宜兴，却成为久传不衰的美谈！

在这次盛会上，86岁高龄的中国科学院院长郭沫若发表了题为《科学的春天》的书面讲话，并请来了著名播音员虹云当场朗读，她那时而高亢激昂、时而真切动情的演绎让《科学的春天》尤为生动感人、振奋人心，并赢得了全体与会者们一阵紧似一阵的热烈掌声。《科学的春天》犹如春风扑面，让人顿觉科学的春天就在眼前。

这次盛会，中央将科学技术摆到了非常重要的位置，这种前所未有的决策让科学家们的精神面貌为之焕然一新，使禁锢思想的坚冰在温暖的春风中逐渐消融。

在邓小平同志的推动下，1977年6月20日至7月7日，中国科学院召开了粉碎"四人帮"之后的第一次科技工作会议。潘菽应邀参加了这次会议。会议讨论了全国科学大会的筹备工作，系统地揭露了"四人帮"对科技工作的破坏，为尽快恢复科研工作秩序，会议决定，建立党委领导下的所长负责制，取消院、所两级革命委员会，重新建立学术委员会。科协和专门协会要逐步恢复，建立各项人员考核制，招收和培养研究生等等。

第五章 坎坷中自强

潘菽终于等到了这一天,终于看到了被砸碎的心理研究所牌子再一次竖立起来!然而他深感耽搁得太久,浪费的时间太多了,心理学的损失太大了。他必须立即行动,争分夺秒,把"文革"造成的损失弥补到最小,把"四人帮"破坏的程度降到最低。因此,他夜以继日地不停地工作、思考、联络,心理所恢复仅一个半月后,他就在北京平谷主持召开了全国心理学学科规划座谈会,研究重振中国心理学发展大计。当时的副所长徐联仓(1980年任中科院心理研究所所长)这样回忆:"1977年6月国务院正式批示恢复心理研究所,潘老也恢复了所长职务,我作为副所长在潘老领导下积极从事心理学与心理所的各项活动。最初的一步是1977年8月在北京平谷召开的全国心理学学科座谈会。当时20余位心理学家来自全国各地。潘老与多年隔离的老朋友能重新会聚一堂共商发展心理科学的规划,讨论总会(中国心理学会)恢复工作与各地分会的活动计划,对会议的成功起了决定的作用。这次会议规模不大,但大家团结奋斗、合作精神与贡献意识极为令人振奋。当时条件很差,老先生们也都睡硬板床,几个人一间屋,伙食也很简单,还是县里专门批给两头猪,否则肉也吃不上,但大家的情绪之高、信心之足是以后各种心理学会议上所难看到的。这次会议是中国心理学发展史上重要的里程碑。其后，在潘老的关心与指导下，1977年11月在心理所召开了中国心理学会在京常务理事扩大会，决定总会恢复工作。其后1978年杭州会议和保定会议，1979年天津会议等一系列心理学的专业会议连续召开，潘老大多亲自参加与指导和主持，以加速心理学会的重建与发展。"①

1978年5月8日—15日在杭州翠屏山召开的全国心理学专业学术会议上，昔日老友再次重逢，各自都有颇多感慨。在七〇四宾馆门前的林荫道旁，潘老与他在原中央大学的学生陈元晖（中国社会科学院哲学研究所研究员）、杭州大学校长陈立、曾在50年代担任南京师范学院副院长的心理学教授高觉敷等谈笑风生。陈元晖看到自己的恩师经过那么多磨难身体还算硬朗后心中由衷的高兴，他感慨地对潘老说："潘老师，您还这么健康，我们做晚辈的真的很开心，但您一定要注意劳逸结合，多多保重，我们也好多多地请教呢！"正说着，高觉敷教授接过了话茬，冲着陈元晖说道："我比你们的潘老师还大几个月呢，我是老大，你们潘老师才是老二，别看你也65岁了，在这里还是个小不点儿呢。"说

---

① 参见《心理学动态》1997年第五卷第三期第2页徐联仓所撰《潘老把自己的一生贡献给心理学和心理所》一文。

第五章 坎坷中自强

着大家一阵大笑。笑声过后,陈立说道:"别看我们都是老朽,可是我们枯木逢春,生命力很强,我们还得大干一场啊。"

潘菽,这位80高龄的老人,对心理学发展的紧迫感以及只争朝夕的急切心情,我们还可以在平谷会议后不久他与唐自杰先生在9月15日的一次通信中得以印证,他在信中这样写道:"我在做学生时候确已立定志愿,要把一生献给心理科学的推进。但在解放前的二十多年中,悠悠度日,未能好好努力,成就微小。解放以后的十来年中,由于分心于义不容辞的任务,对心理学工作未能全力以赴,也说不上有什么成就。到了1963年大病之后,处于几乎全部休养状态,才得以有较多时间考虑和探索心理学中的种种问题,想借此补课,但已有日暮之感。为此更增奋发之心,企图兼程前进,以有限的岁月为可爱的祖国,为革新中的时代,为无产阶级事业的胜利,做出自己能做的一份贡献。为此,对来信所表达的要我争取健康多活的愿望,我是真诚接受的!"[①]

这位新中国心理学界的主要带头人,在他的心灵深

[①] 参见人民教育出版社2007年7月出版的《潘菽全集》第九卷第298页。

处,永远珍藏着对祖国母亲无限的爱,对心理学发展保持的那种强烈的至高无上的义务和责任!

正是因为基于这种精神,他才马不停蹄,完全不顾年老体弱,乘全国科学大会之东风,于1978年5月8日至15日在杭州翠屏山主持召开了中国心理学专业学术会议,他在近4000字的开幕词中向来自全国各地的72名心理学工作者代表高声疾呼:"我们的心理学大有可为了,我们可以甩开膀子大干我们所热爱的心理学专业了。"①

紧接着,他又在当年12月8日至15日于河北省保定市举行的第二届全国心理学学术年会上再一次宣传鼓励,他在报告中这样说:"党中央一举粉碎了'四人帮',给我们带来了科学的春天,也就带来了心理学的春天。我们心理学工作者格外感到春光明媚、春气温暖。进入新时期的心理学更显得前途光辉灿烂了,心理学更是大有可为、大有希望了。心理学领域内更有我们的用武之地,更有待于我们去施展科学研究的创造性,做出光辉的贡献。让我们团结起来,解放思想,放眼未来,向着胜利完成实现我国心理学的现代化的崇高目标

---

① 参见人民教育出版社2007年7月出版的《潘菽全集》第三卷第249页。

第五章 坎坷中自强

奋勇前进吧!"①

"四人帮"的垮台标志着十年浩劫的结束。心理所的恢复意味着潘菽学术生命的重生。重新担任所长的他时逢80周岁生日,他的内心犹如枯木逢春般清新、喜悦。于是,他执笔写下自己的感想《八十书怀》。

> 堂堂岁月,忽八十春。
> 往者可谏,来者方生。
> 夕阳无限,灿若朝暾。
> 蓬勃郁葱,旧邦命新。
> 大同可望,寰宇沸腾。
> 我生此际,我生逢辰。
> 旋乾转坤,匹夫有份。
> 伏枥之心,云胡不奋!②

这首《八十书怀》绝非潘老一时心血来潮时舞文弄墨的应景之作,而是他深思熟虑后内心的激情迸发。字字句句凝聚和流露出他对春天的向往,对朝日的敬慕,对事业的坚守与期盼,对未来的决心与奉献!他对进入日暮之年毫不悲观,他坚信"夕阳无限,灿若朝暾"。

---

① 参见人民教育出版社2007年7月出版的《潘菽全集》第三卷第279页。

② 参见人民教育出版社2007年7月出版的《潘菽全集》第十卷第251页。

他把推动心理学发展视为天职，因而就有了"旋乾转坤，匹夫有份"那掷地有声的钢铁般誓言！

新中国成立以来的第一次全国科学大会的召开，令潘菽的心绪如沐春风般精神倍振！他决心用余生最大的能量拥抱属于眼前春天的一切！

1979年6月下旬，潘菽长子潘欢伯所在的铁道部第三设计院站场设备总队党委接到了中国科学院心理研究所党委发来的公函，内容如下：

铁道部第三设计院站场设备总队党委：

我所所长潘菽同志长子潘欢伯同志，在你单位工作。

无产阶级文化大革命中，在林彪"四人帮"反革合修正主义路线的冲击和影响下，潘菽同志曾受过审查，并被诬蔑为"资产阶级反动学术权威"。为了落实党的干部政策，我们对他的问题进行了复查，对当时的一切诬蔑不实之词，已予推倒，恢复名誉。我所在文化大革命运动中为潘欢伯同志所提供的有关方面的材料，一律无效，请予销毁，并消除影响。此致

敬礼！

中共心理研究所委员会印[①]

一九七九年六月二十五日

---

① 此公函内容由潘望远提供。

站场设备总队党委领导及时把这份公函的内容告知了潘欢伯，并应欢伯的请求抄录了原件，欢伯内心犹如枯木逢春，一家老小无不激动万分、倍感鼓舞！

第十节　再植桃李

1977 年 10 月 21 日，新华社、人民日报、中央人民广播电台都以头条新闻的重要位置，发布了恢复高考的消息，这消息震惊了全中国人民，更震醒了数以百千万的青年人。

同年 11 月 3 日，教育部、中国科学院联合发出《关于 1978 年招收研究生的通知》。

潘菽手捧《通知》，心潮澎湃！这是他久久盼望的。《通知》如同火种，再次点燃了这位曾在讲台执教数十年老人的心。他心里最清楚，十年浩劫，多少心理学工作者被迫害、被改行，心理学界严重人才断层、青黄不接。于是，他信心百倍地向所党委表示他首批要招收六名研究生。但是，所党委考虑负担太重，怕影响他的健康，上报科学院时故意瞒着他只给他报了首批只招两名学生。为此，他知道事情原委后一时还真的着实有些不悦，但很快便理解了所党委的善意。

现任南开大学心理研究中心主任、社会心理学博士生导师乐国安教授和现任中国科学院心理研究所继续教育中心副主任的吴瑞华研究员都是潘菽先生1978年首批招收的硕士研究生。

尽管岁月如梭、转眼间他们也从风华正茂走向暮年，可对35年前的一切仍历历在目，对恩师的谆谆教导和真诚关爱记忆犹新……

乐国安1968年毕业于华东师范大学教育心理学专业。那时，中国空前的一场浩劫正如火如荼地进行，各种名目繁多的造反派组织和极"左"的革命口号令人眼花缭乱、目不暇接。毕业那年，中国心理科学的最高权威研究机构的牌子早已被砸烂！单位撤销、人员遣散。好不容易挨到毕业的心理专业学生的去向可想而知。无奈，他远赴西北，在新疆学非所用一待就是十年。据乐国安教授本人回忆："那是1978年3月，我正作为'普及大寨县工作队'的成员在新疆的一个农村生产队与社员们一道'战天斗地'。一天，忽然从广播里得知国家恢复招收研究生并成立中国科学院研究生院。我当即决定报名参考。在查阅了招生目录之后，我报考了潘老为导师的基本理论专业。为什么做出这种选择呢？原因有两条，一是我当时就知道潘老师是我国著名的心理学家，能有机会就读于他的门下，实在是三生有幸！二是我在大学毕业赴新疆工作时把许多书都扔掉了，唯独留下了曹日昌先生主编的《普通心理学》、《生理学》和几本俄语课本。此后的岁月中,我虽多经磨难,这些书却一直常带在身边。而潘老所列的考试科目正是普通心理学和神经生理学。当时对于远在边疆的我,恰巧又有所需要的参考书,是何等难得。还能有什么犹豫呢?似乎冥冥之中已做好了安排!"①

1978年时的吴瑞华已经33岁了,他在"文革"前毕业于北京师范大学心理学专业。上大学时,潘菽在他的心目中简直就是中国心理学界的学术巅峰和巨人。虽然他早就知道潘菽先生长期担任中国科学院心理研究所所长和中国心理学会理事长。但真正能有一天走近他,甚至能成为他的嫡传弟子,这却是做梦都不敢奢望的天方夜谭,在他看来,这位中国心理学界的巨匠离他十分遥远,且常有令他们这些初生牛犊永远也无法诠释的神秘色彩。

笔者采访吴瑞华研究员时,觉得他如孩子般兴奋、喜悦,并很快进入角色,绘声绘色地回忆他与导师间的点点滴滴。他说:"我记得是1978年5月接到心理所的复试通知书,我从外地赶到北京来参加复试。那是我第一次与他面对面,那种感觉似乎非常神圣。这位80开外的老人精神非常好,他在复试时除了问一些专业性的

---

① 参见《心理学动态》1997年第五卷第三期第27页。

话题外,更多的是跟我以一种闲谈的方式,问我在工作当中的一些情况。我说明一下,我在北师大毕业后就在外地当老师。他希望我多谈些这十年中教学的一些经验,一些看法和感想。我也谈了些教学上取得的一些成绩,讲课时的一些细节的分析。后来我才知道,这不是无意当中的闲谈,而是他安排口试的一部分。因为我考的是教育心理学领域,他实际上通过这种十分放松的交流,看看我在教育工作中是怎样运用心理学知识的。但他并不是采用传统的考试方法,他让我的心很轻松,使我很愉快很自然地回忆起十年来的教学经历,而且潘老对我在教育中主动运用心理学知识很感兴趣。潘老的这种别出心裁的考试方式使我取得了令他满意的成绩。在我面前,他就是一位慈祥的长辈,完全没有大学者的架子。后来终于接到了录取通知书……最让我记忆深刻的是第一次去他家拜访的情景。按照约定时间前往,他已经在门口等候了。他亲自开门迎接,主动伸出手来,非常热情地说祝贺你、祝贺你!我听了以后非常温暖。在谈了一些学习安排以外,又主动问我的生活情况、家里的情况。因为我们那时都是从外地考进来,生活等方面都是比较困难的。他鼓励我要克服眼前的困难,把学业进行到底。因为我们当年读高中读大学时学的都是俄语,他便循循善诱地告诉我,到研究所院以后,英语要从a、b、c开始学,要准备吃苦,以后在科学院做研究工作,起码要能用英语跟人进行口头的学术交流,能够查阅资料,这方面要有思想准备。多亏潘老如此诱导、严格要求,我才在学习英语上下了狠功夫,如今查阅资料、接待外宾等各个方面都可以应付下来。尤其让我记忆深刻的是我写毕业论文的事。在我写毕业论文前期,正是南京大学校庆,因潘老曾是新中国成立后南大的首任校长,学校特邀他前往南京,为这事,他特别忙,在百忙中,他仍旧挤出时间亲自找我,询问我的论文写作情况。从南京一到家,立即又找我询问论文情况。当我按照他交代的时间,按时递交论文后,老人家是用放大镜一个字一个字地看完我这篇两万多字的毕业论文的。而且在一些关键处做了亲笔批注及意见建议,有的直接进行了修改,特别是在修改处注上了为什么要这样修改的理由。作为一位德高望重的80多岁老人,用放大镜精心为自己的学生修改学术论文,它永远深深铭刻在我的心灵深处,所以现在,每当我看到这篇论文的时候,我就会立刻想起我敬爱的导师,他那孜孜不倦、和蔼慈祥的模样……"

乐国安教授在回忆中道:"潘老对研究生的培养是十分认真负责的。在我学习研究生课程期间,他除了一般性地时常询问我的学习情况外,还亲自批审我的作业。我和吴瑞华同学在北京大学心理学系选修实验心理学课，潘老每次都非常认真地查阅我们所写的实验报告。记得有一次的实验报告中涉及中数、众数，潘老还逐个查看我们的原始数据，以确定我们的答案是否正确。到了撰写学位论文阶段，潘老更是为学生付出了许多心血。当时心理研究所的有关领导同志曾告诉我，潘老年事已高，为使他不过度劳累，每次见他时不要时间太长。有的同行甚至还对我说，如果来访的人待的时间太长了，潘师母就会走来走去以示不悦。当然，这些都是出于对潘老的敬重和关心。但在我的记忆中，我每次去见潘老，师母从未有过这种表示。有时候我觉得该告辞了，潘老却要我继续坐下去，和他谈论有关问题。潘老对学生的确是无私奉献。我到南开大学工作以后，年已89岁高龄的潘老在1986年3月14日写给我的一封信中还说到，'我决定招收两个博士研究生，方向分别为中国古代心理学思想和西方近代心理学史。这也可算是虎年的虎劲。'他真的是用虎年的虎劲培养学生的。次年有一次我上他家，看到他正在为两名博士生上课。原来潘老师是正规地按照课程安排定时为他们上课的。"[1]

---

[1] 参见《心理学动态》1997年第五卷第三期第28页。

第五章 坎坷中自强

现任中国科学院心理研究所研究员、博士生导师、中科院研究生院管理学院教授时勘和现任中科院心理研究所所长的傅小兰教授是潘老一生中最后招收的两名博士研究生（后因潘老健康原因，两人分别转到徐联仓和荆其诚两位导师名下）。时勘教授用"生命不息、耕耘不止"这八个字来表达他对已故恩师的深切怀念之情。他在谈及与潘老的师生情时这样说："我是文革时期'老三届'的学生，工作多年后，重新回到课堂，对于我个人来说，所面临的最大困难是家庭经济的重负。由于有关劳动部门的关心，在读期间我幸运地获得了家属进京指标。然而，由于我整天忙于研究课题，在京举目无亲，半年过去了，无法找到接收单位，眼看年末将至，指标即将作废。当我丧失信心、不再努力时，潘菽老师从他家人那里知道了这一消息。他当时正在政协开会，一方面作为政协委员，马上亲自给有关部门写信求助；另一方面，还叫他的家人为此奔走……这些帮助使我有幸解决了这一问题。当我一家人迁来北京后，潘菽老师又几次打电话询问：衣物被褥够不够御寒？是否有炊具、煤气？当我告诉他，心理所行政部门都安排得很好，他才放心了。这些往事已过近十年了，至今还历历在目。

"1987年冬天，北京城下起了罕见的鹅毛大雪，路上的积雪很厚，这可能是我记忆中北京最冷的冬天。这一天，室主任张世英老师通知我，潘老的秘书有其他任务，让我去京西宾馆照顾潘老。潘菽老师是'九三学社'中央副主席，根据潘老当时的身体情况，'九三学社'每次开中央全会，都要求心理所派人照顾。我去之后，潘老马上问我来干什么。我知道，如果说是来照顾他的，他肯定不会同意。因为他从来不会因为自己的事去影响学生的学习。我就说，这几天我正好没有课，而且，我有一本书稿，正想征求他的意见。潘菽老师一听，很高兴，他说，这几天晚上活动不多，正好排个日程。没有想到，在'九三学社'开会的10多天里，潘老师实际上晚上很忙，各地委员都有很多事找他商议和解决，但他仍坚持与我讨论了三次书稿。这一天，当他与周培源教授谈话结束后，已经是晚上十一点，根据医生的意见和安排我必须要求他睡觉。潘老说，'今天能否灵活一些？'我不同意，潘老只好熄灯入睡了。那一天因为我白天出去做了一天的实验，太累了，回到外屋，很快就入睡了。深夜，也没有像往常那样醒来查看一下潘老的休息情况。大概到了清晨5点，我模模糊糊地感觉到，好像有人在替我盖被子。当我睁开眼时，发现潘老师正在慢慢地走向窗户，然后轻轻地放下窗帘，并用桌子上的文具盒压住窗帘，以免冷风透入室内。当我起身要潘老休息时,他笑着告诉我,昨晚他已一气呵成,为我的书稿写完了序言……"[1]

潘老在晚年总结回顾他六十余年的心理学历程时把自己的心理学历程大致分为六个阶段,即十年立志、十年彷徨、十年探路、十年依傍、十年自强、十年播扬。我们可从中体会到,再植桃李,努力培养人才其实正是他十年播扬的重要方式和途径。乐国安教授曾说:"潘老对学生的教导和关怀,渗透着他自己献身于心理科学的无私精神。也就是说,潘老对学生的教导和关怀,不是孤立地对待学生个人,而是以希望学生努力为中国心理学的发展尽力为基点的,而这又是因为他自己就有着献身于心理科学的精神。"[2]

第十一节　奋起播扬

粉碎"四人帮"后,百废待兴。面对遭到灭顶之灾的心理学事业,八十高龄的潘菽深感时不我待、责任重大。他顾不得十年浩劫中被折磨得更加虚弱的身体,在秘书李令节和家人(有关部门特许由身为医生的儿媳陈绍英陪同照料以防不测)陪同下,带着氧气袋相继奔赴

---

[1] 参见《心理学动态》1997年第五卷第三期第35、36页。
[2] 参见《心理学动态》1997年第五卷第三期第29页。

杭州、保定、天津、重庆、南京等地出席一个又一个的全国心理学会议,主持制定心理学发展规划,宣传他经过深思熟虑的关于中国心理学的发展方向、路线、目标,即建立有中国特色的心理学的诸多构想。他一方面为心理学迎来了第二个春天并很快取得了新的进展而欣慰,另一方面又为我国心理学工作中存在的问题及"绠短汲深"的状况深感不安。但无论怎样,他决心一鼓作气、一往无前,只要一息尚存,为心理学事业的鼓与呼便绝不懈怠。

党的十一届三中全会和五届人大二次会议决定,把全党全国的工作重点转移到社会主义现代化建设上来。这是我党历史上具有深远意义的伟大转折,从此揭开了社会主义改革开放的序幕。面对如此鼓舞人心的新形势新局面,潘菽对我国心理学工作的现代化发展更是信心百倍、胸有成竹,对心理学在新时期所要达到的目标有了更多的期待和向往。为此,他利用各种场合、各种学术会议的讲话机会,提出许多真知灼见的意见和建议,强调实现我国心理学工作现代化,建立中国特色心理学的重要意义和主要途径,以及当前的重点工作等。

他在1979年11月于天津召开的中国心理学会第三届学术年会的开幕式上说:"心理学工作重点的转移就是要把全国心理学工作的力量集中到社会主义现代化建

设的要求上来。一切心理学工作都要为了实现四个现代化有效服务而争取心理学本身的社会主义现代化。四个现代化是全党全国人民非实现不可的宏伟任务,我们的心理学要能为四个现代化有效服务,就非要集中力量、同心协力,坚决争取心理学业务水平的大大提高,以实现心理学本身的社会主义现代化不可。"①

从十一届三中全会开始,以邓小平同志为核心的党中央逐步开辟并带领全党全国各族人民走上了一条建设具有中国特色的社会主义道路。

这也为中国心理学的发展指明了方向,从而更加坚定了潘菽建立中国特色心理学的决心。在1978年年底召开的中国心理学会第二届年会上,他做了《面临着新时期我国心理学》报告,强调:"我国心理学的现代化绝不是简单地向一般意义的世界先进水平赶超,我们还必须坚持社会主义道路。这样的道路在心理学上是一条崭新的道路,在这条道路上努力奋斗的结果将是也必须是一种具有社会主义的特色的,贯彻辩证唯物论观点的,吸收了过去心理学一切积极成果的,运用了先进技术手段的,适应我国四个现代化要求的,具有我国自己

---

① 参见人民教育出版社2007年7月出版的《潘菽全集》第三卷第360页。

的理论体系的心理学。"①

原潘菽先生的秘书、曾任中国心理学会副秘书长和中国科学院心理研究所心理学函授大学副校长的李令节教授回忆说:"在他生命历程的最后十来年里,他的身体状况看上去还可以,其实严格说起来还是每况愈下的。但是他的精神状态、工作状态却完全可以用只争朝夕、争分夺秒来形容的。他十年如一日,每天总是在早上六点钟之前起床,一直到晚上十一点以后才睡觉,没有一天不是这样的。我们和一些了解情况的同志都劝他应该注意休息、保重身体,可他总是笑呵呵地回应说,我的时间不多了,要做的事情还很多,不这样不行啊!时间长了,我们就都知道了,劝也没用。他们家里的人也用尽各种办法劝过他,丝毫不起作用,就连潘师母说也没用。他每天工作达十多个小时,一支笔、一副老花镜、一只放大镜、一把破藤椅,还有一张用了一辈子的旧书桌,是他最亲密的伙伴。正是在这种使命感和紧迫感的驱动下,以这种执着的追求、顽强的毅力和忘我的工作精神,才使他在最后的十来年里,生命价值得到了最大限度的体现。他在这十来年里,总共发表论文和学

---

① 参见人民教育出版社 2007 年 7 月出版的《潘菽全集》第三卷第 265 页。

术会议报告、讲话等 60 多篇，为各种心理学出版物写序言、发刊词等 50 多篇。在此期间，还主持修订并正式出版了他主编的高等院校教材《教育心理学》和高级科普著作《人类的智能》。这两部著作分别获得了全国高等学校优秀教材奖和全国科技图书一等奖。同时，他还花费了很大精力修改并于 1984 年出版了 60 多万字的专著《心理学简札》。"①

关于这些事，李令节教授还向作者叙述了一个令人极为感动的故事："由于他为我国死而复生的心理学发展长期东奔西跑，日夜操劳，身体日渐瘦弱。组织上考虑到他的身体，安排他去青岛疗养两个月。开始他说什么也不肯去，说许多工作等着要去完成，可以说，他是被组织上逼着去疗养的。到了青岛，他根本静不下心来进行疗养，可以说身在青岛、心在北京。去了只有十天，我就接到他一封信，信的全文是这样的：'令节同志：所内十年规划的工作进行得如何，请略告知。我此次来青岛，硬是把一些要处理的事情丢开了。但来此后仍常感不安。百科全书的事和《人类智能》一书的事也是如此。请找苏（时任所党委书记的苏幼民）、杨（时

---

① 参见北京大学出版社 2011 年 9 月出版，荆其诚、傅小兰主编的《心·坐标——当代心理学大家》潘菽一章（作者李令节）。

任所党委副书记杨民华）两位谈一下，看看所内有什么问题，是否需要我提早回来。百科全书和《人类智能》的事与刘范等同志谈过了没有？一室的规划问题如何？理论组的规划也要了解一下，我意要把奋斗目标明确一些，把力量适当集中一些，不知有无条件做到。6本《简札》快修改好了。……第七册打印本如已取来，请即寄我一本，也要多看一下。候好，潘菽1980年9月1日于青岛。'"

李令节教授说起这些往事语调不紧不慢。他说他最近可能是因为年龄的关系，记忆力大不如从前。但是由于长期在潘老身边工作，与潘老的许多往事仍历历在目，尤其是这封信，记忆最深，因为太让人感动了。他说，我们完全可以从这封信看出，心理学事业在潘老心中永远是占最重要的地位。最后，他还是耐不住性子，还是提前回来了。他在疗养期间，根本没好好休息过。他还是每天一支笔，一副老花镜，一个放大镜，认认真真地修改了7本《心理学简札》打印稿。他根本不是去疗养，明明是去加班啊！

说到潘老抓紧一切时间奋起播扬的忘我献身精神，我在他的晚辈、现任中国科学院心理研究所研究员陈永明先生的一篇回忆文章中看到了这样一段话："在潘老的直接主持下，详论冯特心理学的研究工作取得显著成

第五章 坎坷中自强

绩，并写出了《威廉·冯特与中国心理学》[1]的重要论文。1980年，中国心理学会组团，以陈立先生为团长，参加了在德国莱比锡召开的国际心联第22届国际心理学大会，并宣读了这篇论文，以纪念冯特创建世界上第一个心理学实验室100周年。这是新中国心理学迈向国际舞台的第一步。在这次国际会议期间，经国际心理代表会议讨论通过，接纳中国心理学会加入国际心理科学联合会，成为它的第44个学会会员。这标志着中国心理学开始走向世界。其后，由潘老主持写作的《中国心理学60年的回顾与展望》[2]一文，以中国心理学会的署名，于1983年发表在《国际心理学杂志》第18期。这是我国第一次向国际心理学界系统介绍中国心理学的发展和成果，大大地推动了我国与国际心理学界的学术交流。"[3]

1983年1月10日，时年86岁高龄的潘菽先生在《文汇报》发表了题为《建设有中国特色的心理学》的文章，首次明确提出了建立有中国特色的科学心理学的

---

[1] 参见人民教育出版社2007年7月出版的《潘菽全集》第三卷第426页。

[2] 参见人民教育出版社2007年7月出版的《潘菽全集》第四卷第165页。

[3] 参见《心理学探新》1997年第十七卷第三期第10页。

目标与途径。这篇文章在全国心理学界引起了极大反响，绝大多数心理学工作者视它为发展我国心理学的纲领和奋斗目标。他指出："心理学存在最大的问题是远远够不上我国社会主义建设各有关方面的实际需要，因此必须为此进行大量的多方面的改造和创新，并明确指出，这种改造与创新必须从四个方面入手，那就是：一是要以马列主义、毛泽东思想作为工作的指导思想。二是要坚决贯彻理论联系实际的原则，一切心理学工作都要最密切地结合着我国社会主义现代化建设实际，并为之有效的服务。三是要积极通过批判分析、学习吸收国外心理学的一切有价值的东西。四是为了要改造现在的心理学，以建立适合我国社会主义现代化建设要求的心理学，必须挖掘我国古代心理学思想这个宝藏。"[1]

2007年10月，笔者专程赴上海师范大学拜访周冠生教授。周教授得知我是为撰写《潘菽传》而来，十分客气、十分激动。在他的寓所内，说起他与潘先生的交往，周教授可谓滔滔不绝、如数家珍。

他说他与潘老结识得很晚，作为晚辈，虽久闻潘先生大名却从未与之谋面。他说他此生能结识潘先生并得

---

[1] 参见人民教育出版社2007年7月出版的《潘菽全集》第四卷第213—216页。

到他的谆谆教诲,实在是三生有幸。于是,他将他与潘老的结识娓娓道来。

"那是在1981年,由于某个国家的智力开发部部长来华演讲时有关智力开发方面的一些不切实际的论述,引起了我的一些与之不同的看法。我把这些想法写了一篇叫作《译'智力开发'》的短文。原本打算把这篇文章交到上海心理学会年会上进行讨论的,没想到,那次年会对我的文章不但没有讨论,连提都没提,就这么无声无息地压了下来。这件事情让我一直很困惑。到底什么叫'智力'?究竟应该怎样'开发智力'?我不知道我的观点错在哪里。否则为什么我的文章如泥牛入海呢?

"在我冥思苦想、百思不得其解的时候,突然灵机一动,我何不把这篇文章直接寄给国内最权威的心理学家、中科院院士潘菽先生呢?也许他能给我指点迷津,让我知道我的荒谬之处也好啊!就这样,我完全抱着试试看的想法孤注一掷,寄了出去。让我万万没想到的是,文章寄出去不到两个星期,居然收到了潘老的亲笔信。他在信中说,我的看法他均同意,并且问我这篇文章有没有交到哪家杂志社发表,如果送交了也立即撤回来。因为他说这篇文章最适合在心理学报上发表,以期进行国际交流。这是我收到的潘老的第一封亲笔信,真的是激动万分，读了一遍又一遍，内容虽很简单，但却给了我巨大的鼓舞和力量。于是，这篇拙文很快在1981年《心理学报》第四期上发表，就这样进行国际交流了……"

周教授兴奋地向我诉说着他和潘先生的交往，并且忙不迭地从书橱里捧出他多年来精心收藏的潘老写给他的十九封来信。他说潘老对他的教诲使他终身受益、永不忘怀。他形象地把潘老比喻成一台播种机，他说潘老在他的晚年，时刻不忘在中国心理学界这片土地上播撒马列主义的种子，传播建设具有中国特色的科学心理学思想……他说潘老的"科德"与才华是中国心理学界的骄傲。

第十二节　巨星陨落

1987年7月13日，即潘菽先生九十华诞。中国科学院心理研究所、中国心理学会和九三学社中央委员会在全国政协礼堂联合举行大会，隆重庆祝潘菽从事心理学科研和教学工作60周年。

对于组织上的关怀，同行们的热心，潘老早有耳闻。因而在多种场合，不止一次地提出他的建议，并且于当年5月9日致信中国心理学基本理论专业委员会。

他在信中说：“将于7月间举行的本委员会的学术讨论会如果说是为了纪念我什么，那是没有多少意义的，并且我也实在愧不敢当……如果趁此机会认真讨论我国心理学的积极发展问题，才是有意义的。我国的心理学亟待发展，亟待推进。我个人觉得，我国心理学工作当前的迫切问题也是改革问题。目前的心理学工作情况已到了非改革不可的时候了。要通过改革，才能争取得到和我国社会主义现代化建设形式相应的发展和前进。因此我建议7月份的会议要好好讨论讨论我国心理学工作的改革问题，以求得出积极的结果。如果同意这个建议，希望多多准备这方面的意见或写成论文或提纲……再有真诚恳求的一点，就是除了论文之外，千万不要带任何礼物到会上来，恕不收受一切馈赠。”[①]

人们一定会从以上的文字中咀嚼到潘菽先生的人生信条，即低调随和、光明磊落、亮节高风。主办方深知潘老的品性，十分理解他的良苦用心，于是遵照他的意愿，中国心理学会心理学基本理论专业委员会精心组织部署，在他90周岁生日的前一天，在北京举行了"潘菽教授从事心理学科研、教学工作60周年（暨90寿

[①] 参见人民教育出版社2007年7月出版的《潘菽全集》第九卷第372页。

辰）学术讨论会"。来自全国19个省、市37个单位的66位代表济济一堂，在深入探讨潘菽心理学思想的同时，广泛讨论了我国心理学的改革问题，并提出了七点关于心理学改革的倡议书。与会代表热烈祝贺他从事心理学科研和教学工作六十年来所取得的丰硕成果，研讨他的心理学思想。代表们争先恐后地发言，学习他为我国心理学事业的献身精神！时任中国心理学会理事长荆其诚在发言时说："中国心理学能有今天的繁荣局面，是与潘老用毕生的心血、为之努力、为之奋斗分不开的……"本次学术研讨会共收到与主题相关的学术论文46篇。

同一天，九三学社中央委员会专门为时任九三学社中央委员会副主席的潘菽先生举行宴会，热烈庆祝他90华诞。中共中央统战部部长阎明复、全国人大常委会副委员长、九三学社中央委员会副主席严济慈、副主席金善宝、常务副主席孙承佩与潘菽先生同席入座。与潘先生同桌的除阎明复时年只有56岁外，余者均为八九十岁的老人。北京的7月，天气已是十分炎热，可86岁高龄的严济慈副委员长为表示对潘老的尊重，居然一身中山装，连风纪扣都系得严严实实。那天，严济慈十分高兴，与潘先生并肩而座。彼此间以茶代酒，相互祝愿，共叙友情，畅谈改革开放近十年的成果变化。

席间，严济慈副委员长特别兴奋地站立起来，举起斟满饮料的酒杯提议大家为敬祝潘老的健康长寿"干杯"！接着，他动情地说道："我虽然比潘菽老小4岁，但自从1927年8月应聘到我的母校南京第四中山大学任教开始与潘菽认识至今，算起来也整整六十周年了，我深深感到这是一种缘分。六十年来，虽然我们并不从事同一个领域，但我们之间的友谊和联络却从未中断过。特别是潘菽老自1958年担任九三学社中央委员会副主席以后，我们的交往就更加多了起来。他是九三学社的主要创始人，他始终高举着'民主与科学'的大旗，把毕生精力献给了'民主与科学'的事业，为我们树立了光辉的榜样。平时大家都很忙，尤其是潘菽老更忙，他恨不得把一天当作两天用，如今已九十高龄，仍旧孜孜不倦地在心理科学这块土地上辛勤耕耘。时间对他来说，比什么都宝贵，但尽管这样，我们近几年每年春节期间，总要抽出一点时间，大家见个面，相互问声好，相聚不在时间长短，哪怕只是喝杯清茶的空，因为我们都到了和时间赛跑的年龄啦。"

一阵热烈的掌声过后，接着便由九三学社中央委员会常务副主席孙承佩代表九三学社中央将著名书画家、时任九三学社中央委员会常务委员的启功先生专为潘菽九十华诞特绘的一幅大型立轴国画赠予潘老。整幅红色调画面上,一棵苍劲的巨松在山石间傲然挺拔、气宇轩昂,苍松山石的左下方的三行题字潇洒飘逸、气韵流畅,堪称笔精墨妙。题字与整幅画面互为辉映、浑然天成。在众人的喝彩声中,孙承佩副主席宣读了精妙的题词内容:"勋标学海世无俦,鹤发垂玄九十秋,硃比心期松比寿,愿将斑管更添筹。"

启功赠送的画。

第五章 坎坷中自强

启功先生的赠画把宴会的气氛推向了高潮,在雷鸣般的掌声中,90周岁高龄的潘老先生精神矍铄、毫无倦意,他兴致勃勃地从口袋里掏出他头天晚上写就的"九十吟"当众宣读:

> 七十今不稀,八十何足奇。
> 九十我竟到,如箭过隙徒。
> 百龄也非遥,我岂不企希?
> 得陇又望蜀,事或可庶几。
> 无奈大自然,修短未可稽。
> 彭颜相齐同,古言岂我欺?
> 人生贵有益,徒寿圣者讥。
> 素餐无以报,耕者知所鄙。
> 我益果如何?远未饱我讥。
> 求索日夕勤,所言苦太低。
> 思以勤补拙,孜孜不多憩。
> 老骥伏枥中,尚志在千里。
> 日昃忧可行,行行不容己
> 行行欲何为?所为宁在己?
> 人世有寿域,熙熙相与栖。
> 无间老和幼,欢愉随天颐。
> 四海皆兄弟,同登以为期。

莫记天上好，偏多思凡意！
乐土靠人为，不着神仙迷。
林丛一凡鸟，也作闻天啼！

潘先生话音刚落，全场再次掌声雷动，喝彩连连。掌声过后，潘老先生激动地接着说："承蒙大家的厚爱，感谢各位的支持！我，作为一名心理学工作者，一定要活到老、学到老、工作到老！"他那声调并不高亢、语气节奏也较缓慢的感谢性表态又引来一阵长时间热烈的掌声……

掌声刚过，与潘老同桌并与他在半个多世纪中患难与共的挚友、时年92岁高龄的九三学社中央委员会副主席金善宝调侃道："好一只林中凡鸟，看来水叔兄真的还可以大显身手，报晓天下一番呢！"

事实正如金老所说的那样。自90华诞后，潘先生的身体虽仍旧瘦弱，但精神却十分饱满，依旧不分白天黑夜地伏案工作。仅在九十寿辰至次年3月15日发病的短短八个月中，就为各种会议、书籍及学生晚辈们的各类问题咨询等撰写发言稿、前沿序言和信件回复多达50多篇（封）十多万字。一篇近五万字的阅读E.R.希尔加德《现代心理学中的意识》札记，连续十多天深夜还在伏案。为了尽快回答后辈们提出的各种问题并尽可能清楚地表述自己的观点和看法，尽量做到既对他人负责也为自己负责，他的每一次回信都力争深思熟虑、反复推敲后才欣然下笔，有时甚至先打草稿，认为比较满意后再重新抄录后寄出。

笔者从他的助手兼秘书令节先生为出版《潘菽全集》而征集来的许多信件中发现，1987年10月2日这天，91岁高龄的潘老既给重庆师范大学心理学教授许家成先生写信，与其讨论研究课题的事儿，同时又给时任重庆经济管理干部学院心理学副教授罗利建写信，谈及"行为科学"要大加改造，要做实际调查工作，同时也要做理论工作等问题。同样，在1988年1月9日这天，他既给许家成教授写信提出自己的对心理学改革课题研究的表达方式及部分内容的意见和建议，同时又马不停蹄地给南京大学心理学教授高汉生先生写信，要求她速告知她所发表的《论犯罪心理学对象问题》论文的主要观点等。

潘老如此地忙忙碌碌、分秒必争，正如他自己所说，"活到老、学到老、工作到老"，即使就在他生命终结的前几天，他也一刻不曾停歇……

据李令节先生回忆："潘老发病前刚刚修改完他最后一篇两万字的题为《自我实现还是社会实现》的论文。潘老是3月15日中午发病的，发病前几天一直是很忙碌的。12日上午，心理所四室的同志在新的科研办公楼开第一次会议。潘老得知后，一定要去参加。会上，他谈到心理学正处在一个转折时期，大家要一齐努力，使心理学向一个正确的方向发展。他心情激动地说，心理所的大楼盖好了，很不容易，我们大家要有使命感，要把我国心理学尽快搞上去。12日晚上与13日上午都在同他的研究生乐国安同志谈话。14日上午在人民大会堂参加由赵紫阳同志主持的征求关于七届人大和政协人事安排意见的民主协商会，下午为他的几位研究生讲了整整半天课，晚上和以往一样工作到深夜。15日上午继续参加中央的民主协商会，并做了很好的发言。会议结束后回到家里后，拆阅了唐自杰同志寄来的信，得知潘菽心理学思想研究会已有一百余人参加时，他感到很高兴。1点来钟吃午饭时，面包从手中滑落……"①

潘老的儿子潘宁堡回忆当时情景时这样说："当时看到他手上的面包片掉在地上，还以为他不小心掉到地上呢，我跟他说，面包掉地上脏了，算了，您先吃个香蕉吧，父亲听后就去拿香蕉，可怎么拿也拿不到手里，我立即招呼正在厨房的妻子陈绍英，因为她是医生，就在妻子跑来的瞬间，只见他一句话也不说，顺势便仰

---

① 参见《心理学动态》1997年第五卷第三期第44页李令节回忆文章。

坐在椅子上。绍英一看说情况不好,可能中风了,快叫车,就这样,我们很快叫了车,立即送到北大一医院……"

潘老的最后一批博士研究生之一的时勘(现为中国科学院大学管理学院教授、博士生导师)这样回忆当时的情况:"1988 年 3 月 15 日中午,我突然接到潘老家人的紧急电话,我立即赶到了北大一医院。这时进入抢救状态的潘老已不能看见东西,不能说话,但他心里非常明白。从他模糊的话语中,我明白他是要纸和笔。我们立即把纸和笔递给了他。他拿到笔和纸之后,不停地画着、写着,口里还不停地叨念着什么,所有的人都听不懂他在说什么。所有的家人又急又慌。当时我说,大家都先别慌,我来试着听听,结果也听不清楚,但我们猜想他一定是有放心不下的事,我和李令节及潘宁堡等简单理了一下,就对着潘老的耳朵告诉他:《自我实现还是社会实现》一文已打印好,马上送杂志社,重庆潘菽心理学思想研究会的事情,已经给唐自杰教授打了电话,一切都落实好了。还有我们几个学生(两博士一硕士)的学习问题都安排好了……当我们把这几桩事情一样一样地告诉完以后,潘老才慢慢地松开那紧握着笔的手。我们没有向他提及家人的事,比如夫人啊,儿女啊,孙子孙女啊。由此可见,在他生命的最后一刻,他关心的还是中国心理学事业,关心的是下一代心理学人才的成长。"

也许,潘老以为自己只是生了一场病,也许他以为自己还能醒来。但从那一刻起直至 3 月 26 日 5 时 22 分心脏停止跳动,他再也没有醒来,他就这样没有来得及跟所有人说一句话就默默地离开了这个世界。

由于当时正是全国召开两会期间,潘老的遗体只能暂时冷冻在医院里。直至一个月以后的 4 月 27 日,《人民日报》才刊发"向潘菽遗体告别仪式在北京举行"的消息。消息的内容是这样写的:

据新华社北京 4 月 26 日电,九三学社中央副主席、我国著名心理学家潘菽,因病于 3 月 26 日在北京逝世。向潘菽遗体告别仪式今天在北京八宝山革命大礼堂举行。

阎明复、周谷城、宋健、周培源、钱学森、卢嘉锡,全国政协在京部分常委、委员、中央委员、候补中央委员,中央统战部负责人,中国科学院负责人及潘菽生前友好 300 多人参加了遗体告别仪式。

李鹏、李先念、邓颖超、胡启之、宋平、张劲夫、习仲勋、严济慈、王任重、方毅、杨静仁、胡子昂、钱昌照、屈武、马文瑞、孙晓村、许德珩、茅以升等同志,以及全国政协、中共中央组织部、中共中央统战部、九三学社中央、中国科学院、民革中央、民盟中央、中共江苏省委和省政府、中共江苏省宜兴市委和市政府等单位送了花圈。

潘菽,江苏宜兴人,生于1897年,1920年毕业于北京大学哲学系,后留学美国主修心理学,曾获芝加哥大学博士学位。1927年回国后任中央大学心理系教授、系主任。新中国成立后,他是南京大学第一任校长,1955年至1984年间,他连续被推选为中国心理学会理事长,并且一直担任中国科学院心理研究所所长。

潘菽同志是九三学社的主要创始人之一,1958年以来一直任九三学社中央副主席,1956年加入中国共产党,曾任南京市和江苏省人民委员会委员,省政协副主席、中国科协常委、中国科学院学部委员,第一、二、三届全国人大代表,第五、六届全国政协常委、七届全国政协委员等职。

潘菽是著名的社会活动家和坚强的民主战士,早年在北大读书时,就积极参加"五四"运动,是被捕的32名爱国青年之一。1937年至1946年,他随中央大学内迁重庆,在完成教学工作的同时,以极大的热情从事抗日民主爱国斗争,用个人微薄工资资助学生开展抗日救国宣传活动,常为中共党员提供活动条件,还在困难时刻帮助中共党员和进步人士安全转移。

潘菽是一位学识渊博的学者,是我国现代心理学的奠基人之一,为我国心理科学的发展做出了巨大的贡献,在国际心理学界也十分知名。他一生著作很多,由他主编的《人类的智能》和《教育心理学》曾分别获全国科技图书一等奖和全国高等学校优秀教材奖。

潘菽同志坚决拥护贯彻党的路线、方针、政策,关心国家政治生活,认真参政议政,他宽厚朴实、谦虚谨慎、正直坦荡,曾多次被评为中国科学院优秀共产党员。

从此,中国心理学界的一颗巨星悄然陨落。时任中国科协主席、全国政协副主席、九三学社中央委员会主席的周培源先生在1988年5月5日《人民日报》发表的长篇悼念文章《我国知识分子的优秀代表》中称:"他的逝世,使我国心理学界失去了学术权威,是九三学社的一个重大损失。哲人已萎,典范永存!"

当年都曾叱咤风云、各奔东西的潘梓年、潘菽(有年)、潘汉年"潘氏三兄弟",从此终能同归一室。在北京西郊八宝山革命公墓的西1—2室,三兄弟彼此相依,默默无语地凝视着对方,他们的音容笑貌永远被定格在饱经沧桑的20世纪。

第五章 坎坷中自强

哲人已逝,精神永存,潘老尽其一生所做出的贡献不会随时间的流逝而磨灭。2007年5月,在潘菽110周年诞辰之际,在由南京大学和江苏省宜兴市人民政府共同在南京大学为潘菽先生塑建的铜像落成揭幕式上,时任九三学社中央副主席邵鸿说:"潘老作为九三学社的主要创始人和领导人之一,为九三学社的创建和组织特色的形成做出了特别的贡献,起了决定性的作用,为统一战线和多党合作事业做出了积极的贡献。"[1]

学界的诸代晚辈尊他为"中国心理学界的泰斗""一代宗师""圣人""旗帜"或"学之泰斗""人之楷模",但我还是最欣赏周培源先生的悼文中的最后两句话:"尊敬的潘老同我们永别了!潘菽同志的业绩将永远铭记在我们心中。"

---

[1] 邵鸿副主席的讲话由李令节先生提供。

后　记

本书自 2007 年秋开始写作到 2015 年 3 月完成最后一稿，可谓马拉松般度过了七八个年头。有同行感叹"千呼万唤始出来！"其实，不是我不努力，而是难度真的不小。

其难点当然有主、客观两个方面的多种因素。客观上，接受潘宁堡、陈绍英两位委托时我还在宜兴电视台上班（退休后又干了整整 10 年），写作只能成为业余的工作。每次到外地采访、收集资料等都必须安排好本职工作以后抽时间进行，这就使写作进度大打折扣。而其中更为困难的是许多当事人都年事已高，有的已作古，就连潘老当年的学生们也都进入古稀或耄耋之年，记忆力明显减退，有的甚至长卧病榻，很难提供理想素材。

在我深感困顿之时，潘老的助手兼秘书李令节先生把他多年收集积累的宝藏和盘托出，给予我极大的帮助。据说都是上世纪 80 年代初，因出版《潘菽心理学文选》之需，在中科院心理研究所及潘老的支持下，联络了许多分散在全国各地的潘老的老友、同事、学生，或分别通信，或召开小型座谈会，恳请他们回忆并撰写的与潘老交往中的点点滴滴。尤为可贵的是，在潘老健在时，趁潘老工作之余，李令节多次请他回忆过去并认真做好笔录。

另外，在潘老诞辰100周年之际，中科院心理研究所再次征文，《心理学动态》出版了"潘菽教授百年诞辰纪念特刊"，又一次征集到一批高质量的纪念文章。所有这些，李令节先生毫无保留地给了我，同时还把他精心撰写的近两万字的《潘菽教授小传》也一并给了我。由于李令节先生的不懈努力（当然更多的是出于对潘老的敬重和爱戴），潘老的诸多好友、同事、学生，如蔡翘、金善宝、陈立、高济宇、高觉敷、管致中、唐自杰、沈其益、陆瑞科、张楚宝、钱保功、龙叔修、陈元晖、季钟朴、孙运仁、程极平、李春辉、黄乃松、许荏华、李慕堂、刘范、许淑莲、陈建仁、陈大柔、李沂、蔡绮宽、马清槐、刘世熠、徐联仓、荆其诚、陈永明、周冠生、马文驹、张侃、时勘、傅小兰、乐国安、吴瑞华、赵莉如、赵璧茹、牟小东、王尧、邹霆、吴桢、李长河、符仁方、陈敏、林琳、许进等都积极响应，少则几百上千，多则数千甚至上万言，实事求是地诉说当年与潘老交往中一个个可贵而又鲜活的故事。

如此多的厚爱与馈赠，如此多的史实与故事，为本书的写作增添了极为厚重的营养，令我深深感到群策群力的无穷魅力。对此，我要对组成这个群体的每一位成员深深鞠躬，以示最真诚的谢意和祝福！

写作本书主观方面的难点是我在专业知识上的局限。为潘老这样一位德高望重的心理学泰斗写传，我深感任重才轻，因为我是心理学的门外汉。幸亏有三十多年记者的工作经历，有着"杂家"而非专家的功底，对什么行业都还能略知一二、尚可应付。尽管如此，仍旧担心在行家面前有班门弄斧之嫌。好在有李令节先生和宁堡夫妇的帮助。初稿成型后，他们是第一批读者，逐章逐篇地认真阅读、纠正，给予指点、把关、提醒，才使我尤如鹦鹉学舌般，一步步深入并渐渐走上正常的写作坦途。

在九三学社中央邵鸿副主席的关心鼓励下，在郭悦、昝建军等相关部门领导及学苑出版社刘丰、李耕等同志的大力帮助下，《潘菽传》得以付梓，并与读者见面。由于水平所限，个中定有不尽如人意之处，甚至还可能因疏忽而挂一漏万，诸此种种，万望读者海涵并欢迎批评指正。

沈重光

2015 年 3 月 18 日于宜兴